吕思勉 著

先秦史札记

上

吕思勉著作精选
读史札记

图书在版编目(CIP)数据

先秦史札记 / 吕思勉著. -- 上海：上海古籍出版社，2024.11. --（吕思勉著作精选）. -- ISBN 978-7-5732-1389-1

Ⅰ.K220.7-53

中国国家版本馆 CIP 数据核字第 2024BG2295 号

吕思勉著作精选·读史札记

先秦史札记

（全二册）

吕思勉　著

上海古籍出版社出版发行

(上海市闵行区号景路 159 弄 1-5 号 A 座 5F　邮政编码 201101)

　　(1) 网址：www.guji.com.cn
　　(2) E-mail：guji1@guji.com.cn
　　(3) 易文网网址：www.ewen.co

上海颛辉印刷厂有限公司印刷

开本 890×1240　1/32　印张 25.5　插页 5　字数 675,000

2024 年 11 月第 1 版　2024 年 11 月第 1 次印刷

ISBN 978-7-5732-1389-1

K·3727　定价：118.00 元

如有质量问题，请与承印公司联系

前　言

有一种说法,说理想的历史著述家,要写过一部历史的专著,写过一部历史教科书,再写过一部历史通俗读物。又有一种类似的说法,把教科书换成了方志书,或是把通俗读物换成了历史地图册,说唯有著述了多种主题、多种形式的史学作品,历史著述才算达到了完满的境界。这些说法,当然不是在为史学评论提供一种评判的标尺,其本意是强调历史著述家除了要撰写专业领域里的学术著作,还要尽其所能为社会大众提供多种多样的历史作品,以满足不同层次、不同爱好的读者需要。

由此而论,史学家吕思勉先生倒是达到了理想的历史著述境界。他不仅写有大部头的史学著作,如《先秦史》《秦汉史》等成系统的四部断代史,还写过大量的文史教科书和历史通俗读物。其数量之多、品类之丰,在民国时代众多的史学大家中也是很罕见的。而且,他撰写的教科书和历史通俗读物,都是精心之作,或被后人称之为通俗读物之典范。

如此次"吕思勉著作精选"收录的一九二四年商务印书馆出版的《新学制高级中学教科书本国史》,黄永年先生曾评价说:这本书现在已经很少有人知道了,有一篇《吕思勉先生主要著作》,就没有提到这本书,也许认为这只是教材而非著作。"其实此书从远古讲到民国，只用了十二万字左右篇幅，而政治、经济、文化以及典章制度各个方面无不顾及，在取舍详略之中，体现出吕先生的史学史识，实是吕先生早期精心之作。有些青年人对我讲，现在流行的通史议论太多，史实太少，而且头绪不清，实在难读难记。我想吕先生这本要言不烦的《本国史》是否可以给现在编写通史、讲义的同志们一点启发。"（黄永年：《回忆我的老师吕诚之先生》，《学林漫录》第四集，北京，中华书局，1981年）

又如《三国史话》，原是吕先生撰写《秦汉史》的副产品，出版之后，就很受欢迎，被视为历史通俗读物的典范之作。虞云国先生说：史学大师吕思勉既有代表其学术高度的断代史，又有通俗读物《三国史话》，"各擅胜场，令人叹绝"。（吕思勉：《三国史话》封底，北京，商务印书馆，2015年）梁满仓先生也说："《三国史话》的大家风范，首先体现在作者强烈的历史责任意识……还表现在一些经得住时间检验的观点……《三国史话》是一部通俗历史读物，然而通俗中却包含着渊博的知识……小中见大，通俗中见高雅，《三国史话》为我们树立了典范。"（梁满仓：《〈三国史话〉的大家风范》，吕思勉：《三国史话》，北京出版社，2012年）如今，吕先生的各种著述一再重版、重印，成为民国史学家中最为大众欢迎的史家之一，说明上述史学家们的评说已经成为大家的共识。

本着这样的认识，我们在吕先生一千余万字的著述中，选择了二十余种兼具通俗性与专业性且篇幅适宜者，根据内容分为七类，分别是：通史、专门史、修身、历史分级读本、读史札记、史话和国学，组成"吕思勉著作精选"，以飨读者。如最先推出的"吕思勉著作精选·专门史"，收入《中国社会史》、《中国社会变迁史（附大同释义）》、《中国民族史两种》和《中国文化史六讲　中国政治思想史十讲》。何以收入此四种？吕先生历来备受关注者，即其"两部通史、四部断代史、一种札记",但其对专门史亦非常重视。他提倡"专就一种现象的陈迹加以研究"之专门的历史,并且身体力行,在史学实践中完成社会史、民族史、文化史、政治思想史等专史著作,涵盖面很广。且其专门史常常有一种贯通的眼光,既是朝代的贯通,也是"专门"的贯通,如其讲政治思想史、文化史,则先论社会史,因此其专门之中又多贯通,体现了其"综合专门研究所得的结果,以说明一地域、一时代间一定社会的真相"的治学路径。吕思勉先生的历史著作,大多都蕴含着这种"贯通"的眼光。以此为例,是想说明我们精选吕思勉著作的用意,以及帮助读者更好地理解中国历史的希望。

为了便于查考,本书为各篇札记编了序号,并在目录中篇题后以"*"号标注其版本出处:标 * 的曾刊于《燕石札记》(商务印书馆,1937年),标 ** 的曾刊于《燕石续札》(上海人民出版社,1958年),标 *** 的曾刊于《论学集林》(上海教育出版社,1987年),标 **** 曾刊于《吕思勉遗文集》(华东师范大学出版社,1997年),标 ***** 的为《吕思勉读史札记(增订本)》(上海古籍出版社,2005年)所增补,标 ****** 是《吕思勉全集》(上海古籍出版社,2015年)所增补。未标星号的,均刊于《吕思勉读史札记》的初版本(上海古籍出版社,1982年)。札记中的注文,均作文中夹注;编者按语则作页下注。

目 录

前 言 ··· 1

《燕石札记》自序 ··· 1
〔一〕盘古考 ·· 3
〔二〕古史纪年考 ****** ································· 9
〔三〕古史时地略说上 ···································· 22
〔四〕古史时地略说下 ···································· 31
〔五〕纬书之三皇说 ······································· 39
〔六〕儒家之三皇五帝说 ································· 43
〔七〕伏羲考 ·· 48
〔八〕华胥氏 ·· 51
〔九〕有巢燧人考 ·· 52
〔一〇〕神农与炎帝、大庭 ······························ 55
〔一一〕炎黄之争考 ······································· 61
〔一二〕少昊考 ·· 67
〔一三〕女娲与共工 ······································· 76
〔一四〕帝尧居陶 ·· 84

〔一五〕囚尧城辨 …………………………………… 85
〔一六〕丹朱傲辨 …………………………………… 86
〔一七〕禅让说平议 ………………………………… 91
〔一八〕共工、禹治水 ……………………………… 94
〔一九〕唐虞之际二十有二人 …………………… 99
〔二〇〕唐、虞、夏都邑一 ………………………… 101
〔二一〕唐、虞、夏都邑二 ………………………… 108
〔二二〕唐、虞、夏都邑三 ………………………… 114
〔二三〕唐、虞、夏都邑四 ………………………… 120
〔二四〕夏都考 ……………………………………… 123
〔二五〕有扈考 ……………………………………… 129
〔二六〕太康失国与少康中兴 …………………… 132
〔二七〕越之姓 ……………………………………… 140
〔二八〕匈奴为夏后氏苗裔 ……………………… 142
〔二九〕说商 ………………………………………… 144
〔三〇〕自契至于成汤八迁考 …………………… 148
〔三一〕释亳 ………………………………………… 151
〔三二〕汤弱密须氏 ………………………………… 157
〔三三〕论汤放桀地域考 ………………………… 158
〔三四〕汤冢 ………………………………………… 160
〔三五〕伊尹生于空桑 ……………………………… 162
〔三六〕惟尹躬天见于西邑夏解 ………………… 164
〔三七〕盘庚五迁 …………………………………… 165
〔三八〕殷兄弟相及 ………………………………… 169
〔三九〕周先世世系 ………………………………… 173

〔四〇〕公刘 …………………………………… 175
〔四一〕毕郢 …………………………………… 178
〔四二〕三恪解 ………………………………… 185
〔四三〕武成取二三策 ………………………… 187
〔四四〕太公为西方人 ………………………… 191
〔四五〕惟周公诞保文武受命惟七年 ………… 194
〔四六〕卫伯 …………………………………… 199
〔四七〕江汉、常武 …………………………… 201
〔四八〕西周皆都丰镐 ………………………… 203
〔四九〕周失西畿之年 ………………………… 206
〔五〇〕齐桓公存三亡国 ……………………… 208
〔五一〕长狄考 ………………………………… 209
〔五二〕鬼方考 ………………………………… 214
〔五三〕山戎考 ………………………………… 220
〔五四〕山戎考续篇 …………………………… 224
〔五五〕赤狄、白狄考 ………………………… 226
〔五六〕以畜喻君 ……………………………… 233
〔五七〕余祭之死 ……………………………… 235
〔五八〕楚之四国 ……………………………… 237
〔五九〕三王五霸 ……………………………… 239
〔六〇〕中山 …………………………………… 243
〔六一〕皇帝说探源 …………………………… 247
〔六二〕管子论王霸 …………………………… 251
〔六三〕中国未经游牧之世 …………………… 252
〔六四〕农业始于女子 ………………………… 256
〔六五〕论古代工业 …………………………… 259

〔六六〕古代商业情形 …… 263
〔六七〕读马尔萨斯人口论 …… 269
〔六八〕管子轻重一 …… 271
〔六九〕管子轻重二 …… 275
〔七〇〕管子轻重三 …… 278
〔七一〕管子轻重四 …… 281
〔七二〕读商君书 …… 284
〔七三〕买田宅、请田宅 …… 287
〔七四〕买道而葬 …… 288
〔七五〕古振贷一 …… 289
〔七六〕古振贷二 …… 291
〔七七〕古振贷三 …… 293
〔七八〕古振贷四 …… 294
〔七九〕古振贷五 …… 296
〔八〇〕古振贷六 …… 298
〔八一〕母财 …… 300
〔八二〕释官 …… 301
〔八三〕三公、四辅、五官、六官、冢宰 …… 303
〔八四〕周官五史 …… 309
〔八五〕毁誉褒贬 …… 315
〔八六〕守藏室之史 …… 318
〔八七〕左右史 …… 320
〔八八〕夫人选老大夫为傅 …… 325
〔八九〕以夷隶守王门 …… 330
〔九〇〕车服 …… 331
〔九一〕篡立者诸侯既与之会则不复讨 …… 332

〔九二〕释"兴灭国,继绝世" ……… 334
〔九三〕古者君臣之义上 ……… 338
〔九四〕古者君臣之义下 ……… 342
〔九五〕君臣朋友 ……… 346
〔九六〕朋友之道 ……… 348
〔九七〕立君以法诛独夫以众 ……… 350
〔九八〕内乱不与焉,外患弗辟也 ……… 352
〔九九〕尊王与民贵之义相成 ……… 353
〔一〇〇〕布衣死节 ……… 357
〔一〇一〕荆轲燕丹 ……… 359
〔一〇二〕民与政相关之切 ……… 362
〔一〇三〕民各有心 ……… 365
〔一〇四〕韩起辞玉 ……… 367
〔一〇五〕封地大小 ……… 369
〔一〇六〕巡守朝聘 ……… 372
〔一〇七〕霸国贡赋 ……… 376
〔一〇八〕五侯九伯 ……… 381
〔一〇九〕姬姓日也,异姓月也 ……… 385
〔一一〇〕属人 ……… 387
〔一一一〕古人不重生日 ……… 388
〔一一二〕古人周岁增年 ……… 390
〔一一三〕合男女颁爵位必当年德义 ……… 393
〔一一四〕娶于异姓所以附远厚别义 ……… 396
〔一一五〕昏年考 ……… 399
〔一一六〕释夫妇 ……… 403
〔一一七〕原妾 ……… 405

〔一一八〕饮食进化之序 ····· 407
〔一一九〕古代贵族饮食之侈 ···· 409
〔一二〇〕原酒 ···· 418
〔一二一〕衣服之法 ····· 423
〔一二二〕谅闇 424
〔一二三〕冰鉴 ··· 425
〔一二四〕坟墓 427
〔一二五〕桐棺三寸非禹制 429
〔一二六〕墓祭 433
〔一二七〕死于兵者不入兆域 436
〔一二八〕厚葬 437
〔一二九〕殉葬 441
〔一三〇〕蚩尤作兵 443
〔一三一〕三革 448
〔一三二〕宋襄公 449
〔一三三〕六国之兵 461
〔一三四〕女子从军 464
〔一三五〕守险 466
〔一三六〕交绥 470
〔一三七〕国士 471
〔一三八〕致师 479
〔一三九〕古师行多侵掠 481
〔一四〇〕兵食 482
〔一四一〕古水战 483
〔一四二〕丘甲 485
〔一四三〕军与师 487

〔一四四〕五兵 …… 491
〔一四五〕私属 …… 492
〔一四六〕教士 …… 494
〔一四七〕原兵 …… 495
〔一四八〕军志 …… 497
〔一四九〕骑射 …… 499
〔一五〇〕象魏 …… 502
〔一五一〕五刑之属三千 …… 503
〔一五二〕象刑 …… 505
〔一五三〕投畀豺虎 …… 513
〔一五四〕九刑 …… 515
〔一五五〕郑人铸刑书上 …… 517
〔一五六〕郑人铸刑书中 …… 522
〔一五七〕郑人铸刑书下 …… 525
〔一五八〕戮尸 …… 527
〔一五九〕镮 …… 529
〔一六〇〕妇人无刑 …… 530
〔一六一〕赎刑 …… 534
〔一六二〕圜土即谪作 …… 536
〔一六三〕父子兄弟罪不相及 …… 537
〔一六四〕救父杀夫，助夫杀父 …… 540
〔一六五〕父为子隐，子为父隐 …… 541
〔一六六〕比伍相及 …… 543
〔一六七〕与于青之赏必及于其罚 …… 545
〔一六八〕命夫命妇不躬坐狱讼 …… 546
〔一六九〕狱之迟速 …… 548

〔一七〇〕舜为天子皋陶为士瞽瞍杀人……………… 550
〔一七一〕毋赦……………………………………… 553
〔一七二〕以吏为师………………………………… 555
〔一七三〕复仇……………………………………… 559
〔一七四〕决斗复仇 ****……………………………… 566
〔一七五〕断狱重情………………………………… 567
〔一七六〕龟兹刑法与中国类……………………… 571
〔一七七〕扶桑国法………………………………… 572
〔一七八〕地平线 *****………………………………… 573
〔一七九〕地图……………………………………… 574
〔一八〇〕五岳……………………………………… 577
〔一八一〕弱水、黑水……………………………… 580
〔一八二〕归虚……………………………………… 582
〔一八三〕泾洛诸戎………………………………… 584
〔一八四〕微卢彭濮考 ******………………………… 591
〔一八五〕古匈奴居地……………………………… 593
〔一八六〕发、北发………………………………… 598
〔一八七〕越裳 *……………………………………… 600
〔一八八〕扬越 *……………………………………… 603
〔一八九〕大九州考………………………………… 606
〔一九〇〕南交……………………………………… 609
〔一九一〕嵎夷即倭夷说…………………………… 610
〔一九二〕天地之化百物之产 *****…………………… 612
〔一九三〕形而上者谓之道、形而下者谓之器义…… 613
〔一九四〕君子上达,小人下达;往者不可谏,来者犹可追 ****
　　　　………………………………………… 617

〔一九五〕君子有勇而无义为乱,小人有勇而无义为盗 ………………………………………………… 618
〔一九六〕往者不悔,来者不豫 …………………… 621
〔一九七〕释仁 …………………………………… 622
〔一九八〕释因 …………………………………… 625
〔一九九〕释大顺 ………………………………… 627
〔二〇〇〕释"三年无改于父之道" ……………… 631
〔二〇一〕释"唯女子与小人为难养也" ………… 633
〔二〇二〕一贯与致一 …………………………… 635
〔二〇三〕中和 …………………………………… 637
〔二〇四〕无为 …………………………………… 642
〔二〇五〕竭力 …………………………………… 644
〔二〇六〕释"指穷于为" ………………………… 645
〔二〇七〕释大略 ………………………………… 648
〔二〇八〕释知之极 ……………………………… 649
〔二〇九〕命训 …………………………………… 651
〔二一〇〕天志与明鬼 …………………………… 658
〔二一一〕戒杀 …………………………………… 665
〔二一二〕形法家 ………………………………… 666
〔二一三〕鬼谷先生 ……………………………… 669
〔二一四〕金粟生死 ……………………………… 671
〔二一五〕补损以知足 …………………………… 672
〔二一六〕礼运、礼器 …………………………… 673
〔二一七〕殷因于夏周因于殷 …………………… 679
〔二一八〕天生时而地生财 ……………………… 680
〔二一九〕孟施舍似曾子,北宫黝似子夏 ………… 683

〔二二〇〕曾子大孝 …………………………………… 686
〔二二一〕子张 ………………………………………… 688
〔二二二〕忠欲 ………………………………………… 689
〔二二三〕辞色 ………………………………………… 690
〔二二四〕知力 ………………………………………… 692
〔二二五〕哀乐祸福 …………………………………… 693
〔二二六〕贼人者必自贼 ……………………………… 694
〔二二七〕参大两地 …………………………………… 695
〔二二八〕圣人之大宝曰位 …………………………… 696
〔二二九〕心学之原 …………………………………… 698
〔二三〇〕杨朱之政治学说 …………………………… 699
〔二三一〕名他人之学 ………………………………… 704
〔二三二〕古学制 ……………………………………… 706
〔二三三〕古哲学之传 ………………………………… 715
〔二三四〕宦 …………………………………………… 716
〔二三五〕富教 ………………………………………… 718
〔二三六〕六艺 ………………………………………… 719
〔二三七〕原易 ………………………………………… 726
〔二三八〕易大义 ……………………………………… 734
〔二三九〕论今文易 …………………………………… 736
〔二四〇〕左氏不传春秋上 …………………………… 737
〔二四一〕左氏不传春秋中 …………………………… 741
〔二四二〕左氏不传春秋下 …………………………… 744
〔二四三〕左国异同 …………………………………… 746
〔二四四〕读楚辞 ……………………………………… 748
〔二四五〕读山海经偶记 ……………………………… 749

〔二四六〕谚为俗语	755
〔二四七〕洪范庶民惟星解	756
〔二四八〕作洪范之年	764
〔二四九〕礼记表记	766
〔二五〇〕人生始化曰魄、既生魄、阳曰魂解	767
〔二五一〕龙	780
〔二五二〕帝	783
〔二五三〕磆然	784
〔二五四〕稽古同天	785
〔二五五〕猎较	786
〔二五六〕上国	787
〔二五七〕女称君亦称君子	788
〔二五八〕札	789
〔二五九〕易抱龟南面	790
〔二六〇〕三兆三易	791
〔二六一〕史记日者龟策列传	793
〔二六二〕神嗜饮食	795
〔二六三〕神仙家	797

《燕石札记》自序

予小时读书即有札记,迄于今未废,阅时既久,积稿颇多。每思改定,依经子史分为三编,以就正于有道。皮骨奔走,卒卒寡闲。仅因友人主编杂志索稿,或学校生徒质问,发箧整理,间或成篇而已。念全书杀青无期,乃谋陆续刊布,总名之曰燕石札记。俟积稿清厘略竟,然后分类编次焉。学问之道无穷,浅陋如予,所述宁足观采。惟半生精力所在,不忍弃掷。千虑一得,冀或为并世学人效土壤细流之助而已。傥蒙进而教之,俾愚夫不至终宝其燕石则所深幸也。二十五年十月六日,武进吕思勉自识。

〔一〕 盘古考[①]

今世俗无不知有盘古氏者,叩以盘古事迹,则不能言,盖其说甚旧,故传之甚广,而又甚荒矣。

盘古故事,见于《五运历年记》者曰:"元气蒙鸿,萌芽兹始,遂分天地,肇立乾坤。启阴感阳,分布元气,乃孕中和,是为人也。首生盘古,垂死化身,气成风云,声为雷霆,左眼为日,右眼为月,四肢五体为四极五岳,血液为江河,筋脉为地里,肌肉为田土,发髭为星辰,皮毛为草木,齿骨为金石,精髓为珠玉,汗流为雨泽,身之诸虫,因风所感,化为黎甿。"据《绎史》卷一引。见于《述异记》者曰:"昔盘古氏之死也:头为四岳,目为日月,脂膏为江海,毛发为草木。秦汉间俗说:盘古氏头为东岳,腹为中岳,左臂为南岳,右臂为北岳,足为西岳。先儒说:盘古氏泣为江河,气为风,声为雷,目瞳为电。古说:盘古氏喜为晴,怒为阴。吴楚间说:盘古氏夫妻,阴阳之始也。今南海有盘古氏墓,亘三百余里,俗云:后人追葬盘古之魂也。桂林有盘古氏庙,今人祝祀。"据《汉魏丛书》本。《绎史》无末十一字。见于《三五历记》者曰:"天地混沌如鸡子,盘古生其中。万八千岁,天地开辟,阳清为天,阴浊为地。盘古在其中,一日九变。神于天,圣于

---

① 又名《盘古非磐瓠》。

地。天日高一丈,地日厚一丈,盘古日长一丈。如此万八千岁,天数极高,地数极深,盘古极长。后乃有三皇。"据《绎史》卷一引。案《厄泰梨雅优婆尼沙昙》(Aitareya Upanishad)云:"太古有阿德摩(Atman),先造世界。世界既成,后造人。此人有口,始有言;有言,乃有火。此人有鼻,始有息;有息,乃有风。此人有目,始有视;有视,乃有日。此人有耳,始有听;有听,乃有空。此人有肤,始有毛发;有毛发,乃有植物。此人有心,始有念;有念,乃有月。此人有脐,始有出气;有出气,乃有死。此人有阴阳,始有精;有精,乃有水。"《外道小乘涅槃论》云:"本无日月星辰,虚空及地,惟有大水。时大安荼生,形如鸡子,周匝金色。时熟破为二段:一段在上作天,一段在下作地。"《摩登伽经》云:"自在以头为天,足为地,目为日月,腹为虚空,发为草木,流泪为河,众骨为山,大小便利为海。"《五运历年记》、《三五历记》之说,盖皆象教东来之后,杂彼外道之说而成。《述异记》首数语,即《五运历年记》之说。秦汉间俗说亦同。此说疑不出秦汉间,任氏误也。至其所谓先儒说、古说、吴楚间说者,则皆各自为说,与上诸说不同。

《山海经·海外北经》云:"钟山之神,名曰烛阴。视为昼,瞑为夜。吹为冬,呼为夏。不饮,不食,不息;息为风。身长千里。在无脊之东。其为物,人面,蛇身,赤色,居钟山下。"《大荒北经》云:"西北海之外,赤水之北,有章尾山。有神,人面蛇身而赤。直目正乘,其瞑乃晦,其视乃明。不食,不寝,不息。风雨是谒。是烛九阴。是谓烛龙。"此二者即一事,皆谓其身生存,不谓已死,《述异记》所谓先儒说及古说者盖如此。《路史》谓:"荆湖南北,今以十月十六日为盘古氏生日,以候月之阴晴。"《初三皇纪》。可见《述异记》所谓古说者流传之久矣。至其所谓吴楚间说者,则盘古氏明有夫妻二人,与一身化为万有之说,尤厘然各别。

盘古即盘瓠之说,始于夏穗卿。见所作《古代史》。予昔亦信之,今乃知其非也。盘瓠事迹,见于《后汉书·南蛮传》,其说云:"昔高辛氏有犬戎之寇,帝患其侵暴,而征伐不克,乃访募天下:有能得犬戎之将吴将军头者,购黄金千镒,邑万家,又妻以少女。时帝有畜狗,其毛五采,名曰槃瓠。下令之后,槃瓠遂衔人头造阙下。群臣怪而诊之,乃吴将军首也。帝大喜。而计槃瓠不可妻之以女,又无封爵之道,议欲有报,而未知所宜。女闻之,以为帝皇下令,不可违信,因请行。帝不得已,乃以女配槃瓠。槃瓠得女,负而走。入南山,止石室中。所处险绝,人迹不至。于是女解去衣裳,为仆鉴之结,著独力之衣。帝悲思之,遣使寻求,辄遇风雨震晦,使者不得进。经三年,生子一十二人,六男六女。槃瓠死后,因自相夫妻。织绩木皮,染以草实。好五色衣服,制裁皆有尾形。其母后归,以状白帝。于是使迎致诸子。衣裳班兰,语言侏离;好入山壑,不乐平旷。帝顺其意,赐以名山广泽。其后滋蔓,号曰蛮夷。外痴内黠,安土重旧。以先父有功,母帝之女,田作贾贩,无关梁符传租税之赋;有邑君长,皆赐印绶,冠用獭皮。名渠帅曰精夫,相呼为姎徒。今长沙武陵蛮是也。"《水经·沅水注》与此说同而辞较略,云:"今武陵郡夷,即盘瓠之种落也。其狗皮毛,適孙世宝录之。"夏氏谓汉族古帝,踪迹多在北方,独盘古祠在桂林,墓在南海,疑本苗族神话,而汉族误袭为己有。案干宝《晋纪》,范成大《桂海虞衡志》,皆谓"岁首祭盘瓠,杂糅鱼肉酒饭于木槽,叩槽群号为礼"。《文献通考·四裔考》引。而今粤西岩峒中,犹有盘古庙,以旧历六月二日为盘古生日,远近聚集,致祭极虔;此予昔所以信夏氏之说也。由今思之,殊不其然。凡神话传说,虽今古不同,必有沿袭转移之迹,未有若盘古、槃瓠之说,绝不相蒙者。《后汉书注》云:"今辰州卢溪县西有武山。黄闵《武陵记》曰:山高可万仞。山半有槃瓠石室,可容数万人。中有石床,槃瓠行迹。《水经注》

云:"武水源出武山。水源石上,有槃瓠迹犹存矣。"今案山窟前有石羊石兽,古迹奇异尤多。望石窟,大如三间屋。遥见一石,仍似狗形,蛮俗相传,云是槃瓠像也。"《路史·发挥》云:"有自辰、沅来者,云卢溪县之西百八十里,有武山焉。其崇千仞。遥望山半,石洞罅启。一石貌狗,人立乎其旁,是所谓槃瓠者。今县之西南三十,有槃瓠祠,栋宇宏壮,信天下之有奇迹也。"《注》云:"黄闵《武陵记》云:山半石室,可容数万人,中有石床,槃瓠行迹。今山窟前石兽,石羊,奇迹尤多。《辰州图经》云:隍石窟如三间屋。一石狗形,蛮俗云槃瓠之像。今其中种有四:一曰七村归明户,起居饮食类省民,但左衽。二曰施溪武源归明蛮人。三曰山獠。四曰犵獠。虽自为区别,而衣服趋向,大略相似。土俗以岁七月二十五日,种类四集,扶老携幼,宿于庙下。五日,祠以牛羲酒鲞,椎鼓踏歌,谓之样。样,蛮语祭也。云容万人,循俗之妄。"自唐迄宋,遗迹依然,足见《后汉书》所谓槃瓠者,实仅指武山一种落。《后汉书》说虽荒唐,中实隐藏实事。如衣服,居处,语言,俗尚,及中国待之之宽典等。独力、仆鉴,盖其衣结之名。精夫之精,义虽难解,夫固汉族称长上之辞,如大夫,千夫是也。姎徒尤确为汉语。其事托之高辛者。楚之先,为高辛火正。楚与吴世雠。吴将军,盖本谓吴之将军。复以槃瓠狗种,称其人为犬戎,以冠吴将军上,遂若吴为其人之氏族矣。《公羊》言"楚王妻媚",同姓为昏,楚盖自有此俗。《广韵》獠字注引《山海经》云:"獠铅,南极之夷。尾长数寸。巢居山林。"今经无。《后汉书》述哀牢夷,亦云"衣皆著尾。濮之先,固亦在荆豫之域,《左氏》:"王使詹桓伯辞于晋曰:巴、濮、楚、邓,吾南土也。"昭公九年。又云"楚子为舟师以伐濮",是也。昭公十九年。将军,战国后语。金以镒计,封以户数,亦皆秦汉时制。然则槃瓠传说,盖起于楚,而经秦汉后人之改易,所指固不甚广,其原亦非甚古也。孰与夫盘古之说,东渐吴会,南逾岭表,且视为凡生民之始者哉？《路史》又谓会昌有盘古山；湘乡有盘古堡；零都有盘古祠；成都、淮安、京兆，皆有庙祀；又引《元丰九域志》，谓广陵有盘古冢庙；与所谓荆湖南北，以盘古生日候月阴晴者，固与槃瓠渺不相涉。《述异记》谓："南海中有盘古国，今人皆以盘古为姓。"则盘古亦自有种落，此当与南海之盘古墓、桂林之盘古祠有关。吴楚间盘古之说，盖亦同出一原。惟本夫妻二人，故有墓；若一身既化为万有矣，又何墓之有焉？岂闻创造天地万物之神，乃待以衣冠为冢者哉？然其与槃瓠之说，不可绳而为一，则又无待再计矣。

《路史》又引《玄中记》云："高辛时，犬戎为乱。帝曰：有讨之者，妻以美女，封三百户。帝之狗曰槃瓠，去三月，而杀犬戎，以其首来。帝以女妻之，不可教训，浮之会稽，东有海，中得地三百里封之。生男为狗，女为美人，是为犬封氏。《玄中》之书，《崇文总目》曰不知撰人名氏，然书传所引，皆云郭氏《玄中记》，而《山海经注》狗封氏事，与《记》所言一同，知为景纯。"罗氏因谓槃瓠之说，乃因《山海经》而讹。今案《海内北经》云："在昆仑墟北有人曰大行伯，把戈。其东有犬封国。"郭《注》云："昔槃瓠杀戎王，高辛以美女妻之，不可以训，乃浮之会稽东南海中，得三百里地封之。生男为狗，女为美人。是为狗封之民也。"又曰："犬封国曰犬戎国。状如犬。有一女子，方跪进杯食。有文马，缟身朱鬣，目若黄金，名曰吉量。乘之寿千岁。"《注》云："黄帝之后卞明，生白犬二头，自相牝牡，遂为此国，言狗国也。"郭《注》又云："《周书》曰：犬戎文马，赤鬣白身，目若黄金，名曰吉黄之乘。成王时献之。《六韬》曰：文身朱鬣，眼若黄金，项若鸡尾，名曰鸡斯之乘。《大传》曰：驳身朱鬣鸡目。《山海经》亦有吉黄之乘寿千岁者。惟名有不同，说有小错，其实一物耳。今博举之，以广异闻也。"《大荒北经》云："大荒之中，有山名曰融父山，顺水入焉。有人，名曰犬戎。黄帝生苗龙，苗龙生融吾，融吾生弄明，弄明生白犬，白犬有牝牡，是为犬戎。"《注》云："言自相配合也。"案郭注《海内北经》之犬戎，即本《大荒经》为说。《书大传》所云犬戎文马，即散宜生取之以献纣者，其为西北之国可知。《海内北经》"犬封国曰犬戎国"，曰上当有夺字。《经》本不以犬封、犬戎为一，《注》意尤皎然可明，谓其由一说传讹，似近武断。会稽海中，不知果有槃瓠传说否？即使有之，亦武山种落，播越在东，或则东野之言，辗转传布；要不容与盘古之说并为一谈也。

《路史》又引《地理坤鉴》云："盘古龙首人身。"《地理坤鉴》，非必可信之书，然小道可观，其言亦时有所本。《鲁灵光殿赋》曰："图画天地，品类群生。杂物奇怪，山神海灵，写载其状，托之丹青。千变万化，事各缪形。随色象类，曲得其情。上纪开辟，遂古之初。五龙比翼，人皇九头。伏牺鳞身，女娲蛇躯。"李善注："《列子》曰：伏羲、女娲，蛇身而人面。"又云："《玄中记》曰：伏羲龙身，女娲蛇躯。"画壁之技，必自古相传，匪由新创。古帝形貌，皆象龙蛇，则以文明肇启，实在江海之会也。会稽、南海，皆尊盘古，固其宜矣。是其年代，必远在高辛之前，安得与槃瓠之说并为一谈邪？

原刊一九三七年八月十一日《时事新报》副刊"古代文化"第二十一期；一九三九年四月改定，收入《古史辨》第七册

〔二〕古史纪年考

（上　篇）

《史记·三代世表》："太史公曰：'五帝三代之记尚矣。自殷以前，诸侯不可得而谱，周以来乃颇可著。孔子因史文，次《春秋》，纪元年，正时日月，盖其详哉！至于序《尚书》，则略，无年月。或颇有，然多阙，不可录。故疑则传疑，盖其慎也。余读《谍记》，黄帝以来，皆有年数。稽其《历》、《谱》、《谍》、《终始五德之传》，古文咸不同，乖异。夫子之弗论次其年月，岂虚哉？于是以《五帝系谍》、《尚书》，集世纪黄帝以来讫共和，为《世表》。'"此节所称古书，凡有五种：记一也。盖史籍之通名。谱二也。《十二诸侯年表》云："于是谱十二诸侯。"《索隐》引刘杳云："三代系表，旁行斜上，并效周谱。"此语本于桓谭，见《南史·王僧孺传》，《史通·表历篇》亦引之。则谱者表之旧体，表者谱之新名。郑康成作《诗谱》，亦用旁行斜上之体；后世所谓家谱者，虽非《周官》小史所职，然其体例，固当沿自先秦；而皆以谱名，可证也。谍三也。《说文·言部》："谍军中反间也。"义无所取。段懋堂《注》谓《大史公书》假谍为牒。案《片部》："牒札也。"亦书籍之通名，非谱录之专号。窃疑谍与叶同从枼声，故亦同可假为世字。大史公言《系谍》，正犹《周官》言《系世》也。"余读《谍记》"盖言读《世本》及《史记》。"于是以《五帝系谍》、《尚书》，集世纪黄帝以来讫共和，为《世表》。""集世纪"之世字，盖系衍文。观《索隐》释此句云"按《大戴礼》有《五帝德》及《帝系篇》,盖大史公取此二篇之《谍》及《尚书》,集而纪黄帝以来为《系表》"可见。《吕不韦列传》云:"使其客人人著所闻,集论以为《八览》、《六论》、《十二纪》。"集论集纪,语法正同也。历四也。《十二诸侯年表》云:"大史公读《春秋》、《历》、《谱谍》。"又曰:"汉相张苍,历谱五德。"又曰:"历人取其年月。"盖以历法考古史之年月,即张寿王、刘歆等所用之法也。终始五德之传,五也。此即《十二诸侯年表》所谓"数家隆于神运"者。《汉书·律历志》言安陵梧育治《终始》,言黄帝以来三千六百二十九岁。盖治《终始》者必言帝王嬗代,因亦考究及其年数矣。五家所说,盖俱不足凭,故孔子序《尚书》,弃而弗取,而史公亦守其法,纪年断自共和也。

《韩非·说难》云:"《记》曰:'周宣王以来,亡国数十,其臣杀君而取国者众矣。'"独言宣王以来,知厉王以前,史记存者已少也。故共和当为古史存亡一大界。《诗谱》云:"夷,厉以上,岁数不明,"则据《大史公书》为说也。

《自序》云:"维三代尚矣,年纪不可考。盖取之《谱谍》旧闻。本于兹,于是略推,作《三代世表》第一。幽厉之后,周室衰微,诸侯专政。春秋有所不纪,而《谱谍》经略。五霸更盛衰。欲睹周室相先后之意,作《十二诸侯年表》第二。"可见《世表》、《年表》之成,有资于《谱谍》者甚多;而共和以前,年代无考,亦愈可见矣。

《晋世家》云:"靖侯以来,年纪可推。自唐叔至靖侯五世,无其年数。"《汉书·律历志》言:"《春秋》殷历,皆以殷鲁自周昭王以下无年数,故据周公伯禽以下为纪。"此即所谓"自殷以前,诸侯不可得而谱,周以来乃颇可著"者。其年代,亦或出共和以前。然史公不为之表者,盖以可著之国大少;抑《秦本纪》与《年表》,既已不同;而《始皇本纪》后重叙秦先君立年,又相乖异;即一国所传,其抵牾不可合如此,况众国哉?史公不为之表,亦所谓疑则传疑也。

（中　篇）

史家年纪，虽始共和，然自尧舜以降，历年大略，儒家固犹能言之。《孟子·公孙丑下篇》曰："五百年，必有王者兴。""由周而来，七百有余岁矣。"《尽心下篇》曰："由尧舜至于汤，五百有余岁。""由汤至于文王，五百有余岁。""由文王至于孔子，五百有余岁。""由孔子而来，至于今，百有余岁。"二说相合。上溯止于尧舜，盖《尚书》之传也。《韩非子·显学篇》云："殷周七百余岁，虞夏二千余岁。而不能定儒墨之真，今乃欲审尧舜之道于三千岁之前，意者其不可必乎？"七百余岁，实但指周，而兼言殷者，古人足句圆文之例。先言虞夏二千余岁，后言尧舜在三年（千）岁前者，余二千即言三千，亦古人语法如是；抑三当为二，字之误也。其言尧舜至周，历年较孟子少长，然上溯同止于尧舜，则知年代可知，略始于此。删书断自唐虞，固非无因而然也。

刘歆以历法推古年岁：唐七十，虞五十，夏四百三十二，殷六百二十九，周八百六十七，凡二千有四十八岁。后汉安帝时，尚书令忠，訾其"横断年数，损夏益周，考之表纪，差缪数百"。见《续汉书·律历志》。杜预、何承天，亦皆议其术之疏。见《续汉书注》。然其数与孟子所言，相去初不甚远。由其所据皆儒家言也。张寿王、李信治黄帝调历，言黄帝至元凤三年六千余岁；宝长安、单安国、栖育治终始，言黄帝以来三千六百二十九岁；则相去甚远，不可合矣。《汉志》言寿王移帝王录；舜禹年岁不合人年。又言化益为天子，代禹。骊山女亦为天子，在殷周间。盖其所据，乃史公所谓言不雅驯者，无怪其与儒书不可合也。然所谓"古文咸不同乖异"者，则可见一斑矣。

以儒家言与百家言相较，儒家所言，似近信史。然如孟子所言，亦辜较之辞耳,其详不可得而闻也。帝王年代,散见《尚书》者:《尧典》言尧在位七十载而咨四岳。举舜之后,二十八载乃殂落。又言:"舜生三十征庸,二十在位,五十载陟方乃死。"《无逸》言殷中宗之享国,七十有五年。高宗五十有九年。祖甲三十有三年。自时厥后,罔或克寿,或十年,或七八年,或五六年,或四三年。文王受命惟中身,厥享国五十年。《洛诰》言:"惟周公诞保,文武受命,惟七年。"《吕刑》言穆王享国百年。皆史公所谓"或颇有"者也。史记言尧立七十年得舜。二十年而老,令舜摄行天子之政,荐之于天。尧辟位凡二十八年而崩。舜年二十以孝闻。年三十,尧举之。年五十,摄行天子事。年五十八,尧崩。年六十一,代尧践帝位。践帝位三十九年,南巡狩,崩于苍梧之野。《五帝本纪》。西伯盖即位五十年。诗人道西伯:盖受命之年,称王而断虞芮之讼;后七年而崩。周公行政七年,反政成王。《周本纪》。皆与《尚书》合:故知史公全用《书》说。

《史记》言武王即位,修文王绪业。九年,上祭于毕。东观兵,至于盟津。还师归。居二年,东伐纣,克殷。后二年,问箕子。此即《洪范》所谓"惟十有三祀,王访于箕子"者。下云:"武王病,天下未集,群公惧,穆卜。周公乃祓斋,自为质,欲代武王。武王有瘳。后而崩。"此后字,盖指十四年。则与《书》"文武受命惟七年"合,与《管子·小问》"武王伐殷,克之,七年而崩"亦合。《封禅书》曰"武王克殷二年,天下未宁而崩",乃约略之辞。正不必如疏家曲解,谓武王之七年,乃并文王崩之岁计之也。

古人言语,多举成数。非必不知其确数,盖当时语法然也。高宗享国五十有九年,《史记·鲁世家》作五十五,二者必有一误。若《汉石经》残碑作百年,则以成数言之。盖汉师传经,于此等处,犹不甚计较也。《后汉书·郎𫖮传注》引《帝王世纪》曰:"高宗养国五十有九年,年百岁也。"则强合二说为一。《生民诗疏》云:"《中候握河纪》云:'尧即政七十年受《河图》。'注云：'或云七十二年。'"纬书多用今说，盖七十年为经文，七十二年则经说也。

《吕览·制乐篇》云："文王在位五十一年。"《韩诗外传》卷三云："文王即位八年而地动，已动之后四十三年，凡莅国五十一年而终。"说亦必有所本。

古人于帝王年寿，与其在位年数，似不甚分别。《书》言文王受命惟中身，盖以其享国年数言之；为西伯七年而受命，受命七年而崩。厥享国五十年，则以其年寿言之。武王既克殷，西归，至于周，告周公曰："自发未生，于今六十年。"《史记·周本纪集解》："徐广曰：此事出《周书》及《随巢子》。"案见今《周书·度邑篇》。盖自文王生时起数，然则文王年不过五十左右；武王伐殷，当年三十余；其崩，亦不过四十。《中庸》言"武王末受命"，亦据其在位之年言之，非据其年寿言也。周公摄政时，年亦不满四十。如是，则于殪戎殷及东征，情事皆合。若信《大戴礼记》文王十五生武王；《小戴礼记》文王九十七而终，《毛诗》亦云文王九十七而终。武王九十三而终之说，则文王崩时，武王年八十三，克殷时年八十七；周公为武王同母弟，武王年九十三而崩，周公极少亦当余七十，而犹能诛纣伐奄，有是理乎？《无逸》历举殷先哲王之寿考者，以歆动成王，而于武王之克享遐龄，顾不之及，有是理乎？《无逸》历举大王、王季、文王，而惟言文王享国五十年，于武王则不之及，明大王、王季，并寿命不长，武王运祚尤促也。

尧立七十年得舜，盖亦以其年寿言之，辟位凡二十八年而崩，则尧年九十八。若如《中候握河纪》之说，言七十实七十二，则尧年适百岁。舜年六十一践帝位，践帝位三十九年而崩，三十九年，盖自践帝位之翼年起计，古人自有此除本计法。如是，舜年亦适百岁。《绎史》引皇甫谧言伏牺、黄帝、少昊在位皆百年，神农百二十，颛顼七十八，帝喾七十。未知何据。牺、农、黄帝、少昊皆成数，帝喾亦可云成数,颛顼独不然。然《史记·五帝本纪集解》、《艺文类聚》九,《太平御览》七十九引《世纪》并同。帝喾,《集解》、《类聚》引亦同,《御览》八十引作七十五,又引陶弘景云六十三,《路史》后纪亦作六十三。七十八加六十三,更加挚九年,凡百五十,盖合三人为成数也。《大戴记·五帝德》:"宰我问于孔子曰:'昔者予闻诸荣伊:黄帝三百年。请问黄帝者,人邪?抑非人邪?何以至于三百年乎?'孔子曰:'生而民得其利百年,死而民畏其神百年,亡而民用其教百年,故曰三百年。'"《文王世子》:"文王谓武王曰:'我百,尔九十,吾与尔三焉。'"皆以其年为本百岁。然则古者帝王在位久者,皆以百年为言,仍是举成数之习;特其所谓成数者,乃百而非十,在后世语言中少见,人遂从而怪之耳。《尚书》之言尧舜,盖先亿定其年为百岁,然后以事迹分隶之。古者三十而有室,四十曰强仕,过三十即可言四十,故舜以三十登庸。相尧亦历一世,中苞居丧二年,则践位必六十一。除本计之,则在位三十九年;自摄政之初数之则五十;而尧之举舜,不得不在七十时矣。然如此,则尧年止九十八,故又有如《中候》之说,以七十为七十二也。说虽纷岐,董理之,固可微窥其本。《尚书余论》云:"《太平御览·皇王部》引《帝王世纪》:'舜年八十一即真,八十三而荐禹,九十五而使禹摄政。摄五年,有苗氏叛,南征,崩于鸣条。'"马氏《绎史》引《世纪》:"'舜以尧之二十一年甲子生,三十一年甲午征用,七十九年壬午即真,百岁。'诞妄无足辨。"案其以某事隶某年不可信,其百岁之说,仍有所据也。然则尧舜以前,帝王年岁,盖全不足据。惟运祚短促者,亦必无百岁之名,则凡有百岁之说者,仍可以是而决其运祚之非促耳。

殷中宗享国年数,恐亦据其寿命言。何者?中宗雍己弟,雍己小甲弟,兄弟三人更王,即令两兄皆短祚,中宗践位时,亦必非甚少,更阅七十五年,年必将近百岁。此固非人所无,然古言帝王年寿,与其在位年数,既多相悬,则中宗享国年数,谓系据其年寿,究较近情。

祖甲,高宗,享国年数,皆近情实,或真系在位之数也。祖甲,今文以为大甲,此与年岁无关,可以勿论。

《周本纪》言"穆王即位,春秋已五十矣",又言"穆王立五十五年崩",则穆王之年,当百有五。此亦非人所无。《伪孔传》云:"穆王即位,过四十矣。"《疏》云:"不知出何书。"案《伪传》多同王肃,肃说或用今文,此言亦必有本。然则穆王之年,仅九十余耳。《吕刑》言幼子童孙,亦可见穆王之老寿。又厉王立三十年用荣夷公,三十四年,告召公能弭谤。三年而国人相与叛袭王。此三年,不知并三十四年计之?抑自三十五年起计?然相差不过一年,总可云有确实年纪者。史事固弥近弥详也。

文王受命七年而崩,经师无异说也。刘歆凿空以为九年。贾逵、马融、王肃、韦昭、皇甫谧皆从之。见《诗文王疏》。盖以《周书文传》有"文王受命之九年,在鄗召大子发"之语云然。此因文王崩时,武王秘丧伐纣,后复自讳其事,致后人误将文王之死,移后二年也。别见《惟周公诞保文武受命惟七年》条。

《论衡·年寿》曰:"儒者说曰:'大平之时,人民侗长,百岁左右,气和之所生也。'《尧典》曰'朕在位七十载',求禅得舜。舜征三十岁。在位尧退而老,八岁而终。至殂落,九十八载。未在位之时,必已成人。今计数百有余矣。又曰'舜生三十征用,二十在位,五十载陟方乃死',适百岁矣。文王谓武王曰:'我百,尔九十,吾与尔三焉。'文王九十七而薨,武王九十三而崩。周公,武王之弟也。兄弟相差,不过十年。武王崩,周公居摄七年,复政退老,出入百岁矣。召公,周公之兄也。至康王之时,尚为大保,出入百有余岁矣。圣人禀和气,故年命得正数。气和为治平,故大平之世多长寿人。百岁之寿,盖人年之正数也。犹物至秋而死,物命之正期也。物先秋后秋,则亦如人死或增百岁,或减百也。先秋后秋为期,增百减百为数。物或出地而死,犹人始生而夭也。物或逾秋不死,亦如人年多度百至于三百也。传称老子二百余岁。召公百八十。高宗享国百年,周穆王享国百年,并未享国之时,皆出百三十四十岁矣。"此节推论,殊未得古代传说真相,仲任固多野言。然古人论事,多杂己意,而不求其真,则于此可见。其于人寿,挟一百年为正数之成见,亦于此可见也。

(下 篇)

古人言数,虽不审谛,未有矫诬夸诞之说也。自谶纬兴,乃自历元以后,悉妄造古帝王年代以实之,而不合人年之弊大起矣;然其说又相抵牾;不可不一理而董之也。

《广雅·释天》云:"天地辟设,人皇已来,至鲁哀公十有四年,积二百七十六万岁。分为十纪:曰九头,五龙,摄提,合雒,连通,序命,循蜚,因提,禅通,流讫。"《书序疏》云:"《广雅》云:自开辟至获麟,二百七十六万岁,分为十纪,则大率一纪二十七万六千年。十纪者:九头一也,五龙二也,摄提三也,合雒四也,连通五也,序命六也,循蜚七也,因提八也,禅通九也,流讫十也。"《校勘记》云:"流讫,毛本改疏仡。"案《广雅》作流记,王念孙校改为疏讫。《广雅注》引《帝王世纪》曰:"自天地辟设,人皇以来,迄魏咸熙二年,凡二百七十二代,积二百七十六万七百四十五年。"案七百四十五,为自获麟之翼年至咸熙二年年数。司马贞补《三皇本纪》云:"《春秋纬》称自开辟至于获麟,凡三百二十七万六千岁。分为十纪:凡世七万六百年。当作纪卅七万七千六百年。"一曰九头纪,二曰五龙纪,三曰摄提纪,四曰合雒纪,五曰连通纪,六曰序命纪,七曰修飞纪,八曰因提纪,九曰禅通纪,十曰流讫纪。二说十纪之名相同,而年数互异。案《续汉书·律历志》,载灵帝熹平四年,蔡邕议历法,谓"《元命苞》,

〔二〕古史纪年考　17

《乾凿度》,皆以为开辟至获麟,二百七十六万岁";《诗·文王疏》引《乾凿度》,谓"入天元二百七十五万九千二百八十岁"文王以西伯受命;则《广雅》实据《元命苞》、《乾凿度》以立言。《路史余论》引《命历序》,谓"自开辟至获麟,三百二十七万六千岁",则《三皇本纪》所本也。《汉书·王莽传》:"莽改元地皇,从三万六千岁历号也。"莽子临死,莽赐之谥,策书曰:"符命文,'立临为统义阳王'。此言新室即位三万六千岁后,为临之后者,乃当龙阳而起。"《后汉书·隗嚣传》:"移檄郡国,言莽'矫托天命,伪作符书,下三万六千岁之历,言身当尽此度'。"即指此。三百二十七万六千者,三万六千与九十一相因之数,则《命历序》实据莽所下历。《三皇本纪》又云:"天地初立,有天皇氏,十二头,立各一万八千岁。地皇十一头,亦各万八千岁。人皇九头,凡一百五十世,合四万五千六百年。"《注》云:"出《河图》及《三五历》。"案三统历以十九年为章,四章七十六年为蔀,二十蔀千五百二十年为纪,三纪四千五百六十年为元。两"万八千"合为三万六千;四万五千六百,则一元十倍之数;盖一据三统历,一据莽所下历。人皇兄弟九头,而《广雅·年纪》,始自人皇;十纪之名,一曰九头;明司马氏所称天皇、地皇,与其所称人皇,原本非一。《绎史》引《三五历记》云:"天地混沌如鸡子,盘古生其中。万八千岁。天地开辟,阳清为天,阴浊为地。盘古在其中,一日九变。神于天,圣于地。天日高一丈,地日厚一丈,盘古日长一丈。如此万八千岁,天数极高,地数极深,盘古极长。"亦合两"万八千岁"为三万六千,盖小司马所称天皇、地皇出《三五历》,人皇本《河图》也。参看《纬书三皇之说》条。

《绎史》又引《春秋元命苞》云:"天地开辟,至《春秋》获麟之岁,凡二百二十六万七千年。分为十纪:其一曰九头纪,二曰五龙纪,三曰摄提纪,四曰合雒纪,五曰连通纪,六曰叙命纪,七曰循蜚纪,八曰因提纪，九曰禅通纪，十曰疏仡纪。"纪名与《广雅》、《三皇本纪》同，而年数又异。与《续志》所载《元命苞》之言不符，恐不足据。

《三皇本纪》云："盖流讫当黄帝时，制九纪之间。"案《礼记·祭法正义》云："《春秋命历序》：'炎帝号曰大庭氏，传八世，合五百二十岁。黄帝一曰帝轩辕，传十世，二千五百二十岁。次曰帝宣，曰少昊，一曰金天氏，则穷桑氏，传八世，五百岁。次曰颛顼，则高阳氏，传二十世，三百五十岁。次是帝喾，传十世，四百岁。'"《诗·生民疏》云："郑信谶纬，以《命历序》云：'少昊传八世，颛顼传九世，帝喾传十世。'"《左氏》文公十八年疏云："颛顼传九世，帝喾传八世。"均与《祭法正义》不同，未知孰是。合仅四千二百九十年，黄帝传二千五百二十岁，《校勘记》云"二千，闽本、宋本作一千"，则更少千岁。加以帝尧至获麟，安能盈一纪之数？《列子·杨朱篇》云"大古至于今日，年数固不可胜纪，但伏牺以来三十余万岁"，其言似有所本。疑《命历序》之流仡纪，当以伏牺为始也。

《礼记》标题下《正义》云："《易纬通卦验》云：'天皇之先，与乾曜合元。群有五期，辅有三名。'"注云："君之用事，五行代王，代字从今本《通卦》验增。亦有五期，辅有三名，公卿大夫也。"又云："遂皇始出握机矩。"《注》云："遂人，在伏牺前，始王天下也。"则郑以天皇为上帝，五期之君为五帝继天立治，实始人皇，与《广雅》同。《三五历》天皇地皇之说，非其所有也。《正义》又云："《六艺论》云：'遂皇之后，历六纪九十一代至伏牺'；谯周《古史考》，'燧人次有三姓至伏牺'；其文不同，未知孰是。或于三姓而为九十一代也。方叔玑注《六艺论》云：'六纪者：九头纪，五龙纪，摄提纪，合洛纪，连通纪，序命纪，凡六纪也。九十一代者：九头一，五龙五，摄提七十二，合洛三，连通六，序命四，凡九十一代也。'但伏牺之前，及伏牺之后，年代参差，所说不一。纬候纷纭，各相乖背；且复烦而无用；今并略之。"如《六艺论》之说,则自伏牺至获麟,尚有四纪,凡百十万四千年,较列子之说更长矣。谯周之说,见于《曲礼正义》,云:"伏牺以次有三姓,始至女娲。女娲之后五十姓至神农。神农至炎帝,一百三十三姓。"《曲礼正义》又引《六艺论》云"燧人至伏牺一百八十七代",又与标题下所引不同。又引宋均注《文燿钩》曰:"女娲以下至神农七十二姓。"

《书疏》引《雒师谋注》云:"数文王受命至鲁公末年,三百六十五岁。"又云:"本唯云三百六十耳。学者多闻周天三百六十五度,因误而加。遍校诸本,则无五字也。"案《乾凿度》谓入天元二百七十五万九千二百八十岁而文王受命,若益三百六十岁,更益春秋二百四十二年,仅得二百七十五万九千八百八十二年,较二百七十六万年,尚少百十八,则《雒师谋注》与《乾凿度》不同。依《乾凿度》,文王受命,当在春秋前四百七十八岁也。若依《世经》,则文王受命九年而崩;武王即位十一年;周公摄政七年;其明年,为成王元年,命伯禽俾侯于鲁;伯禽至春秋,三百八十六年;文王受命,在春秋前四百十三年也。

《史记·十二诸侯年表集解》引徐广曰:"自共和元年,岁在庚申,讫敬王四十三年,凡三百六十五年。共和在春秋前一百十九年。"又《周本纪集解》引徐广曰:"自周乙巳至元鼎四年戊辰,一百四十四年,汉之九十四年也,汉武帝元鼎四年封周后也。"案《六图表》,起周元王,讫秦二世,凡二百七十年,元王元年,至赧王五十九年乙巳,凡二百二十一年。依《史记·年表》,共和至赧王,凡五百八十六年;至汉武帝天汉四年,则七百四十五年也。张守节《正义论史例》云:"大史公作史记,起黄帝;高阳,高辛,唐尧,虞舜,夏,殷,周,秦;讫于汉武帝天汉四年,合二千四百一十三年。"张氏此言,自共和以后,当以《史记》本书为据。共和以前,除舜在位三十九年,见于本书外,《集解》引皇甫谧:"黄帝百,颛顼七十八,喾七十,挚九,尧九十八。"又引《竹书纪年》谓："夏有王与无王，用岁四百七十一年。""自汤灭夏，以至于受，用岁四百九十六年。"《正义》引《竹书》曰："自盘庚徙殷，至纣之灭，七百七十三年。"七百之七，当系误字。周"自武王灭殷，以至幽王，凡二百五十七年"。《正义》皆无异说，亦未尝别有征引，似当同之。若依此计算：则自黄帝至周幽王，合一千六百一十八年；东周以下，依《史记》本书计算，至天汉四年，共六百七十四年；合共二千二百九十二年，校二千四百一十三，尚少一百二十一，未知张氏何所依据也。又《水经·瓠子何注》："谓成阳尧妃祠，有汉建宁五年成阳令管遵所立碑，记尧即位至永嘉三年，二千七百二十有一载。"《北史·张彝传》，言"彝上《历帝图》。起元庖牺，终于晋末，凡十六代，一百二十八帝，历三千二百七十年"。亦未知其何据。

《竹书》出于汲冢，所记即未必信，究为先秦古书也。然此书真本，恐无传于后；唐人所据，已为伪物，更无论明人所造矣。何也？魏史必出于晋，晋史于靖侯以前，已不能具其年数，顾能详三代之历年，岂理也哉？况晋又何所受之与？受之周与？周何为秘之，虽鲁号称秉周礼者，亦不得闻，而独以畀之唐叔也？且韩亦三晋之一也，何以韩非言唐虞以来年数，其不审谛，亦与孟子同也？岂魏又独得之晋与？然魏人亦未有能详言古代年数者？岂晋史又閟之生人，而独以藏诸王之冢中与？于情于理，无一可通。故《竹书》而有共和以前之纪年，即知其不可信，更不必问其所纪者如何也。

即就其所纪者论之其伪仍有显然可见者。《路史》引《易纬稽览图》曰："夏年四百三十一，殷年四百九十六。"此为造《竹书》者所本。其改夏年为四百七十一者？亿谓羿之代夏，凡四十年，故云有王与无王也。云"西周二百五十七年"者？《汉书·律历志》云："春秋殷历，皆以殷鲁自周昭王以下亡年数，故据周公、伯禽为纪。"《律历志》谓伯禽四十六年自此以下，依《史记·鲁世家》：考公四，炀公六，幽公十四,魏公五十,厉公三十七,献公三十二,慎公三十,武公九,懿公九,伯御十一,至孝公之二十五年,而犬戎杀幽王,凡二百七十三年。作《竹书》者,谓启杀益,大甲杀伊尹,盖抹去周公摄政之七年。更益武王二年,则二百七十五。今本作五十七,盖七五二字互讹也。辗转推寻,皆可得其所本,尚可信为真古物哉?

原刊《古史辨》第七册,一九三九年四月改定

〔三〕古史时地略说上

古史者，史之阙误最甚者也，得史前史以相证补，为益可谓弘多。然史前史之年代，远较古史为长；其地域，亦远较古史为广；不审所欲补证者，略在何时何地，而贸然引古迹以相明，则谬矣。如今人或以周口店之遗迹与伏羲氏事相傅会是也。然则欲治古史，不可不先审其所述者略为何时何地之事明矣。然一言及此，人必以为甚难，以古史所述，二者皆极茫昧也。

试论其时。最使人遑惑者，为其所说年代之长。《广雅·释天》曰："天地辟设，人皇以来，至鲁哀公十有四年，积二百七十六万岁，分为十纪。"司马贞《补三皇本纪》曰："《春秋纬》称自开辟至于获麟，凡三百二十七万六千岁，分为十纪。"岂不使人惊怖其言，若河汉而无极？今案将古史年代说至极长者，其说皆出纬候；而其所借资者，则为历法。《续汉书·律历志》载灵帝熹平四年蔡邕议历法：谓《元命苞》、《乾凿度》皆以为开辟至获麟二百七十六万岁。三统历以十九年为章，四章七十六年为蔀，二十蔀千五百二十年为纪，三纪四千五百六十年为元。二百七十五万九千二百八十者，一元与六百十三相因之数。《路史·余论》引《命历序》，谓自开辟至获麟三百二十七万六千岁。《汉书·王莽传》：莽改元地皇，从三万六千岁历号也。三百二十七万六千者，三万六千与九十一相因之数也。盖是时之人,以一切演进之迹,皆为两间自然之运,而古书述诸演进之迹者,悉傅诸帝王一人之身,纬说好为侈大,乃借资历法,假设一天地辟设之年。而以古书中诸帝王分隶其后,则其历时不得不极长。如《礼记》大题《正义》引《易纬通卦验》云:"遂皇始出握机矩。"注云:"遂人在伏羲前,始王天下也。"又引《六艺论》云:"遂皇之后,历六纪九十一代至伏羲。"谯周《古史考》:"遂人,次有三姓至伏羲。"《曲礼正义》引谯周云:"伏羲以次,有三姓始至女娲,女娲之后五十姓至神农,神农至炎帝一百三十三姓。"《祭法正义》又引《命历序》云:炎帝传八世,合五百二十岁;黄帝传十世,二千五百二十岁;《校勘记》云:"监、毛本同,闽本二千作一千,惠栋校宋本同。"少昊传八世,五百岁;颛顼传二十世,三百五十岁;帝喾传十世,四百岁;则是物也。知其所由来,则知此说原属假设,本不能据为典要,亦无人据为典要,可以置诸不论也。此说虽荒唐,亦有一用处,树立古史纪年之法是也。史有确实之纪年甚迟,而治古史者所欲求则甚远,不必史前史,即昔人之所著,其去确实之纪年亦远矣。以确实之纪年为元,自此以前,不得不逆计,究极不便。假设一较远之年为元,则此弊免矣。

古史所言古人年寿,亦不足据。《大戴记·五帝德》:"宰我问于孔子曰:昔者予闻诸荣伊言:黄帝三百年,请问黄帝者人邪?抑非人邪?何以至于三百年乎?孔子曰:生而民得其利百年,死而民畏其神百年,亡而民用其教百年。"荣伊之言,固不近情;孔子之言,亦岂中理?今案古人述人事迹,大抵先定其寿为百年,乃以其事分隶之。《史记·五帝本纪》言:"尧立七十年得舜,辟位凡二十八年而崩。""舜年二十以孝闻。年三十,尧举之。年五十八,尧崩。年六十一,代尧践帝位。践帝位三十九年,南巡狩,崩于苍梧之野。"古四十而仕,过三十即可言四十,故舜以三十登庸。相尧历一世,中苞居丧二年,则践帝位必六十一。自其翼年起计,在位三十九年,适百岁也。然如此，则尧只得九十八，故又有为之弥缝者。《诗·生民疏》引《中候握河纪》云"尧即政七十年受河图。《注》云或云七十二年"是也。此举其立说最密者，余类此者尚多。《书·无逸》言殷高宗享国五十有九年，《石经》残碑作百年。《吕刑》言穆王享国百年，《史记·周本纪》云："穆王即位春秋已五十矣。"又云："穆王立五十五年崩。"言百年者皆旧说也。《礼记·文王世子》：文王谓武王曰："我百，尔九十，吾与尔三焉。"亦以文王之年为百岁也。此盖古人好举成数之习？《汉书·律历志》讥张寿王言舜、禹年岁不合人年，此亦不免焉。然较诸纬说之弘大不经，相去已不可以道里计矣。

　　史事不能臆说，亦不能凭记忆以约略言之，故前二说皆不足用。求可信者，必资记载。记载为史官之职。古代史籍传诸后世，可为考校年代之资者，"谱谍独记世谥"，《史记·十二诸侯年表》语。为用最微。记言之史，或具一事之年月，而前后不能贯串。惟记事之史，多用编年之体，有历时甚久者，传之于后。古史之年代，固可大详，即或不然，亦可以诸国之史，互相校补，其为用诚甚大也。《汉书·律历志》曰："《春秋》、《殷历》，皆以殷、鲁自周昭王以下无年数，故据周公、伯禽为纪。"即以各国之史互相校补也。《史记·六国表》曰："秦既得意，烧天下《诗》、《书》，诸侯史记尤甚，为其有所刺讥也；《诗》、《书》所以复见者，多藏人家，而史记独藏周室，以故灭。惜哉！惜哉！"此周室二字，当苞诸侯之国言，乃古人言语以偏概全之例；非谓周室能遍藏各国之史也。秦人焚书，于凡《诗》、《书》，关系实浅。自汉以降，更无祖龙，而诸史《艺文》、《经籍志》所载之书，皆佚多存少，果何往哉？惟史记在秦时为官书，使无祖龙之焚，汉代所存，决不止此。考证之方，愈后愈密，史籍之存者多，古史年代之详明，亦必不止如今日矣，诚可惜也。《史记·三代世表》曰："自殷以前诸侯不可得而谱，周以来乃颇可著。"此所据者为谱谍。又曰："孔子因史文次《春秋》，纪元年，正时日月，盖其详哉。"此所据者，为编年之史。又曰："至于序《尚书》则略，无年月；或颇有，然多阙，不可录。故疑则传疑，盖其慎也。"此所据者,则记事之史也。《史记》纪年起于共和,早于《春秋》所托始者百十有九年。《韩非子·说难》曰:"《记》曰:周宣王以来,亡国数十,其臣弑君而取国者众矣。"《记》谓史记,云周宣王以来,盖所见者止此。宣王元年,后于共和者十有四年。足见诸家所考得之年代,大略相近,然非此之外遂无可考也。《三代世表》又曰:"余读谍记,黄帝以来皆有年数。稽其历谱谍终始五德之传,古文咸不同,乖异。夫子之弗论次其年月,岂虚哉?"此即《十二诸侯年表》所谓"历人取其年月,数家隆于神运,谱谍独记世谥"者。谱谍即《世表》所著。数家隆于神运,《表》言"汉相张苍,历谱五德",是其一事。历人取其年月,若张寿王者即其一人。其所言者固未必可信,然合多种记载,以天象人事互相校勘而求其年,其法固不可谓误。不能因用之者之不善,并其法而抹杀之。安得谓夫子所弗论次者,遂终于不可论次哉?刘歆所作《世经》,盖用此法之较善者,观其所言与古人所传之都数略相符合可知。《孟子·公孙丑》下篇曰:"五百年必有王者兴","由周而来七百有余岁矣。"《尽心》下篇曰:"由尧、舜至于汤,五百有余岁;由汤至于文王,五百有余岁;由文王至于孔子,五百有余岁;由孔子而来,至于今,百有余岁。"《韩非子·显学》篇曰:"殷、周七百余岁,虞、夏二千余岁。"乐毅报燕惠王书称昭王之功曰:"收八百岁之畜积。"其说皆略相符合。古人言数,固不审谛,然于其大致,则众相传,必不致大谬也。然则其所推得唐七十、虞五十、夏四百三十、殷六百二十九、周八百六十七,合二千有四十六年者,与实际相去,必不能甚远也。《续汉书·律历志》:安帝时,尚书令忠,訾歆横断年数,损夏益周,考之表纪,差缪数百。此不必非歆之误,然论无纪年之古史,而所差不过数百,已不为大误矣。

然即谱谍亦非绝不足用。何者?人寿长短,自有定限,苟能知其世次之相承,自可推见其年岁之大略,此《世表》所由作也。古代列国谱谍已多无存,故《世表》所次,仅在共主。以后世之事况之,自夏以后，犹元自仁宗以后也；五帝之世，则自成吉思汗至武宗之比也；自此以前诸帝王，则如哈不勒、忽都剌之偶一出现矣。但知哈不勒、忽都剌，诚无从推测其年代；自成吉思汗至武宗，则虽纪年之史料尽亡，仍可据人寿之定限，以为推测之资也。亿定人寿为百年，诚不可信。然所假定为百年者，其寿及其执政之时，均不能甚短，则理无可疑。然则黄帝、高阳、高辛三世，假定其在位之年各为古人所谓一世，似不嫌多，然则三帝合为九十年，以与二千又四十八年相加，凡得二千一百三十八。自此以上，帝王之名，多出谶纬既兴之后，有无殊不可知。即谓可信其有，亦或同时并立，而非前后相承，古各地方演进之深浅不同，故其人之见解新旧亦互异。如许行见解即甚陈旧。盖其所为之神农之言，流行于僻陋之区也。使非见于孟子书，著于孟子与其弟子辩论之语，人将疑其不出战国时矣。然则儒家所言三代之法，夏不必不出于杞，商不必不出于宋，周不必不出于鲁，亦或同时并立，非必前后相承也。诚以阙疑为是。然其事迹符合于社会演进之序者，其人亦决非子虚。儒家以遂人、伏羲、神农为三皇，而韩非子以有巢氏与遂人氏并举，《五蠹》。《庄子·盗跖篇》以知生之民与有巢氏之民并举，"知生"亦即遂人氏也。于行事当有所见，则亦哈不勒、忽都剌之比矣。其人不必同部，然究非如五帝之身相接，则更延长其所占之年，谓其各历百年，亦不为过，则合二千一百三十八年，当得二千五百三十八年矣。自周之亡至于今，又历二千二百有余岁。然则谓中国古史，始于距今四千五百年至五千年之间，虽不中，当不远也。

论地域亦有大略可言。东西洋之文明，缘起与传播皆异。西洋开化，起于欧、亚、非三洲之交，幅员较广，地形亦较错杂，故其文化亦多端。希腊、希伯来之异辙，即其显而易见者也。东洋则中国，盖其缘起于江河下流，幅员较小，地形亦较画一。故论中国文明肇基何地乎，溯诸邃古殊难质言，若求诸四五千年之前，则初不难断。人事可以亟更,法俗不能骤变。古代风俗:食以鱼与植物为主;衣以麻、丝,裁制宽博;居则以上栋下宇,革陶复陶穴之风;钱币以贝为主;宗教敬畏龙蛇;皆足证其起于巨川下流与海交会之地,此固世界各国之所同也。古帝王都邑之可考者,始于黄帝邑于涿鹿之阿。以史称其与炎帝战于阪泉,又与蚩尤战于涿鹿,有战事相证,非如泛言丘邑、陵墓者,可以信口开河也。涿鹿、阪泉,实即一役;蚩尤、炎帝,亦即一人;予别有考。论其地,则服虔谓在涿郡,张晏、皇甫谧谓在上谷,《史记·五帝本纪集解》引。皆以汉世郡县名相附会,不足据。纣都朝歌,其游乐之地在于沙丘,盖即武王克殷后狩禽之所。见《周书·世俘》。尔时尚为兽蹄鸟迹所萃,安得黄帝时乃为名都?《太平御览·州郡部》引《帝王世纪》曰:"《世本》云:涿鹿在彭城南。"《世本》古书,较可信据,则涿鹿实在今铜山附近也。《史记·五帝本纪》言:"嫘祖为黄帝正妃,生二子,其后皆有天下:其一曰玄嚣,是为青阳,青阳降居江水;其二曰昌意,降居若水。昌意娶蜀山氏女曰昌仆,生高阳。"古南方之水皆称江。《殷本纪》载《汤诰》曰:"东为江,北为济,西为河,南为淮。四渎已修,万民乃有居。"可见古所谓四渎者,特就所居附近之水言之,如宋代之有四河耳。若水,《水经》谓出旄牛徼外,至朱提为泸江,乃以蜀山之蜀为后世巴蜀之蜀,致有此误。《吕览·古乐》曰:"帝颛顼生自若水,实处空桑,乃登为帝。"《山海经·海内经》曰:"南海之内,黑水、青水之间,有木曰若木,若水出焉。"《楚辞·离骚》曰:"饮余马于咸池兮,总余辔乎扶桑。折若木以拂日兮,聊逍遥以相羊。"《说文·叒部》:"叒,日初出东方汤谷。所登榑桑。叒木也。"王箓友曰:"《石鼓文》有𣏾字,盖叒本作𠭥。……若字盖亦作𠭥,即𠭥之重文。加𠙴者?如㐭字之象根形。是以《说文》之叒木,他书作若木。盖汉人犹多作𠭥。是以八分桑字作桒,《集韵》、《类篇》:桑古作 𠭥 。《说文》收若字于艸部,从艸右声,亦似误。"此说甚精,若水实当作桑水。《东山经》曰:"《东次二经》之首曰空桑之山,北临食水。"又曰:"《东山经》之首曰樕螽之山,北临乾昧,食水出焉,而东北流注于海。"空桑即穷桑,其地当近东海也。《周书·史记》曰:"昔阪泉氏用兵无已,诛战不休,并兼无亲,文无所立,智士寒心,徙居至于独鹿。诸侯叛之,阪泉以亡。"独从蜀声,蜀山即独鹿之山,亦即涿鹿之山也。《御览·州郡部》又引《帝王世纪》,谓尧之都后迁涿鹿,《世本》谓在彭城,而孟子以舜为东夷之人,则五帝实迄未易地也。然汉族之肇基,尚不在是。《尔雅·释言》曰:"齐,中也。"《释地》曰:自齐州以南戴日为丹穴,北戴北极为空桐,东至日所出为太平,西至日所入为大蒙。可见华族古代自称其地曰齐州。济水盖亦以此得名。《汉书·郊祀志》曰:"昔三代之居,皆在河洛之间,故嵩高为中岳,而四岳各如其方。"不居河洛之间,嵩高自非中岳。《释地》又曰:"中有岱岳。"其初盖以泰岱为中,故封禅告成功者必于是也。古称异族曰夷、蛮、戎、狄,特以方位言之,若论民族,则东与南,西与北其实是一。故《礼记·王制》:"东方曰夷,被发文身。"此被发之被,为髲之借字。下西戎被发之被,为辫或作编之借字。"南方曰蛮,雕题交趾。"同不火食。"西方曰戎,被发衣皮。""北方曰狄,衣羽毛穴居。"同不粒食。法俗不能骤变,前已言之。古于发饰甚严。北人辫发,南人断发,中原束发,恰成三派。南方之民,古称曰越,即后世之马来人。盖在江淮之域,居汉族之南。河济之间,直北为海,向西北则地较荒寒,故其开拓南向,至彭城附近,而与越人遇。三苗实居前行。俘其文身之人,则以为奴隶。其后本族之有罪者,以为奴,侪诸异族,即以异族之饰加之,黥刑于是乎兴。抑古之刑施诸本族者,本不亏体。至于亏体者,非降敌即间谍。其人既以异族自居,则亦以遇异族之道遇之,此五刑之所由作。中国奴隶社会究起迄于何时,今日尚无定论。三苗其奴隶社会欤?古书传其事迹多佻而虐,其以是欤？然三苗在当日,实未因俘嶲越人而获利,而转以其佻而虐,为姬姓所败焉。然姬姓亦未能据姜姓之地,终乃并其故居之地而弃之。何哉？古书所言禹治水之事,若《禹贡》等,什九皆出傅会,此在今日,事极易见。禹自道之辞曰:"予决九川,距四海,浚畎、浍,距川。"《书·皋陶谟》,今本《益稷》。海为夷蛮戎狄谓之四海之海,川为自然水道,畎、浍则人力所成也。孔子之称禹曰:"卑宫室而尽力乎沟洫。"《论语·泰伯》。真实史迹之可考者,如此而已。然自禹以降,遂不闻更有水灾,而使后之人兴微禹其鱼之叹者,何哉？自黄帝至舜,皆居彭城,而《周书·度邑》曰:"自洛汭延于伊汭,居易无固,其有夏之居。"《史记·周本纪》:伯阳父谓"伊洛竭而夏亡",《左氏》言羿"因夏民以代夏政"。襄公四年。而《楚辞·天问》曰:"帝降夷羿,革孽夏民。胡射夫河伯而妻彼雒嫔？"皆以夏在河洛之域,何哉？累世沈灾,实非一时所克澹。自禹以降,盖稍西迁以避之。旧居之地,水灾深,水利亦饶,水利饶则耕作不待加功,而流于怠惰；水灾深,人力又无所施。而新迁之地,则适与相反,故其孟晋,反出旧居之上。西迁以后,故居之地,虽有水患,载籍无传,历久亦遂忘之,此后之人所以有微禹其鱼之叹也。晋之先为唐国,周公灭之,以封叔虞。《史记·吴世家》曰:"自太伯作吴,五世而武王克殷,封其后为二：其一虞,在中国；其一吴,在夷蛮。十二世而晋灭中国之虞。中国之虞灭二世,而夷蛮之吴兴。"此中虞、吴,当本同字,故以中国、夷蛮别之。北方之虞,初盖舜后所居也。《国语·晋语》曰:"昔少典娶于有蟜氏,生黄帝、炎帝。黄帝以姬水成,炎帝以姜水成,成而异德,故黄帝为姬,炎帝为姜,二帝用师以相济也。"《水经·渭水注》:"岐水东径姜氏城南为姜水。"阪泉、涿鹿,皆在东方,炎帝所长之姜水,决不能在岐下,盖其西迁后尝居于是耳。然则迁三苗于三危,亦非必尽出迫逐,盖亦因其自迁。后世申、吕、齐、许之祖,皆在西方,亦由是也。《易·系辞传》言神农氏"日中为市",而《吕览·勿躬》云"祝融作市",盖即一事,传者异辞。祝融盖即遂人氏之族,其大者如大彭、偪阳、邹、莒皆在东方,而西迁之芈姓尤大。芈姓初与鬼方为昏,鬼方盖即纣时之九侯,《文王世子》"西方有九国焉"之九国,《诗》"我征自西,至于艽野"之艽野。宋于庭说,见《过庭录》。然则古代自东徂西之族多矣。要之自黄河下流,上溯至泾渭之间,南薄江、汉、淮水,则中国古史所及之区域。其远于此者,纵有传闻,必不审谛。睹《红崖刻石》而以为殷高宗伐鬼方纪功之辞,则不必审其文字之为真为伪,举其地而已知其非古人远迹所至矣。

原刊《华东师范大学学报》一九五七年第四期,
一九五八年八月出版

〔四〕古史时地略说下

予作《古史时地略说》，述古事止于夏初，以自此以降，史事稍已明白，不待辞费也。然古代西迁之一支，与留居旧地者，彼此之间，似颇有隔碍，久之而后消释净尽，则治古史之家，能留意及此者甚鲜。今故不惮辞费，更陈其略焉。

夏室自启一传，即有五观之乱。《周书·尝麦》曰："其在殷之五子，此即后来盘庚所居。《书·盘庚疏》引郑玄曰：'商家自徙而号曰殷。'盖其地本名殷也。忘伯禹之命，假国无正，用胥兴作乱，遂凶厥国。皇天哀禹，赐以彭寿，思正夏略。"彭寿盖即舜时之彭祖，以其寿考而称之。夏室西迁，彭城之地，盖为彭祖所据，其后遂为大彭，东方之名国也。然虽有此相扶翼，仍无救于羿、浞之乱。羿、浞之事，见于《左氏》襄公四年、哀公元年。杜《注》释其地多在今山东，其说殊不足信。古事传诸后世者，多出春秋、战国时人，必以其时之地名述古事。后羿自鉏迁于穷石，《路史·国名纪》作粗，谓粗即《左氏》襄公十一年城粗之粗。案《左氏》襄公十一年无城粗者，于十年有会吴于粗，《路史》引盖有误。又谓安丰有穷谷、穷水，即《左氏》昭公二十七年楚师救潜与吴师遇处，为羿之故国。其说殊较杜《注》为胜。又云羿偃姓，《世纪》云："不闻其姓，失之。"《路史后纪》卷十四《夷羿传》。案《水经·河水注》：大河故渎，"西流径平原鬲县故城西"。《地理志》曰：

"鬲津也。故有穷后羿国也。"应劭曰："鬲，偃姓，皋陶后。"罗说盖本诸此。谓穷在平原不足信，以鬲为偃姓，当有所受之。羿亡而靡奔有鬲氏，盖欲借其同姓之力，为之复仇。其后顾立少康者，盖以羿身死世殄，无可扶翼。靡固有穷氏之忠臣，非夏后氏之遗老也。《史记·夏本纪》曰："帝禹立而举皋陶荐之，且授政焉，而皋陶卒，封皋陶之后于英、六，或在许。而后举益任之政。"然则因夏民以代夏政者，正是次当代为共主之族，与夏相干。东方诸族之声势，犹可想见。少康光复旧物后，夏室仍寂寂无闻。安知东方不有名族，为诸侯所归往，特因其事无传，而夏室谱谍，未尽亡佚，遂若其王位相承勿替邪？

契封商，郑玄云："国在大华之阳。"《书·帝告序疏》引。与《史记·六国表》以汤起于亳，与禹兴于西羌，周以丰镐伐殷，秦用雍州兴，汉之兴自蜀汉并举者，颇相符合。《中候雒予命》谓天乙在亳，东观于洛，《诗·玄鸟疏》引。其说亦同。然古人言古事，信口开河者甚多，正未可据为典要。《史记·封禅书》载公孙卿言黄帝事，最使人读之发笑。其实古人之言，如此者甚多。汤所居，《管子·地数》、《轻重甲》、《荀子·议兵》、《吕览·具备》、《墨子·非攻下篇》皆作薄，惟其《非命上篇》及《孟子》书作亳。薄、亳盖古今字。释为汉之薄县者自是。《具备》篇曰："汤尝约于郼、薄矣。"《慎大览》曰："汤立为天子，夏民大说。亲郼如夏。"则郼亦汤所尝居。此即《诗》"韦顾既伐"之"韦"，释以《续汉志》东郡白马县之韦乡，亦当不误。汤始征自葛载，其地自在东方。《慎大览》又曰："末嬉言曰：今昔天子梦西方有日，东方有日，两日相与斗，西方日胜，东方日不胜。故令师从东方出于国西以进。"则汤在伐桀时，兵力已轶夏都而西。而克桀之后，"作宫邑于下洛之阳"，《春秋繁露·三代改制质文》篇语。则正夏所居河洛之域也。后世都邑屡迁，迄在今河南北境大河西岸。故居之势力，可谓深入新迁之地之中心矣。然新迁之前茅，则初不止此。洛阳，"其中小，不过数百里，田地薄"，张良语，见《史记·留侯世家》。实非移殖最佳之境。新迁者既至此，必更渡河西北上。则自至河汾下游，更西渡津浦，则入渭水流域矣。此周人西迁之所届也。渭水流域，地广而腴，此周之所以强，能还灭殷也。

然牧野之战，周虽胜殷，初未能据有其地，故仍以之畀武庚，特命管叔居东监之，又据洛邑，使声援连接耳。武王崩，管叔以殷叛，果与周公不协，而认敌为友邪？抑为武庚所胁邪？事不可知。设使其事有成，必不能以管叔代周公，而将为武庚之光复旧物，则殆无可疑。何则？东方诸国皆助殷，莫助周也。然周人当日兵锋盖甚锐，而东方诸国皆小，《孟子·滕文公》下篇言周公灭国者五十。《周书·作雒解》言凡所征熊、盈族十有七国。惟国小，故国数多也。盈即嬴。故不能终与之抗。周既得志，营洛邑以临东诸侯。又封鲁于奄，太公于爽鸠氏故居，以控制未西迁时之旧地。新国之声威，至斯可谓极盛。然东方之地，不久仍有起与之抗者，徐偃王是也。偃王之抗周，《史记·秦本纪》、《赵世家》皆云在穆王时，惟《古史考》谓与楚文王同时，见《史记正义》。其说盖不足据。《后汉书·东夷传》云："徐夷僭号，乃率九夷以伐宗周，西至河上。穆王畏其方炽，乃分东方诸侯，命徐偃王主之。偃王处潢池东，地方五百里，行仁义，陆地而朝者三十有六国。穆王后得骥騄之乘，乃使造父御以告楚，令伐徐，一日而至。于是楚文王大举兵而灭之。偃王仁而无权，不忍斗其人，故致于败。乃北走彭城武原县东山下。百姓随之者以万数，因名其山为徐山。"此说与《史记》所本颇同，其说自难尽信。然与《礼记·檀弓》徐容居谓"昔我先君驹王西讨济于河"者相合。其人其事，必非子虚，盖周公虽灭奄，据《书·费誓》，鲁公亦尝大征淮夷、徐戎，然于奄则鲁据之，于徐则初未能据有其地，故阅时而复盛也，然是时东方之文明,已稍落西方之后,非复夏殷间比。故留处之徐,卒为迁居之楚所败,然东西相争之形势仍存,故徐甫败而齐又继之而起焉。敌尽而我所资以防敌者,即起而与我争,亦犹汉世异姓诸侯尽而所患者即在吴楚也。世岂有能以一手把持天下者哉?

春秋之世,争霸者为何方之国乎?曰:南方与北方之国也。南北之名国谁乎?曰南为楚,北为晋。此人人所能言,且以为无疑义者也。非也,南北之争实不如东西之争之烈。何也?案春秋之世,首创霸业者为齐桓公。齐桓公之得国,在入春秋后三十七年。是时秦尚未盛,晋初兴,旋困于内乱,与齐争霸者,惟楚而已。入春秋后六十七年,齐桓公合诸侯于召陵以摈楚,楚服。后十三年入春秋后八十年。而卒,诸子争立,霸业遽隳,宋襄公欲继之,而为楚所败。此犹楚之与徐,固纯然东西之争也。入春秋后九十一年,晋文公起,败楚于城濮。自此西方之国,复分为南北,历邲之战、入春秋后百二十六年。鄢陵之战、入春秋后百四十八年。萧鱼之会,入春秋后百六十二年。至入春秋后百七十七年,宋向戌为弭兵之会,而其争始稍淡焉,前后几九十年,似烈矣。然齐自桓公死后,阅三十七年,顷公立,即复欲图霸。以徒勇故,有鞌之败。入春秋后百三十四年。顷公归国后,七年不饮酒,不食肉,国亦复安,入春秋后百四十一年卒,子灵公立,继父之志,与晋争。入春秋后百六十八年,晋合诸侯围之。就《左氏》所载观之,晋兵势似甚盛,然《公羊》谓其实未围齐,则《左氏》之言,不足信也。灵公亦好勇,明年见弑。子庄公立,性质复与父祖同。然入春秋后百七十三年,乘晋有栾氏之乱,出兵伐之,上太行,入孟门,张武军于荧庭,其兵威或转有胜于晋围齐之役也。后二年,入春秋后百七十五年。又见弑,弟景公立。景公之为人,盖多欲而侈,故不克大成霸业,然非如顷、灵、庄三世之徒勇,故其国势反较强。其季年,郑、卫景从,援范、中行氏以敌赵氏。虽竟未有成,然晋之为所苦亦甚矣。齐晋之争,始顷公之立,至获麟之岁,田常执齐政,惧诸侯讨之,修四境之好,乃西约韩、魏、赵氏,前后几百三十年,实较晋楚之争为久也。

抑不仅此也。晋楚之争至弭兵之会而澹,而其因此而挑起之吴越,则转代齐而为东海之表焉。东方名国,奄灭之后惟徐。然自此以南,诸小邦盖甚众。徐偃王败后,楚之声势,盖益东渐。齐桓公盖欲收率之以翦楚之羽翼,故召陵会后,滨海而东,陷于沛泽之中,受创颇巨,然其志殊未已,故频年仍有事于东。徐固大国,盖亦思倚齐以与楚抗,是以有娄林之役。入春秋后七十八年。经略未竟,齐桓遽逝。尔后齐与楚无争,而晋代之。晋盖鉴于徐距中原较远,齐桓公欲援之而无成,故不复援徐以敌楚,惟思通吴以掎楚后已。然其收效,反远较援徐为大,则世运日进,东南方之开化为之也。通吴之役,据《左氏》在入春秋后百四十七年。至二百十七年而有柏举之役,吴自此转锋北向。至二百三十七年而有艾陵之役,其兵锋复转而西。至二百四十一年而有黄池之会,吴为东方之大长,以屈西方之霸主矣。而睦于楚之越复掎吴后。至入战国后八年,吴遂为越所灭。越既灭吴,迁居琅邪,与齐晋会于徐州,而自齐顷公以来,东方与西方争霸之局,至此而告成。

吴、越晚起,国力不如齐楚之坚凝,故越自句践而后,不闻其与大局有关。《越绝书·外传·记地传》称句践为大霸,以下诸君但皆称霸。大霸盖能号令中原;但称霸者,则如秦霸西戎,但为一方之长而已。战国时之形势,仍为齐、秦、楚及三晋所左右。新兴之北燕,关系亦较微焉。齐、秦、楚、三晋中,首起称霸者为楚悼王。尝伐周、围郑、伐韩、取负黍。后三晋败之大梁、榆关,乃厚赂以与秦平。春秋时,晋、楚构兵,皆因争与国而起,径相攻击之事甚少,至楚悼王乃异是。虽竟丧败,固犹远在敌境也。楚悼王之立,在入战国后七十九年,其卒适在其百年,楚自此衰,而三晋中之魏崛起。然其兵锋非向齐、燕、秦、楚,乃为同出自晋之赵。入战国后百二十八年,魏惠王攻拔邯郸。齐威王救赵,败魏于桂陵。明年,秦乘机取魏安邑。又明年,魏乃不得已而归赵邯郸。入战国后百三十八年,齐威王卒,子宣王立。明年,魏为逢泽之会。《战国策·魏策》言其乘夏车,称夏王,朝天子,天子皆从。《齐策》言魏拔邯郸,又从十二诸侯朝天子,其声势仍极赫奕。魏盖因此以为齐、秦皆服,又明年,复起兵以伐赵。韩救之,不克,与赵皆委国于齐。齐出兵援韩赵,魏亦大起兵以逆之,然大败于马陵,长子死焉。三晋中韩本较弱小,赵所图亦在北,_{胡地中山}。魏既败,不复能问鼎中原,三晋遂微,而齐、秦、楚并盛。入战国后百五十七年,齐宣王卒,子潜王立。百六十三年,东方诸国合从以攻秦,楚怀王为从长。此役未知缘何而起,要是东方诸国轻视秦国之旧习;非如后人所傅会,秦有独雄之势,故合从以摈之也。楚怀王之为人,盖极昏乱,故有张仪欺楚绝齐之举,终至与秦构衅,再战皆北,天下之重乃归于齐、秦。入战国后百八十二年,怀王为秦所劫,齐归其太子顷襄王。明年,齐、韩、魏击秦,败其军于函谷关。越二年,_{入战国后百八十五年。}怀王卒于秦。齐与韩、魏、赵、宋、中山共攻秦,盖亦借口于抑强扶弱。然后四年,_{入战国后百八十九年。}楚卒迎妇于秦,则可见秦虽欺而齐弥不易与也。入战国后百九十三年,齐称东帝,秦称西帝。虽旋去之,然是时七国已分二等,齐、秦为上,余五国次之,则形势可见矣。齐长东方,古来所称为文物之地,其声威自更出秦上。然齐结怨太多,后四年,_{入战国后百九十七年。}为燕所破,自此秦遂独强,无能与之竞者矣。战国起获麟之明岁,讫秦灭齐,凡二百六十年。其初百年,除楚崛起于其末年外,犹是春秋时之旧形势。中百年初为齐魏争霸,次则齐秦争霸;至末六十年,乃成秦人独雄之局,固犹是东西之争也。观其结局,西卒成而东卒败,似诚有如《史记·六国年表》所云："作事者必于东南,收功实者常于西北"者。然其后项籍用江东之众,则吴越之民也。刘邦起于丰沛,则淮徐之地,亦可云东卒成西卒败也。从古东西相争之局,固当至秦亡而后结,不当于秦灭六国时。何也？一统之局始于秦,实定于汉也。

东西相争,历如是之久者何欤？岂其民族固有异同乎？曰：否。考民族之异同者,莫切于语言。古称语言之异者,必曰楚夏。然孟子斥许行为南蛮鴃舌之人,讥陈相为用夷变夏,而陈相一见许行,即能尽弃其学而学,不闻其有待译人。又孟子谓戴不胜："有楚大夫于此,欲其子之齐语也,一齐人傅之,众楚人咻之,虽日挞而求其齐,不可得矣。引而置之庄、岳之间数年,虽日挞而求其楚,亦不可得矣。"知当日齐、楚语言,本无大异。《左氏》卫侯见获于吴,归效夷言。能暂闻而即效之者,吴谓善伊,谓稻缓,不过如今日南北音读之殊。凡楚、夏之异,皆如此也。当日东西所异,盖在文化。殷弟兄相及,而周传祚嫡长之法甚严。《礼记·大传》曰："六世亲属竭矣。其庶姓别于上,而戚单于下。昏姻可以通乎？系之以姓而弗别,缀之以食而弗殊,虽百世而昏姻不通者,周道然也。"可见男系同姓昏姻之禁,实至周而始严。此皆社会组织之异。所以然者,殷居东方,为汉族肇基之地,其人特重农业。农业本女子所发明,庐舍土田,皆女子所有,而男子依附焉。故内昏之戒,主女系而不主男系。兄弟为一家人,父子则否,传祚者遂主相及。周迁西北,盖与戎狄杂处,戎狄事射猎畜牧,高气力,男权斯张,周人化之,宗法立焉。而昏姻承袭之制,皆异于故居东方时矣。然春秋时,晋嫁女于吴,《左氏》襄公二十年。鲁亦娶于吴。《左氏》哀公十二年。又鲁自庄公以前,实一生一及。见《史记·鲁世家》。吴诸樊、余昧弟兄相及。余昧死,弟季札让位,子僚立,诸樊子光曰：国宜之季子者也。季子不受,则己当立,卒杀僚而代之。亦与殷弟兄相及、既尽还立长兄之子者同。此皆姬姓之国,而还从东方之法者,以少数人厕居多数之中,终不得不为所化。观姬姓东还者后如此,而知其初西迁时之不得不变矣。此等同异,盖亦甚微。故东西方之争战,初不甚烈。特其风同道一,亦非旦暮间事耳。

原刊《华东师范大学学报》一九五七年第四期,

一九五八年八月出版

〔五〕纬书之三皇说

　　纬书三皇之说,原本非一。予既著之《古史纪年》条矣,今更引《御览》、《路史》之文以明之。《御览》引项峻《始学篇》曰:"天地立,有天皇,十二头,号曰天灵,治万八千岁,以木德王。""地皇十二头,治万八千岁。""人皇九头,兄弟各三分,人各百岁。依山川土地之势,财度为九州,各居其一。乃因是而区别。"此句上疑有夺文。《洞冥记》曰:"天皇十二头,一姓十二人也。""地皇十二头。"于人皇则无说。《三五历记》曰:"溟涬始牙,蒙鸿滋萌,岁起摄提,元气肇起。有神灵人,十三头,号曰天皇。"又曰:"有神圣人,十二头,号地皇。""有神圣人,九头,号人皇。"《始学篇》及《洞冥记》,天皇地皇,皆十二头,《三五历记》天皇独十三头,似误。然《路史》言地皇十一君。又引《真源赋》曰:"盘古氏后,有天皇君,一十三人。时遭劫火。乃有地皇君,一十一人,各万八千余年。乃有人皇君,兄弟九人。结绳刻木。四万五千六百年。"《补三皇本纪》亦曰"地皇十一头",又曰"姓十一人"。姓上当有夺字。则又有以天皇为十三头,地皇为十一头者,说颇难通。疑天皇既讹为十三,后人乃减地皇之数以合之。罗氏引《通卦验》"君有五期,辅有三名",谓"三辅九翌,并皇是十三人",则凿矣。九翌,见下引《河图括地象》。《通卦验》之说,《礼记》标题下《正义》引之,《御览》引《遁甲开山图》荣氏《注》:"天皇兄弟十二人。""地皇兄弟十人。"

"人皇兄弟九人。"十人，疑亦十二人之夺。《御览》又引《帝系谱》曰："天地初起，即生天皇，治万八千岁，以木德王。""地皇，治一万八千岁，以火德王。"于人皇亦无说。又引《春秋纬》曰："天皇，地皇，人皇，兄弟九人，分为九州，长天下也。"《河图括地象》曰："天皇九翼，题名旋复。"《春秋命历序》曰："人皇氏，九头。驾六羽，乘云车，出谷口，分九州。"凡此诸文，显分两说。《洞冥记》、《帝系谱》，所本者同；《始学篇》、《三五历记》，言天皇、地皇亦本之，言人皇则别本《春秋纬》及《括地象》。此说言三皇皆分长九州，而其年亦仅百岁。今其说仅见于《始学篇》人皇下者，以项峻于天皇地皇，亦采如《洞冥记》、《帝系谱》之说。其实此语依《春秋纬》及《括地象》，不仅指人皇也。《御览》又引马总言人皇云："一百六十五代，合四万五千六百年。"《路史》云："《三五历》云：人皇百五十六代，合四万五千六百年，小司马氏取之。"今《补三皇本纪》作百五十世，未知其有异同与？抑传写讹误也？

《遁甲开山图》，专言三皇地理。《御览》引云："天皇被迹在柱州昆仑山下。""地皇兴于熊耳、龙门山。""人皇起于形马。"《路史》云："《遁甲开山图》云：天皇出于柱州，即无外山也。郑康成云：无外之山，在昆仑东南万二千里。《水经注》云：或言即昆仑。荣氏云：五龙及天皇，皆出其中。"案《水经·渭水注》："故虢县有杜阳山，山北有杜阳谷，有地穴北入，亦不知所极，在天柱山南。"赵《释》云："《寰宇记》凤翔府岐山县下云：岐山，亦名天柱山。《河图括地象》曰：岐山，在昆仑山东南，为地乳，上多白金。周之兴也，鸑鷟鸣于山上，时人亦谓此山为凤凰堆。注《水经》云：天柱山有凤凰祠。或云其峰高峻，迥出诸山，状若柱，因以为名。一清按《御览》及程克斋《春秋分记》并引之，今缺失矣。"然则柱州即岐山也。熊耳、龙门，人所共知，无烦赘说。人皇，《路史》正文云："出刑马山提地之国。"《注》云：

"《遁甲开山图》云：人皇出于刑马山提地之国。山今在秦州，伯阳谷水出之。老子之所至。"正文又云："相厥山川，形成势集。才为九州，谓之九囿。"《注》云："见《雒书》。《春秋命历序》云：人皇出旸谷，分九河。"正文又云："别居一方，因是区理，是以后世谓之居方氏。"《注》云："见《三坟》。又《雒书》云：人皇出于提地之国，兄弟别长九州，已居中州，以制八辅。"则提地之国，语出《雒书》。前《注》引《遁甲开山图》，当仅云出于刑马山。提地之国四字，乃涉正文而误衍也。《水经·渭水注》云："伯阳谷水出刑马山之伯阳谷。北注渭水。渭水又东，历大利，又东南流，苗谷水注之。水南出刑马山，北历平作。西北径苗谷。屈而东，径伯阳城南，谓之伯阳川。盖李耳西入，往径所由，故山原畎谷，往往播其名焉。"即罗氏隐括其语，谓老子所至者也。此说与《雒书》非一，不可混同。《路史》正文又云："驾六提羽，乘云祇车。制其八土，为人立命。""迪出谷口，还乘青冥。"《注》云："谷口，古塞门。或云上旸谷。《蜀·秦宓传》曰：三皇乘祇车，出谷口，谓今之斜谷，乐史从之，安矣。"案：驾六羽，乘云车，出谷口，与《御览》引《命历序》之言合；制八土即分九州，与《御览》引《始学篇》、《春秋纬》、《命历序》之言皆合；则谷口自当指旸谷。《说文·示部》："祇，地祇，提出万物者也。"提地之国，盖取此为义，则亦当在东方，特未审造纬者之意，以何地当之耳。九河不可分；且亦禹时始有，不当人皇已分；分九河必分九州之误也。秦宓之语，乃对夏侯纂夸张本州，见《三国·蜀志·秦宓传》。本非情实，可弗论。

《淮南·原道》云："泰古二皇，得道之柄，立于中央。"此乃寓言，指阴阳二力，非谓人也。高《注》云："二皇，伏羲、神农也。"指说阴阳，故不言三也。知其指说阴阳，是矣，又必牵引伏羲、神农，何哉？则以古者三皇之义，本托之于天地人也。《书大传》云："遂人以火纪，火，太阳也，故托遂皇于天。伏羲以人事纪，故托戏皇于人。神农悉地力,种谷疏,故托农皇于地。"《白虎通义》云:"伏羲仰观象于天,俯察法于地,因夫妇,正五行,始定人道。"此今文家相传之说。定人道最难,故曰"古有天皇,有地皇,有泰皇,泰皇最贵"也。高氏之意,盖以羲皇妃天,农皇妃地,遂皇妃人,实违旧义。然较之依三万六千岁之历而造怪说者,则固有间矣。

原刊《古史辨》第七册,一九四一年六月出版

〔六〕儒家之三皇五帝说

三皇五帝，异说纷如，昔人多莫能董理，此由未知其说之所由来也。历考载籍，三皇异说有六，五帝异说有三。《史记·秦始皇本纪》：丞相绾等与博士议帝号曰："古有天皇，有地皇，有泰皇，泰皇最贵。"此三皇之说一也。《尚书大传》以燧人、伏羲、神农为三皇，《含文嘉》、《风俗通》引。《甄燿度》、宋均注《援神契》引之，见《曲礼正义》。《白虎通》正说、谯周《古史考》《曲礼正义》。并同，惟《白虎通》伏羲次燧人前。此三皇之说二也。《白虎通》或说，以伏羲、神农、祝融为三皇，此三皇之说三也。《运斗枢》、郑注《中候敕省图》引之，见《曲礼正义》。《元命苞》《文选·东都赋注》引。以伏羲、女娲、神农为三皇，此三皇之说四也。《尚书·伪孔传序》、皇甫谧《帝王世纪》、孙氏注《世本》，以伏羲、神农、黄帝为三皇，此三皇之说五也。纬候家言：或云天皇、地皇各十二头，万八千岁；人皇九头，百岁；或又云四万五千六百年。或云天皇十三头，地皇十一头。又或谓三皇者九头。或云三皇分长九州。或云人皇氏出谷口，分九州。或云：天皇被迹在柱州昆仑山下，地皇兴于熊耳、龙门，人皇起于刑马山提地之国。详见《纬书之三皇说》条。此三皇之说六也。太史公依《世本》、《大戴礼》，以黄帝、颛顼、高辛、唐尧、虞舜为五帝，谯周、应劭、宋均皆同，《五帝本纪正义》。此五帝之说一也。郑注《中候敕省图》，于黄帝、颛顼之间，增一少昊，谓德合五帝座星者为帝，故实六人而为五，《曲礼正义》。此五帝之说二也。伪孔、皇甫谧、孙氏以少昊、颛顼、高辛、唐、虞为五帝，《五帝本纪正义》。此五帝之说三也。案《风俗通义》云："燧人以火纪。火，太阳也，故托燧皇于天。伏羲以人事纪，故托戏皇于人。神农悉地力，种谷蔬，故托农皇于地。天地人之道备，而三五之运兴矣。"此盖《书传》之义，为今文家旧说。伏生者，秦博士之一，始皇时，时代较早，异说未兴。大泰同音，大亦象人，窃疑泰皇为大皇音借，大皇实人皇形讹，秦博士之说，与《书大传》之说一也。女娲本造物之神，汉人与祝融混而为一，说见《女娲共工》条。故《白虎通》或说与《运斗枢》、《元命苞》之说是一。伪孔三皇之说，根于其五帝之说而来。《后汉书·贾逵传》：逵奏《左氏》大义长于二传者曰："五经家皆言颛顼代黄帝，而尧不得为火德。《左氏》以为少昊代黄帝，即《图谶》所谓帝宣也。如令尧不得为火，则汉不得为赤。"此古文家于黄帝、颛顼之间增一少昊之由。然以六为五，于理终有未安。伪孔乃去燧人而升黄帝为三皇，则五帝仍为五人，且与《易·系辞传》始包牺终尧、舜者相合，此实其说之弥缝而更工者也。伪孔以《三坟》为三皇之书，《五典》为五帝之典，据《周官外史疏》，其说实本贾、郑，然《路史·疏仡纪·帝鸿氏》云："《春秋运斗枢》，以帝鸿、金天、高阳、高辛、唐、虞为五代。"郑康成于《书中候》，依《运斗枢》，以帝鸿为五帝，指为黄帝，则贾、郑之言，亦有所本。盖汉言五德，本取相胜，至末叶乃改取相生，故异说起于是时也。《发挥·论史不纪少昊》曰："梁武遂以燧人为皇，黄帝、少昊、颛顼、帝喾、尧为五帝。谓舜非三皇，亦非五帝，特与三代为四代。"亦以六人为五为不安而改之，特其说与伪孔又异耳。纬候三皇之说，皆因历法伪造，见《纬书之三皇说》条。其天地人之名，则仍取今文旧义也。三皇五帝之说，源流如此。

问曰：三皇五帝之为谁某，则既闻之矣。三皇五帝之名，旧有之邪？抑儒家所创也？应之曰：三皇五帝之名，旧有之矣。托诸天地人,盖儒家之义也。《周官·春官》:"都宗人,掌都宗祀之礼。凡都祭祀,致福于国。"《注》:"都或有山川及因国无主,九皇六十四民之祀。"《疏》:"史记伏羲已前九皇六十四民,并是上古无名号之君,绝世无后,今宜主祭之也。"按《注》以因国无主之祀释《周官》之都宗人盖是,以九皇六十四民说周因国无主之祭则非也。《周官》虽战国时书,然所述必多周旧制。九皇六十四民,见《春秋繁露·三代改制质文》篇。其说:存二王之后以大国,与己并称三王。自此以前为五帝,录其后以小国。又其前为九皇,其后为附庸。又其前为民,所谓六十四民也。其说有三王九皇而无三皇。《周官》:外史,"掌三皇五帝之书。"伏羲者,三皇之一,《疏》引史记云"伏羲已前",明在三皇五帝之前,其说必不可合。郑盖但知《周官》都宗人所祀,与《繁露》九皇六十四民,并是绝世无名号之君,遂引彼注此;《疏》亦未知二说之不可合,谓史记所云伏羲已前上古无名号之君,即郑所云九皇六十四民,遂引以疏郑也。《史记·封禅书》:"管仲曰:古者封泰山禅梁父者七十二家。"又曰:"孔子论述六艺传,略言易姓而王,封泰山禅梁父者,七十余王矣。其俎豆之礼不章。"而《韩诗外传》曰:"孔子升泰山,观易姓而王,可得而数者七十余人,不得而数者万数也。"《封禅书正义》引。今本无之,然《书序疏》及《补三皇本纪》并有此语,乃今本佚夺,非张氏误引也。万盖以大数言之,然其数必不止七十二可知。数不止七十二,而管仲、孔子皆以七十二言之者,盖述周制也。七十二家者,盖周登封之所祀也。曰俎豆之礼不章,言周衰,不复能封禅,故其礼不可考也。春秋立新王之事,不纯法古制,然损益必有所因。因国无主之祭,及于远古有功德于民之人,忠厚之至也,盖孔子之所因也。然不能无所损益。王制者,孔子所损益三代之制也。《王制》曰:"天子诸侯祭因国之在其地而无主后者。"此《周官》都宗人之所掌,盖孔子之所因也。《繁露》曰:"圣王生则称天子,崩迁则存为三王,绌灭则为五帝,下至附庸,绌为九皇,下极其为民。有一谓之三代,故虽绝地,庙位祝牲,犹列于郊号,宗于岱宗。"绝地者,六十四民之后,封爵之所不及,故命之曰民。绝地而庙位祝牲,犹列于郊号,宗于岱宗,此盖周登封时七十二家之祭矣。周制,盖自胜朝上推八世,谓之三皇五帝,使外史氏掌其书,以备掌故。自此以往,则方策不存,徒于因国无主及登封之时祀之而已。其数凡七十二,合本朝为八十一。必八十一者,九九八十一;九者数之究,八十一者,数之究之究者也。孔子则以本朝合二代为三王,又其上为五帝,又其上为九皇,又其上为六十四民,合之亦八十一。必以本朝合二代为三王者,所以明通三统之义也。上之为五帝,所以视昭五端之义也。九皇之后,绌为附庸,六十四家徒为民,亲疏之义也。此盖孔子作新王之事,损益前代之法,《春秋》之大义。然此于《春秋》云尔,其于《书》,仍存周所谓三皇五帝者,以寓天地人之道备而三五之运兴之义。故伏生所传,与董子所说,有不同也。《古今注》:"程雅问于董生曰:古何以称三皇五帝?对曰:三皇三才也,五帝五常也。"《御览·皇王部二》引董仲舒答问曰:"三皇三才也,五帝五常也,三王三明也,五霸五岳也。"三才者,天地人也,五常可以配五行。董子之言,与伏生若合符节。故知三皇五帝为《书》说,三王五帝九皇六十四民为《春秋》义也。或曰:《繁露》谓汤受命而王,亲夏。故虞绌唐谓之帝尧,以神农为赤帝。周以轩辕为黄帝,因存帝颛顼、帝喾、帝尧之帝号,绌虞而号舜曰帝舜,推神农以为九皇。明九皇六十四民为周时制也。应之曰:此古人言语与今人不同。其意谓以殷、周之事言之当如此,非谓殷、周时实然也。或曰:《管子》曰:"古者封泰山禅梁父者七十二家,夷吾所记,十有二焉。"下历举无怀、伏羲、神农、炎帝、黄帝、颛顼、帝喾、尧、舜、禹、汤、周成王之名,凡十二家,明三皇五帝,即在七十二家之中。应之曰:此亦古今言语不同。上云七十二家,乃举其都数,下云十二家,则更端历举所能记者,不蒙上七十二家言。此以今人语法言之为不可通,然古人语法如是,多读古书者自知之也。《庄子·胠箧》篇列古帝王称号有容成氏、大庭氏、伯皇氏、中央氏、栗陆氏、骊畜氏、轩辕氏、赫胥氏、尊卢氏、祝融氏、伏羲氏、神农氏，多在三皇以前，古人同号者甚多，大庭氏不必即神农，轩辕、祝融亦不必即黄帝、女娲也。《礼记·祭法正义》引《春秋命历序》："炎帝号曰大庭氏，传八世，合五百二十岁。黄帝一曰帝轩辕，传十世，二千五百二十岁。次曰帝宣，曰少昊，一曰金天氏，则穷桑氏，传八世，五百岁。次曰颛顼，则高阳氏，传二十世，三百五十岁。次是帝喾，即高辛氏，传十世，四百岁。"又《曲礼正义》："《六艺论》云：燧人至伏羲一百八十七代。宋均注《文耀钩》云：女娲以下至神农七十二姓。谯周以为伏羲以次有三姓，始至女娲；女娲之后五十姓至神农；神农至炎帝一百三十三姓。"说虽迂怪，然三皇五帝不必身相接，则大略可知，亦足为《韩诗外传》"不得而数者万数"作佐证也。

原刊《古史辨》第七册，一九四一年六月出版

〔七〕伏羲考

《易·系辞传》:"古者包牺氏之王天下也。"《释文》云:"包,本又作庖。郑云:取也。孟、京作伏。牺,郑云:鸟兽全具曰牺。孟、京作戏,云伏,服也;戏,化也。"案郑说非也。《白虎通义·号》篇说伏羲之义曰:"下伏而化之,故谓之伏羲也。"《风俗通义》引《含文嘉》曰:"伏者,别也,变也;戏者,献也,法也。伏戏始别八卦,以变化天下;天下法则,咸伏贡献,故曰伏戏也。"此今文旧说。《礼记·月令疏》引《帝王世纪》曰"取牺牲以共庖厨,食天下,故号曰庖牺氏",则袭郑曲说也。此说实本于刘歆。《汉书·律历志》载歆《世经》曰:"作网罟以田渔取牺牲,故天下号曰炮牺氏。"《易》但言"为网罟以佃以渔"而已,歆妄益以"取牺牲"三字,实非也。

古代帝王,踪迹多在东方,而其后率傅之于西,盖因今所传者,多汉人之说,汉世帝都在西,因生傅会也。而伏羲之都邑,亦不能外此。

《御览·皇王部三》引《诗含神雾》曰:"大迹出雷泽,华胥履之生宓牺。"按《淮南·地形》曰:"雷泽有神,龙身人头,鼓其腹而熙。"《山海经·海内东经》曰:"雷泽中有雷神,龙身而人头,鼓其腹。在吴西。"《史记·五帝本纪正义》引作"鼓其腹则雷"。郭《注》引《河图》曰:"大迹在雷泽,华胥履之而生伏牺。"又曰:"今城阳有尧冢,灵台,雷泽在北也。"本于《汉志》,盖相传之旧说也。《水经·瓠子河注》:"瓠河又左径雷泽北,其泽薮在大成阳县故城西北一十余里,昔华胥履大迹处也。"亦同《汉志》。乃《御览》又引《遁甲开山图》曰:"仇夷山,四绝孤立,太昊之治,伏牺生处。"又《水经》:"渭水过陈仓县西。"《注》曰:"姚睦曰:黄帝都陈,言在此。荣氏《开山图注》曰:伏牺生成纪,纪徙治陈仓也。"《注》又曰:"成纪水故渎,东径成纪县,故帝太昊庖牺所生处也。"则将伏羲之迹,移至秦、陇之间矣。案《左氏》昭公十七年曰:"陈,大皞之虚也。"与宋大辰之虚、郑祝融之虚、卫颛顼之虚并举,所谓大皞,实为天帝之名。皇甫谧因此附会,以为伏牺都陈,已为非是。《水经·渠水注》:"陈城,故陈国也。伏牺、神农并都之。城东北三十许里,犹有牺城。"今又移诸陈仓,于是并黄帝之都而移之矣。《注》又云:"南安姚瞻以为黄帝生于天水,在上邽城东七十里轩辕谷。"则因移黄帝之都,又并其生处而移之矣。《注》又曰:"瓦亭水又西南出显亲峡,石岩水注之,水出北山,山上有女娲祠。"案《遁甲开山图》又曰:"女娲氏没,大庭氏王。次有柏皇氏、中央氏、栗陆氏、骊连氏、赫胥氏、尊卢氏、祝融氏、混沌氏、昊英氏、有巢氏、葛天氏、阴康氏、朱襄氏、无怀氏,凡十五代,袭庖牺之号。自无怀氏已上,经史不载,莫知都之所在。"盖自女娲以上,无不为之伪造都邑矣。《遁甲开山图》,盖专将帝王都邑,自东移西者也。《路史》曰:女娲出于承匡。《注》曰:"山名,在任城县东七十里。《寰宇记》云:女娲生处,今山下有女娲庙。"又言"任城东南三十九里又有女娲陵"。女娲本创造人物之神,说见《女娲与共工》条。其后附会,以为伏羲之妹。《风俗通义》。任城地近雷泽,《寰宇记》之说,盖由此而生。虽不足据,所托尚较古。然《寰宇记》又谓女娲治中皇山之原,山在金之平利。又《长安志》谓骊山有女娲治处,亦见《路史》引。则皆《遁甲开山图》等既出后傅会之辞,其为时弥晚矣。

《楚辞·大招》曰:"伏戏《驾辩》,楚《劳商》只。"《注》曰:"伏戏,古王者也。始作瑟。《驾辩》,《劳商》,皆曲名也。言伏戏氏作瑟,造《驾辩》之曲,楚人因之,作《劳商》之歌,皆要妙之音,可乐听也。"伏戏遗声在楚,亦其本在东南之证。

原刊《古史辨》第七册,一九四一年六月出版

〔八〕华胥氏

《列子·黄帝》篇言华胥氏之国,其皆为寓言,固矣。然华胥氏之名,当有所本,疑即《庄子·马蹄》篇之赫胥氏也。下文言列姑射山,亦即《逍遥游》篇之藐姑射山,其证。

〔九〕有巢燧人考

服虔云:"自少皞以上,天子之号以其德,百官之号以其征。自颛顼以来,天子之号以其地,百官之纪以其事。"《左氏》昭公十七年《注》,《月令》"孟春其帝大皞"《疏》引。案伏牺之义,谓下伏而化之;神农犹今言农业。服说是也。《韩非·五蠹》曰:"上古之世,人民少而禽兽众,人民不胜禽兽虫蛇。有圣人作,构木为巢以避群害,而民说之,使王天下,号曰有巢氏。民食果蓏蚌蛤,腥臊恶臭,而伤害腹胃,民多疾病。有圣人作,钻燧取火以化腥臊,而民说之,使王天下,号曰燧人氏。"此亦所谓德号者也。《周书·史记》曰:"昔者有巢氏,有乱臣而贵。任之以国,假之以权,擅国而主断。君已而夺之,臣怒而生变,有巢以亡。"此有巢,与韩非所云必非同物,盖以地号者也。以德号者,其去后世盖已久远,民已不能详记其行事,徒以功德在人,久而不忘,乃即以其德为其人之称号耳,安能识其兴亡之由乎?《庄子·盗跖》曰:"古者禽兽多而人民少,于是民皆巢居以避之,昼拾橡栗,暮栖木上,故命之曰有巢氏之民。古者民不知衣服,夏多积薪,冬则炀之,故命之曰知生之民。"炀亦用火,所称当与《韩非》同,特无燧人之名耳。

《礼记·月令疏》云:"伏羲、神农、黄帝、少皞,皆以德为号也;高阳、高辛、唐、虞,皆以地为号也;虽以地为号,兼有德号,则帝喾、颛顼、尧、舜是其德号。"案帝喾、颛顼、尧、舜等，皆徒为美称，与巢、燧等有实迹可指者又异，其意已颇近乎后世之号谥。生而称之，类乎后世之徽号。死而称之，类乎后世之美谥。然则同一德号，其间又有微别也。

《论衡·正说》曰："唐、虞、夏、殷、周者，土地之名。皆本所兴昌之地，重本不忘始，故以为号，若人之有姓矣。说《尚书》者谓之有天下之代号。功德之名，盛隆之意也。故唐之为言荡荡也，虞者乐也，夏者大也，殷者中也，周者至也。其褒五家大矣，然而违其正实，失其初意。唐、虞、夏、殷、周，犹秦之为秦，汉之为汉。秦起于秦，汉兴于汉中，故曰犹秦、汉。使秦、汉在经传之上，说者将复为秦、汉作道德之说矣。"此亦以后人之见议古人耳，若反诸古俗，则以德为号者正多也。

祝融列为三皇之一，共工氏霸九州，皆尝王天下者也，而其号皆为官名，则以其功德皆出于其官守，以其官称之，犹之以其事称之，亦即所谓德号耳。《左氏》哀公九年，史墨曰："炎帝为火师。"火师者，火官之长，亦即祝融也。《吕览·勿躬》曰："祝融作市。"《易》言神农氏"日中为市"，此祝融即神农，犹以其官称之也。

《御览》引《遁甲开山图》曰："石楼山在琅邪，昔有巢氏治此山南。"《淮南·修务》："汤整兵鸣条，困夏南巢，谯以其过，放之历山。"《注》："南巢，今庐江居巢是。历山，盖历阳之山。"《遁甲开山图》言地理，殊不可信，读《纬书之三皇说》《伏羲考》两条可见。高《注》亦以后世地名言之耳，无确据也。案寒地之民多穴居，热地之民多巢居；寒地之民，多食鸟兽之肉，热地之民，多食草木之实。《礼记·礼运》曰："昔者先王未有宫室，冬则居营窟，夏则居橧巢。未有火化，食草木之实，鸟兽之肉，饮其血，茹其毛。未有麻丝，衣其羽皮。后圣有作，然后修火之利。范金合土，以为台榭宫室牖户。以炮以燔，以亨以炙，以为醴酪。治其麻丝，以为布帛。"盖兼南北之俗言之，不徒有冬夏之别也。《庄子》言有巢氏之民，昼拾橡栗，暮栖木上，可见其多食草木之实。《韩子》言其食蚌蛤，可见其在江海之交。又《庄子》言其不知衣服，可见其皆裸袒。此皆可想见其在南方。《春秋命历序》言人皇氏出旸谷，分九河，人皇即遂人，九河疑九州之误，已见《纬书之三皇说》条。《御览》引《古史考》曰："古之初，人吮露精，食草木实，穴居野处。山居则食鸟兽，衣其羽皮，饮血茹毛，近水则食鱼鳖螺蛤。未有火化，腥臊多害肠胃。于是有圣人，以火德王。造作钻燧出火，教人熟食，铸金作刃。民人大说，号曰燧人。"此说实本《礼运》，而以他说附益之。其言修火之利，皆以范金与熟食并举，盖古之遗言。观后来范金之技，南优于北，亦可见开化之始于南方。窃疑巢、燧皆当在古扬州之域也。至汤放桀之南巢，则当在兖州，说见《论汤放桀地域考》条。

原刊《古史辨》第七册，一九四一年六月出版

〔一〇〕神农与炎帝、大庭

《左氏》昭公十八年:"宋、卫、陈、郑皆火。梓慎登大庭氏之库以望之。"《注》:"大庭氏,古国名,在鲁城内,鲁于其处作库。"《疏》云:"先儒旧说,皆云炎帝号神农氏,一曰大庭氏。服虔云:在黄帝前。郑玄《诗谱》云:大庭在轩辕之前。亦以大庭为炎帝也。"案《诗谱序》云:"诗之兴也,谅不于上皇之世。大庭、轩辕,逮于高辛,其时有无,载籍亦蔑云焉。"但叙大庭于轩辕之前,初未明言其为炎帝。《疏》云:"大庭,神农之别号。《礼记·明堂位》曰:土鼓,蒉桴,苇龠,伊耆氏之乐也。《注》云:伊耆氏,古天子号。案《郊特牲注》同。《周官·秋官·伊耆氏注》云:"古王者号。"《礼运》云:夫礼之初,始诸饮食。《注》云:中古未有釜甑,而中古谓神农时也。《郊特牲》云:伊耆氏始为蜡。蜡者,为田报祭。案《易·系辞》称神农始作耒耜,以教天下,则田起神农矣。二者相推,则伊耆、神农,并与大庭为一。"《礼记》标题下《疏》云:"郑玄以大庭氏是神农之别号。案《礼运》云:夫礼之初,始诸饮食,燔黍捭豚,蒉桴而土鼓。又《明堂位》云:土鼓苇龠,伊耆氏之乐。又《郊特牲》云:伊耆氏始为蜡。蜡即田祭,与种谷相协;土鼓苇龠,又与蒉桴土鼓相当;故熊氏云:伊耆氏即神农也。"说与《诗疏》同。《疏》之所云,仅能明神农、伊耆是一耳,其即大庭,羌无左证。《鲁颂谱》云:"鲁者,少昊挚之墟也。国中有大庭氏之库,则大庭氏亦居兹乎。"亦未言大庭即神农。疏家之言,似乎无据矣。案《月令》"其帝炎帝"《疏》引《春秋说》云:"炎帝号大庭氏,下为地皇,作耒耜,播百谷,曰神农也。"则大庭、神农为一人,说出纬候,而郑与诸儒同本之。疏家不明厥由来,而徒广为征引,是以文繁而转使人不能无惑也。蒉桴土鼓,既相符会,神农居鲁,亦有可征,以三号为一人,虽不中,固当不远。

《史记·周本纪正义》云:"《帝王世纪》云:炎帝自陈营都于鲁曲阜。黄帝由穷桑登帝位,后徙曲阜。少昊邑于穷桑,以登帝位,都曲阜。《太平御览·皇王部》引,下多"故或谓之穷桑帝"七字。颛顼始都穷桑,徙商丘。穷桑在鲁北。或云:穷桑即曲阜也。又为大庭氏之故国。又是商奄之地。皇甫谧云:黄帝生于寿丘,在鲁城东门之北。居轩辕之丘,《山海经》云此地穷桑之际,西射之南是也。"案谧言炎帝自陈营都于鲁者,以炎帝继大皞,《左氏》昭公十七年梓慎言"陈,大皞之虚"故也。梓慎又言"卫,颛顼之虚,故为帝丘",故谧言颛顼自穷桑徙都之。云商丘者,古本以商丘、帝丘是一,至杜预乃分为二也。《御览·州郡部一》引《帝王世纪》曰:"相徙商丘,于周为卫。成公梦康叔曰:相夺予享是也。"又曰:"相徙商丘,本颛顼之虚,故陶唐氏之火正阏伯之所居也。今濮阳是也。"《史记·郑世家》:"迁阏伯于商丘。"《集解》引贾逵云:"商丘在漳南。"《水经·瓠子河注》:"河水旧东决,径濮阳城东北,故卫也,帝颛顼之虚。昔颛顼自穷桑徙此,号曰商丘,或谓之帝丘。本陶唐氏火正阏伯之所居,亦夏伯昆吾之邦,殷相土因之,故《春秋传》曰:阏伯居商丘,相土因之是也。"盖依贾说也。《左氏》僖公三十一年,"卫迁于帝丘。卫成公梦康叔曰:相夺予享。公命祀相。宁武子不可,曰:杞鄫何事?"此谓夏后相。《御览·皇王部》引《世本》云:"相徙商丘,本颛顼之虚。"亦以商丘、帝丘为一。

然《左氏》以陈大皞之虚,卫颛顼之虚,与宋大辰之虚,郑祝融之虚并举,大辰必不容说为人名,则其余三者,亦当事同一律。《左氏》昭公十年:"正月,有星出于婺女。郑裨灶言于子产曰:七月戊子,晋君将死。今兹岁在颛顼之虚,姜氏、任氏,实守其地。居其维首,而有妖星焉,告邑姜也。"所谓颛顼,亦天帝,非人帝也。昭公八年,楚灭陈。"晋侯问于史赵曰:陈其遂亡乎? 对曰:未也。公曰:何故? 对曰:陈,颛顼之族也。岁在鹑火,是以卒灭。陈将如之。今在析木之津,犹将复由。"此颛顼亦天帝。杜《注》云"陈祖舜,舜出颛顼",殊非。下文曰"自幕至于瞽瞍,无违命",乃言陈之先耳。宋本作"陈,颛顼之后",盖因《注》而误也。九年,"陈灾。郑裨灶曰:五年,陈将复封,封五十二年而遂亡。子产问其故。对曰:陈,水属也,火,水妃也,而楚所相也。今火出而火陈,逐楚而建陈也。妃以五成,故曰五年。岁五及鹑火,而后陈卒亡,楚克有之,天之道也,故曰五十二年。"义正与史赵之言同。然昭公二十九年,蔡墨言少皞氏遂济穷桑,而定公四年,祝鮀言伯禽封于少皞之虚,则穷桑地确近鲁。《史记·封禅书》:"管仲曰:古者封泰山禅梁父者七十二家,而夷吾所记者,十有二焉。昔无怀氏封泰山,禅云云;虙羲封泰山,禅云云;神农氏封泰山,禅云云;炎帝封泰山,禅云云;黄帝封泰山,禅亭亭;颛顼封泰山,禅云云;帝喾封泰山,禅云云;尧封泰山,禅云云;舜封泰山,禅云云;禹封泰山,禅会稽;汤封泰山,禅云云;周成王封泰山,禅社首。"管子去古较近,所言必非无据。泰山岩岩,鲁邦所瞻,鲁殆自古帝王之都与? 皇甫谧谓自黄帝至颛顼,其都皆在于鲁,却当有所依据也。

《封禅书》又曰:"孔子论述六艺传,略言易姓而王,封泰山禅乎梁父者,七十余王矣,其俎豆之礼不章,盖难言之。"《正义》引《韩诗外传》云:"孔子升泰山,观易姓而王可得而数者七十余人,不得而数者万数也。"今本无此语,然《书序疏》亦引之;司马贞《补三皇本纪》,亦有此语。则今本佚夺,非《正义》误引也。《论衡·书虚》曰:"百王太平,升封泰山。泰山之上,封可见者七十有二;纷沦湮灭者,不可胜数。"然则七十余乃就其可见者言之,即管子所谓夷吾所记,其不可见者,自不止此。万数固侈言之,其多则可想矣。陟千里而登封,必非隆古之世小国寡民所克举,则泰山之下,名国之多可知也。七十二加三皇五帝凡八十,加本朝为八十一,三皇五帝之书,掌于外史,自此以上,则方策无存,徒列为因国无主之祀,《三皇五帝》条已言之。《管子治国》云:"昔者七十九代之君,法制不一,号令不同,然俱王天下。"云七十九者? 古人好举成数,故以八十一为八十,而又除去本朝,则为七十九矣。《吕览·察今》曰:"有天下七十一圣。"《求人》曰:"古之有天下也者七十一圣。"则就七十二代中去其一代。《淮南·缪称》曰:"泰山之上,有七十坛焉,而三王独道。"则举成数言之也。《齐俗》曰:"尚古之王,封于泰山,禅于梁父者,七十余圣。"与《封禅书》并以辜较之辞言之。异口同声,必非虚语。夫果如后儒之言,封禅为告成功之祭,登封者之多,安得如是? 则疑后世帝王都邑,渐徙而西,然后即事用希,在古则每帝常行,初不系其成功与否也。然而泰山之下,名国之多,可无疑矣。

姜氏初虽在东,后则稍徙而西。有邰为姜嫄之国,太王妃曰太姜;武王妃曰邑姜,师尚父虽或曰辟居东海,或曰鼓刀朝歌,而卒佐周文、武以兴,其证也。《水经·渭水注》:"岐水又东径姜氏城南,为姜水。案姜氏城,在今陕西岐山县南。《帝王世纪》曰:炎帝母女登游华阳,感神而生炎帝,长于姜水,是其地也。"盖后来附会之辞也。《漻水注》云:"漻水北出大义山,南至厉乡西,赐水入焉。水源东出大紫山,分为二水。一水西径厉乡南。水南有重山,即烈山也。山下有一穴,父老相传云是神农所生处也,故《礼》谓之烈山氏。水北有九井,子书所谓神农既诞,九井自穿,谓斯水也。又言汲一井则众井动。井今湮塞,遗迹仿佛存焉。亦云赖乡,古赖国也。有神农社。赐水西南流,入于漻,即厉水也。赐、厉声相近,宜为厉水矣。"案《礼记·祭法》:"厉山氏之有天下也。"《注》:"厉山氏,炎帝也,起于厉山。或曰:有烈山氏。"《疏》云:"引《春秋左传》昭二十九年蔡墨辞,云厉山氏,炎帝也,起于厉山者。案《帝王世纪》云:神农氏,本起于烈山，或时称之，神农即炎帝也，故云厉山氏，炎帝也。云或曰有烈山氏者，案二十九年传文也。"按《祭法》之文，略同《国语·鲁语》。《鲁语》作烈山。韦《注》云："烈山氏，炎帝之号也，起于烈山。《礼·祭法》以烈山为厉山也。"韦氏之意，以烈山、厉山为一，郑意似犹不然。然则郦《注》之云，其为后人附会，不待论矣。烈山，疑即《孟子》"益烈山泽而焚之"之"烈山"，《滕文公》上。乃德号，非地号也。又《管子·轻重戊》云："神农作树五谷淇山之阳。"淇山盖即箕山，乃许由隐处，亦姜姓西徙后语也。

《管子》之文，神农与炎帝各别。谯周《古史考》，以炎帝与神农，各为一人，《左氏》昭公十七年《疏》。盖本诸此。又佟靡云："故书之帝八，神农不与存，为其无位，不能相用。"此节之言，不甚可解，然其大意自可见，此神农亦天帝，非人帝也。然则隆古之世，人神之不可分也旧矣。

近人钱宾四穆。云："《左传》隐公五年，翼侯奔随。《一统志》：随城在介休县东，后为士会食邑。《续汉书·郡国志》：介休有介山，有绵上聚，之推庙。厉、烈、界皆声转相通。《周官》山虞，物之为厉，郑《注》，每物有蕃界也。然则界山即厉山、烈山也。《日知录·绵上》条，称其山南跨灵石，东跨沁源，世以为之推所隐。汉魏以来，相传有焚山之事。太原、上党、西河、雁门之民，至寒食不敢举火。顾氏颇不信之推隐其地。窃疑相传焚山之事，即烈山氏之遗说也。"《西周地理考》。此说论烈山之义与予合。惟谓炎帝传说始晋，似无解于古之封禅者皆在泰山，故予谓炎帝遗说，实始东方，后乃随姜姓之西迁，流传及于荆、豫，且入于冀方也。钱氏又云："《左》昭八年，石言于晋魏榆。杜《注》云：晋魏邑之榆地。《地理志》：榆次、界休，同属太原。吴卓信《补注》引《汲冢周书》云：昔烈山，帝榆罔之后，其国为榆州。曲沃灭榆州，其社存焉，谓之榆社。地次相接者为榆次。

其地有梗阳，魏戊邑。窃疑梗阳亦姜之音变也。"案《汲冢书》恐不足信。即谓可信，亦传说迁移，未必榆罔在晋地也。

《御览》引《帝王世纪》云："神农氏崩，葬长沙。"《路史》引云葬茶陵。又云："地有陵名者，皆以古帝王之墓，竟陵、零陵、江陵之类是矣。"案此足见古代南方陵墓之多，然以为神农，则未必然也。《宋史·礼志·先代陵庙》：淳熙十四年，"衡州守臣刘清之奏：史载炎帝陵在长沙茶陵，祖宗时给近陵七户守视，禁其樵牧，宜复建庙，给户如故事"。

《吕览》高《注》云："朱襄氏，古天子，炎帝之别号。"案以大庭、朱襄附会炎帝，犹之以女娲以后十五君附会伏羲，盖取不甚著名之帝王，附会之于著名者耳。然隆古年代绵远，割据者多，似不必如此也。

原刊《古史辨》第七册，一九四一年六月出版

〔一一〕炎黄之争考①

阪泉、涿鹿之战,《史记集解》引服虔曰:"阪泉,地名。"又曰:"涿鹿,山名,在涿郡。""在涿郡"三字,当兼指阪泉言之。又引皇甫谧曰:"阪泉在上谷。"张晏曰:"涿鹿在上谷。"予昔主服虔之说,谓神农为农耕之族;黄帝教熊罴貔貅貙虎,迁徙往来无常处,以师兵为营卫,颇类游牧之族。神农居鲁,鲁邻泰山,古代农业,多始山林之间。神农号烈山,盖即《孟子》所谓益烈山泽而焚之者,谓在湖北随县之厉乡者缪也。河北之地,平旷宜牧,谓黄帝以游牧之族而居此,亦合事情。若上谷则相去太远,盖据汉世县名附会也。《水经·漯水注》:"涿水出涿鹿山。东北流,径涿鹿县故城南。黄帝与蚩尤战于涿鹿之野,留其民于涿鹿之阿,即于是也。其水又东北与阪泉合。水道源县之东泉。泉水东北流与蚩尤泉会。水出蚩尤城,泉水渊而不流。霖雨并则流注阪泉,乱流东北入涿水。《魏土地记》曰:下洛城东南六十里有涿鹿城。城东一里有阪泉,泉上有黄帝祠。涿鹿城东南六里有蚩尤城。《晋太康地理记》曰:阪泉亦地名也。"要皆附会之说。由今思之,此说仍有未谛。《国语·晋语》云:"昔少典娶于有蟜氏,生黄帝、炎帝。"《贾子·益壤》曰:"黄帝者,炎帝之兄也。"《制不定》曰:"炎帝者,黄帝同父母弟也。"三说符会,《益壤》、《制不定》,虽同出《贾子》,然各有所本,故谓炎黄兄弟不同,古人书率如此,不足怪

---

① 又名《阪泉涿鹿》。

也。决非偶然。然则炎、黄本同族，风气相去，必不甚远。教熊罴貔貅䝙虎，不必其为实事。迁徙往来无常处，好战之主类然，如齐桓征伐所至即甚广。设或史乘阙佚，传者亦将谓其迁徙往来无常处矣。不必其民遂为游牧之族。且除此二语以外，亦更无黄帝为游牧之族之征也。阪泉、涿鹿，盖当如《世本》说，谓在彭城为是。《御览·州郡部一》引《帝王世纪》曰："黄帝都涿鹿，于《周官》幽州之域，在汉为上谷，而《世本》云：涿鹿在彭城南，然则上谷本名彭城。"其曲解真可发一噱。《路史》亦云："《世本》云：涿鹿在彭城。"《续汉书·郡国志》：上谷郡：涿鹿，《注》："《帝王世纪》曰：黄帝所都。《世本》云在鼓城南。"王应麟《地理通释》引《世本》亦作鼓，恐误。《汉书·刑法志注》："郑氏曰：涿鹿在彭城南。师古曰：彭城者，上谷北别有彭城，非宋之彭城也。"师古盖误驳。郑氏实以涿鹿在宋之彭城南也。

《战国·魏策》云："黄帝战于涿鹿之野，而西戎之兵不至，禹攻三苗，而东夷之民不起，以燕伐秦，黄帝之所难也。"此涿鹿在东方之诚证。《贾子·制不定》，又谓炎黄"各有天下之半"，又隐见其一在东，一在西矣。《孟子》言周公相武王，诛纣，伐奄，驱虎豹犀象而远之。《滕文公》下。而《周书》言武王狩禽，猫虎熊罴，数至千百。《世俘》。则古者东方之地，本多禽兽之区，盖承水患之后，所谓"兽蹄鸟迹之道，交于中国"也。见《孟子·滕文公》上。奄即鲁，固与彭城相近矣。《索隐》引皇甫谧曰："黄帝生于寿丘。"《正义》云："寿丘，在鲁东门北。"

《论衡·率性》云："黄帝与炎帝争为天子，教熊罴貔虎，以战于阪泉之野。三战得志，炎帝败绩。"《吉验》云："传言黄帝妊二十月而生，生而神灵，弱而能言。长大，率诸侯，诸侯归之。教熊罴战，以伐炎帝，炎帝败绩。性与人异，故在母之身，留多十月；命当为帝，故能教物，物为之使。"其所本者，与《大戴记》、《史记》略同，然不必即《大戴记》、《史记》也。史公言百家言黄帝，其文不雅驯。此所谓传，盖儒家之说，然仍留神话之迹。亦可见据教熊罴貔貅䝙虎之文而断黄帝为游牧之族者,未免失之早计也。教熊罴貔貅䝙虎之说,或因蚩尤牛首而然,见《述异记》一条。

《史记集解》引《皇览》云:"蚩尤冢在东平郡寿张县阚乡城中,高七丈。民常十月祀之。有赤气出,如匹绛帛,民名为蚩尤旗。肩髀冢,在山阳郡巨野县重聚。大小与阚冢等。传言黄帝与蚩尤战于涿鹿之野,黄帝杀之,身体异处,故别葬之。"《水经·济水注》引略同。高七丈作七尺。案《续志注》引《皇览》亦作七丈。地皆与彭城近。《路史》引《启筮》云:"蚩尤登九淖以伐空桑,黄帝杀之于青丘。"案蚩尤叛父,见《少昊考》条。空桑近鲁,疑为神农氏后裔所处,蚩尤灭之,迁于涿鹿,黄帝又灭蚩尤,而因其旧都也。

《史记》谓黄帝与炎帝战于阪泉之野,又与蚩尤战于涿鹿之野。前引《论衡·率性》及《大戴记·五帝德》,皆与《史记》所本略同,然有战于阪泉之文,而无战于涿鹿之事。《贾子·益壤》云:"炎帝无道,黄帝伐之涿鹿之野,血流漂杵,诛炎帝而兼其地,天下乃治。"《制不定》云:"黄帝行道,而炎帝不听,故战涿鹿之野,血流漂杵。"则蚩尤、炎帝一人,阪泉、涿鹿一役,《史记》盖兼采两书,而夺一曰二字也。《周书·史记》谓阪泉氏"徙居至于独鹿",疑阪泉为神农氏或蚩尤旧号,涿鹿则其新居。蚩尤既灭神农氏,后裔遂袭其位号,故传者混二人为一,黄帝实只与蚩尤战,未尝与神农氏战也。《战国·秦策》亦云:"黄帝伐涿鹿而禽蚩尤。"

黄帝遗迹,又有在今陕西境者,盖出附会。《封禅书》载公孙卿之言,谓:"黄帝郊雍上帝,宿三月。鬼臾区号大鸿,死葬雍,故鸿冢是也。其后黄帝接万灵明廷。明廷者,甘泉也。所谓寒门者,谷口也。黄帝采首山铜,铸鼎于荆山下。鼎既成,有龙垂胡髯下迎黄帝。黄帝上骑。群臣后宫从上者七十余人。龙乃上去。余小臣不得上,乃悉持龙髯。龙髯拔,堕,堕黄帝之弓。百姓仰望黄帝既上天,乃抱其弓与胡髯号。故后世因名其处曰鼎湖,其弓曰乌号。"明明极不经之语,乃处处牵引地理以实之,真俗所谓信口开河者也。乃《五帝本纪》谓"黄帝崩,葬桥山"。《汉书·地理志》亦云:上郡,肤施,《注》云:"有黄帝祠四所。"阳周,《注》云:"桥山在南,有黄帝冢。"《武帝纪》:元封元年,"祠黄帝于桥山。"亦见《郊祀志》。盖帝王之所信,则无冢者可以有冢,而祠祭且因之而起矣。史实之淆乱,可胜道哉!

《汉书·王莽传》:"遣骑都尉嚣等分治黄帝园位于上都桥畤,虞帝于零陵九疑,胡王于淮阳陈,敬王于齐临淄,愍王于城阳莒,伯王于济南东平陵,孺王于魏郡元城。使者四时致祠。"案上都当作上郡。桥畤,师古曰:"桥山之上,故曰桥畤也。"

《水经·河水注》:"《魏土地记》曰:弘农湖县,有轩辕黄帝登仙处。黄帝采首山之铜,铸鼎于荆山之下。有龙垂胡于鼎,黄帝登龙,从登者七十人,遂升于天,故名其地为鼎胡。荆山在冯翊,首山在蒲坂,与湖县相连。《晋书·地道记》、《太康记》并言胡,县也,汉武帝改作湖。俗云:黄帝自此乘龙上天也。《汉书·地理志》曰:京兆湖县,有周天子祠二所,故曰胡。不言黄帝升龙也。"此等不经之说,郦道元已辨之矣。

《渭水注》云:横水,"西北出泾谷峡。又西北,轩辕谷水注之。水出南山轩辕溪。南安姚瞻以为黄帝生于天水,在上邽城东七十里轩辕谷。皇甫谧云生寿丘,丘在鲁东门北。未知孰是也。"又渭水:"又东过陈仓县西。"《注》云:"姚睦曰:黄帝都陈言在此。"赵氏一清曰:"上云南安姚瞻,此云姚睦,未知即一人也?抑误字也?"案《路史》引姚睦云"黄帝都陈仓,非宛丘",则睦似非误字。然谓黄帝都陈仓,要亦附会之说也。《洧水注》:"洧水又东径新郑县故城中。皇甫士安《帝王世纪》云:或言县故有熊氏之墟,黄帝之所都也。"《史记·五帝本纪集解》引徐广曰:"黄帝,号有熊。"谯周曰:"有熊国君。"案

《大戴记·帝系》言昌意产颛顼，颛顼产老童，老童产重黎及吴回，吴回产陆终，陆终氏娶于鬼方氏，产六子，其四曰云郐人，郑氏也。重黎、吴回，相继居祝融之职。《史记·楚世家》言季连之苗裔曰鬻熊，实即祝融异文。其后熊丽、熊狂等，世以熊为氏。盖云郐人亦有祝融之号，或但称熊，其地遂称有熊之墟也。实与黄帝无涉。

《五帝本纪》又言：黄帝"披山通道，未尝宁居。东至于海，登丸山，及岱宗。西至于空桐，登鸡头。南至于江，登熊、湘。北逐荤粥，合符釜山"。空桐，《集解》引韦昭云："在陇右。"鸡头，《索隐》云："后汉王孟塞鸡头道，在陇西。一曰崆峒山之别名。"《正义》云："《括地志》云：空桐山在肃州福禄县东南六十里。《抱朴子·内篇》云：黄帝西见中黄子，受九品之方，过空桐，从广成子受自然之经，即此山。《括地志》又云：笄头山，一名崆峒山，在原州平高县西百里，《禹贡》泾水所出。《舆地志》云或即鸡头山也。郦元云盖大陇山异名也。《庄子》云广成子学道崆峒山，黄帝问道于广成子，盖在此。按二处崆峒皆云黄帝登之，未详孰是。"《路史》云："空同山，在汝之梁县西南四十里。有广成泽及庙。近南阳雉衡山。故马融《广成赞》云面据衡阴。"案《路史》之说是也。近人钱宾四撰《黄帝故事地望考》，亦主是说。钱氏又云："熊山，即封禅书齐桓南伐至召陵所登，乃卢氏南之熊耳也。《水经》：溴水出河南密县大騩山。《注》：大騩，即具茨山也。黄帝登具茨之山，升于洪堤山，受《神芝图》于华盖童子，即是也。"地亦于雉衡、熊耳为近。黄帝踪迹，至此已为极远矣，必不能至秦陇也。釜山，《正义》引《括地志》云："釜山在妫州怀戎县北三里。"此又因涿鹿在上谷之说而附会。《左氏》昭公四年，司马侯曰："冀之北土，马之所生，无兴国焉。恃险与马，不可以为固也，从古以然。"可破涿鹿在上谷及涿郡之说矣。

吾昔谓炎帝为耕农之族，好和平，黄帝为游牧之族，乐战斗，其说虽属武断，然谓炎、黄之际，为世变升降之会，则亦不尽诬也。《商君书·画策》曰："神农之世，男耕而食，妇织而衣，刑政不用而治，甲兵不起而王。神农既殁，以强胜弱，以众暴寡，故黄帝内行刀锯，外用甲兵。"《庄子·盗跖》曰："神农之世：卧则居居，起则于于。民知其母，不知其父。与麋鹿共处。耕而食，织而衣，无有相害之心。此至德之隆也。然而黄帝不能致德，与蚩尤战于涿鹿之野，流血百里。"又《至乐》曰："吾恐回与齐侯言尧、舜、黄帝之道，而重以燧人、神农之言。"《战国赵策》曰："宓牺、神农，教而不诛，黄帝、尧、舜，诛而不怒。"《春秋繁露·尧舜不擅移汤武不擅杀》曰："今足下以汤、武为不义，然则足下之所谓义者，何世之王也？则答之以神农。"皆可见炎、黄之际，世变转移之亟也。盖为暴始于蚩尤，而以暴易暴，实惟黄帝。

炎黄之争，人皆知之，然古又有谓黄帝胜四帝者。《御览·皇王部四》引《蒋子万机论》曰："黄帝之初，养性爱民，不好战伐，而四帝各以方色称号，交共谋之。边城日惊，介胄不释。黄帝叹曰：夫君危于上，民安于下；主失于国，案失同佚。其臣再嫁。厥病之由，非养寇邪？今处民萌之上，而四盗亢衡，递震于师。于是遂即营垒，以灭四帝。向令黄帝若不龙骧虎变，而与俗同道，则其民臣亦嫁于四帝矣。"《万机论》非可信之书，然《孙子·行军》篇云："凡四军之利，黄帝之所以胜四帝也。"则其说自有所本也。惜其详不可得闻矣。

原刊《古史辨》第七册，一九四一年六月出版

〔一二〕少昊考

今文家叙五帝无少昊,而古文家妄增之,予既于《儒家之三皇五帝说》条发其覆矣。然则少昊何人也？曰：少昊即蚩尤也。

《周书》一书,多存古史,其书传习颇鲜,故语多诘屈,然转鲜窜乱与传讹,实较可信据之书也。《周书·尝麦》曰："昔天之初,诞作二后,乃设建典。命赤帝分正二卿。命蚩尤宇于少昊,以临四方。四,疑当作西。蚩尤乃逐帝,争于涿鹿之阿。九隅无遗,赤帝大慑。乃说于黄帝,执蚩尤,杀之于中冀,名之曰绝辔之野。"案《史记·五帝本纪》言："轩辕之时,神农氏世衰。诸侯相侵伐,暴虐百姓,而神农氏弗能征。于是轩辕乃习用干戈,以征不享。诸侯咸来宾从。而蚩尤氏最为暴,莫能伐。炎帝欲侵陵诸侯,诸侯咸归轩辕。轩辕乃修德振兵,以与炎帝战于阪泉之野。三战然后得其志。蚩尤作乱,不用帝命。黄帝乃征师诸侯,与蚩尤战于涿鹿之野,遂禽杀蚩尤。"既言神农氏世衰,诸侯相侵伐,暴虐百姓,弗能征矣,又言其欲侵陵诸侯,未免自相矛盾。盖《史记》此文,采自两书,故其名称不一。炎帝欲侵陵诸侯之炎帝,实即蚩尤,非世衰之神农氏也。参看《炎黄之争考》条。《周书·史记》曰："昔阪泉氏用兵无已,诛战不休,并兼无亲；文无所立,智士寒心。徙居至于独鹿。诸侯叛之。阪泉以亡。"独鹿即涿鹿。阪泉盖蚩尤旧号。既迁于此,遂亦名其地为阪泉之野。故阪泉、涿鹿非两地，其战亦非二役，而神农、蚩尤，则实有两人。蚩尤既并神农，代居元后之位，诸书因亦以炎帝称之，故或又误为神农氏也。《周书》之赤帝，盖即世衰之神农氏，蚩尤初为之卿。《礼记·月令疏》曰："东方生养，元气盛大，西方收敛，元气便小，故东方之帝，谓之大皞，西方之帝，谓之少皞。"此语当有所本。《左氏》文公十八年《疏》引谯周曰："金天氏，能修大皞之法，故曰少昊也。"其证也。《盐铁论·结和》曰："轩辕战涿鹿，杀两曎蚩尤而为帝。"两曎者，一大皞，一少皞，所谓二卿也。蚩尤初为神农氏少皞，既灭神农氏，盖代居赤帝之位，而别以人为少皞，涿鹿之战，与其两卿俱死也。

褚先生补《史记·建元以来侯者年表》，载田千秋上书曰："父子之怒，自古有之。蚩尤叛父，黄帝涉江。"似蚩尤为神农氏之子。虽不必信，然其为同族则真矣。蚩尤之后为三苗，固姜姓也。姜姓殆内乱而为姬姓所乘与？

《后汉书·张衡传》：衡"条上司马迁、班固所叙与典籍不合者十余事"。《注》举其一事曰："《帝系》：黄帝产青阳、昌意。《周书》曰：乃命少皞清。清即青阳也。今宜实定之。"案《周书》之文曰："乃命少昊清，司马，鸟师，以正五帝之官。故名曰质。天用大成，至于今不乱。"《尝麦解》。"清司马鸟师"，文有夺误，云以正五帝之官，则当有五官，而少昊，司马，鸟师，仅得三官。衡妄加傅会，非是。《左氏》昭公十七年："郯子来朝。公与之宴。昭子问焉，曰：少皞氏鸟名官，何故也？郯子曰：吾祖也，我知之。昔者黄帝氏以云纪，故为云师而云名。炎帝氏以火纪，故为火师而火名。共工氏以水纪，故为水师而水名。大皞氏以龙纪，故为龙师而龙名。我高祖少皞挚之立也，凤鸟适至，故纪于鸟，为鸟师而鸟名。自颛顼以来，不能纪远，乃纪于近，为民师而命以民事。"此文真伪未敢定，即以为真，亦绝无先后相承之意。《世经》乃云："郯子据少昊受黄帝，黄帝受炎帝，炎帝受共工，共工受大昊，故先言黄帝，上及大昊。稽之于《易》，炮牺、神农、黄帝，相继之世可知。"乃于炮牺、炎帝之间，增一共工，曰："周人迁其行序，故《易》不载。"又于黄帝、颛顼之间，增一少昊，曰："《考德》曰：少昊曰清。清者，黄帝之子青阳也，名挚。周迁其乐，故《易》不载。序于行。"又并颛顼、帝喾，亦谓周迁其乐，故《易》不载。穿凿甚矣。《考德》，师古曰："考五帝德之书也。"盖即其所伪撰。《左疏》曰："《世本》及《春秋纬》，皆言青阳即是少皞，黄帝之子，代黄帝而有天下，号曰金天氏。"纬书固歆辈所造，《世本》亦其徒所改，或后人依歆说所改也。

《礼记·祭法》云："大凡生于天地之间者皆曰命。其万物死皆曰折，人死曰鬼，此五代之所不变也。七代之所更立者，禘郊宗祖，其余不变也。"《注》云："五代，谓黄帝、尧、舜、禹、汤，周之礼乐所存法也。""七代，通数颛顼及喾也。""少昊氏修黄帝之法，后王无所取焉。"《疏》云："周有六乐，去周言之惟五代。""《易纬》及《乐纬》有五茎、六英，是颛顼及喾之乐。"又云："《易纬》有黄帝及颛顼以下之乐，无少昊之乐。"则《世经》之言，于纬书亦不尽雠。盖纬书造者非一手，亦或后人更有改易也。

《左氏》谓少昊名挚，或谓即《周书》名质之转音。然《周书》"故名曰质"句，意实非谓人名，此按文可见者也。《国语·晋语》："黄帝之子二十五人，其同姓者二人而已。惟青阳与夷鼓皆为己姓。"下文又云："凡黄帝之子二十五宗，其得姓者十四人，为十二姓：姬、酉、祁、己、滕、箴、任、荀、僖、姞、儇、依是也。惟青阳与苍林氏同于黄帝，故皆为姬姓。"其说自相矛盾。《左疏》谓《世本》己姓出自少昊。《路史》作纪姓，则《国语》下一青阳是误。疑其或处于纪，而因以为氏也。《御览·皇王部》引《古史考》：高阳氏，妘姓。高辛氏，或曰房姓。

《史记·五帝本纪》曰："帝喾娶陈锋氏女，生放勋。娶娵訾氏女,生挚。帝喾崩,而挚代立。帝挚立,不善。崩,而弟放勋立,是为帝尧。"《御览·皇王部》引《帝王世纪》曰:"帝挚之母,于四人之中,其班最下,而挚年兄弟最长,故得登帝位。封异母弟放勋为唐侯。挚在位九年,政软弱。而唐侯德盛,诸侯归之。挚服其义,乃率其群臣,造唐朝而致禅,因委至心愿为臣。唐侯于是知有天命,乃受帝禅,而封挚于高辛氏。事不经见,汉故议郎东海卫宏所传云尔。"卫宏之言,未必可信。然黄帝之族,似确有一挚其人,在尧之前。其人究系喾子,抑青阳若夷鼓之后,未可定,要之必为己姓。后来之纪,当出于此也。

《说文·女部》:"嬴,帝少皞之姓也。"《御览》及《路史》引《古史考》皆曰:穷桑氏,嬴姓。《左氏》昭公元年,"昔金天氏有裔子曰昧,为玄冥师。生允格、台骀。台骀能业其官。宣汾、洮,障大泽,以处大原。帝用嘉之,封诸汾川。沈、姒、蓐、黄,实守其祀"。二十九年,"少皞氏有四叔,曰重、曰该、曰脩、曰熙,实能金木及水。使重为句芒,该为蓐收,脩及熙为玄冥。世不失职,遂济穷桑"。昧,不知即脩、熙之后否?钱宾四谓台骀即有骀氏,见所撰《西周地理考》。则是姜姓也。又《山海经·大荒北经》:"有人一目,当面中生。一曰威姓,少昊之子。"此皆别一少昊,与挚无涉。盖少昊本司西方之官,人人可为之也。穷桑,杜《注》云:"地在鲁北。"《疏》云:"《土地名》穷桑阙。言在鲁北,相传云尔。"案定公四年,祝鮀言伯禽封于少皞之虚,《史记·鲁世家》亦云:"封周公旦于少昊之虚曲阜。"《御览》六百九十引《田俅子》:"少昊都于曲阜。"则以穷桑为在鲁,说自不误。《山海经·东山经》:"《东次二经》之首曰空桑之山,北临食水。"食水者,"《东山经》之首曰樕䘁之山,北临乾昧,食水出焉,而东北流注于海。"其地当在青、兖之域。又《北山经》:"空桑之山。无草木,冬夏有雪。空桑之水出焉,东流注于滹沱。"郭《注》云:"上已有此山,疑同名也。"

郝《疏》云："《东经》有此山，此经已上无之。检此篇，《北次二经》之首曰管涔之山至于敦题之山，凡十七山，今才得十六山，疑正夺此一山也。经内空桑之山有三：上文夺去之空桑，盖在莘虢间。《吕氏春秋》、《古史考》俱言伊尹产空桑，是也。此经空桑，盖在赵代间。《归藏·启筮》言蚩尤出自羊水，以伐空桑，是也。"予案古代地名，每随人而迁徙。空桑恐正随少昊之族而西迁，台骀之处大原，即其一证也。予因此悟《史记》"青阳降居江水"，"昌意降居若水"，后人以蜀地释之者实误。案《索隐》云："江水、若水皆在蜀，即所封国也。《水经》曰：水出旄牛徼外，东南至故关为若水。南过邛都，又东北至朱提县，为泸江水。是蜀有此二水也。"《正义》云："《华阳国志》及《十三州志》云：蜀之先，肇于人皇之际。黄帝为子昌意取蜀山氏，后子孙因封焉。"今案《水经·若水注》云："《山海经》曰：南海之内，黑水之间，有木，名曰若木。若水出焉。又云：灰野之山，有树焉，青叶赤华，厥名若木。生昆仑山，西附西极也。《淮南子》曰：若木，在建木西。木有十华，其光照下地。故屈原《离骚·天问》曰羲和未阳，若华何光是也。然若木之生，非一所也。黑水之间，厥木所植，水出其下，故水受其称焉。"《注》所引《山海经》，前一条见《海内经》，黑水下多青水二字。后一条见《大荒北经》，灰野作洇野。郝《疏》云："《文选·甘泉赋》、《月赋》注，《艺文类聚》八十九引，并作灰野。"下云："上有赤树，青叶赤华，名曰若木。"而"生昆仑西附西极"七字为郭《注》。郭《注》又云："其华光赤，下照地。"郝《疏》云："《文选·月赋注》引此经，若木下有日之所入处五字。《离骚》云：折若木以拂日。王逸《注》云：若木在昆仑西极，其华照下地。疑郭《注》当在经中。"案以若木为生昆仑，西附西极，日之所入处者误。此必非经文也。《离骚》云："饮余马于咸池兮，总余辔乎扶桑。折若木以拂日兮，聊逍遥以相羊。"其文相承，正言日出时。《天问》王逸《注》亦云："言日未出之时,若华何能有明赤之光华乎?"安得言日入? 所引《淮南子》,乃《地形篇》文。其文云:"扶木在阳州,日之所曊。建木在都广,众帝所自上下。日中无景,呼而无响,盖天地之中也。若木,在建木西。末有十日,其华照下地。"此文疑有窜乱。《山海经·海外东经》云:"下有汤谷。汤谷上有扶桑,十日所浴。在黑齿北,居水中,有大木。九日居下枝,一日居上枝。"《注》云:"庄周云:昔者十日并出,草木焦枯。《淮南子》亦云:尧乃令羿射十日,中其九日,日中乌尽死。《离骚》所谓羿焉毕日,乌焉落羽者也。《归藏·郑母经》云:昔者羿善射,毕十日,果毕之。汲郡《竹书》曰:胤甲即位,居西河,有妖孽,十日并出。明此自然之异,有自来矣。《传》曰:天有十日,日之数十。此云九日居下枝,一日居上枝。《大荒经》又云:一日方至,一日方出。明天地虽有十日,自使以次第迭出运照,而今俱见,为天下妖灾,故羿禀尧之命,洞其灵诚,仰天控弦,而九日潜退也。"然则若木自在日出处,安得云日所入乎? 王菉友曰:"《石鼓文》有𣏌字,盖𣏌本作𣏌。若字盖亦作𣏌,即𣏌之重文。加曰者?如𣏌字之象根形。是以《说文》之叒木,它书作若木,并非同音假借也。盖汉人犹多作𣏌? 是以八分书桑字作桒。《集韵》、《类篇》:桑,古作𣓀,并足征也。《说文》收若字于草部,从草,右声,亦似误。"《说文释例》。此说甚精。然则若水亦当作桑水也。《史记·殷本纪》载《汤诰》曰:"东为江,北为济,西为河,南为淮,四渎已修,万民乃有居。"古言四渎,实主四方,而江在东,则青阳所降,亦当在东方;而昌意所降,则必古空桑之水。今《山经》所载,虽注潭沱,然其始必在《东次二经》所载之山附近,后乃随民族迁徙而西移也。《史记》言黄帝邑于涿鹿之阿,涿鹿本山名。《周书·王会》,北方有独鹿,盖即涿鹿,为国名或部族名。蜀山者,涿鹿之山,亦即独鹿之国。蜀山氏女,盖即蚩尤氏之女;二族初虽兵争,至此复通昏媾也。《山海经·海内经》云:"黄帝妻雷祖,生昌意。昌意降处若水,生韩流。韩流,擢首谨耳,人面豕喙,麟身渠股,豚止。取淖子,曰阿女。生帝颛顼。"郭《注》引《竹书》云:"昌意降居若水,产帝乾荒。乾荒即韩流也,生帝颛顼。"又引《世本》云:"颛顼母,浊山氏之子,名昌仆。"郝氏《笺疏》云:"《大戴礼·帝系篇》云:昌意取于蜀山氏之子,谓之昌仆氏,产颛顼。郭引《世本》作《浊山氏》,浊、蜀古字通,浊又通淖,是淖子即蜀山氏也。"然则蜀山氏之蜀,乃涿鹿独鹿之单呼;其字可作浊,亦可作淖;乃望文生义,附会为后世之蜀地,岂不谬哉?《山海经》世系,较《大戴记》、《史记》皆多一代。古世系本不能无阙夺,不当据《大戴》、《史记》以疑《山海经》也。《竹书》则不足信,其曰乾荒,盖正因《山海经》之韩流而伪造。

近人蒙文通云:"《山海经·海内经》云:炎帝之妻,赤水之子听訞,生炎居。炎居生节并。节并生戏器。戏器生祝融。祝融降居于江水,生共工。共工生术器。术器首方颠,是复土穰,以处江水。共工生后土。后土生噎鸣。是祝融者,炎帝之胤也。《世本》:祝融曾孙生伯夷,封于吕,为舜四岳;许慎以大岳佐夏侯许,为祖自炎神,《周语》以共工从孙为四岳,皆见共工、祝融,同祖炎神也。《大荒西经》云颛顼生老童,老童生祝融,是别一祝融,旧说每误合为一人。《风俗通义》说:颛顼有子曰黎,为苗之民。郑玄注《吕刑》,说苗民为九黎之君,是应义本于郑氏。《山海经·大荒北经》曰:颛顼生骧头,骧头生苗民,苗民,黎姓。则颛顼疑亦南方民族也。"见所著《古史甄微》第九篇《夏之兴替》。予案《大荒西经》又有文曰:"大荒之中,有山名曰日月山,天枢也。吴姖天门,日月所入。有神,人面无臂,两足反属于头。山名曰嘘。颛顼生老童,老童生重及黎。帝令重献上天,令黎邛下地。下地是生噎。处于西极,以行日月星辰之行次。""下地是生噎",郝氏《笺疏》云:"此语难晓。《海内经》云:后土生噎鸣。此经与相涉，而文有阙夺，遂不复可读。"予案"山名曰嘘"，山字疑误。嘘似即噎之讹，乃神名。"下地是生噎"，下地字误重，是生噎之上，又有夺文。噎盖噎鸣也。《国语·楚语》云："昭王问于观射父曰：《周书》所谓重、黎实使天地不通者，何也？若无然，民将能登天乎？对曰：非此之谓也。古者民神不杂。及少昊之衰也，九黎乱德。民神杂糅，不可方物。颛顼受之。乃命南正重司天以属神，命火正黎司地以属民。使复旧常，无相侵渎。是谓绝地天通。其后三苗复九黎之德。尧复育重、黎之后不忘旧者，使复典之，以至于夏、商。故重、黎氏世叙天地，而别其分职者也。其在周，程伯休父其后也。当宣王时，失其官守，而为司马氏。宠神其祖，以取威于民，曰：重实上天，黎实下地。遭世之乱，而莫之能御也。不然，夫天地成而不变，何比之有？""重实上天，黎实下地"，即《山海经》所谓"令重献上天，令黎抑下地"也。《大荒西经》又云："有人，名曰吴回。奇左，是无右臂。"又云："大荒之中有山，名曰大荒之山，日月所入。有人焉，三面，是颛顼之子，三面一臂。"案《说文·了部》："了，尥也。从子无臂。象形。"孑，"无又臂也。从了乚，象形"。孓，"无左臂也。从了丿，象形"。人岂有无臂及一臂者？此三文盖为神而作。吴回者，《史记·楚世家》云："楚之先祖，出自帝颛顼高阳。高阳生称，称生卷章，卷章生重黎。重黎为帝喾高辛居火正，甚有功，能光融天下。帝喾命曰祝融。共工氏作乱。帝喾使重黎诛之而不尽，帝乃以庚寅日诛重黎，而以其弟吴回为重黎后，复居火正，为祝融。"合此诸文观之，黎苗确出颛顼，而出于黎之噎，与出于炎帝之噎鸣，又不能谓非一人；然则出于颛顼之祝融，与出于炎帝之祝融，亦不能谓其非一人也。是又何邪？盖《海内经》所谓炎帝者，即是祝融。祝者，属也，融者，光融。古者野蛮之族，恒有守火之司，祝融盖即火正之名，其后因以为氏。古无所谓共主，部族大者即可称王。生时既可称王,死后自可称帝。居火正之官者,尊称其祖,自可谓之炎帝。非古神农氏之后也。然出于祝融之四岳姜姓者,则以昌意娶蜀山氏子,其后或从母姓耳。然则蚩尤虽为黄帝所诛,迄于颛顼之世,其族即已复盛矣。《潜夫论·五德志》谓"颛顼身号高阳,世号共工"。共工亦姜姓。

皇甫谧谓颛顼始都穷桑,盖以其承少昊言之。云后徙商丘,于帝喾则云都亳,盖为《左氏》"卫颛顼之虚也"一语所误。《皇览》谓颛顼、帝喾,冢皆在东郡濮阳,皇甫谧谓在东郡顿丘广阳里,见《史记集解》、《索隐》及《御览》。又见《水经·淇水注》。亦因此附会。可参看《神农与炎帝大庭》条。《吕览·古乐》,谓帝颛顼生自若水,实处空桑,乃登为帝,则颛顼仍处空桑,帝喾亦当袭其迹耳。郯子言少昊挚之立也,爽鸠氏为司寇;而《左氏》昭公二十年:晏子对齐景公,谓"昔爽鸠氏始居此地,季荝因之,有逢伯陵因之,薄姑氏因之,而后大公因之"。十年:"有星出于婺女。郑裨灶言于子产曰:七月戊子,晋君将死。今兹岁在颛顼之虚,姜氏、任氏,实守其地。《注》:"姜,齐姓;任,薛姓。"居其维首,而有妖星焉,告邑姜也。邑姜,晋之妣也,天以七纪。戊子,逢公以登,星斯于是乎出。"皆古代都邑在齐鲁之地之证。

原刊《古史辨》第七册,一九四一年六月出版

〔一三〕女娲与共工

司马贞《补三皇本纪》云：女娲末年，诸侯有共工氏，任智刑以强，霸而不王。与祝融战，不胜，而怒，乃头触不周山崩，天柱折，地维缺。女娲乃炼五色石以补天，断鳌足以立四极，以济冀州。上当夺"杀黑龙"三字。《注》云："按其事出《淮南子》也。"按《淮南·览冥》云："往古之时，四极废，九州裂；天不兼覆，地不周载；火爁炎而不灭，水浩洋而不息；猛兽食颛民，颛，《御览》引作精，并引高诱《注》曰："精，弱也。"鸷鸟攫老弱。于是女娲炼五色石以补苍天，断鳌足以立四极，杀黑龙以济冀州，积芦灰以止淫水。苍天补，四极正，淫水涸，冀州平，狡虫死，颛民生。"言女娲治水而不及共工。《原道》云："昔共工之力，触不周之山，使地东南倾，与高辛争为帝，遂潜于渊，宗族残灭，继嗣绝祀。"《天文》云："昔者共工与颛顼争为帝，怒而触不周之山，天柱折，地维绝；天倾西北，故日月星辰移焉。地不满东南，故水潦尘埃归焉。"《兵略》亦云："颛顼尝与共工争矣。"《本经》云："舜之时，共工振滔洪水，以薄空桑，龙门未开，吕梁未发，江淮流通，四海溟涬。民皆上邱陵，赴树木。舜乃使禹疏三江五湖，辟伊阙，导瀍、涧，平通沟陆，流注东海。洪水漏，九州乾，万民皆宁其性。"言共工致水患而不及女娲。《楚辞·天问》云："康回冯怒，地何故以东南倾。"《注》云："康回，共工名也。《淮南子》言共工与颛顼争为帝，不得，怒而触不周之山,天维绝,地柱折,维绝柱折疑互讹。故东南倾也。"《山海经·大荒西经》云:"西北海之外,大荒之隅,有山而不合,名曰不周,负子。"郭《注》引《淮南子》同,亦未及女娲。惟《论衡·谈天》云:"儒书言共工与颛顼争为天子,不胜,怒而触不周之山,使天柱折,地维绝,女娲销炼五色石以补苍天,断鳌足以立四极。天不足西北,故日月移焉,地不足东南,故百川注焉。"《顺鼓》云:"传又言共工与颛顼争为天子,不胜,怒而触不周之山,使天柱折,地维绝。女娲消炼五色石以补苍天,断鳌足以立四极。"与小司马之言同。

古人传说,每误合数事为一,《论衡》之言,盖蹈此弊,而小司马又沿其流也。古书言共工者:《史记·律书》云:"颛顼有共工之陈,以平水害。"又《淮南·本经》言"共工振滔洪水,以薄空桑",而《吕览·古乐》言"帝颛顼生自若水,实处空桑",二者实消息相通。此与《淮南·天文》,皆以为与颛顼争者也。《原道》谓与高辛争。《吕览·荡兵》云:"黄、炎故用水火矣,共工固次作难矣,五帝固相与争矣。"虽不明言何时,亦可想见其在颛顼之世。《书》言舜摄政,"流共工于幽州"。《周书·史记》云:"昔者共工自贤,自以无臣,久空大官,下官交乱,民无所附,唐氏伐之,共工以亡。"《淮南·本经》谓在舜时。《战国·秦策》:苏秦言:"禹伐共工。"《荀子·议兵》同。《荀子·成相》云:"禹有功,抑下鸿,辟除民害逐共工。"《山海经·大荒西经》云:不周之山,"有两黄兽守之。有水曰寒暑之水,水西有湿山,水东有幕山,有禹攻共工国山。"又《海外北经》云:"共工之臣曰相柳氏。九首,以食于九山。相柳之所抵,厥为泽溪。禹杀相柳,其血腥,不可以树五谷种。禹厥之,三仞三沮,乃以为众帝之台。在昆仑之北,柔利之东。相柳者,九首人面,蛇身而青。不敢北射,畏共工之台。台在其东。台四方,隅有一蛇,虎色,首冲南方。"《大荒北经》云:"共工臣名曰相繇,九首,蛇身自环,食于九土。其所欤所尼,即为源泽。不辛乃苦，百兽莫能处。禹湮洪水，杀相繇。其血腥臭，不可生谷。其地多水，不可居也。禹湮之，三仞三沮，乃以为池。群帝因是以为台。在昆仑之北。"相繇即相柳，此与《海外北经》所言，系一事两传。又云："有系昆之山者，有共工之台，射者不敢北乡。"则以为在尧、舜、禹之世，无以为与女娲争者。《国语·周语》载太子晋之言曰："古之长民者，不堕山，不崇薮，不防川，不窦泽。昔共工弃此道也，虞于湛乐，淫失其身，欲壅防百川，堕高埋庳，以害天下。皇天弗福，庶民弗助。祸乱并兴，共工用灭。其在有虞，有崇伯鲧播其淫心，称遂共工之过。尧用殛之于羽山。其后伯禹念前之非度，厘改制量。共之从孙四岳佐之。高高下下，疏川导滞，钟水丰物。封崇九山，决汨九川，陂障九泽，丰殖九薮，汨越九原，宅居九隩，合通四海。克厌帝心。皇天嘉之，祚以天下，赐姓曰姒，氏曰有夏。祚四岳国，命以侯伯，赐姓曰姜，氏曰有吕。"明自共工至禹，水患一线相承，说共工者，自以谓在颛顼及尧、舜、禹之世为得也。

女娲盖南方之神。《楚辞·天问》云："女娲有体，孰制匠之？"《注》云："传言女娲人头蛇身，一日七十化。"《淮南·说林》云："黄帝生阴阳，此黄帝非轩辕氏，阴阳亦非泛言，当指男女形体，与下二句一律。上骈生耳目，桑林生臂手，此女娲所以七十化也。"《说文·女部》："娲，古之神圣女，化万物者也。"盖谓万物形体，皆女娲所制，《御览·皇王部》引《风俗通》云："俗说：天地开辟，未有人民。女娲抟黄土作人，剧务，力不暇供，乃引绳于泥中，举以为人。故富贵者，黄土人也；贫贱凡庸者，绠人也。"说虽不同，亦以生民始于女娲。寖假遂可以补天，立四极矣。然实与水患无关。《论衡·顺鼓》曰："雨不霁，祭女娲，于礼何见？伏羲、女娲，俱圣者也，舍伏羲而祭女娲，《春秋》不言。董仲舒之议，其故何哉？俗图画女娲之象为妇人之形，又其号曰女，仲舒之意，殆谓女娲古妇人帝王者也。男阳而女阴，阴气为害，故祭女娲求福祐也。传又言云云，见前引。仲舒之祭女娲，殆见此传也。"仲任揣测，全失董生之意。雨不霁则祭女娲，盖古本有此俗，而董生采之，非其所创。其所以采之，则自出于求之阴气之义，非以传所云而然也。《史记·夏本纪索隐》引《世本》云："涂山氏女名女娲。"《正义》引《帝系》云："禹取涂山氏之子，谓之女娲，是生启也。"此说与谓女娲能治水者又迥别，亦后起之说，非其朔也。

《大荒北经》云：系昆之山，"有人衣青衣，名曰黄帝女魃。蚩尤作兵伐黄帝。黄帝乃令应龙攻之冀州之野。应龙畜水，案畜即蓄稸字，乃积聚之义，积聚者必先收敛，收敛者必顺其理，故《记·祭统》曰："顺于道不逆于伦，是之谓畜。"蚩尤请风伯、雨师，纵大风雨。黄帝乃下天女曰魃，雨止，遂杀蚩尤。魃不得复上，所居不雨。叔均言之帝，后置之赤水之北。叔均乃为田祖。魃时亡之。所欲逐之者，令曰：神北行！先除水道，决通沟渎"。又曰："大荒之中，有山名曰成都载天。有人，珥两黄蛇，把两黄蛇，名曰夸父。后土生信，信生夸父。夸父不量力，欲追日景，逮之于禹谷。将饮河而不足也，将走大泽，未至，死于此。应龙已杀蚩尤，又杀夸父，乃去南方处之，故南方多雨。"此说以应龙即魃。去南方处之者，盖谓夸父。日与魃同类。夸父逐日，魃敌风伯、雨师，皆水火二神之争也。《海外北经》云："夸父与日逐走，入日。谓使日入也。《史记·礼书集解》引作日入，盖改从后世语法。渴欲得饮，饮于河渭。河渭不足，北饮大泽，未至，道渴而死。弃其杖，化为邓林。"两经所载凡三说：《海外北经》暨《大荒北经》前一说，以为逐日渴死；其后一说，则以为与蚩尤同为应龙所杀。夸父为后土之子。后土者，《礼记·祭法》云："厉山氏之有天下也，其子曰农，能殖百谷。夏之衰也，周弃继之，故祀以为稷。共工氏之霸九州也，其子曰后土，能平九州，故祀以为社。"《国语·鲁语》："昔烈山氏之有天下也，其子曰柱，能殖百谷百蔬；夏之兴也，周弃继之，故祀以为稷。共工氏之伯九有也，其子曰后土,能平九土,故祀以为社"。《山海经·海内经》云:"禹、鲧是始布土,均定九州。炎帝之妻,赤水之子听訞郝氏《义疏》云:"《补三皇本纪》云:神农纳奔水氏之女曰听詙为妃,生帝哀,哀生帝克,克生帝榆罔"云云。证以此经,赤水作奔水,听訞作听詙,及炎居以下,文字俱异。司马贞自注云:"见《帝王世纪》及《古史考》。"今案二书盖亦本此经为说,其名字不同,或当别有依据,然古典佚亡,今无可考矣。生炎居,炎居生节并,节并生戏器,戏器生祝融。祝融降处于江水,生共工,共工生术器。术器首方颠,是复土穰,以处江水。共工生后土,后土生噎鸣。噎鸣生岁十有二,洪水滔天。鲧窃帝之息壤,以湮洪水,不待帝命。帝令祝融杀鲧于羽郊。鲧复生禹。帝乃命禹卒布土,以定九州。"厉山即神农,与蚩尤、共工,同为姜姓之国;黄帝、颛顼、高辛、尧、舜、禹则姬姓也;二姓相争之情形,可以想见。祝融,《左氏》、《国语》、《大戴记·帝系姓》、《史记·楚世家》并以为颛顼后。《山海经·大荒西经》亦云:"颛顼生老童,老童生祝融。"又云:"颛顼生老童,老童生重及黎。"而《海内经》独以为炎帝之后,共工之先。案《左氏》昭公二十九年之言,出于蔡墨。墨之言曰:"有五行之官,是谓五官。木正曰句芒,火正曰祝融,金正曰蓐收,水正曰玄冥,土正曰后土。""少皞氏有四叔:曰重、曰该、曰脩、曰熙,实能金木及水。使重为句芒,该为蓐收,脩及熙为玄冥,世不失职,遂济穷桑,此其三祀也。颛顼氏有子曰犁,为祝融;共工氏有子曰句龙,为后土;此其二祀也。后土为社。稷,田正也,有烈山氏之子曰柱,为稷,自夏以上祀之。周弃亦为稷,自商以来祀之。"而《国语·楚语》载观射父之言曰:"有天地神明类物之官,是谓五官。及少皞之衰也,九黎乱德。颛顼受之,乃命南正重司天以属神,命火正黎司地以属民,使复旧常,无相侵渎。其后三苗复九黎之德,尧复育重黎之后不忘旧者,使复典之,以至于夏商。"然则乱德之九黎,与颛顼命其司地之黎,即蔡墨所谓颛顼氏有子曰犁,亦即《大戴记》《史记》《大荒西经》以为颛顼之后者,实同号而异人。后者盖袭前者之位,故亦同称为祝融。实则一为炎帝、共工之族,一为颛顼之后也。蔡墨曰:"昔有飂叔安,有裔子曰董父,乃扰畜龙,以服事帝舜。帝赐之姓曰董,氏曰豢龙,封诸鬷川。鬷夷氏其后也。陶唐氏既衰,其后有刘累,学扰龙于豢龙氏,以事孔甲。夏后嘉之,赐氏曰御龙,以更豕韦之后。"《国语·郑语》:史伯谓郑桓公曰:"夫黎为高辛氏火正,故命之曰祝融。夫成天地之大功者,其子孙未尝不章,虞、夏、商、周是也。虞幕能听协风,以成乐物生者也;夏禹能单平水土,以品处庶类者也;商契能和合五教,以保于百姓者也;周弃能播殖百谷蔬,以衣食民人者也;其后皆为王公侯伯。祝融亦能昭显天地之光明,以生柔嘉材者也。其后八姓,于周未有侯伯。佐制物于前代者,昆吾为夏伯矣,大彭、豕韦为商伯矣,当周未有。己姓昆吾、苏、顾、温、董,董姓鬷夷、豢龙,则夏灭之矣。彭姓彭祖、豕韦、诸稽,则商灭之矣。秃姓舟人,则周灭之矣,妘姓邬、郐、路、偪阳,曹姓邹、莒,皆为采卫,或在王室,或在夷狄,莫之数也,而又无令闻,必不兴矣。斟姓无后。融之兴者,其在芈姓乎?"史伯所举虞、夏、商、周及祝融,亦即蔡墨、观射父所谓五官,协风成物,当为木正。平水土为水正,契当为金正,故殷人尚白。社稷同功,弃当为土正。其云鬷夷,即蔡墨所云董父之后,墨云以更豕韦,则豕韦虽伯于商,其先实为夏所替。然则祝融同族,多为夏所剪灭,谓为高阳之后,理或未然。窃疑颛顼取于蜀山,实为蚩尤之后,见《少昊》条。楚以母系言之,实于姜姓为近,抑或楚之先,实为少昊之祝融,而非颛顼所使司地以属民者也。观《海内经》祝融杀鲧之言,《楚语》三苗复九黎之德,尧复育重黎之后之语,则少皞时之九黎,即《海内经》所称为炎帝之后,共工之先者,与姬姓相争,仍甚烈也。黎盖封地,祝融则官名。颛顼替少昊之祝融,所使继之者,盖居其职,并袭其封土,故黎与祝融之称,二者皆同。

惟少昊时之黎，分为九族，故又有九黎之称。颛顼所命之火正，则不然耳。然则《尧典》言黎民，殆即九黎之民，援秦人黔首之名以释之，殆附会而非其实矣。《周语》太子晋谏灵王，鉴于黎、苗之王，亦即《楚语》所谓三苗复九黎之德者。先秦人语，固时存古史之真也。

《韩非·五蠹》曰："当舜之时，有苗不服，禹将伐之。舜曰：不可。上德不厚而行武，非道也。乃修教三年，执干戚舞，有苗乃服。共工之战，铁铦矩者及乎敌，铠甲不坚者伤乎体，是干戚用于古，不用于今也。"案所言舜服有苗事，即书所谓"窜三苗于三危"，亦即《楚语》所谓三苗复九黎之德者，盖当尧、舜之世，九黎之后，又尝与姬姓争也。共工与姬姓之争，实在有苗之先，《韩子》之文，顾若在其后者。古人轻事重言，此等处固所不计。然言共工兵甲之利，亦可见其为蚩尤同族矣。三皇或说，一曰伏羲、神农、祝融，一曰伏羲、神农、女娲。见《三皇五帝》条。祝融列为三皇，可见其尝霸有天下，与共工同；其又曰女娲者，盖汉人久将女娲与祝融，牵合为一也。

少昊氏四叔，何以为三官？玄冥一官，何以两人为之？亦一可疑之端。昭公元年，子产言"昔金天氏有裔子曰昧，为玄冥师。生允格、台骀，台骀能业其官"。昧固只一人，允格，台骀，亦只一人继其业也。窃疑四叔初必分居四官，且正以居四官故而有四叔之称。其后祝融为颛顼所替，言祝融者惟知为颛顼氏子，而少皞氏四叔之称，相沿已久，不可改易，乃举脩及熙而并归诸玄冥耳。又《国语》言颛顼命南正重司天以属神，命火正黎司地以属民，是祝融一官，亦二人为之也。古未有以二人为一官者，故《郑志》答赵商云火当为北，韦昭亦云然。见《诗·桧谱疏》。然以南北二正为相对之称，又无解于《左氏》以祝融为五官之一矣。案《大戴礼记·帝系姓》，谓颛顼产老童，老童产重黎及吴回。《史记·楚世家》则云："高阳生称，称生卷章，卷章生重黎，重黎为帝喾高辛居火正，帝喾命曰祝融。共工氏作乱，帝喾使重黎诛之而不尽,帝乃以庚寅日诛重黎,而以其弟吴回为重黎后,复居火正,为祝融。"《集解》:"徐广曰:《世本》云:老童生重黎及吴回。谯周曰:老童即卷章。"卷章疑老童字误,《史记》多称一世。窃疑重黎实二人;其一为少昊氏子,一为颛顼氏子,《大戴》、《世本》以为一人实误,惟《史记》之文,犹留窜改之迹。盖称生重,亦即老童,颛顼氏命为火正者也。黎则少昊氏之世居火正者,老童既袭其封土,乃兼称曰重黎,帝喾盖颛顼之误,云帝喾使重黎诛之而不尽者,颛顼命老童诛少昊氏之黎而不尽也。云帝乃以庚寅日诛重黎者,非以老童诛共工不能尽而罚殛之,所诛者仍是少昊氏之黎。楚俗本兄弟相及,吴回居火正,不必以其兄之见诛;吴回生季连,季连之裔孙曰鬻融,《大戴记》如此,《史记》作鬻熊。仍是祝融异文耳。《大荒北经》云"颛顼生骧头,骧头生苗民,苗民釐姓",则以三苗为颛顼后矣。《潜夫论·五德志》云"颛顼身号高阳,世号共工",则以共工为颛顼后矣。古世系固多错乱也。

《左氏》昭公十七年,郯子言黄帝以云纪,炎帝以火纪,共工以水纪,大皞以龙纪。杜《注》云:"共工以诸侯霸有九州者,在神农前,大皞后。"《疏》云:"此《传》从黄帝向上逆陈之,知共工在神农前,大皞后也。"此说未必是,然古以共工与大皞、炎、黄并列,则可知矣。

原刊《古史辨》第七册,一九四一年六月出版

〔一四〕帝尧居陶

《左氏》襄公二十四年《疏》云:"历检书传,未闻帝尧居陶,而以陶冠唐,盖地以二字为名,所称或单或复也。"《汉书·高帝纪赞注》引荀悦则云:"唐者,帝尧有天下号;陶,发声也。"书阙有间,又安知尧之不尝居陶邪?

〔一五〕囚尧城辨

晋时汲冢得书，自系实事，然其书之传于后者，则悉为伪物，世或以为真而信之，皆惑也。《史记·五帝本纪正义》引《括地志》云："故尧城，在濮州鄄城县东北十五里。《竹书》云昔尧德衰，为舜所囚也。又有偃朱故城，在县西北十五里。《竹书》云舜囚尧，复偃塞丹朱，使不与父相见也。"案《水经·瓠子河注》云："瓠河故渎，又东径句阳县之小成阳城北，侧渎。《帝王世纪》曰：尧葬济阴，成阳西北四十里，是为谷林。余按小成阳在成阳西北半里许实中，俗嗼以为囚尧城，士安盖以是为尧冢也。"然则作《竹书》者，正因尧冢而附会耳。五帝之事，若觉若梦，魏史独能得其真，且能实指囚之偃之之地，岂理也哉？抑古岂有此史体乎？

原刊《古史辨》第七册，一九四一年六月出版

〔一六〕丹朱傲辨

《皋陶谟》曰:"无若丹朱傲。惟慢游是好,傲虐是作。罔昼夜頟頟。罔水行舟。朋淫于家,用殄厥世。"《释文》:"傲,字又作奡。"《说文夰部》:"奡,嫚也。从百,从夰,夰亦声。《虞书》曰:若丹朱奡。读若傲。《论语》:奡荡舟。"俞理初《癸巳类稿》曰:"奡与丹朱,各为一人,皆是尧子。《庄子·盗跖》篇云:尧杀长子。《释文》引崔云:长子考监明。又《韩非子·说疑》篇云:《记》曰:尧诛丹朱。尧时《书》称胤子朱,《史》称嗣子丹朱,朱至虞时封丹,则尧未诛丹朱。又据《吕氏春秋·去私》篇云:尧有子十人。高诱《注》云:《孟子》言九男事舜,而此云十子,殆丹朱为胤子,不在数中。其说盖未详考。《吕氏·求人篇》云:妻以二女,臣以十子。《吕氏》实连丹朱数之,而《孟子》止言九男。《淮南·泰族训》亦云:尧属舜以九子。合五书,知尧失一子。《书》又云殄厥世。是尧十子必绝其一,而又必非丹朱也。《管子·宙合》篇云:若觉卧,若晦明,若敖之在尧也。即《史记·夏本纪》若丹朱敖,《汉书·楚元王传》刘向引《书》无若丹朱敖之敖。房乔《注》云:敖,尧子丹朱。谓取敖名朱,若举其谥者,尤不成辞。案《说文》言丹朱奡,《论语》已偏举奡;司马迁、刘向言丹朱敖,《管子》已偏举敖;则奡与朱各为一人,有三代古文为证,无疑也。《汉书·邹阳传》云:不合则骨肉为仇敌,朱、象、管、蔡是已。汉初必有师说。朱与奡以傲虐朋淫相恶,亦无疑也。故《经》曰奡頟頟罔水行舟,则《论语》云奡荡舟也。《经》曰奡朋淫于家,则邹阳云骨肉为仇敌也。《经》曰奡殄厥世,则《论语》云不得其死。《孟子》、《吕氏》、《淮南》十子九男之不同,《庄子》言杀长子,《韩非子》言诛丹朱,皆可明其传闻不同之致;又得《管子》、《论语》偏举之文,定知言奡者不是丹朱矣。"予案以奡与丹朱为两人,说出宋人吴斗南,赵耘崧《陔余丛考》引之,谓:"羿善射,奡荡舟,解以有穷后羿及寒浞之子,说始孔安国,而朱《注》因之。寒浞之子名浇,《左传》并不言奡。禹之规戒,若作敖慢之傲,则既云无若丹朱傲矣,何必又曰傲虐是作乎?"今案古书辞义,重复者甚多,似不宜律以后世文法。况荡者摇也,《左氏》僖公三年,"齐侯与蔡姬乘舟于囿,荡公",与《论语》之"荡舟",当系一义,非罔水行舟之谓。寒浞之子,《离骚·天问》,亦均作浇。然《天问》有"覆舟斟寻"之语,则浇似能用舟师,谓其荡舟,于事为近。浇、奡同音,未尝不可通用也。《管子》文义,殊为难解。强释之,敖似嶅之借字。《说文·山部》:"嶅,山多小石也。"《尔雅·释山》作礋。盖亦可用以称小石。尧,高也。敖在尧,犹言小石在高山,盖戒慎之意。觉与卧,晦与明,敖与尧,皆相对之辞,以为人名,未必然矣。《韩子》云:"尧有丹朱,舜有商均,启有五观,商《楚语》作汤。有太甲,武王《楚语》作文王。有管蔡,此五王之所诛者,皆父兄子弟之亲也。"亦见《国语·楚语》。《楚语》曰:"此五王者,皆元德也,而有奸子。"邹阳之说本之,特易商均为象而已。《庄子》谓尧杀长子,当亦此说,未必更有他义也。《吕览》、《孟子》、《淮南》十子九男之不同,则古人于此等处,多以意说。去胤子则言九,并胤子则言十;丹朱为尧长子,古无异说,高诱《注》殆不误。"尧子丹朱,舜子商均,皆有疆土,以奉先祀,服其服,礼乐如之,以客见天子,天子弗臣。"《史记·五帝本纪》。乃儒家通三统之说,非事实,以此决丹朱之未见杀,误矣。不得其死,非殄厥世。朋淫于家,更非骨肉为仇敌。据此谓朱与鼎以傲虐朋淫相恶,则几于妄造史实矣。故俞说实无一是处。然谓鼎为尧长子,不得其死不确;而丹朱、商均亦有如五观、太甲、管、蔡等争夺相杀之事则真矣。刘知幾《疑古》之篇,究为千古卓识也。

古人之言,寓言、实事不甚分别,故欲辨其孰为史实甚难。然亦有可以分别者。《韩非子·外储说右上》曰:"尧欲传天下于舜。鲧谏曰:不祥哉!孰以天下而传之于匹夫乎?尧不听,举兵而诛杀鲧于羽山之郊。共工又谏曰:孰以天下而传之于匹夫乎?尧不听。又举兵而诛共工于幽州之都。于是天下莫敢言无传天下于舜。"《山海经·海外南经》:"三苗国,在赤水东,其为人相随。"郭《注》:"昔尧以天下让舜,三苗之君非之,帝杀之,有苗之民叛入南海,为三苗国。"不知系误记此文,抑别有据。然即别有所据,亦此文之类也。《外储说右下》曰:"潘寿谓燕王曰:王不如以国让子之。人所以谓尧贤者,以其让天下于许由。许由必不受也,则是尧有让许由之名,而实不失天下也。今王以国让子之,子之必不受也,则是王有让子之之名,而与尧同行也。"一曰:"潘寿见燕王曰:臣恐子之之如益也。王曰:何益哉?对曰:古者禹死,将传天下于益,启之人因相与攻益而立启。今王信爱子之,将传国子之,太子之人,尽怀印玺,子之之人,无一人在朝廷者。王不幸弃群臣,则子之亦益也。"一曰:"燕王欲传国于子之也,问之潘寿。对曰:禹爱益而任天下于益,已而以启人为吏。及老,而以启为不足任天下,故传天下于益,而势重尽在启也。已而启与友党攻益而夺之天下。是禹名传天下于益,而实令启自取之也。此禹之不及尧、舜明矣。今王欲传之子之,而吏无非太子之人者也,是名传之,而实令太子自取之也。"《韩子》此文,亦见《战国·燕策》、《史记·燕世家》,皆不如此之详。潘寿作鹿毛寿。徐广曰:一作厝毛。又曰:甘陵县本名厝。《难三》云:"夫尧之贤,六王之冠也,舜一从而咸包,而尧无天下矣。"《五蠹》曰:"尧之王天下也,茅茨不翦,采椽不斲;粝粢之食,藜藿之羹;冬日麑裘,夏日葛衣;虽监门之服养,不亏于此矣。禹之王天下也,身执耒臿,以为民先;股无胈,胫不生毛;虽臣虏之劳,不苦于此矣。以是言之,夫古之让天子者,是去监门之养,而离臣虏之劳也,故传天下而不足多也。"《说疑》曰:"舜逼尧,禹逼舜,汤放桀,武王伐纣,此四王者,人臣弑其君者也。"《忠孝》曰:"尧为人君而君其臣,舜为人臣而臣其君,汤武人臣,而弑其主,刑其尸。"又曰:"瞽瞍为舜父,而舜放之。象为舜弟,而舜杀之。放父杀弟,不可谓仁。妻帝二女,而取天下,不可谓义。仁义无有,不可谓明。"《新序·节士》曰:"禹问伯成子高曰:昔者尧治天下,吾子立为诸侯焉;尧授舜,吾子犹存焉;及吾在位,子辞诸侯而耕,何故?伯成子高曰:昔尧之治天下,举天下而传之他人,至无欲也;择贤而与之其位,至公也。舜亦犹然。今君之所怀者私也。百姓知之,贪争之端,自此始矣。德自此衰,刑自此繁矣。吾不忍见,是以野处也。"皆寓言也。《吕览·举难》曰:"人伤尧以不慈之名,舜以卑父之号,禹以贪位之意,汤、武以放弑之谋,五伯以侵夺之事。"《楚辞·哀郢》曰:"尧舜之抗行兮,瞭杳杳而薄天。众谗人之嫉妒兮,被以不慈之伪名。"《九辩》杳杳作冥冥,众谗人作何险巇,余同。《怨世》曰:"高阳无故而委尘兮,唐虞点灼而毁议。"《注》:"言有不慈之过,卑父之累也。"《淮南·氾论》:"尧有不慈之名,舜有卑父之谤,汤、武有放弑之事,五霸有暴乱之谋。"可见其为设辞矣。惟《韩非·说疑》之文称《记》曰,《记》为古史籍之称,似有记载为据。又《吕览·行论》云:"尧以天下让舜,鲧为诸侯,怒于尧曰:得天之道者为帝,得地之道者为三公。今我得地之道,而不以我为三公。以尧为失论,欲得三公。怒甚,猛兽欲以为乱,比兽之角,能以为城;举其尾,能以为旌。召之不来,仿佯于野,以患帝舜。于是殛之于羽山,副之以吴刀。"

《论衡·率性》:"尧以天下让舜。鲧为诸侯,欲得三公,而尧不听。怒其猛兽,欲以为乱。比兽之角可以为城,举尾以为旌,奋心盛气,阻战为强。"其说虽涉荒怪,然似亦以史事为据也。

原刊《古史辨》第七册,一九四一年六月出版

〔一七〕禅让说平议

尧舜禅让之说，予昔极疑之，尝因《史通》作《广疑古》之篇。由今思之，其说亦未必然也。予昔之所疑者，俞理初《癸巳类稿》合《孟》、《庄》、《韩》、《吕》、《淮南》五书，谓尧失一子；又据《说文》、《管子》、《论语》，谓羿为尧子，不得其死。予因疑羿为尧长子，被杀。其说之误，另见《丹朱傲辨》条。又宋于庭《尚书略说》据《周官疏序》引郑《尚书注》，暨《尚书大传》及郑《注》，谓唐虞四岳有三：始羲和四子，为四伯；后驩兜、共工、放齐、鲧等八人，为八伯；其后则《尚书大传》称阳伯、仪伯、夏伯、羲伯、秋伯、和伯、冬伯，其一阙焉。郑《注》以阳伯为伯夷掌之，夏伯弃掌之，秋伯咎繇掌之，冬伯垂掌之，余则羲和仲叔之后。宋氏谓伯夷即《左氏》隐公十一年"夫许，大岳之胤也"之"大岳"；《国语·周语》"共之从孙四岳佐禹"，《史记·齐太公世家》"吕尚其先祖尝为四岳"之"四岳"，亦即《墨子·所染》、《吕览·当染》之许由、伯阳，《大传》之阳伯；由与夷，夷与阳，并声之转。伯夷封许，故曰许由。《史记》尧让天下于许由，正傅会咨四岳巽朕位之语。《路史·发挥·汤逊解》云："其逊四岳也，则许由已在其列矣。许，四岳之祚也。说者又奚必为异，而以尧之禅为虚哉？"其《余论·论许繇》曰："许，四岳之祚也。尧之逊于四岳，则由既在举矣，岂得云无此人邪？"则许由即四岳，罗氏早见及之矣。予因谓四岳之三即在四罪之中。又共工、三苗皆姜姓,既见流窜,许由亦卒不得位,盖自炎黄以降,姬姜之争,至唐虞之际而犹烈也。其实郑以驩兜等四人为四岳,已臆说无确据,且四罪之中有鲧,亦黄帝之子孙也。以许由不能践位,而疑为姬姜之争,更无据矣。又《礼记·檀弓》言舜葬于苍梧之野,各书皆同。惟《孟子》谓舜生于诸冯,迁于负夏,卒于鸣条。《孟子·万章》上篇,及史公《五帝本纪》,言尧舜事皆与《书传》相符,可决为同用《书》说。《五帝本纪》及《索隐》引《书传》,皆有就时负夏之文,疑亦当有卒于鸣条之语。《书传》今已散佚,《史记》则为后人窜乱。下文云"南巡狩,崩于苍梧之野,葬于江南九疑,是为零陵",非后人窜入,则史公兼存异说也。此说由今思之,仍为不误。惟当时又谓鸣条当近霍山,霍山实古南岳。后人移南岳于衡山,乃并舜葬处而移之零陵。鸣条为汤放桀处,疑舜败遁至此,则殊不然。鸣条实当在《禹贡》兖域,说见《论汤放桀地域考》条。又伯翳、伯益,实为一人。说见《唐虞之际二十有二人》条。当时余谓《夏本纪》"帝禹立而举皋陶荐之,且授政焉,而皋陶卒,而后举益,任之政",谓禹行禅让,何以所传者反父子相继?则更不足疑矣。又《淮南子》谓"有扈氏为义而亡",高《注》谓"有扈,夏启之庶兄,以尧舜举贤,禹独与子,故伐启";《书甘誓序疏》亦有"尧舜相承,启独继父,以此不服,故伐之"之语,以为启之继世亦有干戈之争。然高《注》实据后人设说,《义疏》当亦相同。有扈为义,盖徐偃、宋襄之俦,非奉辞伐罪之谓。至诸子书中论尧、舜、禹事迹,近乎争夺相杀者甚多,然皆属后人设说,惟《韩非·说疑》引《记》,谓尧有丹朱,而舜有商均,启有五观,商有太甲,武王有管、蔡,五王之所诛者,皆父兄子弟之亲也;又《吕览》言鲧难帝舜事,或有史实为据耳。说亦见《丹朱傲辨》条。昔时所疑,盖无甚得当者。惟果谓尧、舜、禹之禅继,皆雍容揖让,一出于公天下之心,则又不然。《韩子》所引史记之文,即其明证。古代史事,其详本不可得闻。诸子百家,各以意说。儒家称美之,以明天下为公之义;法家诋斥之,以彰奸劫弑臣之危;用意不同,失真则一。昔人偏信儒家之说,以为上世圣人绝迹后世,其说固非;今必一反之视为新莽、司马宣王之伦,亦为未当。史事愈近愈相类,与其以秦汉后事拟尧舜,自不如以先秦时事拟尧舜也。自周以前,能让国者,有伯夷、叔齐、吴泰伯、鲁隐公、宋宣公、《春秋》隐公三年。曹公子喜时、成公十六年。吴季札、襄公二十九年。邾娄叔术、昭公三十一年。楚公子启哀公六年。之伦。又有越王子搜,见《庄子·让王》、《吕览·贵生》,惟亦系借以明养生之义,其真相不可考。既非若儒家之所云,亦非若法家之所斥。史事之真,固可据此窥测矣。然儒家所说,虽非史事之真,而禅继之义,则有可得而言者。《书》说之传者,今惟《大传》,而亦阙佚已甚。欧阳、夏侯三家,胥无可考。自当以《孟子》为最完。今观其说,则先立天子不能以天下与人之义,然后设难以明之。曰孰与之?曰天与之。天与之者,谆谆然命之乎?曰:否。天视自我民视,天听自我民听。故舜禹之王,必以朝觐讼狱之归,启之继世亦然也。所谓天与贤则与贤,天与子则与子也。故曰:"唐虞禅,夏后、殷、周继,其义一也。"然则天之于下民亦厚矣,而何以仲尼不有天下?曰:无天子荐之也。何以益、伊尹、周公不有天下?曰:继世而有天下,天之所废,必若桀纣者也。如常山蛇,击首则尾应,击尾则首应,亦足以逃难而自信其说矣。当时虽莫能行,而国为民有之义,深入人心,卒成二千年后去客帝如振箨之局,儒者之绩亦伟矣。王仲任谓世士浅论,圣人重疑;《论衡·奇怪》。刘子玄谓因其美而美之,虽有恶不加毁;因其恶而恶之,虽有美不加誉;《史通·疑古》。于古人之说史事最为得实。康南海托古改制之论,已嫌少过,彼亦轻事重言,用信己见而已。今之论者,举凡古人之说,一切疑为有意造作,则非予之所敢知矣。

原刊《古史辨》第七册,一九四一年六月出版

〔一八〕共工、禹治水

《礼记·祭法》言:"共工氏之霸九州也,其子曰后土,能平九州,故祀以为社。"而《周语》以共工与鲧并列,谓其治水无功。此成败论人之辞,非其实也。《书·皋陶谟》载禹之言曰:"予决九川,距四海,浚畎浍距川。"九者数之极,九川但言其多;四海谓中国之外;云"浚畎浍距川",则但开通沟浍耳,初未有疏江道河之事也。此盖禹治水实迹。《禹贡》篇末云:"九州攸同,四隩既宅,九山刊旅,九川涤源,九泽既陂,四海会同。"与《周语》所谓"封崇九山,决汩九川,陂障九泽,丰殖九薮,汩越九原,宅居九隩,合通四海"者,同为泛言无实之辞,盖皆相传旧文。其前分述九州治迹,及道山道水之文,则皆后人所附益也。此等附益之文,参观诸子,颇有可以互证者。《孟子·滕文公》上篇云:"禹疏九河,瀹济、漯而注诸海,决汝、汉,排淮、泗而注之江。"下篇云:"水由地中行,江、淮、河、汉是也。"《管子·轻重戊》云:"夏人之王,外凿二十虻,𬭫七十湛;疏三江,凿五湖,道四泾之水,以商九州之高,以治九薮。"《墨子·兼爱中篇》云:"古者禹治天下:西为西河渔窦,以泄渠孙皇之水。北为防原、泒,注后之邸,呼池之宝;洒为底柱,凿为龙门;以利燕、代、胡、貉与西河之民。东方漏之陆,防孟诸之泽;洒为九浍,以楗东土之水;以利冀州之民。南为江、汉、淮、汝,东流之注五湖之处,以利荆楚、于越与南夷之民。"

《庄子·天下》曰:"墨子称道曰:昔者禹之湮洪水决江、河而通四夷九州也,名山三百,支川三千,小者无数。禹亲自操橐耜而九杂天下之川。"《吕览·爱类》云:"昔上古龙门未开,吕梁未发,河出孟门,大溢逆流,无有丘陵、沃衍、平原、高阜,尽皆灭之,名曰鸿水。禹于是疏河决江;为彭蠡之障,乾东土;所活者千八百国。"《新书·修政语上篇》云:"环河而道之九牧,凿江而道之九路,洒五湖而定东海。"《说苑·君道》、《淮南·要略》略同。《淮南·本经》云:"龙门未开,吕梁未发,江、淮流通,四海溟涬。舜乃使禹疏三江、五湖,辟伊阙,道廛、涧。"《人间》云:"禹凿龙门,辟伊阙。"《修务》云:"禹沐浴霪雨,栉扶风,决江疏河,修彭蠡之防。乘四载,随山栞木,平治水土,定千八百国。"皆就已所知之地理,极意敷陈,而不计其实,《禹贡》特其尤甚者耳。《说文·川部》云:"州,水中可居者。昔尧遭洪水,民居水中高土,故曰九州。"此乃州字本义。后土之所平,禹之所同,皆不过如此。《孟子》述水患情形曰:"草木畅茂,禽兽繁殖。五谷不登,禽兽逼人,兽蹄鸟迹之道,交于中国。"《滕文公》上。又曰:"龙蛇居之,民无所定。下者为巢,上者为营窟。"《滕文公》下。《淮南》云:"民皆上丘陵,赴树木。"《本经》。又曰:"时天下大雨,禹令民聚土积薪,择丘陵而处之。"《齐俗》。其言治水之功者:《管子》曰:"民乃知城郭门闾室屋之筑。"《轻重戊》。《淮南》曰:"使民得陆处。"《人间》。固无异于后土之所为。其为禹之佐者:禹自言之曰:"暨益奏庶鲜食。""暨稷播奏庶艰食鲜食。懋迁有无化居,烝民乃粒。"《皋陶谟》。《孟子》亦曰:"益烈山泽而焚之。""后稷教民稼穑。"《滕文公》上。此亦厉山氏之子之所为耳,柱固先弃而为稷,厉山亦即烈山也。禹、益、弃之功,何以过于前人哉?而一蒙湛乐淫泆之名,一见称以明德之远,则甚矣,世之有成败而无是非,而书之不可尽信也!

　　知《禹贡》、诸子所言禹事,皆以意敷陈之辞,则知鸿水之患,实未及于西方。河患情形,古今一也。诸书侈言凿龙门,通砥柱,辟伊阙,道廛、涧者,以当时人民,避水西迁,所见奇迹,实以龙门砥柱为大;而西河、伊、雒,又为有夏之居故耳。《淮南·地形》云:"阖四海之内,东西二万八千里,南北二万六千里。水道八千里,通谷。其名川六百,陆径三千里。禹乃使大章步自东极,至于西极,二亿三万三千五百里七十五步。使竖亥步自北极,至于南极,二亿三万三千五百里七十五步。凡鸿水渊薮,自三百仞以上,二亿三万三千五百五十里。有九渊。禹乃以息土填洪水,以为名山。掘昆仑虚以下地。"《时则》云:"中央之极,自昆仑东绝两恒山。日月之所道,江汉之所出,众民之野,五谷之所宜,龙门、河、济相贯,以息壤湮洪水之州。庄逵吉云:"《太平御览》此下有注云:禹以息土湮水,以为中国九州。州,水中可居也。"东至于碣石,黄帝后土之所司者,万二千里。"《吴越春秋·越王无余外传》云:"禹乃案《黄帝中经历》,盖圣人所记。曰:在于九山,东南天柱,号曰宛委。赤帝在阙。其岩之巅,承以文玉,覆以盘石。其书金简,青玉为字,编以白银,皆瑑其文。禹乃东巡,登衡岳,血白马以祭,不幸所求。禹乃登山,仰天而啸。因梦见赤绣衣男子,自称玄夷苍水使者。闻帝使文命于斯,故来候之。非厥岁月,将告以期,无为戏吟。故倚歌覆釜之山,东顾谓禹曰:欲得我山神书者,斋于黄帝岩岳之下三月。庚子,登山,发石,金简之书存矣。禹退,又斋三月。庚子,登宛委山,发金简之书。案金简玉字,得通水之理。复返归岳,乘四载以行川。始于霍山,回集五岳。遂巡行四渎。与益、夔共谋。行到名山大泽,召其神而问之山川脉理,金玉所有,鸟兽昆虫之类,及八方之民俗,殊国异域土地里数。使益疏而记之。故名之曰《山海经》。"又云:"于是周行寓内。东造绝迹,西延积石,南逾赤岸,北过寒谷。回昆仑,察六扈,脉地理,名金石。写流沙于西隅,决弱水于北汉。青泉、赤渊,分入洞穴。通江东流,至于碣石。疏九河于潘渊,开五水于东北。凿龙门,辟伊阙。平易相土,观地分州。殊方各进,有所纳贡。民去崎岖,归于中国。"其敷陈与诸子书同,而又杂以荒怪。然《洪范》云:"鲧堙洪水,汩陈其五行,帝乃震怒,不畀洪范九畴,彝伦攸斁。鲧则殛死,禹乃嗣兴。天乃锡禹洪范九畴,彝伦攸叙。"《禹贡》云:"禹敷土。"《商颂》亦云:"禹敷下土方。"实与《淮南王书》、《吴越春秋》,暨前条所引《山经》之言相通。盖古事之传于后者,仅有极简略之辞,_{如敷土之类}。其详,皆后人以意附会,而荐绅先生之言,与齐东野人之语,遂至于大有径庭,若能深窥其原,则知其所附会者不同,而其为附会,初无以异。楚固失矣,齐亦未为得也。西方史家有言曰:"史事者,众所共信之故事也。"岂不然哉!岂不然哉!

以息壤堙洪水者,谓以土填平低洼之区也。《山海经》言术器复土壤以处江水。复,即《诗》"陶复陶穴"之复,则就平地增高之也。此盖古代治水诚有之事,抑亦其恒用之法。神话中仍有人事,犹之寓言中之名物,非可伪造也。太子晋言共工堕高堙卑,即取土壤以填低地之事。其云壅防百川,壅者遏绝之;欲堙卑,斯必不免于壅川矣。防者,筑为堤防,《史记》所谓鲧作九仞之城以障水也。然则鲧与共工,徒知壅防堙复,而不知疏道,此其所以终败,而禹所以克成功与?夫如是,后土安能尸平九州之名,而为百世所禋祀也?然则禹之所以克享大名者,黄帝之族战胜共工之族,乃举洪水之患,治水之劳扰,悉蔽罪焉,而功则皆归诸禹也;抑禹之时,沈灾久而自瀹也;不则避水西迁,渐抵河雒,其地本无水患也;三者必居一于是矣,或且兼有之也。其治水之劳,安民之惠,必无以大过于共工可知也。《管子·揆度》曰:"共工之王,水处什之七,陆处什之三,乘天势以隘制天下。"则共工氏实居水乡,后土之能平九州,犹今荷兰人之与水争地也,其劳必不让于禹矣;其为民之所禋祀也,宜哉。《管子》又曰:"至于黄帝之王,谨逃其爪牙,不利其器。烧山林,破增薮,焚沛泽,逐禽兽,实以益人,然后天下可得而牧也。"《揆度》。又曰:"黄帝之王,童山竭泽,有虞之王,烧曾薮、斩群害以为民利。"《轻重戊》。烧山林、破增薮、焚沛泽者,益烈山泽而焚之也。焚之则山童矣。谨逃其爪牙、不利其器者,以焚烧逐禽兽,不利其器以与之斗也。前此盖尝与之斗矣,不如焚烧之之善也。竭泽即禹之浚川,斩群害则其荣木。然则禹治水之法,前人久用之矣。故曰:洪水至禹而平,非沈灾之久而自澹,则西迁之业至禹而成也;而共工与鲧皆被恶名,必非其实矣。

《淮南》言"共工振滔洪水,以薄空桑",空桑在鲁,已见《少昊》条。《禹贡》言九州治迹,惟兖州独有降丘宅土之文,亦古史实迹之仅存者也。然则西迁之业,必至禹而大成;尧都晋阳,必非事实。《尧典》、《皋陶谟》皆言洪水怀山襄陵,所谓山陵,亦水中州渚耳,非真出孟门之上也。《吕览》言黄、炎固用水火矣,《荡兵》。得毋是时水灾方甚,战时多决水以灌敌;而火攻之法,亦或得之烈山泽之余与?

原刊《古史辨》第七册,一九四一年六月出版

〔一九〕唐虞之际二十有二人

　　《史记·秦本纪》："秦之先,帝颛顼之苗裔。孙。苗裔之下孙字之上当有夺文。曰女脩。女脩织。玄鸟陨卵,女脩吞之,生子大业。大业取少典之子曰女华。女华生大费。与禹平水土。已成,帝锡玄圭。禹受,曰：非予能成,亦大费为辅。帝舜曰：咨尔费,赞禹功。其赐尔皂游。尔后嗣将大出。乃妻之姚姓之玉女。大费拜受,佐舜调驯鸟兽。鸟兽多驯服。是为柏翳。"《正义》曰："《列女传》云：陶子生五岁而佐禹。曹大家注云：陶子者,皋陶之子伯益也。按此,即知大业是皋陶。"《索隐》曰："寻检《史记》上下诸文,伯翳与伯益是一人不疑。而《陈杞世家》,即叙伯翳与伯益为二,未知太史公疑而未决邪？抑亦缪误尔？"案《陈杞世家》,叙唐虞之际有功德之臣十一人：曰舜,曰禹,曰契,曰后稷,曰皋陶,曰伯夷,曰伯翳,曰垂、益、夔、龙。《索隐》曰："秦祖伯翳,解者以翳益,则为一人。今言十一人,叙伯翳而又别言垂、益,则是二人也。且按《舜本纪》叙十人,无翳而有彭祖。彭祖亦坟典不载,未知太史公意如何？恐多是误。然据《秦本纪》叙翳之功,云佐舜驯调鸟兽,与《舜典》命益作虞,若予上下草木鸟兽,文同,则为一人必矣。今未详其所以。"予案《陈杞世家》之文,盖漏彭祖。所以叙翳又别言益者,以垂、益、夔、龙四字为句,虽并举益,实但指垂,此古人行文足句之例,亦或益字为误衍也。

十一人去舜得十，加十二牧，凡二十二人。《五帝本纪》上文云："禹、皋陶、契、后稷、伯夷、夔、龙、垂、益、彭祖，自尧时而皆举用，未有分职。"次云命十二牧，下乃备载命禹、弃、契、皋陶、垂、益、伯夷、夔、龙之辞，而终之曰"嗟女二十有二人"，明二十二人，即指十二牧及前所举十人，特失命彭祖之辞耳。然则翳、益为一人不疑也。马融以禹、垂、益、伯夷、夔、龙、四岳、十二牧为二十二人，郑玄益殳斨、伯与、朱虎、熊罴而去四牧，见《书疏》及《史记·五帝本纪集解》。皆非矣。

《诗秦谱》："尧时有伯翳者，实皋陶之子，佐禹治水。水土既平，舜命作虞官，掌上下草木鸟兽。赐姓曰嬴。"则康成亦以翳、益为一人。

〔二〇〕唐、虞、夏都邑一

《左氏》昭公元年，子产谓：高辛氏有二子，季曰实沈，迁于大夏，主参，唐人是因，以服事夏、商，及成王，灭唐而封大叔焉。又云："昔金天氏有裔子曰昧，为玄冥师，生允格、台骀。台骀能业其官，宣汾、洮，障大泽，以处大原。帝用嘉之，封诸汾川，沈、姒、蓐、黄，实守其祀。今晋主汾而灭之矣。"七年，又言："昔尧殛鲧于羽山，其神化为黄熊，以入于羽渊，实为夏郊，三代祀之。晋为盟主，其或者未之祀也乎？"《国语·晋语》略同。定公四年，祝鮀谓唐叔，命以《唐诰》，封于夏墟，启以夏政。是则唐叔所封，必尧、禹之旧都；而晋之所居，实台骀之故壤矣。

大夏、大原、夏墟，杜《注》皆云晋阳。襄公二十四年《疏》引《释例》曰："晋、大卤、大原、大夏、参虚、晋阳六名，大原晋阳县也。"服虔则云："大夏在汾浍之间。"《史记·郑世家集解》引。《诗谱》云："唐者，帝尧旧都之地，今曰大原晋阳是。尧始居此，后乃迁河东平阳。成王封母弟叔虞于尧之故墟，曰唐侯。南有晋水，至子燮，改为晋侯。其封域，在《禹贡》冀州太行、恒山之西，太原、太岳之野。至曾孙成侯，南徙居曲沃，近平阳焉。"又云："魏者，虞舜、夏禹所都之地。"《疏》云："《汉书·地理志》云：太原晋阳县，故《诗》唐国，晋水所出，东入汾。《史记·晋世家》云：唐在河汾之东，方百里。则尧为诸侯所居，故云尧始居此。《地理志》：河东郡平阳县。应劭云：尧都也。则是尧为天子，乃都平阳，故云后迁河东平阳也。"又引服虔云："尧居冀州，虞、夏因之，不迁居，不易民。"皇甫谧云："尧始封于唐，今中山唐县是也。后徙晋阳。及为天子，都平阳。"又云："舜所营都，或云蒲阪，即河东县是也。""禹受禅，都平阳。或于安邑，或于晋阳。"《疏》又云："《汉书音义》：臣瓒案：唐，今河东永安是也。去晋四百里。"又云："尧居唐，东于晋十里。应劭曰：顺帝改晋曰永安。则瓒以唐国为永安。此二说，《诗》之唐国，不在晋阳，燮何须改为晋侯？明唐正晋阳是也。"案《史记集解》引《世本》，谓叔虞居鄂。宋忠曰："鄂地今在大夏。"《世本》古书，最可信据。此正《史记》所谓河汾之东者。此外诸说，则皆就后世都邑，以意言之耳。不徒非尧、舜、禹之居，并非唐叔之所封也。服虔浑言在汾、浍之间，不过据后世晋都，略测古代都邑所在耳，未尝凿指其地，其失尚小。郑玄亿定尧始居晋阳，后迁平阳；皇甫谧更谓其始封唐县，牵率附会，绝无古据，专辄甚矣。

《御览·州郡部》引《帝王世纪》云："帝尧氏始封于唐，今中山唐县是也，尧山在焉。唐水在西，北入唐河。南有望都县山，即尧母庆都之所居也，相去五十里。都山，一名豆山。北登尧山，南望都山，故名其县曰望都。而《地理志》尧山在唐南山中。张晏以尧山实在唐北。《地理志》尧之都，后徙涿鹿。《世本》云在彭城南。今上谷郡北自有彭城，非宋彭城也。后又徙晋阳，今太原县也，于《周礼》在并州之域。及为天子，都平阳，于《诗风》为唐国。武王子叔虞封焉，更名唐。故吴季札闻《唐》之歌曰：思深哉！其有陶唐氏之遗民乎？"此节文颇错乱，疑有讹误。然谓唐都在涿鹿则可知。此即黄帝之旧都。此尧在东方之一证也。

顾亭林《日知录》谓晋之始见《春秋》，其都在翼，霍山以北，自悼公后始开县邑，因疑自唐叔之封，以至侯缗之灭，并在于翼。今案古代都邑,迁徙不恒,春秋以前,孰能详录? 以《左氏》之无文,疑《世本》之所纪,非也。然谓霍山以北,自悼公之后始开,以此驳尧都永安、晋阳诸说,则甚当。凡开拓,必先肥沃之区,而后瘠薄之地。河汾下流,固较霍山以北为肥沃。况于有夏之居,尚在河洛,安得唐时开拓,已及永安、晋阳乎?《史记·秦本纪》:飞廉为纣石北方,还,无所报,为坛霍太山而报。似殷之末叶,声威已及霍太山,然未可云开拓也。顾氏又言,《史记》屡言禹凿龙门,通大夏,齐桓伐晋,仅及高梁,而《封禅书》述桓公之言,以为西伐大夏,可见大夏必在河东之西南境。此说甚精。近人钱穆阐其说云:"《封禅书》述齐桓公之言曰:西伐大夏,涉流沙,束马县车,上卑耳之山。《管子·小匡篇》曰:逾太行与卑耳之溪,拘泰夏,西服流沙、西虞。《齐语》:"逾太行与辟耳之溪拘夏,西服流沙、西吴。"卑耳,《索隐》云:山名,在河东大阳。《水经·河水注》:河水东过大阳县南,又东,沙涧水注之。水北出虞山,有虞城。《史记·吴泰伯世家》:封虞仲于周之北故夏虚。即大夏。虞山殆即卑耳之山。沙涧水,本或作流沙涧,即齐桓所涉也。"予案《说文·水部》:"沙,水散石也。从水少,水少沙见也。"又:"漠,北方流沙也。"水少沙见,与北方流沙之沙,均非水散石之义。盖今所谓沙漠者,古只称漠,后乃兼称为沙漠。汉世正沙字两义递嬗之时,《说文》说解,本杂采众说而成,故其字义不免歧异也。释古之流沙,自以依古义为是。钱氏以流沙为水名,似奇而实确矣。钱氏又云:"《汉志》临晋县,应劭《注》,以临晋水得名。《史记·魏世家》:秦拔我蒲反、晋阳。《括地志》云:晋阳故城,在蒲州虞乡县西三十五里。《水经》:涑水所径,有晋兴泽,亦在虞乡县西。疑涑水古亦称晋水。《汉书·地理志》谓武公自晋阳迁曲沃。以太原晋阳说之虽误,然其语自有所本。《史记·晋世家》谓成王削桐叶以封叔虞。旧说太甲放桐宫在闻喜。闻喜当涑水之阳。《水经·涑水注》,涑水兼称洮水,即台骀所宣也。此亦可破据晋水之名谓唐叔受封必在太原之说。然河汾下流，虽有名为唐又名为夏虚之地，要为尧、禹后裔所封。盖尧遭洪水，使禹治之，用力虽勤，而沈灾卒未克澹。自禹以后，都邑乃渐次西迁，而夏都遂在河洛。自三川渡河而北，即为河汾下流，此固地理自然之形势也。"钱氏之论，可谓极精。然谓禹之治水，实在蒲解之间，并谓唐、虞故都即在其地，则惑矣。参看《共工禹治水》条自明。

何以知古代西迁，必始于夏也？曰：以《孟子》知之。古书言尧、舜、禹都邑者，几于紊如乱丝，不可董理。然《孟子》言舜生于诸冯，迁于负夏，卒于鸣条，《离娄》下。要为较可信据之言。诸冯、负夏，诸家皆无确说，姑勿论；鸣条则实有古据，其地当在兖州，别见《汤放桀》条。《吕览·简选》谓汤"登自鸣条，乃入巢门"，云登则地势必高，正与《尧典》陟方之言合。钱氏乃谓"《吕览·有始览》言九山曰会稽、大山，大山即霍太山，会稽则禹会诸侯之处。《吴越春秋》、《越绝书》，皆谓禹到大越，上茅山，大会计，更名茅山曰会稽之山。《周书·世俘解》：吕它命伐越。为商近畿国，则河北有越。《水经注》：会稽之山，古防山也，亦谓之为茅山。以茅津、茅城推之，《左氏》文公三年，秦伯伐晋，自茅津济。《水经·河水注》：河水东过陕县北，河北有茅城，故茅亭，为茅戎邑。地望正在大阳。《注》云：大阳之山，亦通谓之薄山。疑即《世本》舜封丹朱于房之房，《尚书》陟方乃死之方。"其说虽巧，然合前后观之，似不如予说之的也。

钱氏又云："《水经注》：伊水出陆浑县西南王母涧之北，山上有王母祠，即古三涂山。王母即禹所娶涂山氏女。《山海经》云：南望禅渚，禹父之所化。《水经注》：陆浑县东有禅渚。则涂山、羽渊，地正相近。鲧取有莘，亦在嵩县。有莘氏女，采桑伊川，得婴儿为伊尹，其证。然则崇即嵩也。禹避舜之子于阳城，《孟子》赵《注》在嵩山下。禹伐有扈,战于甘,《水经》:甘水出弘农县鹿蹄山,《注》云:山在陆浑县故城西北,甘水所径有故甘城。启有钧台之享,杜《注》谓在河南阳翟县。此皆夏人踪迹在今河南者。"予案:夏人西迁,始于何时,虽难质言,然大致必在禹后,鲧时恐尚在东方。故《五帝本纪》云殛鲧于羽山,以变东夷,《大戴记·五帝德》同。《汉志》东海郡祝其,羽山在南,鲧所殛,杜注《左氏》本此,《水经·淮水注》亦引之。虽不中固当不远。其云在陆浑者,亦夏人西迁而传说随之,非其朔也。

《史记·货殖列传》云:"尧作游成阳,舜渔于雷泽。"《汉书·地理志》本之。此为言尧、舜地理较古者。《五帝本纪》云:"舜耕历山,渔雷泽,陶河滨,作什器于寿丘,就时于负夏。"《管》、《版法解》:舜耕历山,陶河滨,渔雷泽。《墨》、《尚贤中》:古者舜耕历山,陶河滨、渔雷泽。尧得之服泽之阳,举以为天子。《下篇》略同。○渔雷泽,《御览》、《玉海》引作濩泽。《间诂》曰:"王云:《水经·沁水注》曰:濩泽水,出濩泽城西白涧渠,东径濩泽。《墨子》曰舜渔濩泽。《初学记·州郡部》正文出舜泽二字,《注》曰:墨子曰舜渔于濩泽。在濩泽县西。今本《初学记》作雷泽,与《注》不合,明是后人所改。又《元和郡县志》河东道下,《太平寰宇记》河东道下,《太平御览·州郡部九》,《路史·蔬仡纪》引《墨子》,并作濩泽。是《墨子》自作濩泽,与他书作雷泽者不同。《下篇》渔于雷泽,亦后人所改。"又云:"《水经·济水注》云:陶丘,《墨子》以为釜丘。今检勘全书,无釜丘之文,疑古本或作陶釜丘。"案《间诂》之说是也。然文字不同,地望不必遂异;《水经注》之文,不必可以释古也。《尸子》、《御览·皇王部》引:舜兼爱百姓,务利天下。其田历山也,荷彼耒耜,耕彼南亩,与四海俱有其利。其渔雷泽也,旱则为耕者凿渎,俭则为猎者表虎,故有光若日月,天下归之若父母。《吕览》、《慎人》:舜耕于历山,陶于河滨,钓于雷泽。《书传》、《索隐》引:贩于顿丘,就时负夏。《淮南王书》《原道》:昔舜耕于历山,期年而田者争处垲埴,以封壤肥饶相让;钓于河滨,期年而渔者争处湍濑,以曲隈深潭相予。皆同,决非无据。历山,《淮南》高《注》谓在济阴城阳,一曰济南历城山。《正义》引《孝经援神契》舜生于姚墟,谓在濮州雷泽县。又引《括地志》同。又谓雷泽有历山舜井。郑玄谓雷泽即雷夏，兖州泽。陶河滨，《集解》引皇甫谧谓济阴定陶西南有陶丘亭，又谓寿丘在鲁东门北。负夏，《集解》引郑玄云"卫地"。《水经·济水注》：泺水，案即今趵突泉。俗谓为娥姜水，以泉源有舜妃娥英庙故也。城南对山，山上有舜祠，山下有大穴，谓之舜井。《瓠子河注》：鄄城西南有姚城。雷泽，在大城阳县故城西北，即舜所渔。西南十许里有小山，谓之历山。泽东北有陶墟，言舜耕陶所在。《泗水注》：水出下县故城东南姚墟西北，世谓之陶墟，舜所陶处也。井曰舜井。墟有漏泽，泽西际阜，俗谓之妫亭山。刘向谓尧葬济阴。《汉志》：济阴城阳有尧冢、灵台。《皇览》及郭缘生《述征记》，亦谓尧冢在城阳。《吕览·安死》：尧葬于谷林。《史记·五帝本纪集解》、《正义》、《水经·瓠子河注》，皆引皇甫谧，谓城阳即谷林，恐不足据。《水经·瓠子河注》，以灵台为尧母庆都陵。尧陵之东，又有中山夫人祠，为尧妃。《五帝本纪正义》引谯周，谓禹以虞封舜子，为宋州虞城县。《水经·巨洋水注》：尧水出剧县南角崩山，东北径东西寿光二城间，又东北注巨洋。伏琛、晏谟并言尧尝顿驾于此，故受名焉。《淄水注》引《从征记》："广固城北三里有尧山祠，尧因巡守登此山，后人遂以名山。"地皆在古兖域，或距兖域不远。传说虽未必可信，然以前后情事揆之，谓尧、舜、禹踪迹在兖域，固较近于实也。

《诗·曹谱》云："尧尝游成阳，死而葬焉。舜渔于雷泽，民俗始化。其遗风重厚，多君子；务稼穑，薄衣食，以致畜积。"说与《史记·货殖传》、《汉书·地理志》同。乃《魏谱》又云："舜耕于历山，陶于河滨。"《疏》云："《尚书传》文也。彼《注》云历山在河东。"则自相违矣。《水经·瓠子河注》云："郑玄曰：历山在河东，今有舜井。皇甫谧或言今济阴历山是也，与雷泽相比。予谓郑玄之言为然。故扬雄《河东赋》曰：登历观而遥望兮，聊浮游于河之岩。今雷首山西枕大河，校之图纬,于事为允。"案《汉书·地理志》:河东郡蒲阪,"有尧山、首山祠,雷首山在南"。《水经·河水注》:"雷首山临大河,北去蒲阪三十里,《尚书》所谓壶口雷首者也。俗亦谓之尧山。山上有故城,世又曰尧城。"则此等说,西汉末已有,故纬候得采之。然要为后起之说,不足信也。

《周书·史记》云:"乐专于君者,权专于臣;权专于臣,则刑专于民。君娱于乐,臣争于权,民尽于刑,有虞氏以亡。"又云:"文武不行者亡。昔者西夏,性仁非兵,城郭不修,武士无位,惠而好赏,屈而无以赏。唐氏伐之,城郭不守,武士不用,西夏以亡。"此唐、虞、西夏,当为尧、舜、禹支裔分封者。在河汾下流者,殆即此等国也。

〔二一〕唐、虞、夏都邑二

《墨子·节葬》云:"尧北教乎八狄,道死,葬蛩山之阴。舜西教乎七戎,道死,葬南己之市。禹东教乎九夷,道死,葬会稽之山。"《吕览·安死》云:"尧葬于穀林。舜葬于纪市。禹葬于会稽。"此亦为言尧、舜、禹地理较古者。

《山海经·海外南经》云:"狄山、帝尧葬于阳,帝喾葬于阴。"《大荒南经》云:"帝尧、帝喾、帝舜,葬于岳山。"《注》云:"即狄山也。"郝氏《笺疏》云:"司马相如《大人赋》云:历唐尧于崇山。《汉书》张揖《注》云:崇山,狄山也,引此经云云。《水经·瓠子河注》亦引此经,而云狄山一名崇山。崇、蛩声相近,蛩山又狄山之别名也。"案《论衡·书虚》云:"尧葬于冀州,或言葬于崇山。"葬于冀州,与北教八狄之说近,狄山之名,盖由此而得。《论衡》既以为两说,则崇山、狄山,似不必牵合也。

纪必在南,故称南己。《困学纪闻》引薛季宣,谓近莒之纪城,诚难遽断,要为近之。何者?古事皆春秋战国人所传,必据其时之地名以立说也。《后汉书·王符传》引《墨子》,作南巴之中,巴、中必己、市之误。毕校反据舜葬九疑之说,以己为误字,慎矣。王念孙谓如是,则不应更作纪,其说是也。且舜葬九疑,说亦本不足据。孟子、史公述尧、舜事,皆用《书》说,以《书传》互勘可知。《孟子·公孙丑》上篇云"自耕稼陶渔,以至为帝",即《史记》之"耕历山,渔雷泽,陶河滨"也。《离娄》下篇言"迁于负夏",即《史记》之"就时于负夏"也。《尽心》上篇言"舜居深山之中,与木石居,与鹿豕游",盖亦耕历山时事。其言卒地,不应独异。又《索隐》引《书传》,有"贩于顿丘,就时负夏"之文;《初学记》引《书传》,又有"舜耕于历山"之语,亦不应独阙卒于鸣条。《书传》固阙佚已甚,《史记》亦多遭窜乱。疑史公言舜卒地,本同《孟子》,今本"崩于苍梧之野,葬于江南九疑,是为零陵"之说,非史公兼著异闻,则后人所增缀,而正说反为所删也。《吕览》高《注》,谓九疑山下,亦有纪邑,固近附会。《书钞》、《御览》引《帝王世纪》,谓"舜南征,崩于鸣条,葬于苍梧九疑山之阳,是为零陵,谓之纪市",举诸说而强揉为一,则更不足论矣。

《礼记·檀弓》云舜葬于苍梧之野,《淮南·修务》云舜南征三苗,道死苍梧,均未言苍梧所在。《史记》云葬于江南九疑,亦未言九疑为何地也。《续汉书·郡国志》谓九疑在营道南;《檀弓》郑《注》谓苍梧于周南越之地,今为郡,而舜卒葬之处,乃远至今湖南、广西境矣。《山海经·海内南经》云:"苍梧之山,帝舜葬于阳,帝丹朱葬于阴。"丹朱在丹水之滨,不应在湖南、广西境。《大荒南经》云:南海之中,有氾天之山,赤水穷焉。赤水之东,有苍梧之野,舜与叔均之所葬也。注:叔均,商均也。郝《疏》云:舜子不名叔均;《大荒西经》有叔均,为稷弟台玺之子,《海内经》又有叔均,为稷之孙,此《经》叔均未审何人。案郝说是也,稷之苗裔亦不应葬南荒中。《海内东经》云:"湘水出舜葬东南陬,西环之,入洞庭下。"则湘水不过环绕舜陵,决非如今日之源流千里。《海内经》云:"南方苍梧之丘,苍梧之渊,其中有九嶷山,舜之所葬。"下云"在长沙零陵界中",盖后人注语。山在渊中,亦洲渚之类,决非如今之九疑,蟠结数百里者也。《国语·吴语》:申胥言楚灵王不君,筑台于章华之上,阙为石郭,陂汉,以象帝舜。《注》云"舜葬九疑,其山体水旋其丘，故壅汉水，使旋石郭以象之"，正与《山经》之说合。《史记·秦始皇本纪》：二十八年，西南渡淮水，至衡山。此衡山当指霍山。《正义》引《括地志》，谓在衡州湘潭县者，非。浮江，至湘山祠，逢大风，几不得渡。上问博士曰："湘君何神？"对曰："尧女，舜之妻，而葬此。"为今洞庭中山无疑。钱宾四有《战国时洞庭在江北不在江南辩》，见所著《先秦诸子系年考辨》。其说甚谛。此是战国前事，至秦、汉，则其说渐移于今之洞庭。《中山经》云：洞庭之山，帝之二女居之。郝《疏》谓《初学记》引作帝女，实帝女化为瑶草、帝女之桑之类，为天帝之女。其说是也。观秦博士之对，则帝之二女，与尧之二女混淆为一，自江北之洞庭，移于今之洞庭矣。《海内北经》云："舜妻登比氏生宵明、烛光，处河大泽，二女之灵能照此所方百里。一曰登北氏。"亦在北方。又始皇三十七年，出游至云梦，望祀虞舜于九疑山；《汉书·武帝本纪》：元封五年，南巡守，至于盛唐，望祀虞舜于九疑。若在零陵，未免太远，云洞庭最为近之。《檀弓》云三妃未从，三妃盖二妃之误。云未从，正以其死在一地。若舜死零陵，二妃死湘山，相距千里，岂有辇柩从葬之理？是苍梧、九疑传说南移之初，犹以为在今洞庭，不谓在湖南、广西境也。

　　《吕览·召类》云："尧战于丹水之浦。"《淮南·兵略》同。高《注》云："尧以楚伯受命，灭不义于丹水。"尧为楚伯，说殊无据。《庄子·徐无鬼》，云舜三徙成都，至邓之虚而十有万家。舜徙邓墟，亦无佐证。《水经》："溢水出南阳鲁阳县西之尧山。"《注》云："尧之末孙刘累以龙食帝孔甲，孔甲又求之，不得，累惧而迁于鲁县，立尧祠于西山，谓之尧山，故张衡《南都赋》曰：奉先帝而追孝，立唐祠于尧山。"盖尧后有居楚、邓间者，而尧之传说随之，而舜之传说亦随之矣。此《海内南经》之说所由来也。然则苍梧之山，其初尚在汉北。此亦钱说洞庭初在北方之一证也。

《史记·五帝本纪集解》引皇甫谧曰:"或曰二妃葬衡山。"《水经·湘水注》云:衡山,"《山经》谓之岣嵝,为南岳也,山下有舜庙。"又引王隐言:"应阳县,本泉陵之北部,东五里有鼻墟,言象所封也。山下有象庙,言甚有灵,能兴云雨。"《溱水注》:"邪阶水,水侧有鼻天子城。鼻天子所未闻也。"而《路史》亦以为象。《史记·五帝本纪正义》引《括地志》云:"鼻亭神,在道县北六十里。故老传云,舜葬九疑,象来至此,后人立祠,名为鼻亭神。"《集解》云:"传曰:舜葬苍梧,象为之耕;禹葬会稽,鸟为之田。"语见《论衡·书虚》篇。《吴越春秋》言:禹即位,还大越,更名茅山曰会稽,居靡山,伐木为邑,凤皇栖于树,鸾鸟巢于侧,麒麟步于庭,百鸟佃于泽。禹命群臣:百世之后,葬我会稽之山。禹崩之后,众瑞并去。天美禹德,使百鸟还为民田。大小有差,进退有行。一盛一衰,往来有常。禹以下六世而得帝少康。少康恐禹祭之绝祀,乃封其庶子于越,号曰无余。余始受封,人民山居,虽有鸟田之利,租贡才给宗庙祭祀之费。乃复随陵陆而耕种,或逐禽鹿而给食。无余传世十余,末君微劣,不能自立,转从众庶为编户之民,禹祀断绝。十有余岁,有人生而言语,指天向禹墓曰:我是无余君之苗末,我方修前君祭祀,复我禹墓之祀,为民请福于天,以通鬼神之道。众民悦喜,皆助奉禹祭,四时致贡。因共封立,以承越君之后,复夏王之祭,安集鸟田之瑞,以为百姓请命。《越王无余外传》。《水经·浙江水注》云:禹崩会稽,因而葬之。"有鸟来为之耘,春拔草根,秋啄其秽,是以县官禁民,不得妄害此鸟,犯则刑无赦。"此盖图腾遗俗,象耕亦其类耳。后人误以象为人名,乃并有鼻之封,而移之道县矣。然亦可见舜之传说,逐渐南移也。《汉书·律历志注》:孟康言:汉章帝时,零陵文学奚景,于泠道舜祠下得白玉琯。《水经·湘水注》,亦言泠道县界有舜庙,县南有舜碑,零陵太守徐俭立。又云:衡山,山下有舜庙。南有祝融冢。楚灵王之世,山崩,毁其坟,得《营丘九头图》。

《吕览》九山,曰会稽,太山,王屋,首山,太华,岐山,太行,羊肠,孟门。八山皆在西北,岂得会稽犹在东南?钱氏疑之是也。《史记·夏本纪》曰:"或言禹会诸侯江南,计功而崩,因葬焉,命曰会稽。"此即《吴越春秋》之说。或言乃别列一说之辞。然则当时固有谓会稽不在南方者矣,惜其说无可考也。上文言"禹东巡守,至于会稽而崩",不作疑辞。《管子》言禹封泰山,禅会稽,则会稽距泰山不得甚远。必如此,乃能合于《墨子》东教九夷之说也。

《国语·鲁语》:"吴伐越,堕会稽,获骨焉,节专车。吴子使来好聘,且问之仲尼。仲尼曰:丘闻之:昔禹致群神于会稽之山,防风氏后至,禹杀而戮之,其骨节专车。客曰:防风何守也?仲尼曰:汪芒氏之君也。守封、嵎之山,为漆姓。漆,《史记》、《说苑》作釐,《家语》作漆。黄丕烈云:漆乃涞之讹,釐、涞声近。在虞、夏、商为汪芒氏,于周为长狄,今为大人。"长狄见《左氏》文公十一年,兄弟数人毙于鲁、卫、齐、晋,无在南方者;其人亦称狄而不称夷,而防风之防,实与陟方之方为一字。得毋封、嵎之山,即鸣条所在邪?邈哉上已,弗可得而质已,然要不妨姑引一说也。《韩非子·饰邪》亦云:禹朝诸侯之君会稽之上,防风之君后至,而禹斩之。

舜之传说,亦有在江东者。《五帝本纪正义》云:"越州余姚县。顾野王云:舜后支庶所封之地。舜姚姓,故云余姚。县西七十里有汉上虞故县。《会稽旧记》云舜上虞人。去虞三十里有姚丘,即舜所生也。"《水经·河水注》:"周处《风土记》曰:旧说舜葬上虞。又《记》云:耕于历山。而始宁、剡二县界上,舜所耕田于山下,多柞树,吴越之间名柞为枥,故曰历山。"《渐江水注》:"江水东径上虞县南,王莽之会稽也。地名虞宾。《晋太康地记》曰:舜避丹朱于此,故以名县。百官从之,故县北有百官桥。亦云禹与诸侯会事讫,因相虞集,故曰上虞。二说不同,未详孰是。"《续汉书·郡国志》:吴郡吴，"震泽在西，后名具区泽"。《注》云："《越绝书》曰：湖周三万六千顷，又有大雷山、小雷山。周处《风土记》曰：舜渔泽之所。"此说人无信之者。而禹葬山阴，遂为故实，则以越为禹后，吴为泰伯后耳。其实越亦嬴姓，无余之后，绝而复续，安知其必为禹之苗裔？而泰伯、仲雍之所君临者，又安知其非重华之遗族邪？吴、虞之为一字，固不疑也。

《史记·越王句践世家》言少康庶子之封，二十余世而至允常。允常者，句践之父也，岂有距少康仅二十余世之理？且《史记》不言其名，而《吴越春秋》谓其名曰无余；其后降为编户，复立者曰无壬，无壬生无瞫。则无者号氏，其名实曰余。《水经·浙江水注》，则谓少康封少子杼。杼乃继少康为夏后者，郦氏即误记，不至于是，其言当有所本。然则余即杼，乃后人之亿说。越始封之君，其名实不可考也。《吴越春秋》云："无瞫卒，或为夫谭，夫谭生元常。"元常即允常。古"或"与"有"通，"或为夫谭"，犹云有名夫谭者，其人非亲无瞫子。《史记》"二十余世"，或自无壬起计也。无余之名，既不足据，其事迹更无可考。而《浙江水注》又谓秦望山南有樵岘，岘里有大城，越王无余之旧都，其不足信明矣。《吴越春秋》谓无余质朴，不设宫室之饰，从民所居。虽亦亿度之辞，然于事理颇近。

〔二二〕唐、虞、夏都邑三

《周书·度邑》云:"自洛汭延于伊汭,居易无固,其有夏之居。"此为言夏代都邑最古者。《汉书·地理志》颍川郡阳翟《注》云:"夏禹国。应劭曰:夏禹都也。臣瓒曰:《世本》禹都阳城,《汲郡古文》亦云居之,不居阳翟也。师古曰:阳翟本禹所受封耳,应、瓒之说皆非。"案古代都邑,只能得其大概,区区校计于数十百里之间,实为无当。《周官》大司徒之职曰:"以土圭之法测土深,正日景,以求地中。日至之景,尺有五寸,谓之地中,天地之所合也,四时之所交也,风雨之所会也,阴阳之所和也。然则百物阜安,乃建王国焉。"《注》云:"郑司农云:土圭之长,尺有五寸。以夏至之日,立八尺之表,其景适与土圭等,谓之地中,今颍川阳城地为然。"《疏》云:"颍川郡阳城县,是周公度景之处,古迹犹存。案《春秋左氏》,武王克商,迁九鼎于洛邑,欲以为都。不在颍川地中者,武王欲取河洛之间形胜之所,洛阳虽不在地之正中,颍川地中,仍在畿内。"指阳城度景之处为周公古迹,自近附会,然司农所说,必古天官家言,阳城为古名都可知。都洛阳,阳城在畿内;都颍川,阳城不亦在畿内与?古迁徙易,商、周之先皆屡迁,夏人何独不然?故言夏都,谓大致在今伊洛之域可耳,必欲凿指为今某郡某邑,必无当也。况夏代创业未几,即有五观之乱,继以羿、浞之篡,都邑又能保其无移徙邪?

《国语·楚语》云："尧有丹朱,舜有商均,启有五观,汤有太甲,文王有管、蔡。"《韩非子·说疑》:汤作商,文王作武王,余同。《左氏》昭公元年则云:"虞有三苗,夏有观扈,商有姺、邳,周有徐、奄。"似一以人言之,一以地言之。然古地名与氏族名多不别,特后人知其地者,则以为地名,不知其地者,则以为氏族名耳。《左氏》杜《注》云:"观国,今顿丘卫县。"昭元年。卫,本汉东郡观县,后汉光武更名,晋属顿丘郡,北魏曰卫国。《汉志注》引应劭曰:夏有观扈。《水经·河水注》曰:"浮水故渎,又东南径卫国邑城北。又东径卫国县故城南古斟灌。《巨洋水注》亦云:"薛瓒《汉书集注》云:案《汲郡古文》相居斟灌,东郡观是也。"案观、灌非一地。《汉志注》引应劭,仅云"夏有观扈",郦氏牵合为一,似非。郦氏又以己意论之曰:"余考瓒所据,今河南有寻地,卫国有观土。《国语》曰启有五观,谓之奸子,五观盖其名也。所处之邑,其名曰观。皇甫谧曰卫地,又云夏相徙帝丘,依同姓之诸侯于斟灌、斟寻氏。即《汲冢书》云相居斟灌也。既依斟寻,明斟寻非一居矣。是盖寓其居而生其称,宅其业而表其邑。未可以彼有灌目,谓专此为非;舍此寻名,而专彼为是。"亦近调停无据。应劭曰:夏有观扈,即此城也。"《淇水注》云:"径顿丘北。又屈径顿丘县故城西。《古文尚书》以为观地矣。"杜预、应劭盖同用《古文书》说。此说似仅据汉世县名附会,无确据。《周书·尝麦》曰:"其在殷之五子,忘伯禹之命,假国无正,用胥兴作乱,遂凶厥国。皇天哀禹,赐以彭寿,思正夏略。"此为言五观事最古者。《楚辞》曰:"启《九辩》与《九歌》兮,夏康娱以自纵。不顾难以图后兮,五子用失乎家巷。"《汉书·古今人表》云:"太康,启子。昆弟五人,号五观。"《楚语》韦《注》云:"启子,太康昆弟也。"《潜夫论·五德志》云:"启子太康、仲康更立,兄弟五人,皆有昏德,不堪帝事,降须洛汭。"是太康实在五人之内。伪《古文尚书》云"厥弟五人",则并太康而六矣。此其作伪之伎俩最拙而可笑者也。五人既连太康在内,而《周书》云"遂凶厥国",则五人必交哄于夏都，而非或据都城、或据观相对敌。夏都所在，王符明言之曰洛汭，实与《周书》相合。乃朱亮甫《集训校释》改殷为启，曰形近而讹。实则启、殷形并不近，且下文明言"忘伯禹之命"，讹为夏则可矣，何由讹为殷乎？盖殷即后世之亳殷，作书者以当时地名道古事也。启子都邑之所在，从可知矣。

或曰：戡五子之乱者为彭寿，非舜时之彭祖，则其后裔，其地当在彭城，此无足疑者也。以观在卫国，顿丘不且较亳殷为近乎？是固然。然五观之后，继以羿、浞之乱，所争夺者，仍在河洛，以是知五观之乱，必不能在东方也。何以知羿、浞所争，实在河洛也？案羿、浞之事，见于《左氏》襄公四年及哀公元年。杜《注》释其地云："寒，国。北海平寿县东有寒亭。""有鬲，国名，今平原鬲县。""乐安寿光县东南有灌亭。北海平寿县东南有斟亭。""东莱掖县北有过乡。戈在宋、郑之间。""梁国有虞县。"《疏》云："杜地名言有者，皆是疑辞。"则杜亦本不自信。然言夏事者多据之，遂若羿、浞之乱，绵历青、豫，喋血千里，合从讨伐，轶于桓文矣。其实夏时决无此事也。《左氏》言羿因夏民以代夏政；又引《虞人之箴》，谓其不恢于夏家；又言少康收夏众以复禹之绩；则羿所据者即夏地，所用者即夏民可知。《汉志》北海郡平寿《注》："应劭曰：古斟寻，禹后，今斟城是也。臣瓒曰：斟寻在河南，不在此也。《汲郡古文》云太康居斟寻，羿亦居之，桀亦居之。《尚书序》云太康失邦，昆弟五人，须于洛汭。此即太康所居为近洛也。又吴起对魏武侯曰：昔夏桀之居，左河、济，右太华，伊阙在其南，羊肠在其北。河南城为值。又《周书·度邑篇》曰：武王问太公曰：吾将因有夏之居，南望过于三涂，北瞻望于有河。有夏之居，即河南是也。"《汲郡古文》及《伪书》，虽不足据，然薛氏论夏居河南，饶有理致。盖作伪者亦有所本，不能全属子虚也。谓羿与太康，所居即系一地，亦可见羿所据即夏都矣。五子用失乎家巷,盖谓降为编氓,此必失其都邑而后然,不然无是事也。《史记·夏周本纪正义》引《括地志》云:"自禹至太康与唐、虞皆不易都城。""故禹城,在洛州密县界。""故鉏城,在滑州卫城县东十里。""故郚城,在洛州巩县西南五十八里。"又引《晋地记》云:"河南有穷谷,盖本有穷氏所迁。"固亦以羿与夏之所争,为在河洛之间也。《史记·夏本纪》曰:"禹为姒姓,其后分封,用国为姓,故有夏后氏、有扈氏、有男氏、斟寻氏、彤城氏、褒氏、费氏、杞氏、缯氏、辛氏、冥氏、斟戈氏。"斟寻氏,《集解》引徐广曰:"一作斟氏、寻氏。"《索隐》曰:"《系本》男作南,寻作郚,费作弗,而不云彤城及褒。斟戈氏,按《左传》、《系本》皆云斟灌氏。"然则戈、灌一地,观、灌非一地也。斟寻盖即《左氏》昭公二十三年"郊郚溃"之郚,地在巩县西南,即《括地志》以为故郚城所在者也。戈所在不可考,亦不能远至宋、郑之间。南、男、任同音。《春秋》桓公五年"仍叔之子",《榖梁》作"任叔",疑即后缗所归,亦即《周书·史记》之南氏也。

《左氏》云:"后羿自鉏迁于穷石。"杜《注》云:"羿代相,号曰有穷。鉏,羿本国名。"此乃亿言之。羿因夏民,夏都不名穷,羿何由忽立有穷之号? 则其国本名穷也。穷何地邪? 即河南之穷谷邪? 则《晋地记》亦以为羿之所迁,不谓为羿之本国也。《路史》以安丰有穷谷、穷水,即《左氏》昭公二十七年楚师救潜,与吴师遇于穷者,当羿之本国。《国名记》。其说盖是。穷、潜地近英、六,为皋陶之后所封。皋陶与其子益,固禹所尝授之政者,而戡定五观之乱之彭寿,其地实在彭城,为黄帝以来旧都。盖夏当西迁之初,东方之力犹竞,启虽排益而代之,然一传之后,复为东方强族所篡。羿盖自穷、潜西北出,而据卫城之鉏,其后又据河南之穷谷,至此则深入伊洛之间,而夏民为其所因,夏政为其所代矣。《天问》曰:"阻穷西征,岩何越焉?"此穷,盖即《左氏》所谓穷石,其城亦名穷,《左氏》谓羿之子死于其门者也。《淮南·地形》谓"弱水出自穷石,至于合黎,余波入于流沙"。流沙,钱氏以大阳之沙涧水当之,地望颇合。《王制》:"西不尽流沙,南不尽衡山,东不尽东海,北不尽恒山,凡四海之内,断长补短,方三千里,为田八十万亿一万亿亩。"此语当传之自古。"尽"即《中庸》"有余不敢尽"、《左氏》"尽曹地也"僖公三十一年。之尽,今作"侭"。河东之西南隅,固古代开拓所极也。

《左氏》哀公六年引《夏书》曰:"惟彼陶唐,帅彼天常,有此冀方。今失其行,乱其纪纲,乃灭而亡。"《注》云:"灭亡,谓夏桀也。"《疏》云:"此《夏书·五子之歌》第三章也。此多帅彼天常一句,文字小异。贾、服、孙、杜皆不见古文,以为逸书,解为夏桀之时,惟王肃云太康时也。"肃与贾、服、孙、杜所言,未知谁得逸书之意。然冀州为古人通指中国之辞,非即《禹贡》冀州,不能以此定其所在。《疏》说颇为通达,唐、虞、夏之都,实不相沿袭也。

《水经·河水注》云:"河水又东径平县故城北。南对首阳山。《吕氏春秋》曰:夏后孔甲田于东阳萯山,遇大风雨,迷惑,入于民室,皇甫谧《帝王世纪》以为即东首阳山也,盖是山之殊目矣。"亦在河洛近境。

《水经注》云:"颍水径其县阳城县。故城南,昔舜禅禹,禹避商均,伯益避启,并于此也。亦周公以土圭测日景处。县南对箕山。山上有许由冢。山下有牵牛墟。侧颍水有犊泉,是巢父还牛处也,石上犊迹存焉。又有许由庙,碑阙尚存,是汉颍川太守朱宠所立。"又云:阳翟"县西有故堰,旧遏颍水支流所出也。其故渎东南径三封山北,今无水。渠中又有泉流出焉,时人谓之㶏水。东径三封山东,东南历大陵。西连山,亦曰启筮亭。启享神于大陵之上,即钧台也。其水又东南流,水积为陂,陂方十里,俗谓之钧台陂,盖陂指台取名也。颍水自堨东径阳翟县故城北,夏禹始封于此,为夏国"。《路史余论》云:"《淮南·修务》云:禹生于石。《注》谓脩已感石坼胸而生。今登封东北十里有庙,庙有一石,号启母石。应劭、刘安、郭璞、李彤、随巢、王炯、王韶、窦苹等,皆云启母。历代崇祀,亦以之为启母。又有少室姨神庙,登封北十二里,云启母之姨。而偃师西二十五,复有启母小姨行庙。"此等传说,虽不足信,然亦可见夏代传说,在嵩岳附近者实多也。

〔二三〕唐、虞、夏都邑四

尧、舜、禹传说，散在各地者尚多，要皆附会之辞，不足信也。《山海经·中山经》有尧山，郝《疏》云："《初学记》引王韶之《始兴记》云：含洭县有尧山，尧巡守至此，立行台。"《水经·洭水注》亦云：陶水，"出尧山。山下有平陵，有大堂基，《耆旧》云尧行宫所"。又《沔水注》云："汉水又东径妫虚滩。《世本》曰：舜居妫汭，在汉中西城县。或言妫虚在西北，舜所居也，或作姚虚。故后或姓姚，或姓妫。"《路史·国名记》引《世本》："妫虚在西城西，舜居。"《困学纪闻》二引《世本》："饶汭，舜所居。"《地理通释》云："《世本》舜居饶汭，在汉中西城，或言妫虚在西北，舜所居也。"又云："《通典》金州西城县有妫虚，《帝王世纪》谓之姚虚，《世本》曰饶汭。"案在西城之说，殊不足据。又云："汉水又东径长利谷南，入谷有长利故城，旧县也。汉水又东历姚方，盖舜后枝居是处，故地留姚称。"《河水注》引皇甫谧，谓舜都或言平阳，或言蒲阪，或言潘。《史记·五帝本纪集解》引同。《漯水注》云：潘城，"或云舜所都也。《魏土地记》曰：下洛城西南四十里有潘城。城西北三里有历山。山上有虞舜庙"。《滱水注》云：濡水，"出蒲阴县西昌安郭南。《中山记》曰：郭东有舜氏甘泉，有舜及二妃祠"。《史记·五帝本纪正义》引《括地志》云："妫州有妫水，源出城中。《耆旧传》云即舜釐降二女于妫汭之所。外城中有舜井。城北有历山，山上有舜庙。"又谓"其西又有一井,《耆旧传》云并舜井也,舜自中出"。《夏本纪正义》引扬雄《蜀王本纪》云:"禹本汶山郡广柔县人也,生于石纽。"又引《括地志》云:"茂州汶川县,石纽山在县西七十三里。《华阳国志》云:今夷人共营其地,方百里不敢居牧,至今犹不敢放六畜。《水经·沫水注》略同。又云:"有罪逃野,捕之者不逼。能藏三年不为人得,则共原之,言大禹之神所祐之也。"《河水注》云:"洮水又东径临洮县故城北。禹治洪水,西至洮水之上,见长人,受黑玉书于斯水上。"又云:大夏川水,"又东北径大夏县故城南,《地理志》:王莽之顺夏。《晋书·地道记》曰:县有禹庙,禹所出也。"《江水注》云:江州县,"江之北岸,有涂山,南有夏禹庙、涂君祠,庙铭存焉。常璩、庾仲雍并言禹娶于此"。又云:"江水又东径江陵县故城南,故楚也。秦昭襄王二十九年,使白起拔鄢、郢,以汉南地而置南郡焉。《周书》曰:南,国名也。南氏有二臣,力钧势敌,竞进争权,君弗能制,南氏用分为二南国也。按韩婴叙《诗》云:其地在南郡、南阳之间。《吕氏春秋》所谓禹自涂山,巡省南土者也。"《淮水注》云:"淮水自莫邪山东北径马头城北,魏马头郡治,故当涂县之故城也。《吕氏春秋》曰:禹娶涂山氏女,不以私害公,自辛至甲四日,复往治水。故江淮之俗,以辛壬癸甲为嫁娶日也。禹墟在山西南,县即其地也。"《庐江水注》云:"庐山之南,有上霄石,高壁缅然,与霄汉连接。秦始皇三十六年,叹斯岳远,遂记为上霄焉。上霄之南,大禹刻石,志其丈尺里数,今犹得刻石之号焉。《耆旧》云:昔禹治洪水至此,刻石纪功。或言秦始皇所勒。岁月已久,莫能辨之也。"岭表行宫,盖因尧字而附会;西城妫墟、妫州舜井,则因妫字而附会。《水经·河水注》云:蒲阪,"南有历山,谓之历观。妫、汭二水出焉,南曰妫水,北曰汭水。西径历山下。《尚书》所谓釐降二女于妫汭也。孔安国曰:居妫水之内。王肃曰:妫汭,虞地名。皇甫谧曰:纳二女于妫水之汭。马季长曰:

水所出曰汭。然则汭似非水名。而今见有二水，异源同归"。可见流俗之善于附会矣，其所言尚足信哉？禹至临洮，盖因秦时长人见临洮而云然。上霄刻石，传为禹迹，正同一理。南、任音同，《春秋》桓公五年"仍叔之子"，《穀梁》作任；疑夏时之有仍，即《周书》之南氏，以其国分为二，遂附会为二南，尤灭裂可笑。辛壬癸甲，民俗可征，以说涂山，似最有据。然禹时遗俗，安能留诒至于元魏？且《书》亦不云禹以辛壬癸甲日娶也，则亦后人附会《尚书》，因生此俗耳，非真沿之自古。《浙江水注》言："浦阳江又东径石桥，广八丈，高四丈，下有石井，口径七尺。桥上有方石，长七尺，广一丈二尺。桥头有磐石，可容二十人坐。"《庐江水注》言：西天子鄣，"岩上有宫殿故基者三，以次而上，最上者极于山峰。"《述异记》言："庐山上有康王谷，巅有一城，号为钊城。传云此周康王之城。城中每得古器大鼎及弓弩之属，知非常人之所处也。"然则南方古代大工正多，特以雅记无征，遂率附诸北方古帝；营道舜陵，会稽禹穴，千载传为信史，作如是观可矣。

〔二四〕夏都考

夏都有二：《汉志》太原郡晋阳《注》云："故《诗》唐国。"《左》定四年，祝佗谓唐叔封于夏虚，启以夏政。服虔以为尧居冀州，虞、夏因之。是夏之都，即唐尧旧都也。金氏鹗《禹都考》云："杜预注《左传》云：夏虚、大夏，今太原晋阳是也。本于《汉志》，其说自确。《水经》云：晋水出晋阳县西县瓮山。郦道元《注》：县故唐国也。亦本《汉志》。乃臣瓒以唐为河东永安，张守节以为在平阳。不知唐国有晋水，故燮父改唐曰晋。若永安，去晋四百里；平阳，去晋七百里；何以改唐曰晋乎？"愚按臣瓒、张守节之言，盖泥《史记》唐叔封于河汾之东致误。不知古人言地理，皆仅举大概。太原固亦可曰河汾之东也。顾亭林引《括地志》：故唐城，在绛州翼城县西二十里，尧裔子所封，成王灭之，以封唐叔，以为唐叔始封在翼。不知《括地志》此文亦误。故又有唐城，在并州晋阳县北二里。全谢山已纠之矣。《汉志》颍川郡阳翟《注》云："夏禹国。应劭曰：夏禹都也。臣瓒曰：《世本》禹都阳城。《汲郡古文》亦云居之，不居阳翟也。"《礼记·缁衣正义》："按《世本》及《汲郡古文》皆云禹都咸阳。"咸阳乃城阳之误。洪氏颐煊谓阳城亦属颍川郡，与阳翟相近。或禹所都阳城，实在阳翟。金氏鹗驳之，谓"赵岐《孟子注》：阳城在嵩山下。《括地志》：嵩山，在阳城县西北二十三里。则阳城在嵩山之南，今河南府登封县是也。若阳翟则在开封府禹州，其地各异。《汉志》于偃师曰殷汤所都，于朝歌曰纣所都，于故侯国皆曰国。今阳翟不曰夏禹所都而曰夏禹国,可知禹不都阳翟矣"。愚案古代命山,所苞甚广,非如后世但指一峰一岭言之。又其时去游牧之世近,民习于移徙;宫庙民居,规制简陋,营构皆易;不恒厥居,事所恒有。稽古都邑,而出入于数十百里之间者,不足较也。《国语·周语》:"伯阳父曰:伊洛竭而夏亡。"韦《注》:"禹都阳城,伊洛所近。"盖据《世本》,初说不误。而金氏引《史记》吴起对魏武侯之言,谓桀都必在洛阳。其拘泥之失,亦与此同也。金氏又谓"《史记·夏本纪》:禹避舜之子于阳城,诸侯皆去商均朝禹,禹于是即天子位。知其遂都阳城,盖即所避之处以为都也"。释"于是"字亦非是。《史记》此文,大同《孟子》。《孟子》及《史记》叙舜事,皆有"之中国践天子位"语。《集解》引刘熙曰:"帝王所都为中,故曰中国。"虽未知当否,然必自让避之处后归建都之处可知。不然,即位之礼,岂可行之草莽之间哉?"于是"二字,指诸侯之朝,不指让避之地也。予谓夏盖先都晋阳,后都阳城。阳城之迁,盖在太康之后。《左》哀六年引《夏书》曰:"惟彼陶唐,帅彼天常,有此冀方。今失其行,乱其纪纲,乃灭而亡。"盖指太康失国之事。《伪五子之歌》曰:"太康尸位以逸豫,灭厥德,黎民咸贰。乃盘游无度,畋于有洛之表,十旬弗反。有穷后羿因民弗忍,距于河。厥弟五人,御其母以从。徯于洛之汭。五子咸怨,述大禹之戒以作歌。"伪《书》此文,将羿好田猎,移诸太康;且误太康兄弟五人为厥弟五人,不直一笑。夏之亡,由好乐太过,非以好畋也。《墨子·非乐》:"于武观曰:启乃淫溢康乐,野于饮食,将将铭苋磬以力,湛浊于酒。渝食于野,万舞翼翼。章闻于天,天用弗式。"辞虽不尽可解,然夏之亡,由好乐太过,则固隐约可见。《楚辞》曰:"启《九辩》与《九歌》兮,夏康娱以自纵。不顾难以图后兮,五子用失乎家巷。羿淫游以佚田兮,又好射夫封狐。固乱流其鲜终兮,浞又贪夫厥家。浇身被服强圉兮,纵欲而不忍。日康娱而自忘兮,厥首用夫颠陨。"综述太康、羿、浞始末,以好乐属夏,以好田属羿,

〔二四〕夏都考 125

尤极分明。《周书·尝麦》:"其在殷之五子,忘伯禹之命,假国无正,用胥兴作乱,遂凶厥国。皇天哀禹,赐以彭寿,思正夏略。"似五子之间,复有作乱争夺之事。与《左》昭元年"夏有观扈",《国语·楚语》"启有五观"之言合。韦注:"五观,启子,太康昆弟也。"《汉书·古今人表》:"太康,启子。兄弟五人,号五观。"《潜夫论·五德志》:"启子太康仲康更立,兄弟五人,皆有昏德,不堪帝事,降居洛汭,是为五观。"皆以太康兄弟凡五人,武五同声,即《墨子》所谓武观也。然"须于洛汭",亦见《史记·夏本纪》。即谓《史记》同《书序》处,为后人所窜。然《潜夫论·五德志》,亦有"兄弟五人,降居洛汭"之言。非撰《伪书》者所亿造也。《左》襄四年:"后羿自鉏迁于穷石,因夏民以代夏政。"鉏不可考。《淮南子·地形训》:"河水出昆仑东北陬,贯渤海,入禹所道积石山。赤水出其东南陬,西南注南海。丹泽之东。赤水之东。弱水出自穷石,至于合黎,余波入于流沙。绝流沙,南至南海。洋水出其西北陬,入于南海。羽民之南。凡四水者,帝之神泉,以和百药,以润万物。"此节文字颇错乱。王引之谓"自穷石以下十三字,为后人窜改。原文当作弱水出其西南陬。而出自穷石等文,当在下江出岷山诸条间。"王说信否难遽定。然王逸注《楚辞》,郭璞注《山海经》,并引《淮南子》,谓"弱水出自穷石",则此语虽或简错,决非伪窜。"至于合黎"十字,或后人以《禹贡》傍注,误入正文。《淮南》既云"绝流沙",不必更衍此十字也。然窃疑《禹贡》"入于流沙"之下,亦夺"南至南海"一类语。《禹贡》雍州,"弱水既西",其导九川,先弱水,次黑水,次河,次漾,次江。黑水即今长江、黄河上源,出于昆仑,与今所谓河源同;予别有考。导川叙次,盖自西而东。《集解》引《地记》曰:"弱水西流入合黎山腹,余波入于流沙,通于南海。"《地记》古书,颇可信据。见予所撰《弱水黑水考》。《集解》引郑玄曰:"《地理志》:弱水出张掖。"又曰:"《地理志》:流沙,居延西北,名居延泽。"似郑亦宗《汉志》所谓古文说者。《汉志》:张掖郡居延,"居延泽在东北。《古文》以为流沙"。然《索隐》又云:"《水经》云:合黎山在酒泉会水县东北。郑玄引《地记》,亦以为然。"合诸《集解》所载郑引《地记》之说,则郑初无所偏主矣。《禹贡》、《地记》说弱水,皆仅云西流,不云北向。《古文》以居延泽当之,盖误。既云入于南海,而又在黑水西,则弱水必今澜沧江。澜沧江东南流,而《禹贡》、《地记》云弱水西流者,其所指上源与今异也。《禹贡》云:"道黑水,至于三危,入于南海。"《集解》引《地记》曰:"三危山在鸟鼠之西南。"弱水在黑水西,穷石亦必在三危之西。然亦不越陇、蜀、青海之境。羿迁穷石,果即此弱水所出之穷石者,则当来自湟、洮之间。其地本射猎之区,故羿以善射特闻,而其部族亦强不可圉也。太康此时,盖失晋阳而退居洛汭。少康光复旧物,然曾否定居河北,了无可考。窃疑自太康之后,遂居阳城也。《周官》大司徒:"以土圭之法测土深,正日景,以求地中。日至之景,尺有五寸,谓之地中,天地之所合也,四时之所交也,风雨之所会也,阴阳之所和也。然则百物阜安,乃建王国焉。"《注》:"郑司农云:土圭之长,尺有五寸。以夏至之日,立八尺之表,其景适与土圭等,谓之地中,今颍川阳城地为然。"《正义》:"颍川郡阳城县,是周公度景之处,古迹犹存,故云地为然也。案《春秋左氏》:武王克商,迁九鼎于洛邑,欲以为都。不在颍川地中者,武王欲取河洛之间形胜之所,洛都虽不在地之正中,颍川地中,仍在畿内。"司农父子,皆明《三统历》,所举当系历家旧说。《义疏》此言,亦当有所本。此可见阳城附近,确为历代帝都所在。而先后营建,出入于数十百里之间,则曾不足较也。然则《汉志》、《世本》,非有异说;应劭、臣瓒,亦不必相非矣。

夏迁阳城之后,盖未尝更反河东。故桀时仍在阳城,而伯阳父以伊洛之竭,为夏亡之征也。郑氏《诗谱》云:"魏者,虞舜、夏禹所都之地。"此亦以大较言之。乃造《伪孔传》者,见战国之魏,曾都安邑,遂以为夏都亦在安邑;又不知《史记》所谓"汤始居亳,从先王居"者,先王为契,亳为契本封之商,而以为即后来所都之偃师。见予所撰《释亳》。于是解先王为帝喾,凿空,谓帝喾亦都偃师。《史记》云:"汤自把钺,以伐昆吾,遂伐桀。桀败于有娀之虚。桀奔于鸣条。"《尚书大传》云:"汤放桀也,居中野。士民皆奔汤。桀与其属五百人南徙千里,止于不齐。不齐士民往奔汤。桀与其属五百人徙于鲁。鲁士民复奔汤。桀曰:国,君之有也。吾闻海外有人。与五百人俱去。"《周书·殷祝篇》略同。末作"桀与其属五百人去居南巢"。其迹皆自西而东。今安邑反在偃师之西,其说遂不可通。《左》昭十二年:楚灵王谓子革曰:"昔我皇祖伯父昆吾,旧许是宅。"《国语》:史伯对郑桓公曰:"昆吾为夏伯矣。"韦昭云:"昆吾,祝融之孙,陆终第一子,名樊,为己姓,封于昆吾。昆吾卫是也。其后夏衰,昆吾为夏伯,迁于旧许。"是则桀时昆吾之地,在今许昌,去阳城极近。故得与桀同日亡。《孟子》曰:"舜生于诸冯,迁于负夏,卒于鸣条,东夷之人也。"《离娄》下。《吕览·简选》篇:"殷汤登自鸣条,乃入巢门。"《淮南·主术训》:"汤困桀鸣条,禽之焦门。"《修务训》:汤"乃整兵鸣条,困夏南巢。谯以其过,放之历山"。则鸣条之地,必与南巢、历山相近。当在今安徽境。故《孟子》谓之东夷。《书·汤誓》:"伊尹相汤伐桀,升自陑,遂与桀战于鸣条之野。"陑虽不知何地,度必近接鸣条。《伪传》乃谓陑在河曲之南,鸣条在安邑之西,遂生绕道攻桀、出其不意之说,费后来多少辩论。皇甫谧又谓"昆吾亦来安邑,欲以卫桀,故同日亡"。又云:"今安邑见有鸣条陌、昆吾亭。"不知暂来卫桀,安暇筑邑?遂忘其自相矛盾也。不徒妄说史事,并妄造地名以实之。江艮庭谓"谧无一语可信",诚哉其不可信矣。西汉经说,多本旧闻。虽有传讹,初无亿造。东汉古文家,则往往以意穿凿。今日故书雅记,百不一存,无从考见其谬。然偶有可疏通证明者,其穿凿之迹,则显然可见。如予所考东汉人缪以仓颉为黄帝史官,其一事也。详见予所撰《中国文字变迁考》。魏、晋而后,此风弥甚。即如《左氏》所载,羿代夏政,少康中兴之事,据杜《注》,其地皆在山东。设羿所迁穷石,果在陇、蜀之间,则杜《注》必无一是处,惜书阙有间,予说亦无多佐证,不能辞而辟之耳。

原刊《光华季刊》第二卷第一期,一九二六年十月出版

〔二五〕有扈考

《书序》:"启与有扈战于甘之野,作《甘誓》。"《伪传》:"夏启嗣禹立,伐有扈之罪。"《疏》云:"孟子称禹荐益于天七年,禹崩之后,益避启于箕山之阴,天下诸侯不归益而归启,曰吾君之子也,启遂即天子位。《史记·夏本纪》称启立,有扈氏不服,故伐之。盖由自尧舜受禅相承,启独见继父,以此不服,故云夏启嗣禹立,伐有扈之罪。言继立者,见其由嗣立故不服也。"案《疏》辞非必《伪传》之意。《淮南·齐俗》曰:"昔有扈氏为义而亡。"高《注》曰:"有扈,夏启之庶兄也。以尧舜举贤,禹独与子,故伐启,启亡之。"冯衍《显志赋》曰:"讯夏启于甘泽兮,伤帝典之始倾。"亦此意。盖经生旧有此说,《义疏》本以立言也。然恐与史实不合。《周书·史记》曰:"弱小在强大之间,存亡将由之,则无天命矣。不知命者死。有夏之方兴也,扈氏弱而不恭,身死国亡。"《吴子》曰:"昔承桑氏之君,修德废武,以灭其国。有扈氏之君,恃众好勇,以亡其社稷。"所谓不恭者也。《韩非子·说疑》曰:"昔者有扈氏有失度,讙兜氏有孤男,三苗有成驹,桀有侯侈,纣有崇侯虎,晋有优施,此六人者,亡国之臣也。"失度其公孙强之流乎?

《伪传》云:"有扈与夏同姓。"《疏》云:"孔、马、郑、王与皇甫谧等,皆言有扈与夏同姓,并依《世本》之文。"然皆无为启庶兄之说,未知高诱何据也。又《甘誓》、《墨子·明鬼》引其文，而作《禹誓》。毕校云："《庄子·人间世》云：禹攻有扈。《吕氏春秋·召类》云：禹攻曹、魏、屈骜、有扈，以行其教，皆与此合。"孙氏《间诂》云："《吕氏春秋·先己篇》云：夏后柏启与有扈战于甘泽而不胜。是《吕览》有两说。或禹、启皆有伐扈之事，故古书或以《甘誓》为禹誓与？《说苑·政理篇》云：昔禹与有扈氏战，三陈而不服。禹于是修教，三年而有扈氏请服，说亦与此合。"案古以后嗣之事系之先王者甚多，不必作此调停之说也。

《楚辞·天问》："该秉季德，厥父是臧。胡终弊于有扈，牧夫牛羊？"《注》云："该，苞也。秉，持也。父，谓契也。季，末也。臧，善也。言汤能苞持先人之末德，修其祖父之善业，故天祐之，以为民主也。有扈，浇国名也。浇灭夏后相，相之遗腹子曰少康，后为有仍牧正，典主牛羊，遂攻杀浇，灭有扈，复禹旧迹，祀夏配天也。"又曰："有扈牧竖，云何而逢？击床先出，其命何从？恒秉季德，焉得夫朴牛？"《注》曰："言有扈氏本牧竖之人耳，因何逢遇，而得为诸侯乎？言启攻有扈之时，亲于其床上击而杀之，其先人失国之原，何所从出乎？恒，常也。季，末也。朴，大也。言汤常能秉持契之末德，修而弘之，天嘉其志，出田猎，得大牛之瑞也。"案此《注》恐非。该与恒当俱是人名。该为有扈所弊，为牧牛羊，及有扈败时，亦弊于牧竖之手，其人名恒，既弊有扈，复得朴牛之瑞也。《史记·秦本纪》：文公二十七年，伐南山大梓，丰大特。《集解》："徐广曰：今武都故道有怒特祠。图大牛，上生树木，有牛从木中出。后见于丰水之中。"《正义》："《括地志》云：大梓树在岐州陈仓县南十里仓山上。《录异传》云：秦文公时，雍南山有大梓树。文公伐之，辄有大风雨，树生合不断。时有一人病，夜往山中，闻有鬼语树神曰：秦若使人被发以朱丝绕树伐汝，汝得不困邪？树神无言。明日，病人语闻。公如其言伐，树断。中有一青牛出,走入丰水中。其后牛出丰水中。使骑击之,不胜。有骑堕地复上,发解,牛畏之,入不出。故置髦头。汉、魏、晋因之。武都郡立怒特祠,是大梓牛神也。"案《后汉书·西羌传》,言爰剑与劓女遇于野,遂成夫妇,女耻其状,被发覆面,羌人因以为俗,则《传异录》之语,当出羌中。《水经》沔水《注》引《汉中记》曰:"自西城涉黄金陷、寒泉岭、阳都阪,峻崿百重,绝壁万寻。山丰野牛野羊,腾岩越岭,驰走若飞,触突树木,十围皆倒。"则南山之地,本多朴牛,无怪羌中之有是说也。然遂依旧说,谓有扈在鄠县,则恐未然。禹启时兵力,恐尚不及此。甘恐即周时王子带封邑,见《左氏》僖公二十四年。在河南,正有夏之居也。

原刊《古史辨》第七册,一九四一年六月出版

〔二六〕太康失国与少康中兴

太康失国,少康中兴,为夏代一大事,而《史记·夏本纪》一语不及,《正义》以此讥其疏略,其实非也。古人著书,各有所本。所本不同者,既不以之相订补,亦不使之相羼杂,各如其故而传之,所谓"信以传信,疑以传疑"也。《夏本纪》之所据者,盖《系世》之伦;《吴世家》载伍子胥之言,则所据者《国语》之类;二者固不同物也。《十二诸侯年表》曰"谱牒独记世谥",此盖《周官》小史所职;国家之行事,固别有史以记之矣。《夏本纪》之不及,又何怪焉!

难者曰:"谱牒独记世谥",于国家行事,有所不详,是则然矣。然其关涉君身者,则亦不得而略也。如《秦纪》见《秦始皇本纪》后。独载其君世系享国年数及葬地,而于厉、躁、简公、出子之不宁,亦未尝略,即其明证。今夏后相,身见杀于寒浞;少康始依有仍,后奔有虞,为之牧正,为之庖正,其降为人臣久矣。奋起纶邑之中,祀夏配天,不失旧物,是汉光武、蒙古达延汗之俦也。而《史记》曰"帝相崩,子帝少康立",一若安常处顺,父子相继者,不亦疏乎?应之曰:太康以降,夏虽中衰,统绪实未尝绝。至于相之见弑,少康之降为人臣,则其事尚有可疑也。请陈其说。

《墨子·非乐》:"于武观曰:启乃淫溢康乐,野于饮食。将将铭苋磬以力。湛浊于酒,渝食于野。万舞翼翼。章闻于天,天用弗式。"《楚辞·离骚》:"启《九辩》与《九歌》兮,夏康娱以自纵。"又《天问》:"启棘宾商,《九辩》《九歌》。"《山海经·海外西经》:"大乐之野,夏后启于此儛九代。《注》:"九代,马名。儛,谓盘作之令舞也。"郝懿行《笺疏》:"案《九代》,疑乐名也。《竹书》云:夏帝启十年,帝巡狩,舞《九韶》于大穆之野。《大荒西经》亦云:天穆之野,启始歌《九招》。招即韶也。疑《九代》即《九招》矣。又《淮南·齐俗训》云:夏后氏,其乐夏籥《九成》。疑《九代》本作《九成》,今本传写形近而讹也。李善注王融《三月三日曲水诗序》引此经云:舞九代马。疑马字衍。而《艺文类聚》九十三卷及《太平御览》八十二卷引此经,亦有马字。或并引郭《注》之文也。舞马之戏,恐非上古所有。"乘两龙,云盖三层。左手操翳,右手操环,佩玉璜,在大运山北。《注》:"《归藏·郑母经》曰:夏后启筮:御飞龙登于天,吉。明启亦仙也。"《笺疏》:"案《太平御览》八十二卷引《史记》曰:昔夏后启筮乘龙以登于天,占于皋陶。皋陶曰:吉而必同,与神交通。以身为帝,以王四乡。今案《御览》此文,即与郭《注》所引为一事也。"一曰大遗之野。"《注》:"《大荒经》云:大穆之野。"又《大荒西经》:"西南海之外,赤水之南,流沙之西,有人珥两青蛇,乘两龙,名曰夏后开。开上三嫔于天,得《九辩》与《九歌》以下。《注》:"皆天帝乐名也。开登天而窃以下用之也。《开筮》曰:昔彼《九冥》,是与帝《辩》同宫之序,是谓《九歌》。又曰:不得窃《辩》与《九歌》以国于下。义具见于《归藏》。"此天穆之野,高二千仞,开焉得始歌《九招》。"《注》:"《竹书》曰:夏后开舞《九招》也。"此启之所以致乱也。《离骚》王逸《注》曰:"夏康,启子太康也。"案《离骚》下文又云"日康娱以自纵",康娱二字相属,则逸《注》误也。孟子言启贤,能敬承继禹之道,意但主论禅继,非史实;且亦无由知启继位时非贤君也。《山海经》所载乃神话,与《史记·赵世家》、《扁鹊列传》所载赵简子、秦穆公事极相类。启亦作开者,汉人避景帝讳也。

《周书·尝麦》:"其在殷之五子,忘伯禹之命,假国无正,用胥兴作乱。遂凶厥国。皇天哀禹,赐以彭寿,思正夏略。"《离骚》:"不顾难以图后兮,五子用失乎家巷。"《天问》:"何勤子屠母,而死分竟地?"扬雄《宗正箴》:"昔在夏时,太康不共。有仍二女,五子家降。"此言太康失邦之事,其乱盖由于内哄,犹齐桓死后五子争立也。遂凶厥国,国指夏都,盖即殷。见《唐虞夏都邑》条。失乎家巷,失同佚,言逃亡民间也。《史记·鲁世家》:楚考烈王伐灭鲁。顷公亡,迁于下邑,为家人。鲁绝不祀。《晋世家》:魏武侯、韩哀侯、赵敬侯灭晋侯而三分其地,静公迁为家人,晋绝不祀。此云家人,即《离骚》佚乎家巷之义。五子之乱,盖得彭寿而复定。虽失故都,仍据他邑为君如故,故太康、仲康、相得相继在位。五子交争,而仲康仍得继太康者,或二人本同党;或后降于太康;如契丹太祖时诸弟之乱,亦或不与,或降而见释也。《天问》言死分竟地,或亦有据地自立者,特太康、仲康、相相继为正统,故《系本》特记之也。《天问》又云:"眩弟并淫,危害厥兄。何变化以作诈,而后嗣逢长?"王逸《注》谓眩弟指象,似非。眩弟盖指仲康。相,仲康子;少康,相子,其后相继有国。后嗣逢长盖指此,谓仲康危害厥兄,何后嗣反得逢长也。逢,大也,即《洪范》"子孙其逢"之"逢"。少康祀夏配天,不失旧物,是能光大夏业也。勤子屠母,盖谓爱其子而杀其母,疑即扬雄所云有仍二女事,其详不可得闻矣。《天问》又曰:"彭铿斟雉帝何飨?受寿永多,夫何久长?"《注》曰:"彭铿,彭祖也。好和滋味,善斟雉羹。能事帝尧,尧美而飨食之。彭祖至八百岁,犹自悔不寿,恨枕高而睡远也。"彭祖为舜所命二十二人之一,见《唐虞之际二十有二人》条。彭为祝融八姓之一,历唐、虞、夏、商,皆为强侯,其能为夏戡乱,亦固其所。《天问》故事,汉世盖本莫能说,又寖以失传。王逸自谓稽之旧章,合之经传,以相发明,事事可晓,实则乖缪甚多。如其释彭铿斟雉帝何飨,恐全是望文生义。帝当指天帝。言飨其雉羹,乃报以永寿。释受寿永多,亦神仙家言。惟彭祖寿考,当本有其说,神仙家乃从而托之。

《周书》之彭寿,未审即彭铿与否。古称人多以号,亦或因其寿考而称之为寿也。

《左氏》襄公四年:"昔有夏之方衰也,后羿自鉏迁于穷石,因夏民以代夏政。"《天问》:"帝降夷羿,革孽夏民。"此言羿代夏之事。云因夏民以代夏政,则据有夏之故都,且代之号令诸侯矣。然固无害于太康、仲康、相等之自君其民。如卫满得朝鲜,侵降其旁小邑,服属真番、临屯,而箕氏之后,犹王马韩中也。《天问》言革孽夏民,与《左氏》因夏民之说合。然特乘乱入据耳,非称兵犯顺也。伪《古文尚书》曰:"太康尸位以逸豫,灭厥德,黎民咸贰。乃盘游无度,畋于有洛之表,十旬弗反。有穷后羿因民弗忍,距于河。厥弟五人,御其母以从,徯于洛之汭。"一似夏之丧邦,皆由羿之逞乱者,失其实矣。

《左氏》襄公四年:"恃其射也,不修民事,而淫于原兽。弃武罗、伯因、熊髡、尨圉,而用寒浞。寒浞,伯明氏之谗子弟也。伯明后寒弃之,夷羿收之。信而使之,以为己相。浞行媚于内,而施赂于外;愚弄其民,而虞羿于田。树之诈慝,以取其国家。羿犹不悛。将归自田,家众杀而烹之。以食其子,其子不忍食诸,死于穷门。靡奔有鬲氏。"《离骚》:"羿淫游以佚田兮,又好射夫封狐。固乱流其鲜终兮,浞又贪夫厥家。"《天问》:"胡射夫河伯,而妻彼雒嫔?冯珧利决,封狶是射。何献蒸肉之膏,而后帝不若?浞娶纯狐,眩妻爰谋。何羿之射革,而交吞揆之?"此寒浞篡羿之事,乃有穷氏之内乱,与夏无涉。夏当是时,固仍保其所据之地也。王逸《注》曰:"雒嫔,水神,谓宓妃也。传曰:河伯化为白龙,游于水旁。羿见,射之,眇其左目。河伯上诉天帝,曰:为我杀羿。天帝曰:尔何故得见射?河伯曰:我时化为白龙,出游。天帝曰:使汝深守神灵,羿何从得犯汝?今为虫兽,当为人所射。固其宜也,羿何罪与?羿又梦与雒水神宓妃交接也。"此说盖已非其朔。古神话当以雒嫔为河伯之妻,羿射杀河伯而夺之也。亦可见羿实有河雒之地矣。《左氏》昭公二十八年,载叔向母之言曰:"昔有仍氏生女,黰黑而甚美,光可以鉴,名曰玄妻。乐正后夔取之,生伯封,实有豕心。贪惏无厌,忿颣无期,谓之封豕。有穷后羿灭之。夔是以不祀。"封豕,疑即《天问》之封豨。传说中或以为人,或竟以为豕,谓射杀之而以其膏献诸上帝也。《禹贡》称"禹锡玄圭",《檀弓》言"夏后氏尚黑",疑夏以黑为徽号。此玄妻及前所引眩弟,疑并当作玄。玄妻,即纯狐。《楚辞》言羿射封狐,疑夔之族尊豕,禹之族尊狐。案《吴越春秋》言,九尾白狐造禹,禹以为当王之征。羿射封豕、封狐,实戕二族图腾之神。神话中谓狐为淫妻以报羿也。《孟子·离娄》下篇曰:"逢蒙学射于羿,尽羿之道。思天下惟羿为愈己,于是杀羿。"下引庾公之斯、子濯孺子事,以明取友必端。则逢蒙、羿之党,《左氏》所谓家众也。《淮南·诠言》曰:"羿死于桃棓。"《注》:"棓,大杖,以桃木为之。以击杀羿。由是以来,鬼畏桃也。"《说山》云:"羿死桃部不给射。"《注》:"桃部,地名。"庄逵吉云:"桃部即桃棓。"其说是也。羿之死,盖逢蒙实为主谋。逢、厖同字,逢蒙殆厖圉之族乎?

《左氏》襄公四年:"淫因羿室,生浇及豷。恃其谗慝诈伪,而不德于民。使浇用师,灭斟灌及斟寻氏。处浇于过,处豷于戈。靡自有鬲氏收二国之烬,以灭浞而立少康。少康灭浇于过,后杼灭豷于戈,有穷由是遂亡。"又哀公元年:"昔有过浇杀斟灌以伐斟鄩,灭夏后相。后缗方娠,逃出自窦,归于有仍。生少康焉,为仍牧正。惎浇能戒之。浇使椒求之。逃奔有虞,为之庖正,以除其害。虞思于是妻之以二姚,而邑诸纶。有田一成,有众一旅。能布其德,而兆其谋,以收夏众,抚其官职。使女艾谍浇,使季杼诱豷。遂灭过、戈,复禹之绩。祀夏配天,不失旧物。"《离骚》:"浇身被服强圉兮,纵欲而不忍。日康娱以自忘兮,厥首用夫颠陨。"《天问》:"惟浇在户,何求于嫂?"《注》:"浇,古多力者也。《论语》曰:浇荡舟。言浇无义,淫佚其嫂。往至其户,佯有所求,因与行淫乱也。"何少康逐犬,而颠陨厥首?《注》:"言夏少康因田猎,放犬逐兽,遂袭杀浇,而断其头。"女歧缝裳,而馆同爰止。《注》:"女歧,浇嫂也。馆,舍也。爰,于也。言女歧与浇淫佚,为之缝裳,于是共舍而宿止也。"何颠易厥首,而亲以逢殆?"《注》:"逢,遇也。殆,危也。言少康夜袭,得女歧头,以为浇,因断之,故言易首遇危殆也。"此言浞灭相及少康中兴之事。如《左氏》之言,则夏尝中绝,然其说有不可尽信者。野蛮时代,十口相传之说,理乱兴亡之事,必以一女子为之经纬。如《蒙古源流考》之洪郭斡拜济,《云龙纪略》之结妈、三姐皆是。见《章氏遗书·文集》卷八。《左氏》之言,看似全系史实,然"逃出自窦"一语,已显类东野人之言矣。《离骚》云:"及少康之未家兮,留有虞之二姚。"盖亦有娀佚女之伦。女艾即女歧,与浇淫乱,而少康乘机杀之,所谓谍也。《天问》又云:"女歧无合夫,焉取九子?"《注》云"女歧,神女,无夫而生九子",则亦神话中人物也。古事之传于后者,人神恒相杂。其后士夫传述,则人事多而神事少;东野人言,则人事少而神事多。看似殊科,实同一本。《左氏》所载,亦神话之经士夫改定者耳。其原既为野言,其事即非信史。信后缗真出自窦,女艾真为间谍,则愚矣。后缗、女艾之事不可尽信,则其余之语不可尽信可知也。《左氏》之言而不可尽信也,则夏祚曾否中绝,实可疑也。

　　《史记·夏本纪正义》引《帝王世纪》云:"帝羿,有穷氏,未闻其姓。"而《左》襄四年杜《注》云:"夷氏。"《正义》云:"此传再言夷羿,故以夷为氏。"案《吕览·勿躬》亦称夷羿。《山海经·海内西经》云:"海内昆仑之虚在西北,帝之下都。昆仑之虚,方八百里。非仁羿莫能上冈之岩。"仁、夷同字。《水经·河水注》云:"大河故渎。西流径平原鬲县故城西。《地理志》曰:鬲津也。故有穷后羿国也。应劭曰:鬲,偃姓,咎繇后。"《路史》谓"羿,偃姓。女偃出皋陶。《世纪》

云不闻其姓，失之。"盖本诸此。窃疑夷为羿之号，偃则其姓也。有鬲为羿同姓，靡之往奔，似谋为羿报雠。其后辅立少康，则因羿子已死，其后或无可立故耳，非必尽忠于夏。杜《注》谓为夏之遗臣，似失之。《史记·夏本纪》言："禹举皋陶荐之，且授政焉，而皋陶卒，而后举益任之政。"《楚辞·天问》云："启代益作后，卒然离孽。"《汉书·律历志》载张寿王以"化益为天子代禹"。则偃、姒二姓在当时并为强族，其势实代相干。故益虽见排于启，羿仍能代夏政；其后虽以奸田为浞所篡，而姒、偃合谋，卒覆浇、豷也。《夏本纪》言禹后有有男氏、斟寻氏、斟戈氏。《索隐》曰："《系本》男作南，寻作鄩。斟戈氏，《左传》、《系本》皆云斟灌氏。"男、南皆与任同声。《春秋》桓公五年"仍叔之子"，《穀梁》作任叔，疑有仍即有男，与夏同姓。杜《注》云"后缗母家"，亦误也。戈、灌一地，过亦殆即斟寻。寒浞灭是二国，而使二子镇之尔，亦可见当时同姓之国，恒相援卫矣。

《世纪》又言：羿自"帝喾以上，世掌射正。至喾，赐以彤弓素矢，封之于鉏。为帝司射。历虞、夏"。案《说文·羽部》："羿，羽之羿风。亦古诸侯也。一曰射师。"《弓部》："羿，帝喾射官。夏少康灭之。《论语》曰羿善射。"《山海经·海内经》："帝俊赐羿彤弓素矰，以扶下国。"《淮南·本经》："尧之时，十日并出，焦禾稼，杀草木，而民无所食。猰貐、凿齿、九婴、大风、封豨、脩蛇皆为民害。尧乃使羿诛凿齿于畴华之野，杀九婴于凶水之上。缴大风于青丘之泽。上射十日，而下杀猰貐。断脩蛇于洞庭，禽封豨于桑林。"《世纪》盖合此诸说以为一说也。《世纪》又言："浞因羿之室，生奡及豷。奡多力，能陆地行舟。"同《论语》孔安国《注》。浇、奡二字，可相假借。然荡舟实非陆地行舟。《天问》云："汤谋易旅，何以厚之？覆舟斟寻，何道取之？"《注》云："汤，殷王也。旅，众也。言殷汤欲变易夏众，使之从己，独何以厚待之乎？覆，反也。舟，船也。斟寻，国名也。言少康灭斟寻氏,奄若覆舟,独以何道取之乎?"《天问》文固不次,然特所问因仰见图画而发,不依年代先后云尔。非遂毫无伦序。"汤谋易旅",承前引"惟浇在户"云云下,上下皆言夏事,中忽间以殷汤,似不应陵乱至此。朱子谓汤乃康字之误,亦近凿空。宋本《说文》及《集韵类篇》引《论语》,荡并作汤,则《天问》之汤谋,亦即荡谋,谓动谋也。浇盖能水战,而少康覆其舟师。罔水行舟,盖譬喻之语,不徒非浇事,丹朱亦未必实有其事也。《书疏》引郑玄云"丹朱见洪水时人乘舟,今水已治,犹居舟中,颔颔使人推行之",妄矣。水虽治,岂遂无水可以行舟邪?参看《丹朱傲辨》条。

《史记·鲁世家》:楚考烈王伐灭鲁。顷公亡,迁于下邑,为家人。鲁绝不祀。《晋世家》魏武侯、韩哀侯、赵敬侯灭晋侯而三分其地,静公迁为家人,晋绝不祀。此云家人,即《离骚》佚乎家巷之义。

原刊《古史辨》第七册,一九四一年六月出版

〔二七〕越之姓

《史记·世家》云:"越王句践,其先禹之苗裔,而夏后帝少康之庶子也,封于会稽,以奉守禹之祀。"《吴越春秋》说同。《汉书·地理志》曰:"粤地,牵牛、婺女之分野也,今之苍梧、郁林、合浦、交阯、九真、南海、日南,皆粤分也。其君禹后,帝少康之庶子云,封于会稽。"亦本旧说。臣瓒曰:"自交阯至会稽七八千里,百越杂处,各有种姓,不得尽云少康之后也。按《世本》,越为芈姓,与楚同祖,故《国语》曰芈姓夔、越,然则越非禹后明矣。又芈姓之越,亦句践之后,不谓南越也。"案《汉志》所谓其君禹后者,自指封于会稽之越言之,不该百越。臣瓒实误驳。至谓越为芈姓,则《左氏》宣公八年《正义》亦据《外传》而疑越非夏后之后;《正义》:《谱》引《外传》曰:芈姓归越。是越本楚之别封也,或非夏后氏之后也。《国语·吴语》韦《解》亦云:"句践,祝融之后,允常之子,芈姓也。"引《郑语》及《世本》为证。《墨子·非攻下篇》:"越王繄亏卢校改为翳亏,毕、孙二氏并从之。出自有遽,始邦于越。"孙仲容《间诂》曰:"《楚世家》云:熊渠立少子执疵为越章王。《左》僖二十六年,夔子曰:我先王熊挚;《汉书·古今人表》及《史记正义》引宋均《乐纬注》并谓熊挚亦熊渠子;窃疑夔、越同出。此出自有遽,或当云出自熊渠。"案渠、遽古字通,孙说似是;然必谓禹后之说为误,亦未必然。闽越王无诸及越东海王摇皆句践后,而姓驺氏。

见《史记》本传。徐广曰"驺一作骆",非也。《汉书》亦作驺,下文有将军驺力,盖其同姓。疑越俗或从母姓。句践先世尝与芈姓通昏姻,故为楚之所自出,而云芈姓。然以父系言之,则固禹之苗裔而少康之庶子也。春秋之世,楚越常通婚姻而吴越相攻击甚烈。夫差之雠越,自以阖庐见杀之故。阖庐、允常之相雠,则其故殊不可知,岂以越出于楚,故助楚以谋吴欤?若然,则楚之用越,正犹晋之通吴矣。

《史记》云:"夫余之后二十余世,至于允常。"自夏至春秋,年代虽难质言,必不止二十余世。《正义》引《舆地志》云:"越侯传国三十余叶,历殷至周。敬王时,有越侯夫谭,子曰允常,拓土始大,称王。"三十余世亦尚嫌其不足,岂其世数实自紧亏计之邪?

《后汉书岑彭传》:"更始遣立威王,张卬与将军徭伟镇淮阳。"《注》引《风俗通》曰:"东越王徭,句践之后。其后以徭为姓。"此则以王父字为氏之伦,中国所谓庶姓也。

原刊《光华大学半月刊》第三卷第一期,
一九三四年十月十日出版

〔二八〕匈奴为夏后氏苗裔

《史记·匈奴列传》曰："匈奴,其先祖,夏后氏之苗裔也,曰淳维。"此非无稽之谈也。《索隐》引张晏曰："淳维以殷时奔北边。"颜师古《汉书注》："以殷时始奔北边。"盖本诸此。又引乐产《括地谱》云："夏桀无道,汤放之鸣条,三年而死。其子獯粥妻桀之众妾,避居北野,随畜移徙。中国谓之匈奴。"二说未知所本。"避居北野,随畜移徙",似因《史记》"居于北蛮,随畜牧而转移"之文附会者。然《史记》明言匈奴先祖名淳维,而此谓其名为獯粥,径以部名为人名,则非袭《史记》也。特其所本与《史记》大同耳。然《史记》又云:"自淳维以至头曼,千有余岁,时大时小,别散分离,尚矣;其世传不可得而次云。然至冒顿而匈奴最强大,尽服从北夷,而南与中国为敌国,其世传国官号乃可得而记云。"玩此数语,便知匈奴为夏桀之后,说非无据。盖此数语之意,谓自淳维至头曼,其世传虽不可得而次;其时大时小,别散分离之事,虽亦不能尽记;然要皆不如冒顿时之强大,则犹有可知。然则匈奴史事非尽无征,特其详不可得而闻耳。以此推之,则其世传虽不可得而次,固无害其为夏后氏之苗裔之确有可征也。古者系世之职,掌于史官,虽书阙有间,然其荦荦大者,后之人类能道之,特其世次不能尽具耳。如五帝世次见于《大戴礼记》及《史记》。尧禅舜,舜禅禹,其年岁当略相次,而尧与禹同为黄帝玄孙,舜乃为黄帝九世孙,盖自尧、禹以上其世次并有脱落矣。《殷》、《周本纪》所载世系，殷自契至汤皆具，而《周本纪》曰："封弃于邰，号后稷，别姓姬氏。后稷之兴，在陶唐、虞、夏之际，皆有令德。后稷卒，子不窋立。"此三十余字之间，后稷二字，凡有三解："号曰后稷"之"后稷"指弃；"后稷之兴"之"后稷"，括弃以后居稷官者；"后稷卒"之"后稷"则不窋之父也。盖自弃至不窋之间，其名与世次皆不可考矣。然不得因此遂谓五帝及周之世系皆不足信也。匈奴为夏后氏之后之可信，理正同此。

原刊《光华大学半月刊》第三卷第一期，
一九三四年十月十日出版

〔二九〕说 商

《诗·商颂谱》云:"商者,契所封之地。"《疏》云:"商者,成汤一代之大号,而此云商者契所封之地,则郑以汤取契之所封,以为代号也。服虔、王肃则不然。襄九年《左传》曰:阏伯居商丘,相土因之。服虔云:商丘,地名。相土,契之孙。因之者,代阏伯之后居商丘,汤以为号。又《书序》王肃《注》云:契孙相土居商丘,故汤因以为国号。《书·汤誓疏》引同。而郑玄以为由契封商者。契之封商,见于《书传》、《史记》、《中候》,其文甚明。经典之言商者,皆单谓之商,未有称为商丘者。又相土居商丘以后,不恒厥邑。相土之于殷室,虽是先公俊者,譬之于周,则公刘之俦耳,既非汤功所起,又非王迹所因,何当取其所居,以为代号也?《左氏》襄公九年杜《注》云:"商丘在宋地。"《疏》引《释例》曰:"宋、商、商丘,三名一地,梁国睢阳县也。"《疏》又云:"《殷本纪》云:帝舜封契于商。郑玄云:商国在大华之阳。皇甫谧云:今上洛商县是也。《书·帝告釐沃序疏》引同。如郑玄意,契居上洛之商,至相土而迁于宋之商,及汤有天下,远取契所封商,以为一代大号。服虔云:相土居商丘,故汤以为天下号。王肃《书序注》云:契孙相土居商丘,故汤以为国号。案《诗》述后稷云:即有邰家室;述契云:天命玄鸟,降而生商;即稷封邰而契封商也。若契之居商即是商丘,则契已居之,不得云相土因阏伯也。若别有商地,则汤之为商,不是因相土矣。且经传言商,未有称商丘者。《释例》云:"宋之先契佐唐、虞,封于商,武王封微子启为宋公,都商丘,是同郑玄说也。"案《疏》谓相土以后,不恒厥邑,县揣无据,已见《自契至于成汤八迁》条。至谓契之封商见于《书传》、《史记》、《中候》,其文甚明,引《诗》"降而生商"为证,谓汤之代号,必非取诸相土,则其言甚允。服虔、王肃,当亦不能有异辞。伪孔、杜预多同王肃,而《尚书·汤誓伪传》谓"契始封商,汤遂以为天下号",则王肃之意,殆不以契所封之商在大华之阳;杜预谓契封于商,启都商丘,亦未尝以为两地;《疏》谓其同于郑玄,恐非也。上洛、商丘,相去千里,契封何所,固不可不一明辨之。

自来信郑说者,以《史记·六国表》云"夫作事者必于东南,收功实者常于西北",以汤起于亳,与禹兴西羌、周以丰镐伐殷、秦用雍州兴、汉之兴自蜀汉并举;又纬书有"太乙在亳,东观于洛"之文;《诗·商颂·玄鸟疏》引《中候格予命》云:"天乙在亳,东观在洛。"《艺文类聚》及《御览》引《中候》,咸有其文。《水经·洛水注》云:"黄帝东巡河,过洛,修坛沈璧,受龙图于河,龟书于洛,赤文绿字。尧帝又修坛河洛,择良即沈,荣光出河,休气四塞,白云起,回风逝,赤文绿字,广袤九尺,负理平上,有列星之分,七政之度,帝王录记兴亡之数以授之。尧又东沈书于日稷,赤光起,玄龟负书,背甲赤文成字,遂禅于舜。舜又习尧礼,沈书于日稷,赤光起,玄龟负书,至于稷下,荣光休至,黄龙卷甲,舒图坛畔,赤文绿错,以授舜,舜以禅禹。殷汤东观于洛,习礼尧坛,降璧三沈,荣光不起,黄鱼双跃,出济于坛,黑鸟以浴,随鱼亦止,化为黑玉赤勒之书,黑龟赤文之题也。汤以伐桀。故《春秋说题辞》曰:河以道坤出天苞,洛以流川吐地符,王者沈礼焉。"此说于黄帝亦言东巡,于尧亦言东沈,盖皆谓其都邑本在河洛之西。纬候妖妄之辞,不足据也。其证据颇古也。予昔亦信是说,由今思之,汉人之言,亦未必不误。《史记·秦本纪》:宁公二年,"遣兵伐荡社。三年,与亳战,亳王奔戎,遂灭荡社"。《索隐》云:"西戎之君,号曰亳王,盖成汤之胤。其邑曰荡社"。《太平御览·皇王部》引《韩诗内传》曰:"汤为天子十三年,百岁而崩,葬于徵；今扶风徵陌是也。"此等皆汉人附会汤兴西方之由。案《秦本纪集解》引徐广曰："荡音汤。社一作杜。"《索隐》亦云："徐广云一作汤杜，言汤邑在杜县之界，故曰汤杜也。"《封禅书》："于社亳有三社主之祠。"《索隐》云："徐广云京兆杜县有亳亭，则社字误，合作于杜亳。且据文，列于下者皆是地邑，则杜是县。案：秦宁公与亳王战，亳王奔戎，遂灭汤社。皇甫谧亦云：周桓王时自有亳王号汤，非殷也。"案《说文》亳下不言汤所都；又诸书多作薄，《周书·殷祝》："汤放桀而复薄。"《管子·地数》："汤有七十里之薄。"《轻重甲》："伊尹以薄之游。""汤以七十里之薄。"《荀子·议兵》："古者汤以薄。"《吕览·具备》："汤尝约于郼薄。"皆作薄。《墨子·非攻下》："属诸侯于薄。""十日雨土于薄。"亦作薄。《非命上》："汤封于亳。"则作亳。毕校亦云：当为薄。孙仲容《墨子间诂》谓"惟《孟子》作亳，盖借音字，后人依改乱之"。然则《秦本纪》之亳王、汤社，究与汤有关系与否，尚未可知；而以此证契封大华，疏矣。《御览》所引《内传》之文，绝不似《内传》之体。《史记·殷本纪集解》引皇甫谧云："即位十七年而践天子位，为天子十三年，年百岁而崩。"与《御览》所引文极相似，恐《御览》误《世纪》为《内传》。《世纪》之言固多荒，然则谓契封上洛，汤兴西方，殊近无征不信也。王静安《说商》云："商之国号，本于地名。宋之称商丘，犹洹水南之称殷虚。《左传》昭元年，迁阏伯于商丘，主辰，商人是因，故辰为商星。又襄九年《传》：陶唐氏之火正阏伯居商丘，祀大火，而火纪时焉。相土因之，故商主大火。又昭十七年《传》：宋，大辰之虚也。大火谓之大辰，则宋之国都，确为昭明、相土故地。顾氏《日知录》，引《左氏传》，孝惠娶于商，哀二十四年。天之弃商久矣，僖二十二年。利以伐姜，不利子商，哀九年。以证宋之得为商。阎百诗《潜丘札记》驳之，其说甚辩。然不悟周时多谓宋为商：《左》襄九年《传》，士弱曰：商人阅其祸败之衅，必始于火。谓宋人也。昭八年《传》：自根牟至于商、卫。谓宋、卫也。案此条襄九年

《疏》已引之。《吴语》：阙为深沟，通于商、鲁之间。谓宋、鲁之间也。《乐记》：商者，五帝之遗音也。商人识之，故谓之商。"此说颇允。《韩非子·说林上篇》"子圉见孔子于商太宰"，《下篇》"宋太宰贵而主断"；《内储说上篇》"商太宰论牛矢"，"戴驩，宋太宰"，《下篇》亦云"戴驩为宋太宰"；皆商、宋一字之征。契之初封，盖在商丘，后迁于蕃，昭明居于砥石，相土复返商丘。《左氏疏》言契居商丘，相土不得云因阏伯，其说似是而非。《左氏》论商主大火，不在溯其初封，故举相土不举契也。

《水经·渭水注》曰："渭水径峦都城北，故蕃邑，殷契之所居。《世本》曰：契居蕃。阚骃曰：蕃在郑西。然则今峦城是矣。"此乃契封上洛之说既出后附会之辞，不足为据。王静安曰"疑即《汉志》鲁国之蕃县"，见《说自契至成汤八迁注》。颇为近之。砥石，《书·帝告釐沃序疏》曰："先儒无言，不知所在。"亦当距商与蕃不远也。

近人丁山《由三代都邑论其民族文化》曰："汉常山郡薄吾县，战国时谓之番吾，亦作蒲吾，在今平山县境，即蕃。《史记》青阳降居江水，《大戴记·帝系》作泜水。《山海经·北山经》：敦与之山，泜水出于其阴，而东流注于彭水。郭《注》：今泜水出中丘县西穷泉谷，东注于堂阳县，入于漳水。今《水经·漳水注》无泜水。全氏云：《汉志》：常山郡元氏县，沮水首受中丘穷泉谷，东至堂阳入横河。又常山郡房子县赞皇山，石济水所出，东至于廮陶入泜。以互摄通称之例言之，颇疑泜与石济下游，古有泜石水之名，昭明所居，即在其处，当在今隆平、柏乡、宁晋诸县间。"予案古代开辟，南先北后，纣都朝歌，台在沙丘，《汉志》。而《孟子》言纣之罪曰："坏宫室以为污池，弃田以为苑囿，苑囿污池，沛泽多而禽兽至。"《滕文公》下。武王狩禽，《周书·世俘》。盖亦其地。然则沙丘以往，殷、周之际，犹为榛莽之区，而谓契与昭明，能开拓至今平山、隆平、柏乡、宁晋之间乎？且《山经》、《大戴》之泜是否一水，又是否《汉志》之泜，亦皆难质言也。

〔三〇〕自契至于成汤八迁考

《书序》云："自契至于成汤，八迁。汤始居亳，从先王居。"《伪传》云："契父帝喾都亳，汤自商丘迁焉，故曰从先王居。"《疏》云："《商颂》云：帝立子生商，是契居商也；《世本》云昭明居砥石；《左传》称相土居商丘；及今汤居亳；事见经传者，有此四迁；其余四迁，未详闻也。"又云："孔言汤自商丘迁焉，以相土之居商丘，其文见于《左传》，因之言自商丘徙耳。此言不必然也。何则？相土，契之孙也，自契至汤凡八迁，若相土至汤，都遂不改，岂契至相土三世而七迁也？相土至汤，必更迁都，但不知汤从何地而迁亳耳。"案国都一时屡徙，或历久不迁，皆事所恒有，安得亿相土至汤，必更迁移，契至相土，不容亟徙？此言颇不近理。然犹可曰为矜慎起见也。诸侯不敢祖天子，言汤之先，似无上溯帝喾之理。且经传之文，皆后人所追叙，实执笔者之辞，故帝王等称谓，略有一定。如五帝，古书无称为王者；三王，亦无称为帝者。安得此言先王，独指帝喾？《伪传》之说，实不可通。然契本封商，不可云迁，而《疏》以当四迁之一，是于此转无异辞也。未免疑其所不当疑，信其所不当信矣。

扬雄《兖州牧箴》曰："成汤五徙，卒归于亳。"是则汤身凡五迁，汤以前只三迁耳。三迁者，《水经·渭水注》引《世本》曰"契居蕃"，一也。盖自商而徙。《荀子·成相》曰："契玄王，生昭明，居于砥石迁于商。"言昭明迁商,不与《疏》引《世本》合。迁商盖实相土事。《成相》多三七言,为字数所限,故言之不悉。居砥石,是二迁;迁于商,是三迁也。成汤五迁者,《书序》言"汤始居亳",盖自商而徙,一也。《吕览·慎大览》言:武王"立成汤之后于宋,以奉桑林"。桑林为汤所祷,而在宋,此汤曾居商之证。《吕览·慎大览》曰:"汤立为天子,夏民大说,亲郼如夏。"《慎势》曰:"汤其无郼,武王无岐,贤虽十全,不能成功。"《具备》曰:"汤尝约于郼、薄矣,武王尝穷于毕郢矣。"《高义》曰:"郼、岐之广也,万国之顺也,从此生矣。"《分职》曰:"无费乎郼与岐周,而天下称大仁,称大义。"郼即韦。《诗》言"韦顾既伐",盖汤尝灭而居之,此为二迁。《周书·殷祝》曰:"汤将放桀,于中野。《尚书大传》曰:"汤放桀,居中野。"观下文,《书传》是也。"于"当作"居",或上夺"居"字。士民闻汤在野,皆委货,扶老携幼奔,国中虚。桀请汤曰:国所以为国者以有家,家所以为家者以有人也。今国无家,无人矣。"无人矣"上,当夺"家"字。君有人,请致国。君之有也。"君之有也"上,当夺"国"字。汤曰:否。昔大帝作道,明教士民,今君王灭道残政,士民惑矣。吾为王明之。士民复致于桀。言汤致士民于桀。曰:以薄之居,济民之残,何必君更?桀与其属五百人南徙千里,止于不齐。不齐士民往奔汤于中野。桀复请汤。言君之有也。"君"上疑亦夺"国"字。汤曰:否,我为君王明之。士民复重请之。汤复致士民于桀。桀与其属五百人徙于鲁。鲁士民复奔汤。桀又曰:国,君之有也,吾则外人有言。此即《左氏》庄公十四年"寡人出,伯父无里言"之言,言外人有招我者。《尚书大传》曰:"吾闻海外有人。"彼以吾道是邪?我将为之。汤曰:此君王之士也,君王之民也,委之何?汤不能止桀。汤曰:欲从者从君,桀与其属五百人去居南巢。"此将汤之放桀,附会为揖让之文,言汤三让乃取桀之国也,是三迁也。《春秋繁露·三代改制质文》曰:"汤受命而王,作宫邑于下洛之阳。"此放桀后作新邑,既作之，必尝居之，是四迁也。《风俗通·三王》篇曰："汤者，攘也。言其攘除不轨，改亳为商，成就王道，天下炽盛。"此即扬雄所云成汤五徙，卒归于亳者，盖营下洛后复归于亳也。是五迁也。然则自契至汤八迁，经传本具，特后人未能深思而熟考之耳。《诗·玄鸟疏》云："自契至汤八迁者，皇甫谧云史失其传，故不得详。"案郑玄盖亦无说，故《疏》不之引。

原刊《群雅》第二集第二卷，一九四一年出版

〔三一〕释 亳

《史记》曰:"自契至汤八迁。汤始居亳,从先王居。"其后仲丁迁于隞,河亶甲居相,祖乙迁于邢,盘庚渡河南,复居成汤之故居。武乙立,复去亳徙河北。历代都邑迁徙,盖无如殷之数者。而亳之所在,异说尤滋。《汉书·地理志》河南郡偃师县《注》云:"尸乡,殷汤所都。"《续汉书·郡国志》,偃师县下亦云"有尸乡"。《注》引《皇览》曰:"有汤亭,有汤祠。"《书序疏》:"郑玄云:亳,今河南偃师县,有汤亭。"此皆以亳在偃师者也。《汉志》论宋地云:"昔尧作游成阳,舜渔雷泽,汤止于亳,故其民犹有先王遗风。"山阳郡薄县下《注》:"臣瓒曰:汤所都。"河南郡偃师县下又载瓒说曰:"汤居亳,今济阴县是也。今亳有汤冢,己氏有伊尹冢,皆相近也。"《续汉书·郡国志》:梁国薄县,汤所都。《注》:"杜预曰:蒙县西北有亳城,中有汤冢。"《书序疏》:"皇甫谧云:孟子称汤居亳,与葛为邻,葛伯不祀,汤使亳众往为之耕。葛即今梁国宁陵之葛乡也。若汤居偃师,去宁陵八百余里,岂当使民为之耕乎?亳,今梁国谷熟县是也。"又《立政》"三亳阪尹"《疏》:"皇甫谧以为三亳三处之地,皆名为亳。蒙为北亳,谷熟为南亳,偃师为西亳。"此以薄、亳、蒙、谷熟之地为亳者也。魏氏源以《史记·六国表》以汤起于亳与禹兴于西羌,周之王也以丰镐代殷,秦之帝用雍州兴,汉之兴自蜀汉并言;又《雒予命》、《尚书中候》

皆有"天乙在亳,东观于洛"之文;断"从先王居"之先王为契。谓汤始居商,《帝告釐沃序疏》:"郑玄云:契本封商,国在太华之阳。"有天下后,分建三亳:徙都偃师之景亳,而建东亳于商丘,仍西亳于商州。案魏氏说三亳,虽与皇甫谧异,而其立三亳之名,以牵合《立政》"三亳阪尹"之文则同。似非。《立政疏》云"郑玄以三亳阪尹者,共为一事,云汤旧都之民服文王者,分为三邑。其长居险,故言阪尹",盖是。此自周初事,不必牵及商代。此又以商之地亦为亳者也。《书古微·汤誓序发微》。王氏鸣盛《尚书后案》,谓薄县汉本属山阳郡,后汉又分其地置蒙、谷熟,与薄并改属梁国,晋又改薄为亳,且改属济阴,故臣瓒所谓汤都在济阴亳县,《尚书胤征》"汤始居亳"《疏》引《汉书音义》。及其所谓在山阳薄县,司马彪所谓在梁国薄县,杜预所谓在梁国蒙县者,本即一说,孔颖达《书》、《诗》疏皆误认为异说;皇甫谧以一亳分为南北,且欲兼存偃师旧说,以合《立政》三亳之文,实为谬误。其说甚确。然谧谓偃师去宁陵八百余里,不当使民往为之耕,则其说中理,不容妄难。王氏论古,颇为精核,惟佞郑太过。如于此处,必执谓薄非亳;薄非亳,则蒙、谷熟可知。其所据者,谓晋人改薄为亳,乃以《汉志》谓汤尝止于是,又其地有汤冢也。然《汉志》仅谓汤尝游息于此。刘向云:"殷汤无葬处。"而《皇览》云:"哀帝建平元年,大司空御史长卿案行水灾,因行汤冢。"突然得之,足征其妄。其说似辨矣。然于"偃师去宁陵八百里,不当使民往为之耕"之难,不能解也。此难不能解,而必谓薄非亳,则非疑《孟子》不可。尊郑而排皇甫谧可也,佞郑而疑《孟子》,则惧矣。王氏于谧说,但谓"其说浅陋,更不足辩",岂足服谧之心乎?魏氏谓汤始居商,所举皆古据。诸侯不敢祖天子;《玄鸟》之颂,及契而不及营;先王为契,尤为确凿也。然则亳果安在邪?予谓古本无今世所谓国名。古所谓国者,则诸侯所居之都邑而已。然四境之内,既皆属一人所统,则人之称此国者,亦渐该四境之内言之。于建专指都邑之国,乃渐具今世国名之义焉。都邑可以屡迁,而今世之所谓国名者,不容数变。于是虽迁新邑,仍以旧都之名名之。如晋之新故

〔三一〕释亳

绛是也。商代之亳,盖亦如是。《左》襄三十年:"鸟鸣于亳社。"是春秋之宋,其都仍有亳称也。《史记·秦本纪》:宁公二年,"遣兵伐荡社。三年,与亳战,亳王奔戎,遂灭荡社。"《集解》:徐广曰:"荡音汤,社一作杜。"《索隐》:"西戎之君,号曰亳王,盖成汤之胤。其邑曰荡社。徐广云:一作汤杜。言汤邑在杜县之界,故曰汤杜也。"《封禅书》:"于社亳有三社主之祠。"《索隐》:"徐广云:京兆杜县有亳亭,则社字误,合作于杜亳。且据文,列于下者皆是地邑,则杜是县。案秦宁公与亳王战,亳王奔戎,遂灭汤社。皇甫谧亦云:周桓王时自有亳王号汤,非殷也。"是汤后在雍州者,春秋时其都仍有亳称也。此皆亳不止一处之证。亳既不止一处,则商也,偃师也,薄县也,固无妨其皆为亳矣。予盖以汤用兵之迹证之,而知其始居商,中徙薄,终乃定居于偃师也。何以言之?案《史记》云:"葛伯不祀,汤始伐之。"又云"当是时,夏桀为虐政,淫荒,而诸侯昆吾氏为乱。汤乃兴师,以伐昆吾。遂伐桀。桀败于有娀之虚。桀奔于鸣条。夏师败绩。汤遂伐三㚇。伊尹报。于是诸侯服,汤乃践天子位,平定海内。汤归至于泰卷陶,还亳"云云。葛,《汉志》陈留郡宁陵《注》:"孟康曰:故葛伯国,今葛乡是。"今河南宁陵县是也。昆吾有二:一《左》昭十二年:"楚灵王谓子革曰:昔我皇祖伯父昆吾,旧许是宅。"地在今河南许昌。一哀十七年:"卫侯梦于北宫,见人登昆吾之观。"《注》:"卫有观,在古昆吾氏之虚,今濮阳城中。"今河南之濮阳。《国语·郑语》:史伯对郑桓公曰:"昆吾为夏伯矣。"韦昭《注》:"昆吾,祝融之孙,陆终第一子,名樊,为己姓,封于昆吾。昆吾,卫是也。其后夏衰,昆吾为夏伯,迁于旧许。"则此时之昆吾,在今许昌,去桀都阳城极近,桀都阳城,见予所撰《夏都考》。故得同日亡也。有娀之虚不可考。鸣条,《吕览·简选篇》云:"登自鸣条,乃入巢门。"《淮南·主术训》云:"汤革车三百乘,困之鸣条,禽之焦门。"注:"焦,或作巢。"《修务训》云:"乃整兵鸣条,困夏南巢,谯以其过,放之历山。"注:"南巢,今庐江居巢是。历山,盖历阳之山。"居巢,今安徽巢县。历阳,今安徽和县。鸣条亦当在今安徽。故舜"卒于鸣条",《孟子》以为"东夷之人"也。《史记·夏本纪集解》:"郑玄曰:南夷地名。"《书·汤誓序正义》引同。三㚇者,《续汉书·郡国志》:济阴郡定陶,"有三㚇亭"。地在今山东定陶县。泰卷陶者,《集解》:"徐广曰:一无此陶字。"《索隐》:"邹诞生卷作坰,又作泂,则卷当为坰,与《尚书》同。"解《尚书》者以大坰为今定陶。旧本或旁记其地名,后人转写,遂衍斯字也。则泰卷亦今定陶也。《诗》云:"韦、顾既伐,昆吾夏桀。"则汤伐昆吾之先,又尝伐韦、顾。《郡国志》:东郡白马县"有韦乡"。注:"杜预曰:县东南有韦城,古豕韦氏之国。"今河南滑县。《郡县志》:"顾城,在濮州范县东,夏之顾国。"今山东范县。《尚书大传》:汤放桀,居中野,士民皆奔汤。桀与其属五百人南徙千里,止于不齐;不齐士民往奔汤。桀与其属五百人徙于鲁;鲁士民复奔汤。桀曰:国,君之有也。吾闻海外有人,与五百人俱去。《周书·殷祝》篇略同,末云:"桀与其属五百人去居南巢。"不齐盖即齐。鲁则周公所封也。纵观汤用兵之迹:始伐今宁陵之葛;次伐今滑县之韦,范县之顾;遂伐今许昌之昆吾,登封之夏桀。一战而胜,桀遂自齐、鲁辗转入今安徽。汤以其间,更伐今定陶之三㚇。三㚇,盖桀东方之党也。其战胜攻取之迹,皆在今河南、山东。则其所都,必跨今商丘、夏邑、永城三县境之薄矣。《礼记·缁衣》引《尹吉》曰:"惟尹躬天见于西邑夏。"《注》:"天,当为先字之误。"夏之邑在亳西。夏都阳城,薄县在其东,商与偃师、顾在其西,此则《孟子》"汤居亳,与葛为邻"之铁证也。《孟子》言:"伊尹五就汤,五就桀。"《史记》言:"伊尹去汤适夏,既丑有夏,后归于亳。"《书大传》:"夏人饮酒,醉者持不醉者,不醉者持醉者,相和而歌,曰:盍归于亳?盍归于亳?亳亦大矣。故伊尹退而闲居,深听乐声。更曰:觉兮较兮!吾大命格兮!去不善而就善,何不乐兮?伊尹入告于桀,曰:大命之亡有日矣。桀佁然叹,哑然笑,曰:天之有日,犹吾之有民也。日亡,吾乃亡矣。是以伊尹遂去夏适汤。"所谓先见也。郑释先见,谓"尹之先祖,见夏之先君臣",似迂曲。如此,非谓夏本在亳西不可,则汤始居商之说不可通。吾旧疑西邑夏乃别于夏之既东言之,疑桀尝自阳城迁居旧许,故得与昆吾同日亡。然此说了无证据,亦不能立。似不如释尹躬先见即为尹初就夏之为直捷也。然汤始居商,后迁偃师,亦自有其佐证。《太平御览·皇王部》引《韩诗内传》曰:"汤为天子十三年,百岁而崩。葬于徵。今扶风徵陌是也。"《韩诗》当汉时,传授甚盛。刘向治《鲁诗》,与《韩诗》同属今文,《韩诗》果有此说,刘向岂得不知,而云殷汤无葬处乎?然则徵陌汤冢,盖汤后裔,如《史记》亳王之类;或其先祖耳。然传者以为汤冢,则亦汤尝居关中之证也。《书大传》谓汤网开三面,而"汉南诸侯闻之归之四十国",亦必居关中,乃能通武关之道,如周之化行江汉矣。《盘庚》"不常厥邑,于今五邦"《正义》:"郑、王皆云:汤自商徙亳,数商、亳、嚣、相、耿为五。"郑说商国在太华之阳。自商徙亳,即谓其自本封之商,徙居偃师。《春秋繁露·三代改制质文》篇:"汤受命而王,作宫邑于下洛之阳。"亦指偃师言之也。《孟子》谓"伊尹耕于有莘之野,汤三使往聘之",《史记》则谓"阿衡欲干汤而无由,乃为有莘氏媵臣,负鼎俎以滋味说汤"。《吕览·本味》云:"有侁氏女子采桑,得婴儿于空桑之中,献之其君。其君令烰人养之,察其所以然,曰:其母居伊水之上,孕,梦有神告之曰:臼出水而东走,毋顾。明日,视臼,出水,告其邻,东走,十里而顾,其邑尽为水,身因化为空桑,故命之曰伊尹。此伊尹生空桑之故也。长而贤。汤闻伊尹,使人请之有侁氏。有侁氏不可。伊尹亦欲归汤。汤于是请取妇为昏,有侁氏喜,以伊尹媵女。""故命之曰伊尹",黄氏东发所见本作"故命之曰空桑",盖是。如今本,文义不相衔接。身化空桑,迹涉荒怪。谓阿衡得氏,由其母居伊水,难可依从。尹之氏伊,盖由后居伊水,故后人以其母事附会之邪？有莘者，周太任母家，其地在洽之阳，有渭之涘，今陕西郃阳县是也。伊尹始臣有莘，后居伊水；亦汤初居商，终宅偃师之一证矣。统观诸说，汤盖兴于关中，此犹周文王之作丰，武王之宅镐也。其战胜攻取，则在薄县，犹周公之居东以戡三监也。终宅偃师，犹武王欲营洛邑，而周公卒成其志也。世之相去五百有余岁，事不必相师也，而其攻战之略，后先一揆，岂不诡者！商、周之得天下殆同，特周文、武、周公相继成之，汤则及身戡定耳。

原刊《光华大学半月刊》第二卷第三期，
一九三三年十一月十日出版

〔三二〕汤弱密须氏

《战国策·魏策》:"王不闻汤之伐桀乎?试之弱密须氏以为武教,得密须氏而汤知服桀矣。"案伐密须氏为文王事,此盖传讹也。古人轻事重言,往往如此。

〔三三〕论汤放桀地域考

《史记·夏本纪》云:"汤遂率兵以伐夏桀,桀走鸣条,遂放而死。"《殷本纪》云:"桀败于有娀之虚,桀奔于鸣条,夏师败绩。汤遂伐三㚇。"《周书·殷祝》曰:"汤放桀于中野。士民闻汤在野,皆委货扶老携幼奔,国中虚。桀与其属五百人南徙千里,止于不齐;不齐士民往奔汤。桀与其属五百人徙于鲁;鲁士民复奔汤,桀与其属五百人去居南巢。"《尚书大传》略同。惟末句作"桀曰:吾闻海外有人,与五百人俱去"。《墨子·三辩》:"汤放桀于大水。"《荀子·解蔽》:"桀死于亭山。"《御览·皇王部》引《尸子》:"桀放于历山。"《吕览·简选》:"殷汤良车七十乘,必死六千人,战于郕,登自鸣条,乃入巢门。"《淮南·本经》:"汤以革车三百乘伐桀于鸣条,放之夏台。"《主术》:"汤革车三百乘,困之鸣条,禽之焦门。"《注》:焦或作巢。《修务》:"汤整兵鸣条,困夏南巢,谯以其过,放之历山。"《列女·孽嬖夏末喜传》:"战于鸣条。桀师不战,汤遂放桀,与末喜嬖女同舟流于海,死于南巢之山。"《夏本纪正义》云:"《淮南子》云:汤败桀于历山,与妹喜同舟。浮江,奔南巢之山而死。"今《淮南子》无之。疑兼引此文,而传写夺佚。合诸文观之,则有娀之虚桀初败处;鸣条再败处;南巢被禽处;亭山即历山,亦曰南巢之山,则其被放处也。《墨子·尚贤下篇》言"傅说居北海之洲,圜土之上",则古放逐人,固有于水中洲上者。《左氏》

哀公八年,吴囚邾子于楼台,涪之以棘,则夏台即在亭山之上,正洲上之圜土也。参看《妇人无刑》、《圜土即谪作》两条。《楚辞·天问》云:"汤出重泉,夫何罪尤?"则桀囚汤亦于水中。

《山海经·大荒西经》:"有人无首,操戈盾立,名曰夏耕之尸。故成汤伐夏桀于章山,克之。斩耕厥前。耕既立,无首,走厥咎,乃降于巫山。"章山疑亭山之误。郭《注》云"于章,山名",似非,或亦有讹误也。

《孟子》曰:"舜生于诸冯,迁于负夏,卒于鸣条,东夷之人也。"《离娄》下。其地迄无确释。今观《吕览》"登自鸣条乃入巢门"之语,则鸣条地势必高,巢门或亦天然形胜,而非巢国之门与?抑巢固因山为郭也?予又疑《书序》所谓升自陑者,或即指此。《书序》虽伪,亦当采古籍为之也。陑当即春秋时之郕国,见隐公五年。《公羊》作成。后汉时为成县。《左氏》杜《注》云"东平刚父县西南有郕乡",地在今山东宁阳,于鲁颇近。

桀都河洛,其败顾在齐、鲁,殊为可疑。案《左氏》昭公十一年,叔向言"桀克有缗,以丧其国;纣克东夷,而陨其身",有缗即有仍,已见《亳》条。《说苑·权谋》曰:"汤欲伐桀。伊尹曰:请阻乏贡职,以观其动。桀怒,起九夷之师以伐之。伊尹曰:未可。彼尚能起九夷之师,是罪在我也。汤乃谢罪请服,复入贡职。明年,又不供贡职。桀怒,起九夷之师。九夷之师不起。伊尹曰:可矣。乃兴师伐桀而残之。"则桀于东方亦颇有威力,《天问》"桀伐蒙山",傥即《诗》"奄有龟、蒙"之蒙与?宜其败于鲁也。《韩非子·难四》:"桀索岷山之女。"岷山亦即蒙山也。

原刊《古史辨》第七册,一九四一年六月出版

〔三四〕汤　冢

《水经·汳水注》曰："崔骃曰：汤冢在济阴薄县北。《皇览》曰：薄城北郭东三里平地有汤冢。冢四方，方各十步，高七尺，上平也。汉哀帝建平元年，大司空史郤长卿案行水灾，因行汤冢。以上《史记·殷本纪集解》引略同。惟"汤冢在济阴亳县北"句，亦在"《皇览》曰"之下。"大司空史郤长卿"作"大司空御史长卿"。《索隐》曰："长卿，诸本皆作劫姓。按《风俗通》有御氏，为汉司空御史，其名长卿，明劫非也。亦有劫弥，不得为御史。"在汉属扶风，今徵之回渠亭有汤池、徵陌是也。然不经见，难得而详。按秦宁公，《本纪》云二年伐汤，三年与亳战，亳王奔戎，遂灭汤。然则周桓王时自有亳王号汤，为秦所灭，乃西戎之国，葬于徵者也，非殷汤矣。刘向言殷汤无葬处为疑。杜预曰：梁国蒙县北有薄伐城，城中有成汤冢，其西有箕子冢。今城内有故冢方坟，疑即杜元凯之所谓汤冢者也。而世谓之王子乔冢。冢侧有碑，题云仙人王子乔碑，曰：王子乔者，盖上世之真人，闻其仙，不知兴何代也，博问道家，或言颍川，或言产蒙。初建此城，则有斯丘，传承先民，曰王氏墓。暨于永和之元年，冬十二月，当腊之时，夜上有哭声，其音甚哀。附居者王伯怪之，明则祭而察焉。时天鸿雪，下无人径，有大鸟迹，在祭祀处，左右咸以为神。其后有人，著大冠，绛单衣，杖竹立冢前，呼采薪孺子伊永昌曰：我王子乔也，勿得取吾坟上树也。忽然不见。时令泰山万熹,稽故老之言,感精瑞之应,乃造灵庙,以休厥神。于是好道之俦,自远方集,或弦琴以歌《太一》,或覃思以历丹丘。知至德之宅兆,实真人之祖先。延熹八年秋八月,皇帝遣使者奉牺牲致礼,祠濯之敬肃如也。国相东莱王璋,字伯仪,以为神圣所兴,必有铭表,乃与长史边乾遂树之玄石,纪颂遗烈。观其碑文,意似非远;既在径见,不能不书存耳。"案《御览·皇王部》引《韩诗内传》云:"汤为天子十三年,百岁而崩,葬于徵,今扶风徵陌是也。"《汉志》徵属左冯翊,不属右扶风,韩傅、郦生,未审缘何同误,足见其辞不谛。徵陌地在关中,果有汤冢,刘向岂得不知? 语及汤之卒葬,亦非《内传》之体。《史记·殷本纪集解》引皇甫谧曰:"即位十七年而践天子位,为天子十三年,年百岁而崩。"与《御览》所引《韩诗》之文略同,恐实《内传》而《御览》误为《韩诗》也。薄城方冢,盖旧有汤冢之说,然亦非其实,故刘向不之取。以为王子乔,道家附会之说,更不必论矣。据碑,口实相传,只知为王氏墓耳,而无王子乔之说也。汤池、徵陌,盖因西方传说附会,如禹生石纽之类,不徒非汤,并不必定是《史记·秦本纪》之亳王、汤社也。

又《泗水注》:泡水,"又东径己氏县故城北,王莽之己善也。县有伊尹冢。崔骃曰:殷帝沃丁之时,伊尹卒,葬于薄。《皇览》曰:伊尹冢在济阴己氏平利乡。《史记集解》引《皇览》同。皇甫谧曰:伊尹年百余岁而卒,大雾三日。沃丁葬以天子之礼,亲自临哀,以报大德焉"。案《史记》亦有葬伊尹于亳之语,则伊尹葬亳,或较可信,然亦未必《皇览》所指之伊尹冢也。

〔三五〕伊尹生于空桑

《吕览·本味》曰:"有侁氏女子采桑,得婴儿于空桑之中,献之其君。其君令烰人养之,察其所以然,曰:其母居伊水之上,孕,梦有神告之曰:臼出水而东走,毋顾。明日,视臼,出水,告其邻,东走,十里而顾,其邑尽为水,身因化为空桑,故命之曰伊尹。"毕校云:"以其生于伊水,故名之曰伊尹,非有讹也。而黄氏东发所见本作故命之曰空桑,以为地名。且为之辨曰:此书第五纪云:颛顼生自若水,实处空桑,则前乎伊尹之未生,已有空桑之地矣。卢云:案黄氏所据本非也。同一因地命名,不若伊尹之确。张湛注《列子·黄帝》篇伊尹生于空桑,引传记与今本同,尤为明证。"案《史记·殷本记索隐》引《吕览》云:"有侁氏女采桑,得婴儿于空桑,母居伊水,命曰伊尹。"则今本似不误。《水经·伊水注》:"昔有莘氏女采桑于伊川,得婴儿于空桑中,言其母孕于伊水之滨,梦神告之曰:臼水出而东走。母明视,而见臼水出焉,告其邻居而走,顾望其邑,咸为水矣。其母化为空桑,子在其中矣。莘女取而献之,命养于庖,长而有贤德,殷以为尹,曰伊尹也。"则命曰伊尹,又似蒙"殷以为尹"而言,然郦氏此文,乃隐括诸书而成,非专引《吕览》也。

《史记正义》引《括地志》云:"古莘国,在汴州陈留县东五里,故莘城是也。《陈留风俗传》云:陈留外黄有莘昌亭,本宋地,莘氏邑也。"《周本纪》"乃求有莘氏美女",《正义》又引《括地志》云:"古鄩国,城在同州河西县南二十里。《世本》云莘国,姒姓,夏禹之后,即散宜生等求有莘美女献纣者。"案《诗》言"缵女维莘","在洽之阳,在渭之涘"。《大雅·大明》。而伊水亦在西方,故有人疑伊尹所育之有侁,即文王所昏之莘者。然《吕览》言伊尹母居伊水之上而东走,则有侁必在伊水之东。《楚辞·天问》曰:"成汤东巡,有莘爰极。何乞彼小臣,而吉妃是得?水滨之木,得彼小子。夫何恶之,媵有莘之妇?"东巡所极,恐尚不止陈留,《风俗传》之言,恐尚系以宋地附会耳。《吕览》云:"汤闻伊尹,使人请之有侁氏。有侁氏不可。伊尹亦欲归汤。汤于是请取妇为昏,有侁氏喜,以伊尹媵女。"说与《天问》全合。王逸注云:"伊尹母妊身,梦神女告之曰:臼灶生蛙,亟去无顾,居无几何,臼灶中生蛙。母去,东走,顾视其邑,尽为大水。母因溺死,化为空桑之木。水干之后,有小儿啼水涯,人取养之。既长大,有殊才。有莘恶伊尹从木中出,因以送女也。"此说谓尹母所梦者为神女,又身溺死,皆与他说殊。然足补他说之阙。盖戒其毋顾者,正因顾则将为水所溺也。

〔三六〕惟尹躬天见于西邑夏解

《礼记·缁衣》引《尹吉》曰:"惟尹躬天见于西邑夏,自周有终,相亦维终。"《注》云:"天当为先字之误。忠信为周。相,助也,谓臣也。伊尹言尹之先祖,见夏先君臣,皆忠信以自终。"案《孟子》言伊尹五就汤,五就桀;《史记》言伊尹去汤适夏,既丑有夏,复归于亳。其适夏,即所谓先见也。此《记》上文言戒慎之道,则周当为周密,言能周密自处,乃得余终而归于亳也,郑义似迂。伪《大甲》曰:"惟尹躬先见于西邑夏,自周有终,相亦惟终;其后嗣王,罔克有终,相亦罔终。"实袭郑义也。

〔三七〕盘庚五迁

《书序》:"盘庚五迁,将治亳殷。"《伪传》云:"自汤至盘庚,凡五迁都。盘庚治亳殷。"《疏》云:"《经》言不常厥邑,于今五邦,故《序》言盘庚五迁。《传》嫌一身五迁,故辨之,云自汤至盘庚,凡五迁都也。上文言自契至于成汤八迁,并数汤为八;此言盘庚五迁,又并数汤为五;故班固云殷人屡迁,前八后五,其实正十二也。此《序》云盘庚将治亳殷,下《传》云殷,亳之别名,则亳殷即是一都,汤迁还从先王居也。《汲冢古文》云:盘庚自奄迁于殷,殷在邺南三十里。束晳云:《尚书序》盘庚五迁,将治亳殷,旧说以为居亳,亳殷在河南。孔子壁中《尚书》云将始宅殷,是与古文不同也。《汉书·项羽传》云:洹水南殷墟上。今安阳西有殷。束晳以殷在河北,与亳异也。然孔子壁内之书,安国先得其本,亳字摩灭,容或为宅;治皆作乿,其字与治不类,无缘误作始字,知束晳不见壁内之书,妄为说耳。"汲冢书传于后者,尽系伪物,此与孔壁古文,同为作伪者所依附,辗转不可究诘。《疏》所引说,果出束晳与否,亦难断言也。《太平御览·皇王部》引《竹书纪年》云:仲丁自亳迁于嚣,河亶甲自嚣迁于相,祖乙居庇,南庚自庇迁于奄,盘庚自奄迁于北蒙,曰殷,《水经·洹水注》引同。盖即不满旧说者所改。其所不满者,殷人屡迁,前八后五,皆并数汤,故益一南庚;又不以殷为在河南,故改盘庚所迁为北蒙也。《史记·殷本纪》述殷迁徙之事曰："帝仲丁迁于隞；河亶甲居相；祖乙迁于邢；帝盘庚之时，殷已都河北，盘庚渡河南，复居成汤之故居；帝武乙立，殷复去亳，居河北。"《世表》云殷徙河北。仲丁、河亶甲、祖乙、盘庚之事，《书序》全同，惟隞作嚣，迁于邢作圯于耿耳。撰《书序》者盖即据《史记》为说，否亦据与《史记》同类之书。盖殷代迁徙，可考者不过如此。《书序》固伪物，然时代究较早，异说尚未甚滋也。

汤灭桀前尝居郼，已见《自契至于成汤八迁考》条引《吕览》。高《注》云："郼读如衣，今兖州人读殷氏皆曰衣。"则郼即殷，造《竹书》者谓殷在河北，似亦有据。然夏居洛汭，而《周书》称殷之五子，胥兴作乱，见《夏太康失国少康中兴》条。则河洛之间，久有殷名。《盘庚上》"盘庚迁于殷"《疏》云"郑玄云：商家自徙此而号曰殷。郑以此前未有殷名也"，固未必确，然盘庚后居殷地，则事实也，不必牵引河北为说，河南固亦殷地也。《世表》亦云盘庚徙河南。

《书序疏》云："李颙云嚣在陈留浚仪县；皇甫谧云仲丁自亳徙嚣，在河北也，或曰今河南敖仓。二说未知孰是。"《御览·州郡部》引《帝王世纪》曰："《世本》言太甲徙上司马，在邺西南。"果有此说，谧不当谓仲丁自亳徙嚣。《吕览·音初》曰："殷整甲徙宅西河，犹思故处，实始作为西音。"钱宾四《子夏居西河辨》引此；又引《史记·孔子世家》：卫灵公问孔子：蒲可伐乎？对曰：可。其男子有死之志，妇人有保西河之志，吾所伐者不过四五人。《索隐》曰：此西河在卫地，非魏之西河也。及《艺文类聚》六十四、《文选》左太冲《招隐诗》注，并引《尚书大传》子夏对夫子云"退而穷居河济之间"，以证子夏居西河，不在龙门汾州，其说甚确。然则《世本》所谓太甲，实河亶甲之误也。

"祖乙迁于邢"，《书序》作"祖乙圯于耿"。《伪传》云："圯于相，迁于耿。"此大不辞。《疏》云："知非圯毁于耿，更迁余处。必云圯于相地,迁于耿者,亶甲居于相,祖乙居耿,今为水所毁,更迁他处,故言毁于耿耳,非既毁乃迁耿也。《盘庚》云不常厥邑,于今五邦;及其数之,惟有亳、嚣、相、耿四处而已。知此既毁于耿,更迁一处,盘庚又自彼处而迁于殷耳。《殷本纪》云祖乙迁于邢,马迁所为说耳。郑玄云祖乙又去相居耿,而国为水所毁,于是修德以御之,不复徙也。录此篇者,善其国圮毁修政而不徙,如郑所言,稍为文便。但上有仲丁、亶甲,下有盘庚,皆为迁事作书,述其迁意。此若毁而不迁,《序》当改文见义,不应文类迁居,更以不迁为义。《汲冢古文》云盘庚自奄迁于殷者,盖祖乙圮于耿,迁于奄,盘庚自奄迁于殷;亳、嚣、相、耿,与此奄五邦者。此盖不经之书,未可依信也。"《疏》虽斥《竹书》未可依信,然必谓既毁于耿,更迁一处,正造《竹书》者之见解也。不曰迁而曰圮,既已改文见义矣,又责其文类迁居,更以不迁为义,不几深文周内乎?窃疑郑玄所据《书序》作"圮于耿",伪孔本实作"迁于耿",后人妄改伪《传》正文,乃至生此曲说也。邢为春秋时国名,盖后人据其时地名以述古事,皇甫谧以河东皮氏县耿乡当之,见《疏》。殆非也。

《盘庚序疏》云:"郑玄云:祖乙居耿,后奢侈逾礼,土地迫近山川,尝圮焉。至阳甲立,盘庚为之臣,乃谋徙居汤旧都。又《序注》云:民居耿久,奢淫成俗,故不乐徙。王肃云:自祖乙五世至盘庚,元兄阳甲,宫室奢侈,下民邑居垫隘,水泉泻卤,不可以行政化,故徙都于殷。皇甫谧云:耿在河北,迫近山川,自祖辛已来,民皆奢侈,故盘庚迁于殷。"案《汉书·翼奉传》:"奉以为祭天地于云阳、汾阴,及诸寝庙不以亲疏迭毁,皆烦费,违古制;又宫室苑囿,奢泰难供,以故民困国虚,无累年之畜,所繇来久,不改其本,难以末正。"乃上疏请迁都成周,首言"盘庚改邑以兴殷道",则以盘庚迁都,为能革奢淫之俗,经生固旧有此说也。

《史记》曰:"帝盘庚之时,殷已都河北。"又曰:"帝武乙立,殷复去亳,徙河北。"明武乙所徙,即盘庚未迁时之居。《水经·沁水注》:"《韩诗外传》曰:武王伐纣,到邢丘,更名邢丘曰怀。"今本作怀宁,误。《荀子·儒效》曰:武王之伐纣也,至怀而坏。《史记》言"纣益广沙丘苑台",又言其"大聚乐戏于沙丘",沙丘亦邢分。扬子云《兖州牧箴》曰:"盘庚北迁,牧野是宅。"谓盘庚所居者,即后来纣之所居。知相以外,古不谓殷在河北更有两都。自《竹书》出,乃凿言殷虚为殷都,于是有朝歌、北蒙之别。以其距沙丘太远也,《正义》又谓"纣时稍大其邑,南距朝歌,北据邯郸及沙丘,皆为离宫别馆",以资调停,可谓心劳日拙矣。《周本纪正义》引《帝王世纪》曰:"帝乙复济河北,徙朝歌,其子纣仍都焉。"亦不同《竹书》之说。

《国语·楚语》:白公曰:"昔殷武丁能耸其德,至于神明,以入于河,自河徂亳。"此殷自武丁以前仍居河南之证。《纪年》乃云"自盘庚徙殷,至纣之灭,更不徙都",盖由不知河洛为殷,故造为此说也。

综观殷世,都邑多在河北。《史记·秦本纪》云:"蜚廉为纣石北方,还,无所报,为坛霍太山而报,得石棺。"则纣时声威,尚达河东,故西伯虽戡黎,而仍未能胜之。至武王渡孟津,而后克集大勋,岂武乙北迁以后,河南地稍空虚欤?《殷本纪》言:西伯献洛西之地,以请纣去炮烙之刑。《正义》云:"洛水,一名漆沮水,在同州。洛西之地,谓洛西之丹、坊等州也。"其地似非纣之力所能及。此洛疑实是伊洛之洛。然则亳殷之地,至纣时已成殷、周争夺之区矣,此武王之所以卒渡孟津而殪戎殷与?武乙猎于河渭之间,暴雷震死,亦甚似昭王之南征而不复也。

〔三八〕殷兄弟相及

女系社会,恒兄弟相及。盖兄弟为一家人,父子非一家人也。《春秋繁露·三代改制质文》云:"主天法商而王,立嗣予子,笃母弟。主地法夏而王,立嗣予孙,笃世子。"《公羊》隐公七年:"母弟称弟,母兄称兄。"《解诂》云:"母弟,同母弟;母兄,同母兄。分别同母者,《春秋》变周之文,从殷之质。质家亲亲,明当亲厚,异于群公子也。"知殷制之必相及矣。

相及之制,同母兄弟尽,则还立长兄之子。今顿卡人(Thonga)及墨西哥之亚兹得族(Aztec)皆然。据林惠祥《文化人类学》。殷人盖亦如是。故中壬崩,立大丁之子大甲;沃甲崩,立祖辛之子祖丁也。殷自成汤至辛三十王,兄弟相及者多,而还立长兄之子者,惟此二王;自契至汤十四世,则更无相及者;疑史传世系,或有缪误也。

殷人兄弟相及之俗,犹有存于后世者。《公羊》庄公三十二年:公子牙谓庄公曰:"鲁一生一及,君已知之矣。"《史记·鲁世家》:"叔牙曰:一继一及,鲁之常也。"庄公以告季子。季子曰:"夫何敢?是将为乱乎?"今案《史记·鲁世家》,自庄公以前,皆一生一及,则牙之言非诬也。案庄公適夫人哀姜无子,其娣叔姜生闵公。果欲立子,立闵公正也,立孟女之子班实非正。公仪仲子舍其孙而立其子,郑康成云:"公仪盖鲁同姓。"《礼记·檀弓》。而公孙婴齐,实后归父。《公羊》成公十五年。则鲁居东方，渐殷俗久矣。檀弓问公仪仲子之立子于子服景伯，子服景伯曰："仲子亦由行古之道也。昔者文王舍伯邑考而立武王，微子舍其孙腯而立衍也。"知殷人入周，犹沿故俗。其后宣公命其弟和曰："父死子继，兄死弟及，天下通义也。"其视二者，犹无所轩轾也。《史记·宋世家》。吴诸樊、余祭、夷昧、季札同母兄弟四人，欲行相及之制。夷昧卒而季札让。夷昧之子僚立。诸樊子阖庐公子光。杀而代之。《公羊》载阖庐之言曰："将从先君之命与？则国宜之季子者也。不从先君之命与？则我宜立者也。僚恶得为君乎？"襄公二十九年。《史记·吴世家》言：光以为"季子即不受国，光父先立。即不传季子，光当立"。其告专诸曰："我真王嗣，当立。"《刺客列传》同。又曰："光曰：使以兄弟次邪，季子当立；必以子乎，则光真適嗣，当立。"此亦殷人同母兄弟尽，还立长兄之子之法。又言季札逃去，吴人曰：王余昧后立，其子当代。盖非实录。不然，亦胁于僚云尔，非法也。《世家》又云：诸樊摄行事当国。已除丧，让位季札。《左氏》亦云：诸樊既除丧，将立季札。襄公十四年。此盖与鲁隐公摄政以待桓公同，特桓公年少，故隐公归政较晚耳。《史记·鲁世家》云："惠公卒，长庶子息摄，当国，行君事。"又云："鲁人共令息摄政，不言即位。"又《公羊》隐公三年，亦载宋缪公之言曰："吾立乎此，摄也。"吴居东南，盖亦沿殷俗。《公羊》云季子弱而才，兄弟同欲立之；襄公二十九年。《史记》云寿梦欲立之；必非其实也。

《公羊》云："鲁一生一及。"《史记》作"一继一及"。案《孟子·万章》上篇言："唐、虞禅，夏后、殷、周继。"则继可该生与及言之。又《礼记·礼运》言："大人世及以为礼。"则父子相继，又可云世也。

《公羊》曰："为人后者为之子。"成公十五年。盖"臣继君，犹子继父"，文公二年《解诂》。故文公跻僖公，《春秋》讥其"先祢而后祖"也。文公二年。闵公元年《穀梁》曰："亲之非父也，尊之非君也，继之如君父也者，受国焉尔。"《史记·殷本纪》:"自中丁以来,废適而更立诸弟子,弟子或争相代立。"此適字当兼弟与子言。適者,当立之弟与子;诸弟子,则其不当立者也。女系社会之俗,不容以男系社会之俗绳之。殷世庙制,亦必有成法可循,特非后世所知耳。然后世若行相及之法,礼固可以义起。汉成帝议立太子,孔光谓立嗣以亲,欲援殷"及王"之例,立中山王,帝谓兄弟不相入庙,卒立哀帝。见《汉书》宣元六王及光本传。则已拘于周制矣。

《韩诗外传》曰:"五帝官天下,三王家天下。家以传子,官以传贤。故自唐、虞以上,经传无太子称号。夏、殷之王,虽则传嗣,其文略矣。至周,始见文王世子之制。"《太平御览》一百五十九。案又见《初学记》。盖宗法实至周始严也。周重嫡长,而楚国之举,恒在少者,《左氏》文公元年子上之言。又昭公十三年叔向亦曰:"芈姓有乱,必季实立。"哀公六年,楚昭王在城父,命公子申为王,不可;则命公子结,亦不可;则命公子启。杜《注》:"申,子西;结,子期;启,子闾;皆昭王兄。"知南方诸族,皆不行周法。然行周法之国,亦有兄弟相及,或受国于兄,复致诸其子者。如赵襄子传代成君。此正见传子之俗,深入人心,事虽同而心则异,不得妄相比附也。

《史记·鲁世家》:"武公与长子括、少子戏西朝周宣王。宣王爱戏,欲立戏为鲁太子。樊仲山父谏曰:废长立少,不顺;不顺,必犯王命;犯王命,必诛之。故出令不可不顺也。令之不行,政之不立;行而不顺,民将弃上。夫下事上,少事长,所以为顺。今天子建诸侯,立其少,是教民逆也。若鲁从之,诸侯效之,王命将有所壅;若弗从而诛之,是自诛王命也。诛之亦失,不诛亦失,王其图之!宣王弗听,卒立戏为鲁太子。武公归而卒,戏立,是为懿公。懿公九年,括之子伯御与鲁人攻弑懿公而立。伯御即位十一年,周宣王伐鲁,杀伯御,而问鲁公子能道顺诸侯者以为鲁后。樊穆仲曰:鲁懿公弟称,肃恭明神,敬事耆老,赋事行刑,必问于遗训,而咨于固实;不干所问,不犯所知。宣王曰:然则能训治其民矣。乃立称于夷宫,是为孝公。自是后,诸侯多畔王命。"《国语》略同。韦《注》曰:"伯御,括也。"疑误。又窃疑括实前卒,依一生一及之制,懿公当立,伯御犯法而弑之,宣王依鲁法而讨其罪,仍依鲁法立孝公。史所传樊仲山父、樊穆仲之言,则拘于周法不达殷故者所附会也。

〔三九〕周先世世系

《周本纪》云:"封弃于邰,号曰后稷,别姓姬氏。后稷之兴,在陶唐、虞、夏之际,皆有令德。后稷卒,子不窋立。"此三十四字之中,"后稷"二字,凡有三解:"号曰后稷"之"后稷",指弃;"后稷之兴"之"后稷",指弃以后不窋以前居稷官者;"后稷卒"之"后稷",则不窋之父也。《索隐》云:"《帝王世纪》云后稷纳姞氏生不窋,而谯周按《国语》云世后稷,以服事虞、夏,言世稷官,是失其代数也。若不窋亲弃之子,至文王千余岁,唯十四代,亦不合事情。"盖士安以不窋即弃之子,而小司马驳之也。《正义》引《毛诗疏》云:"虞及夏、殷,共有千二百岁。每世在位皆八十年,乃可充其数耳。命之短长,古今一也,而使十五世君,在位皆八十许载,子必将老始生,不近人情之甚。"其误与士安同。

《本纪》又云:"不窋末年,夏后氏政衰,去稷不务,不窋以失其官,而奔戎狄之间。不窋卒,子鞠立。鞠卒,子公刘立。公刘虽在戎狄之间,复修后稷之业。"《匈奴列传》曰:"夏道衰,而公刘失其稷官,变于西戎,邑于豳。"盖自不窋失官,至公刘迄未复。《匈奴列传》不叙鞠以前事,故径云"公刘失其稷官",所谓"变于西戎",即《本纪》所云"虽在戎狄之间复修后稷之业"者也。其说本相符合,乃《正义》云:"《周本纪》云不窋失其官,此云公刘,未详。"亦疏矣。

古代父子祖孙同蒙一号者甚多。《封禅书》："伊陟赞巫咸，巫咸之兴自此始。"《索隐》云："《尚书》伊陟赞于巫咸。孔安国云：赞，告也；巫咸，臣名。今此云巫咸之兴自此始，则以巫咸为巫觋。然《楚词》亦以巫咸主神，盖太史公以巫咸是殷臣，以巫接神事，太戊使禳桑谷之灾，所以伊陟赞巫咸，故云巫咸之兴自此始也。"《索隐》文义不甚明白，疑有讹误，然大意则可知，谓巫咸为巫觋之名，其兴自大戊时。"伊陟赞巫咸"之巫咸，为臣名，"巫咸之兴自此始"之巫咸，为巫觋，其说是也。又不独人臣之世其家者也，虽方技之家亦有之。《扁鹊列传》曰："扁鹊者，勃海郡郑人也，姓秦氏，名越人，少时为人舍长。舍客长桑君过，扁鹊独奇之，常谨遇之。长桑君亦知扁鹊非常人也。出入十余年，乃呼扁鹊私坐，间与语曰：我有禁方，年老欲传与公，公毋泄。扁鹊曰：敬诺。乃出其怀中药与扁鹊：饮是以上池之水，三十日当知物矣。乃悉取其禁方书尽与扁鹊，忽然不见，殆非人也。扁鹊以其言饮药三十日，视见垣一方人。以此视病，尽见五藏症结，特以诊脉为名耳。"此言扁鹊得术于长桑君之始末也。下云："为医或在齐，或在赵。在赵者名扁鹊。"则泛言受扁鹊之术者，不指秦越人一人。曰"在赵者名扁鹊"，则在他国，固有不名扁鹊者矣。下文言起虢太子者，自称越人，当系受术于长桑君者。视赵简子及客齐桓侯者，则无文以知之，不必其为一人也。乃傅玄以史叙虢太子事次赵简子下，齐桓侯事又次虢太子下，议之曰："虢是晋献所灭，先此百二十余年，此时焉得有虢？"又曰："是时齐无桓侯。"裴骃则曰是田和之子桓公午，欲以是为调停，亦不达矣。且古国之灭而复建者甚多，如陈、蔡等皆是。庸有其灭见于史而其复建不见者，亦不得谓虢一灭之后，即定无虢也。至以秦越人直赵简子时传其术者，自不能及齐桓公；然古人轻事重言，此等传说，但取一著名之人以实之耳，固不必为齐桓公，亦不必其定为田午也。故读古书，非知古书之义例不可。

〔四〇〕公　刘

《公刘》之诗曰："笃公刘,匪居匪康,乃埸乃疆,乃积乃仓,乃裹餱粮,于橐于囊,思辑用光,弓矢斯张,干戈戚扬,爰方启行。"《毛传》曰："公刘居于邰,而遭夏人乱,迫逐公刘。公刘乃辟中国之难,遂平西戎,而迁其民,邑于豳。盖诸侯之从者,十有八国焉。"《笺》云："厚乎公刘之为君也,不以所居为居,不以所安为安。邰国乃有疆埸也,乃有积委及仓也,安安而能迁,积而能散,为夏人迫逐己之故,不忍斗其民,乃裹粮食于囊橐之中,弃其余而去。公刘之去邰,整其师旅,设其兵器,告其士卒曰：为女方开道而行。明己之迁,非为迫逐之故,乃欲全民也。"案《国语·周语》,载祭公谋父之言曰："昔我先王,世后稷,以服事虞夏。及夏之衰也,弃稷不务,我先王不窋,用失其官,而自窜于戎狄之间。"《史记·周本纪》曰："不窋末年,夏后氏政衰,去稷不务,不窋以失其官,而奔戎狄之间。"二说相合。《史记》又曰："不窋卒,子鞠立。鞠卒,子公刘立。公刘虽在戎狄之间,复修后稷之业。务耕种,行地宜。自漆沮渡渭,取材用,行者有资粮,居者有畜积,民赖其庆,百姓怀之,多徙而保归焉。周道之兴自此始,故诗人歌乐思其德。"此说与孟子对齐宣王所谓"居者有积仓,行者有裹粮也,然后可以爰方启行"合。《梁惠王》下。知必诗人旧说,自不窋已见迫逐,公刘安得居邰,更何来夏人迫逐公刘,公刘不忍斗其民之说?

《郑笺》此语,盖谬以太王避狄事,移之公刘。《史记》又云"公刘卒,子庆节立,国于豳",则公刘犹未居豳也。毛、郑之云,几于妄造史实矣。惟谓诸侯从公刘者十有八国,此语当有所本。当即《史记》所云"百姓怀之,多徙而保归焉"之事。《疏》云"不知出何文",盖亦诗人遗说,而毛氏窃闻之。然不知前后事实,遂至陵乱失次矣。故知无本之学,终不可与道古也。郑氏初学韩诗,乃舍完具之说,而取枝节之谈,可谓下乔入幽矣。

《史记》曰:"封弃于邰,号曰后稷,别姓姬氏。后稷之兴,在陶唐、虞、夏之际,皆有令德。后稷卒,子不窋立。"此三十四字中,后稷二字,凡有三解:"号曰后稷"之"后稷"指弃;"后稷之兴"之"后稷",指弃以后不窋以前居稷官者;"后稷卒"之"后稷",则不窋之父也。娄敬言:周自后稷封邰,十有余世,公刘避桀居豳。此后稷指弃言。太子晋谓"自后稷之始基靖民,十五王而文始平之,十八王而康克安之";卫彪傒谓"后稷勤周,十有五世而兴",皆见《国语·周语》。则指不窋之父言。自不窋以前,周之世系,已无可考。故《左氏》谓"禹不先鲧,汤不先契,文武不先不窋"。文公二年。非不窋亲足比鲧,尊足比契,而周先王之可溯者,止于是也。然名号世次,虽不可知,固犹约略知为十余世。乃韦注《国语》,以不窋当太康时;《郑谱》更以公刘当太康时,则谬矣。自虞廷命弃,至于太康之时,安得有十余世邪?《疏》云:"《外传》称后稷勤周,十五世而兴,《周本纪》亦以稷至文王为十五世,计虞及夏殷,有千二百岁,每世在位,皆八十许年,乃可充其数耳。命之短长,古今一也,而使十五世君,在位皆八十许载,子必将老始生,不近人情之甚,以理而推,实难遽信。"竟不悟不窋之父与弃非一人,可谓瞽矣。

《吴越春秋·吴太伯传》云:"拜弃为农师,封之邰,号为后稷,姓姬氏。后稷就国为诸侯。卒,子不窋立。遭夏氏世衰,失官奔戎狄之间。其孙公刘,避夏桀于戎狄,变易风俗,民化其政。"于弃与不窋之父,已不知分别,然云公刘当夏桀时则不误。盖得之旧传,而措辞偶不省也。《史记·匈奴列传》曰："夏道衰，而公刘失其稷官，变于西戎，邑于豳。"此约略之辞，故上不溯不窋，下不及庆节。娄敬言公刘居豳同此。此等皆非叙周事，故不为过，不当与《毛传·郑笺》同讥也。然云"其后三百有余岁，戎狄攻大王亶父"，则亦以公刘在夏末矣。

《史记》曰："庆节卒，子皇仆立。皇仆卒，子差弗立。差弗卒，子毁隃立。毁隃卒，子公非立。公非卒，子高圉立。高圉卒，子亚圉立。亚圉卒，子公叔祖类立。公叔祖类卒，子古公亶父立。"毁隃，《索隐》云：《世本》作伪榆，此仅字形之异。公非，《索隐》云：《世本》作公非辟方；高圉，《索隐》云：《世本》作高圉侯侔；亚圉，《集解》云：《世本》作亚圉云都；公叔祖类，《索隐》云：《世本》云太公组绀诸盩，《三代世表》称叔类；则嫌非一人矣。皇甫谧云：公非，字辟方；云都，亚圉字；公祖，一名组绀诸盩，字叔类，号曰太公。《索隐》云："《汉书·古今人表》曰：云都，亚圉弟。如此，则辟方侯侔，亦皆二人之名，实未能详。"案《古今人表》以辟方为公非子，高圉为辟方子，夷竢、亚圉皆高圉子；如此，则辟方，侯侔，云都，多出三代。故杜氏《释例》，以高圉为不窋九世孙。《路史·发挥》亦主是说，谓公叔组绀，是为祖类，生诸盩，是为太公，太公生亶父；自不窋至季历一十七世。案《酒诰疏》云："《世本》云：后稷生不窋为昭，不窋生鞠陶为穆。鞠陶生公刘为昭，公刘生庆节为穆。庆节生皇仆为昭，皇仆生羌弗为穆。羌弗生毁榆为昭，毁榆生公飞为穆。公飞生高圉为昭，高圉生亚圉为穆。亚圉生组绀为昭，组绀生大王亶父为穆。亶父生季历为昭，季历生文王为穆。"则《世本》之意，确不以辟方、侯侔、云都、诸盩为异人。《吴越春秋》云："公刘卒，子庆节立，其后八世而得古公亶父。"此八世系除本计，其间亦不能容辟方、侯侔、云都、诸盩也。《左氏》昭公十七年云："余敢忘高圉亚圉。"以高圉亚圉连言，其间亦似不能有侯侔。

〔四一〕毕 郢

《孟子》言文王生于岐周，卒于毕郢。《离娄》下。而《史记》言文王伐崇侯虎而作丰邑，自岐下而徙都丰，明年西伯崩。《周本纪》。二者睽异，何也？案《诗·大雅·皇矣》曰："密人不恭，敢距大邦，侵阮、徂、共。"《毛传》云：密须氏侵阮，遂往侵共。《郑笺》则谓阮、徂、共三国犯周，而文王伐之，密须之人，距其义兵。《诗》曰："依其在京，侵自阮疆，陟我高冈。无矢我陵，我陵我阿；无饮我泉，我泉我池。度其鲜原，居岐之阳，在渭之将，万邦之方，下民之王。"《笺》言"文王但发其依居京地之众，以往侵阮国之疆。登其山脊，而望阮之兵，兵无敢当其陵及阿者，又无敢饮食于其泉及池水者"。又云："文王见侵阮而兵不见敌，知己德盛而威行，可以迁居，定天下之心，乃始谋居善原广平之地，亦在岐山之南，居渭水之侧，为万国之所乡，作下民之君。后竟徙都于丰。"如《笺》言，明文王作丰以前，尝居于岐下，此即《史记》所谓自岐下而徙居者也。《疏》云："太王初迁，已在岐山，故言亦在岐山之阳。《周书》称文王在程，作《程寤》、《程典》；皇甫谧云，文王徙宅于程；盖谓此也。"案《疏》言文王所居之岐，非即太王所居，是也，言此所营即程则非。伐密须，据《大传》及《史记》，皆在受命后三年。而《周书·大匡》曰："维周王宅程三年，遭天之大荒，作《大匡》以诏牧其方，三州之侯咸率。"《程典》曰："维三月，既生魄,文王合六州之侯,奉勤于商。"《酆保》曰:"维二十三祀,庚子朔,九州之侯,咸格于周,王在酆。"古云九州,犹言天下。三州之侯咸率,犹云三分天下有其一。能合六州之侯,则所谓三分天下有其二也。云九州咸格,则天下皆服矣,此盖称王后事。"合六州之侯,奉勤于商",即《论语》所谓"三分天下有其二,以服事殷"。《泰伯》。《程典》又云"商王用宗谗,震怒无疆,诸侯不娱,逆诸文王",则《左氏》所谓"纣囚文王七年,诸侯皆从之囚"者也。襄公三十一年。宅程之三年,虽不能知为何年,然必在作《程典》之前,安得至侵阮之后乃作程乎? 故知《义疏》之言为误也。《史记·周本纪》言:"武王上祭于毕。东观兵,至于盟津。为文王木主,载以车,中军。武王自称太子发。言奉文王以伐,不敢自专。"《鲁世家》言:"周公在丰,病将殁,曰:必葬我成周,以明吾不敢离成王。周公既卒,成王亦让,葬周公于毕,从文王,以明予小子不敢臣周公也。"则毕为文王墓地,《索隐》谓天星之名,非也。文王盖卒于郢,葬于毕,故《孟子》连言之。《周书·和寤》曰:"王乃出图商,至于鲜原。"此即诗所谓"度其鲜原"者。武王图商,仍在鲜原,则丰邑草创,文王虽作之,而不常居,故其卒仍在郢也。

"侵阮、徂、共",以文义言之,似毛义为长;又阮、徂、共为三国,不见古书;此读者所以多信毛而疑郑也。按《笺》云:"阮也、徂也、共也,三国犯周,而文王伐之,密须之人,乃敢距其义兵。"则敢距大邦,侵阮、徂、共,乃所谓倒句法,曹元弼《复礼堂文集·书周礼从坐法辨》曰:"《书·费誓》:汝则有无余刑,非杀。说者失其辞气。夫军令尚严,言非杀则非威众之辞;且既云无余刑,则非杀可知,何必别云非杀? 窃谓此系倒句法,犹云汝非杀则有无余刑。"案曹说是也。惟非有意倒之,乃言无余刑之前,漏言非杀,既言之后,乃又从而补之耳。今人语言中,亦往往有此。古书中用者较鲜,故后人不察,然语言中自有此法,不能目为误也。下文云:"王赫斯怒，爰整其旅，以按徂旅。"《传》云："旅，师。按，止也。旅，地名也。"《疏》曰："上言侵阮，遂往侵共，盖自共复往侵旅，以文上不见，故于此言之。"又《传》既谓密须侵阮，不能谓文王侵自阮疆，《疏》乃又说为密人来侵周，迂曲甚矣。何若郑解以遏徂旅为遏止徂国之兵，侵自阮疆为往侵阮国之疆之直捷乎？《疏》云："王肃云：无阮、徂、共三国。孔晁云：周有阮、徂、共三国，见于何书？孙毓云：案《书传》：文王七年五伐，有伐密须、犬夷、黎、邘、崇，未闻有阮、徂、共三国助纣犯周，文王伐之之事。皆以为无此三国。"而申郑云："于时书史散亡，安可更责所见？张融云：晁岂能具数此时诸侯，而责徂、共非国也？《鲁诗》之义，以阮、徂、共皆为国名，是则出于旧说，非郑之创造。《书传》七年，年说一事，故其言不及阮、徂、共耳。"又引皇甫谧云："文王问太公：吾用兵孰可？太公曰：密须氏疑于我，我可先伐之。管叔曰：不可。其君，天下之明君，伐之不义。太公曰：臣闻先王之伐也，伐逆不伐顺，伐险不伐易。文王曰：善。遂侵阮、徂、共，而伐密须。密须之人，自缚其君而归文王。"《疏》言谧采撦旧文，傅会为说，其说是也。谧之病，在牵合，不在亿造。岂惟谧，凡古书固多如此矣。此文必有所据，所据疑即《鲁诗》遗说。疑于我，谓其势敌于周，故当先伐，可见密须为大国。阮、徂、共盖皆小国，故《书传》不之及也。书阙有间，而《鲁诗》能著其说，可见汉初经师之学，自有真传，不独恃竹帛矣。郑君初治《韩诗》，《韩诗》盖与《鲁》合，又可见今文先师之说，同出一原也。毛公之学，自谓子夏所传，观其说之支离，而知其言之不雠矣。

然则《书传》言文王受命后征伐，与《史记·周本纪》不合者，其故安在？《史记》之文，自言出于诗人，岂《诗》三家之说相合，而其与《尚书》家则不能尽合乎？案《书传》之文，盖倒乱失次。《史记·本纪》，多用《书》说，其言文王事亦然。下别著之曰"诗人道西伯"，则所以兼存《诗》说。故《史记·周本纪》之文,自"诗人道西伯"以上皆《书》说,正当据以正《书传》之讹,不得因此反疑《诗书》之说有异同也。《诗·文王序疏》曰:"《尚书·周传》云:文王受命,一年断虞芮之讼,二年伐邗,三年伐密须,四年伐犬夷,五年伐耆,六年伐崇,七年而崩。《史记·周本纪》曰:西伯阴行善,诸侯皆来决平。虞芮既让,诸侯闻之曰:西伯盖受命之君也。此是受命一年之事。又曰:明年伐犬夷。明年伐密须。明年败耆国。明年伐邗。明年伐崇侯虎而作丰邑。明年西伯崩。此虽伐犬夷与伐耆,伐邗,其年与《书传》不次,要亦七年崩也。"《礼记·文王世子疏》引《书传》,又《左氏》襄公三十一年《疏》引至四年伐犬夷皆同。惟《礼记疏》伐邗作伐鬼方耳。《文王序疏》曰:"《元命苞》云:西伯既得丹书,于是称王,改正朔,诛崇侯虎。称王之文,在诛崇之上。《是类谋》云:称王制命示王意。《乾凿度》云:改正朔,布王号于天下。二文皆承伐崇作灵台之下,伐崇在六年,则亦六年始称王也。但彼文以伐崇之等,皆是文王大事,故历言之,其言不必依先后为次,未可即以为定。《书传》称二年伐邗,三年伐密须,四年伐犬夷。《书序》云:殷始咎周。《注》云:咎,恶也。纣闻文王断虞芮之讼,后又三伐皆胜,而始畏恶之,拘于羑里。又曰:周人乘黎。《注》云:乘,胜也。纣得散宜生等所献宝而释文王,文王释而伐黎。明年,伐崇。案《殷传》云:西伯得四友献宝,免于虎口而克耆。《大传》曰:得三子献宝,纣释文王而出伐黎。其言既同,则黎、耆一物。是文王伐犬夷之后乃被囚,得释乃伐耆也。《出车》说文王之劳还师云春日迟迟,是四年遣役,五年始反,乃劳之,当劳讫被囚,其年得释,即以岁暮伐耆,故称五年伐耆也。天无二日,土无二王,若五年以前,既已称王改正,则反形已露,纣当与之为敌,非直咎恶而已。若已称王,显然背叛,虽纣之愚,非宝能释也。又《书序》周人乘黎之下云:祖伊恐,奔告于受,作《西伯戡黎》。若已称王，则愚者亦知其叛，不待祖伊之明始识之也。且其篇仍云西伯，明时未为王。是六年称王，为得其实。故《乾凿度》布王号之下注云：受命后五年乃为改。此是郑意以为六年始王也。但文王自于国内建元久矣，无故更复改元，是有称王之意，虽则未布行之，亦是称王之迹。故《周本纪》云诗人道西伯，盖受命之年称王。皇甫谧亦云受命元年，始称王矣。正以改称元年，故疑其年称王，斯言非无理矣，但考其行事，必不得元年称王耳。然则六年称王，七年则崩，是称王甚晚。《礼记大传注》云文王称王早矣者，以殷纣尚存，虽于年为晚，而时未可称，故为早也。"《文王世子疏》云："案纬候之说，文王年九十六始称王。"案《文王世子》以文王九十七而终，此即受命后六年称王之说也。《礼记疏》说略同。《左氏疏》云："《周本纪》称纣囚西伯于羑里，闳夭之徒，求美女、美宝而献之纣，纣大说，乃赦西伯，赐之弓矢，使之得征伐。其下乃云：虞芮争狱，俱让而去，诸侯闻之曰：西伯，受命之君也。如马迁所云，虞芮质狱之前被囚也。郑玄《尚书注》，据《书传》为说，以为四年囚之，五年释之。即如所言，被囚不盈一年，此传不得言纣囚文王七年也。马迁之言，当得其实。"《诗疏》强申郑说，然于《史记》所谓诗人之言，亦不敢难，盖事理所在，自不可诬也。不特此也，郑注《大传》，既云"文王称王早矣"，其注《文王世子》"君王其终抚诸"，亦曰"言君王，则此受命之后也"；则郑意亦以文王受命即称王，其注纬候，乃随文为说，在郑或初不相照，而《疏》曲为之解，可谓碎义逃难矣。《殷传》、《大传》之言，即《疏》论《元命苞》等谓以是文王大事，故历言之，不必依先后为次者。安得据是而谓被囚必在伐犬夷之后，伐耆之前乎？犬戎，密须，皆近患也，故先伐之。耆在上党，邘在野王，则出天门，临河内矣，故祖伊闻之而惧。用兵先后，次序厘然，断不得如《书传》所说也。《绵》之诗曰："混夷䫄矣，维其喙矣。"《笺》曰："是之谓一年伐混夷。"混夷即犬夷。《史记》伐犬夷在二年,而郑云一年者,受命虽有七年,一年、七年,并无所伐,五伐实自犬夷始,故郑云一年伐混夷也。观此,知《书传》之文,传者必多到乱,其初必同于《史记》矣。

《书·无逸》曰:"文王受命惟中身,厥享国五十年。"享国五十年,实当作年五十岁,解见《古史纪年考》条。如此,则受命惟中身,颇为难解。今案纣囚文王七年,文王受命亦七年而崩,则文王在位凡十四岁,受命在其即位后八年,适当其飨国之中数,故曰受命惟中身也。《周书·酆保》言"惟二十三祀",《小开》曰"惟三十有五祀",盖并王季之年数之,犹武王之年自文王受命时起计也。《酆保》曰:"九州之侯,咸格于周。"盖文王即位后,服周之国来朝。《大开》、《小开》,皆谋开后嗣,而继以《文儆》、《文傅》。二篇所记,若在《小开》之明年,则自二十三祀至此,适得十四年。纣杀季历,而《史记·殷本纪》言文王与鬼侯、鄂侯,同为纣之三公,其本在内,隐约可见。九侯,《史记集解》引徐广曰:"一作鬼侯,邺县有九侯城。"鄂侯,《集解》引广曰:"一作邗,野王县有邗城。"盖皆以近纣都而附会,不足据。九、鬼同音,宋于庭谓即"西方有九国焉"之"九国",亦即"我征徂西至于艽野"之"艽野",《过庭录》。其说甚当。鄂,疑《左氏》隐公六年"翼九宗五正顷父之子嘉父逆晋侯于随,纳诸鄂"之"鄂",其地在河汾之间。然则九侯、鄂侯与周,固皆西方诸侯也。窃疑九侯、鄂侯、王季俱如殷,皆见杀,而文王又被囚,至七年,其臣献洛西之地乃释也。洛西之地,《史记正义》以丹、坊等州当之,其地大远,恐非纣所能有。疑洛实伊洛之洛,洛西,盖在偃师以西。殷自武乙徙河北,旧都之守稍疏,周人图取其地,及被囚,迫而献出,乃改图而出河东,则《礼记·乐记》所谓"始而北出"者也。戡耆,则据上党,俯临河内矣。故祖伊惧而奔告。殷自此,盖亦稍厚西方之防,故武王又攻其不备,出孟津而临牧野也。

《新语术事》云:"文王生于东夷,大禹出于西羌。"此语显与《孟子》背。盖古人于此等处,不甚审谛,特取东西相对为文耳。不足据以疑《孟子》也。

〔四二〕三恪解

《左氏》襄公二十五年：子产曰："昔虞阏父为周陶正，以服事我先王。我先王赖其利器用也，与其神明之后也，庸以元女大姬配胡公，而封诸陈，以备三恪。"杜《注》云："周得天下，封夏殷二王后。又封舜后，谓之恪，并二王后为三国，其礼转降，示敬而已，故曰三恪。"《疏》："《乐记》云：武王克殷，未及下车，而封黄帝之后于蓟，封帝尧之后于祝，封帝舜之后于陈；下车而封夏后氏之后于杞，投殷之后于宋。《郊特牲》云：天子存二代之后，犹尊贤也；尊贤不过二代。郑玄以此谓杞宋为二王之后，蓟、祝、陈为三恪。杜今以周封夏殷之后为二王后，又封陈并二王后为三恪。杜意以此《传》言以备三恪，则以陈备三恪而已。若远取蓟祝，则陈近矣，何以言备？以其称备，知其通二代而备其数耳。二代之后，则各自行其正朔，用其礼乐，王者尊之深也。舜在二代之前，其礼转降。恪，敬也。封其后，示敬而已，故曰恪。虽通二代为三，其二代不假称恪，惟陈为恪耳。"案杜《注》调和于《公羊》、《左氏》二家之间，说本依违无据，《疏》更就"备"字曲为之说，尤非也。《郊特牲疏》引《异义》云："《公羊》说存二王之后，所以通天三统之义，引此文。《古春秋左氏》说周家封夏殷二王之后，以为上公。封黄帝、尧、舜之后，谓之三恪。许慎谨案云：治《鲁诗》丞相韦玄成、治《易》施雠等说引《外传》曰：三王之乐，可得观乎？知王者所封，三代而已。不与《左氏》说同。郑驳之云：所存二王之后者，命使郊天，以天子之礼，祭其始祖受命之王，自行其正朔服色。恪者，敬也，敬其先圣而封其后，与诸侯无殊异，何得比夏殷之后？"据此，《公羊》通三统，与《左氏》三恪之义自殊，杜《注》曲为比附，其说自非矣。称舜后为三恪，《左氏》既有明文，似《异义》所谓古说者不误。然《左氏》僖公二十四年："宋成公如楚，还入于郑。郑伯将享之，问礼于皇武子。对曰：宋，先代之后也，于周为客，天子有事膰焉，有丧拜焉，丰厚可也。"昭公二十五年：会于黄父。赵简子令诸侯之大夫，输王粟，具戍人。宋乐大心曰："我不输粟。我于周为客，若之何使客？"客即恪也。则谓宋在三恪之列，《左氏》亦自有明文可据也。《解诂》云："王者封二王后，地方百里，爵称公，客待之而不臣也。"又曰："使统其正朔，服其服色，行其礼乐，所以尊先圣通三统师法之义。恭让之礼，于是可得而观之。"隐公三年。此自《春秋》之义。《郊特牲》之文，即传说之散见者。《郑注》云"二或为三"，非也。然在古代，则天子但于前代之后则敬之，不必限以二，亦不拘以三。古三为多数之义，云三不必其果为三也。此犹后世耶律氏尽并八部，尊遥辇于御营九帐之上耳。统其正朔，服其服色，行其礼乐，则古代畿外之国，本不能一统。《曲礼》曰："君子行礼不求变俗，祭祀之礼，居丧之服，哭泣之位，皆如其国之故，谨修其法而审行之。"则其义"变礼易乐者为不从，不从者君流；革制度衣服者为畔，畔者君讨"；《王制》。其实仅能行诸畿内耳。《左氏》所记，自为古之事实；《公羊》所言，则儒家经说；二者正不必牵合也。《郊特牲疏》引熊氏云："周之三恪，越少昊高辛远存黄帝者，取其制作之人。故《易·系辞》云：神农氏没，黄帝、尧、舜氏作，义当然也。"牵合弥广，其无当于经义及古代之事实亦弥甚，皆所谓碎义逃难者也。

〔四三〕武成取二三策①

《孟子》曰："尽信书,则不如无书。吾于《武成》,取二三策而已矣。仁人无敌于天下,以至仁伐至不仁,而何其血之流杵也?"《尽心》下。此古人见古书变乱史实之辞也。古史之传于后,经此等改易删削,而失其真者,盖不知凡几矣。

《史记》多取《书》说,予已累言之,无待更述。今观其述殷周间事,多与《周书》相出入,而《尚书》家之变乱史实有可微窥者焉。《周书·克殷》云:"周车三百五十乘,陈于牧野。帝辛从。武王使尚父与伯夫致师。王既誓以虎贲戎车驰商师。商师大崩。"如此而已矣,《史记》则曰:"纣师虽众,皆无战之心,心欲武王亟入;皆倒兵以战,以开武王。武王驰之,纣兵皆崩,畔纣。"增入纣师倒兵之说矣。《周书·世俘》曰:"武王狩禽:虎二十有二,猫二,麋五千二百三十五,犀十有二,氂七百二十有一,熊百五十有一,罴百一十有八,豕三百五十有二,貉十有八,麈十有六,麝五十,麇三十,鹿三千五百有八。"世皆疑其诞而不之信,然此即《孟子》所谓"驱虎豹犀象而远之"者也。《滕文公》下。《孟子》言纣之罪曰:"坏宫室以为污池,民无所安息。弃田以为园囿,使民不得衣食。园囿污池,沛泽多而禽兽至。"

---

① 曾改题为《武王克商》。

同上。古多旷地，园囿污池，岂待坏宫室弃田而为之？齐宣王之囿，方七十里，杀其麋鹿者，如杀人之罪，《孟子》讥其为阱于国中，《梁惠王》下。亦故山泽之区，禁御之，使刍荛雉兔者不得往焉耳，未闻其坏宫室弃田而为之也。纣早于宣王七百余年，安得有此？盖纣都朝歌，台在沙丘，《汉书·地理志》。地偏东北，本皆旷废之区，纣乃因以为苑囿耳。虽曰禽荒，其恶未至如《孟子》所言之甚也。而武王则尤而效之者也，或且变本加厉焉。顾美其"兼夷狄驱猛兽而百姓宁"，《滕文公》下。天下真无复是非矣。"兼夷狄"者，《孟子》所谓"灭国者五十"，同上。《世俘》所记太公望命御方来等是也。皆云"告以馘俘"，又总计之曰："武王遂征四方。凡憝国九十有九国。馘魔亿有十万七千七百七十有九。俘人三亿万有二百三十。凡服国六百五十有二。"世或又疑其诞。然俘馘本有虚数。憝国九十有九，盖以九为数之究而云然。灭国者五十，则举成数言之。虽不必实，然其数必不少矣。憝云灭云者，破坏其国，杀戮其君；服则望风归款者也。即谓不然，亦师速而疾略之而已。灭者五十，憝者九十有九，而服者六百五十有二，正不必怪其多矣。不特此也，纣既自燔矣，武王又射之三发，下车击之以轻吕，斩之以黄钺，县之大白之旗。又适二女之所，二女既缢矣，又射之三发，击之以轻吕，斩之以玄钺，县之小白之旗。《克殷》。二女，《史记》云嬖妾；《世俘》则曰："武王燎于周，大师负商王纣县首白旂，妻二首赤旆，乃以先馘，入燎于周庙。"案殷俗多同有虞，而《孟子》言舜"二女裸"，《尽心》下。或殷俗亦二妻，《世俘》之言是也。亲加刃于敌国帝后之尸，其虐，过于邾人之戕鄫子。《春秋》宣公十八年。不归其元而用之于庙，则秦不果施之于晋惠公，《史记·晋世家》。吴不忍行之于齐国书者也。《左氏》哀公十一年。赧王入秦，顿首献地，犹获归正首丘。《史记·周本纪》。何其仁暴之殊也？大史公曰："论秦之德义，不如鲁卫之暴戾。"论周则又居何等焉？

臧哀伯曰："武王克商，迁九鼎于洛邑，义士犹或非之。"《左氏》桓公二年。《克殷》曰："命南宫伯达、史佚迁九鼎三巫。"盖始迁之三巫，卒又营洛邑而居之也。《世俘》又记其"荐俘殷王鼎"，又云："商王纣，取天知玉琰瑱身厚以自焚。凡厥有庶，告焚玉四千。武王乃俾于千人求之。四千庶玉则销。天知玉五，在火中不销。凡天知玉，武王则宝与同。凡武王俘商旧玉，亿有百万。"周之所求可知矣。而曰散鹿台之财，发钜桥之粟，何其诬也？抑粟帛不可载以行，亦非野人所宝，乃从而破散之邪？

《楚辞·天问》曰："到击纣躬，叔旦不嘉。"盖谓武王亲加刃于纣之尸，周公不以为然也。周公之为人，盖较武王少知礼义，故摄政七年之后，传有制礼作乐之事焉。《金縢》册祝曰："乃玄孙不若旦多材多艺，不能事鬼神。"足见武王为一武夫，一无所知也。《天问》又曰："授殷天下，其位安施？反成乃亡，其罪伊何？"授殷天下，言复封武庚也。其位安施，言武庚败亡也。反成而亡，言周公东征而归，属党见执，身奔楚也。此周家争夺相杀之事也。《天问》又曰："会晁争盟，何践吾期？苍鸟群飞，孰使萃之？"此即《诗》所谓"维师尚父，时惟鹰扬，凉彼武王，肆伐大商，会朝清明"者。苍鸟群飞，亦如乌流幄、鱼跃舟之类，以为瑞应耳。足见周初所传，本无信史，后人称诵，悉出文饰，虽诗人所咏，已非其实也。《天问》又曰："稷惟元子，帝何竺之？投之于冰上，鸟何燠之？"此即《诗·生民》所咏。又曰："何冯弓挟矢，殊能将之。"则后稷非农师，亦斗士耳。教民稼穑，树艺五谷之言，皆因其居稷官而附会者也。而"文王卑服，即康功田功"《书·无逸》。视此矣。又曷怪周人之好杀戮，事攘夺哉？

《贾子·连语》曰："纣将与武王战。纣陈其卒，左臆右臆，鼓之不进，皆还其刃，顾以乡纣也。纣走还于寝庙之上，身斗而死，左右弗肯助也。纣之官卫，舆纣之躯，弃之玉门之外。民之观者，皆进蹴之，蹈其腹，蹴其肾，践其肺，履其肝。周武王乃使人帷而守之。民之观者，搴帷而入，提石之者，犹未肯止。"此说谓纣卒倒兵同于《书》家，而纣尸为商民所残，而武王且有帷守之惠，其讳饰弥工矣。

〔四四〕太公为西方人

《史记·齐世家》曰:"太公望吕尚者,东海上人也。其先祖尝为四岳,佐禹平水土,甚有功。虞夏之际封于吕,或封于申,姓姜氏。夏商之时,申吕或封枝庶,子孙或为庶人,尚其苗裔也。"又曰:"吕尚盖尝穷困,年老矣,以渔钓奸周西伯。周西伯猎,遇太公于渭之阳。或曰,太公博闻,尝事纣,纣无道,去之。游说诸侯,无所遇,而卒归周西伯。或曰,吕尚处士,隐海滨。周西伯拘羑里,散宜生闳夭素知而招吕尚。吕尚亦曰吾闻西伯贤,又善养老,盍往焉。三人者为西伯求美女奇物,献之于纣,以赎西伯,西伯得以出,反国。"《孟子》言:"太公辟纣,居东海之滨,闻文王作,兴曰:盍归乎来,吾闻西伯善养老者。"《离娄》上。即《史记》吕尚隐海滨,散宜生闳夭招之之说也。《战国·秦策》姚贾曰:"太公望,齐之逐夫。"亦谓其在东方。又曰:"朝歌之废屠,子良之逐臣,棘津之雠不庸。"则谓其在河内矣。《尉缭子》曰:"太公望年七十,屠牛朝歌,卖食孟津。"《韩诗外传》曰:"吕望行年五十,卖食棘津,年七十,居于朝歌。"《说苑尊贤》曰:"太公望,朝歌之屠佐也,棘津迎客之舍人也。"说皆与姚贾同。《吕览·首时》曰:"太公望,东夷之士也。"说同《孟子》。又曰:"闻文王贤,故钓于渭以观之。"则与《史记》"以渔钓奸西伯"之说合矣。案《礼记·檀弓》:"太公封于营丘,比及五世,皆反葬于周。君子曰:乐,乐其所自生,礼不忘其本,古之人有言曰:狐死正丘首,仁也。"此太公为西方人之诚证。东海上人,盖因其封东方而附会。其遗事或在朝歌,则因太公为文武师,《史记》言吕尚所以事周虽异,然要之为文武师。鹰扬之绩,著在商郊故也。传食诸侯,古无是事,谓其游说无所遇,而卒归周,乃战国时人亿度之说。后稷生于姜嫄,太王妃曰太姜,武王妃曰邑姜,当时姜姓在西方者实多,正不独申吕也。

《水经·河水注》:"张甲河右渎,东北径广川县故城西,又东径棘津亭南。徐广曰:棘津在广川。司马彪曰:县北有棘津城,吕尚卖食之困,疑在此也。刘澄之云:谯郡酂县东北有棘津亭,故邑也,吕尚所困处。余案《春秋左氏传》,伐巢,克棘,入州来,无津字;杜预《春秋释地》,又言棘亭在酂县东北,亦不云有津字;不知澄之于何而得是说。天下以棘为名者多,未可咸谓之棘津也。又《春秋》昭公十七年,晋侯使荀吴帅师涉自棘津,用牲于洛,遂灭陆浑。杜预《释地》,阙而不书。服虔曰:棘津,犹孟津也。徐广《晋纪》,又言石勒自葛陂寇河北,袭汲人向冰于枋头,济自棘。棘津在东郡、河内之间,田融以为即石济南津也。虽千古茫昧,理世玄远,遗文逸句,容或可寻;沿途隐显,方土可验。司马迁云:吕望,东海上人也,老而无遇,以钓奸周文王。又云:吕尚行年五十,卖食棘津,七十则屠牛朝歌,行年九十,身为帝师。皇甫士安云:欲隐东海之滨,闻周文王善养老,故入钓于周。案《史记》以渔钓奸周西伯,与闻西伯善养老而归周系两说,谧强合为一。凡谧之说多如此,古说之为其所乱者盖多矣,然正不独一谧也。今汲水城,亦言有吕望隐居处,起自东海,迄于酂雍,缘其径趣,赵魏为密,厝之谯宋,事为疏矣。"案《秦策》、《韩诗》、《说苑》云棘津,《尉缭》云孟津,则服虔之言,未为无据。佚事流传,本多不实,于地理,必取著名者以立言。孟津为武王伐纣济师处,以此附会太公,正近情理,必谓其在赵魏,恐未然也。又《清水》"东过汲县北"《注》

云："县故汲郡治，晋太康中立。城西北有石夹水，飞湍浚急，人亦谓之磻溪，言太公尝钓于此也。城东门北侧有太公庙，庙前有碑，碑云：太公望者，河内汲人也。县民故会稽太守杜宣白令崔瑗曰：太公本生于汲，旧居犹存，君与高、国，同宗太公，载在经传。今临此国，宜正其位，以明尊祖之义。于是国老王喜、廷掾郑笃、功曹邠勤等，咸曰宜之，遂立禋祀，为之位主。城北三十里有太公泉，泉上又有太公庙，庙侧高林秀木，翘楚竞茂，相传云太公之故居也。晋太康中，范阳卢无忌为汲令，立碑于其上。"此可见流俗附会之由。《吕览》高《注》曰："太公望，河内人也，于周丰、镐为东，故曰东夷之士。"合两说而强为之辞，真可发一大噱。

《吕览·谨听》曰："太公钓于滋泉。"《水经·渭水注》曰："渭水东径郁夷县故城南，汧水入焉。渭水之右，磻溪水注之。水出南山兹谷，乘高激流，注于溪中。溪中有泉，谓之兹泉。泉水潭积，自成渊渚，即《吕氏春秋》所谓太公钓兹泉也。今人谓之凡谷。石壁深高，幽隍邃密，林障秀阻，人迹罕交。东南隅有一石室，盖太公所居也。水次平石钓处，即太公垂钓之所。其投竿跽饵，两鄐遗迹犹存。"又渭水"东过霸陵县北，霸水从县西北流注之"《注》云："霸者，水上地名也，古曰滋水矣。秦穆公霸世，更名滋水为霸水，以显霸功。"郁夷在今陇州西，霸陵在今咸宁东，而皆以为太公渔钓之所，可见流俗之善于附会。实则屠钓同为古人所贱，传者特以是言太公之困耳。太公盖诚晚达，然曾屠钓与否，尚难断言，况欲凿指其地邪？《天问》曰："师望在肆昌何识？鼓刀扬声后何喜？"固不谓太公以渔奸西伯，而其屠亦不得在朝歌也。

〔四五〕惟周公诞保文武受命惟七年

《诗·文王序疏》云:"伏生、司马迁以为文王受命七年而崩;刘歆作《三统历》,考上世帝王,以为文王受命九年而崩。班固作《汉书·律历志》载其说。于是贾逵、马融、王肃、韦昭、皇甫谧皆悉同之。《帝王世纪》引《周书》,称文王受命九年,惟暮之春,在镐,召太子发,作《文传》。九年犹召太子,明其七年未崩,故诸儒皆以为九年而崩。"是诸儒之说原于歆,歆之说实原于《周书》也。今案《周书》一字之误,遂启后来无限之争,然推其本,则《周书》之所据,实未尝与《诗》、《书》之说有异同也。司马迁文王受命七年而崩之说,见《史记·周本纪》,《周本纪》云"诗人道西伯",盖举《诗》说也。何则?《史记·周本纪》言文王受命七年而崩。"九年,武王上祭于毕。东观兵,至于盟津。为文王木主,载以车,中军。武王自称太子发,言奉文王以伐,不敢自专。"自七年至九年,二年矣,故刘歆《世经》,亦谓再期在大祥而伐纣。然《伯夷列传》曰:"西伯卒,武王载木主,号为文王,东伐纣。伯夷、叔齐叩马而谏曰:父死不葬,爰及干戈,可谓孝乎?"岂有再期而犹不葬者?《楚辞·天问》曰:"武发杀殷何所悒?载尸集战何所急?"《淮南·齐俗》曰:"武王伐纣,载尸而行,海内未定,故不为三年之丧始。"《注》言始废于武王也。其非再期大祥时明矣。武王当日,盖秘文王之丧以伐纣,不克还归,居二年而又东伐也。所以居二年而复东伐者,非如《史记》所言闻纣昏乱暴虐滋甚,实以已于是时免丧故耳。然则武王观兵,当在文王受命七年;遍告诸侯东伐,当在九年。后周人自讳其不葬而用兵,乃将其事悉移下二年,然文王死即东兵,犹为后人所能忆,作《周书》者遂误将文王之死,移下二年也。载主而行,固古人用兵通礼。

《周书·明堂解》曰:"大维商纣暴虐,脯鬼侯以享诸侯,天下患之。四海兆民,欣戴文武。是以周公相武王以伐纣,夷定天下。既克纣六年而武王崩。成王嗣,幼弱,未能践天子之位。周公摄政,君天下,弭乱。六年而天下大治。乃会方国诸侯于宗周,大朝诸侯。制礼作乐,颁度量,而天下大服,万国各致其方贿。七年,致政于成王。"此文全与《礼记·明堂位》同,所多者,"既克纣六年而武王崩"一语耳。武王在位凡七年,其死当在受命十四年,若以克殷在九年,则自九年至十四年,固适得六年也。古人记年代固甚疏,然周公诞保文武受命,惟七年,其数甚巧,周人于此,当不得误记,故《诗》、《书》皆无异说。《周书·武儆》曰:"惟十有二祀,四月,王告梦。丙辰,出金枝郊宝《开和》细书,命诏周公旦立后嗣,属小子诵文及宝典。"此篇乃记武王将殁时事,二当为四之误。或曰:"作是篇者,明知文王之死,为人误移后二年,然不知其自受命七年移至九年,误谓文王受命七年而崩之说,业经延长二年,乃将文王受命后年岁,缩短至五年,如是,则武王在位七年,其死适当受命之十二年矣。"此虽见巧思,然未免穿凿,不可从也。

《明堂位疏》云:"周公制礼摄政,孔郑不同。孔以武王崩,成王年十三,至明年摄政,管叔等流言。故《金縢》云:武王既丧,管叔及其群弟流言于国曰:公将不利于孺子。时成王年十四。即位摄政之元年,周公东征管蔡,后二年,克之,故《金縢》云:周公居东二年,则罪人斯得。除往年,时成王年十六,摄政之三年也。故《诗序》云:周公东征三年,而归摄政。七年,营洛邑,封康叔而致政,时成王年二十。故孔注《洛诰》，以时成王年二十是也。郑则以为武王崩，成王年十岁。《文王世子疏》："郑注《金縢》云：文王崩后，明年生成王，则武王崩时，成王年十岁。"《周书》以武王十二月崩，至成王年十二，十二月丧毕，成王将即位，称己小，求摄，周公将代之，管蔡等流言，周公惧之，辟居东都。故《金縢》云：武王既丧，管叔等流言，周公乃告二公曰：我之不辟，无以告我先王。既丧，谓丧服除；辟，谓辟居东都。时成王年十三。明年，成王尽执拘周公属党。故《金縢》云：周公居东二年，则罪人斯得。罪人，谓周公属党也。时成王年十四。至明年秋，大熟，有雷风之异。故郑注《金縢》云：秋大熟谓二年之后。明年秋，迎周公而反，反则居摄之元年，时成王年十五。《书传》所谓一年救乱。明年，诛武庚、管、蔡等，《书传》所谓二年克殷。明年，自奄而还，《书传》所谓三年践奄。四年，封康叔，《书传》所谓四年建侯卫，时成王年十八也。故《康诰》云孟侯，《书传》云天子，天子十八称孟侯。明年，营洛邑，故《书传》云五年营成周。六年，制礼作乐。七年，致政于成王，年二十一。明年乃即政，时年二十二也。"案《史记·周本纪》言武王崩，"成王少，周初定天下，周公恐诸侯畔，乃摄行政当国。管叔蔡叔群弟疑周公，与武庚作乱，畔周"。明流言即在武王崩、成王初立之时，若摄政待诸二年之后，则国事既大定矣，周公有无篡夺之心，亦既为众所共见矣，若欲徐图篡弑，其经营亦既巩固矣，管叔等顾于此时流言何为？况谓居丧二年中，成王能自为政邪？服除何反求摄？谓周制亦如殷，谅阴听于冢宰，故丧中不待求摄邪？则孔子于子张之问，何不曰殷周皆然，顾曰"古之人皆然"也？《论语·宪问》。《鲁世家》曰："管叔及其群弟流言于国曰：周公将不利于成王。周公乃告太公望、召公奭曰：我之所以弗辟而摄行政者，恐天下畔周，无以告我先王太王、王季、文王。三王之忧劳天下久矣，于今而后成。武王蚤终，成王少，将以成周，我所以为之若此。

于是卒相成王，而使其子伯禽代就封于鲁。"此文解"弗辟"二字，何等文从字顺？且有卒相成王，而使伯禽就封之事为证；岂比郑以丧服除释"既丧"，辟居东都释"辟"之牵强邪？且成王而既疑周公矣，疑之而既能执其属党矣，岂有倒持干戈，授人以柄，反迎之而请其居摄之理？谓此系设说，周公实挟兵力以入，则自辟居讫复入，为时三年，武庚、管、蔡安得不以此时力攻东都，而听其再奠镐京，养成气力？且周公甫戡大难，亦何能即出兵以诛武庚、管、蔡也？故郑之所言，无一而合情理者。《周书·作雒》曰："武王既归成岁，十二月崩镐，𦵔于岐周。周公立，相天子。三叔及殷东徐奄及熊盈以略。周公召公内弭父兄，外抚诸侯。"所谓"一年救乱"也。"元年夏六月，葬武王于毕。二年，又作师旅，临卫政殷，殷大震溃。降辟三叔。王子禄父北奔。管叔经而卒。乃囚蔡叔于郭凌。"所谓"二年克殷"也。曰："凡所征熊盈族十有七国，俘维九邑。"所谓"三年践奄"也。曰："俘殷献民，迁于九毕，俾康叔宇于殷，俾中旄父宇于东。"所谓"四年建侯卫"也。曰："及将致政，乃作大邑成周于土中。"所谓"五年营成周"也。《明堂解》："六年而天下大治，乃会方国诸侯于宗周，制礼作乐，颁度量，而天下大服。"所谓"六年制礼作乐"也。终之曰"七年致政于成王"，所言无不与《书传》合者，故知《书说》皆原本古史，非凭臆为说也。

　　《鲁世家》言："武王有疾，不豫，群臣惧，太公、召公乃缪卜。周公曰：未可以戚我先王。周公乃自以为质。令史策告太王、王季、文王，欲代武王，藏其策金縢匮中，诫守者弗敢言。及东土既集，周公归报成王，乃为诗贻王，命之曰《鸱鸮》。七年，还政于成王。初，成王少时，病，周公乃自揃其蚤，沈之河，以祝于神，曰：王少，未有识，奸神命者乃旦也。亦藏其策于府。成王病有瘳。及成王用事，人或谮周公，周公奔楚。成王发府，见周公祷书，乃泣，反周公。周公在丰,病,将没,曰:必葬我成周,以明吾不敢离成王。周公既卒,成王亦让,葬周公于毕,从文王,以明予小子不敢臣周公也。周公卒后,秋,未获,暴风雷雨,禾尽偃,大木尽拔,周国大恐。成王与大夫朝服以开金縢书,王乃得周公所自以为功代武王之说,二公及王乃问史百执事,史百执事曰:信有,昔周公命我勿敢言。成王执书以泣,曰:自今后其无缪卜乎?昔周公勤劳王家,惟予幼人弗及知,今天动威,以彰周公之德,惟朕小子其迎,我国家礼亦宜之。王出郊,天乃雨,反风,禾尽起。二公命国人,凡大木所偃,尽起而筑之,岁则大熟。"史公此文,全取《尚书金縢》,而周公奔楚一节,则为《金縢》所弗具。平心论之,成王既能拘执周公之属党,岂有听其反而摄政之理?谓此事在成王用事后,则正合情理。然则郑之所云,殆亦有所本,特其学无师承,经文既阙,不能借口说以补之,遂误以此释《鸱鸮》之诗,而系之于摄政前耳,口说之足贵如此。

周公奔楚,《索隐》云:"经典无文,其事或别有所出。而谯周云秦既燔书,时人欲言金縢之事,失其本末。乃云成王少时病,周公祷河欲代王死,藏祝策于府,成王用事,人谮周公,周公奔楚,成王发府见策,乃迎周公。又与《蒙恬传》同,事或然也。"然则谯周亦信周公欲代成王事为真,而以《金縢》为不具也。周非守章句之学者,而其言如此,可以知所从矣。

〔四六〕卫 伯

《诗·旄丘序》云:"责卫伯也。狄人迫逐黎侯,黎侯寓于卫,卫不能修方伯连率之职,黎之臣子以责于卫也。"《笺》云:"卫康叔之封爵称侯;今曰伯者,时为州伯也。"案《史记·卫康叔世家》:"周公杀武庚禄父、管叔,放蔡叔。以武庚殷余民封康叔为卫君。康叔卒,子康伯立。康伯卒,子孝伯立。孝伯卒,子嗣伯立。嗣伯卒,子㴋伯立。㴋伯卒,子靖伯立。靖伯卒,子贞伯立。贞伯卒,子顷侯立。顷侯厚赂周夷王,夷王命卫为侯。"据此,自贞伯以上,未有侯称,事甚明白。《索隐》乃云:"《康诰》称命尔侯于东土。又云孟侯,朕其弟,小子封。则康叔初封已为侯也。比子康伯即称伯者,谓方伯之伯耳,非至子即降爵为伯也。故孔安国曰:孟,长也。五侯之长谓方伯。方伯,州牧也。故五代孙祖恒为方伯耳。至顷侯德衰,不监诸侯,乃从本爵而称侯,非是至子而削爵,及顷侯赂夷王而称侯也。"案列国称号,时有进退,《史记》多从其本名书之,盖有所据。《宋微子世家》:"微子开卒,立其弟衍,是为微仲。微仲卒,子宋公稽立。"《索隐》云:"《家语》:微子弟仲思,名衍,一名泄,嗣微子为宋公,虽迁爵易位,而班级不过其故,故以旧官为称。故二微虽为宋公,犹称微,至于稽乃称宋公也。"《家语》固不足据,然谓史之所书,随其当时称号则是也。安得于卫忽自乱其例?《诗序》说《诗》义皆非是,其辞则杂采旧记而成。此卫伯二字,必有来历。正足证《史记》至顷侯乃命为侯之说也。《卫世家》自贞伯以下称顷侯、釐侯,两世皆称侯。武公佐周平戎有功,周平王命为公,自此以下皆称公。成侯贬号为侯,及子平侯皆称侯,嗣君更贬号曰君,自此以下四世又皆称君。

〔四七〕江汉、常武

《江汉》、《常武》二诗,说者皆以为宣王时事,窃疑非也。《史记·秦本纪》、《赵世家》并谓穆王西巡狩,乐而忘归,徐偃王因之作乱。《秦本纪》云:造父为穆王御,长驱归周,一日千里以救乱;《赵世家》云:缪王日驰千里马,攻徐偃王,大破之;而《左氏》昭公四年,椒举谓穆有涂山之会;则穆王当日兵力实曾至淮徐,二诗所咏,盖即其事。

《说苑·指武》:"王孙厉谓楚文王曰:徐偃王好行仁义之道,汉东诸侯三十二国尽服矣。王若不伐,楚必事徐。文王遂兴师伐徐,残之。徐偃王将死,曰:吾赖于文德而不明武备,好行仁义之道而不知诈人之心,以至于此。"《淮南子·人间训》亦载此事,而系之楚庄王。穆王时,楚尚未强,而周室声威颇振;伐徐之役,楚人或以师从,故后遂附会以偃王为楚所灭。以当日情势度之,楚必不能为是役之主也。

自《说苑》以后,乃有调停其辞,谓穆王之伐徐,实命楚为之者。《博物志》云:"偃王既有国,仁义著闻,欲舟行上国,乃通沟陈蔡之间。得朱弓朱矢,以已得天瑞,遂因名为弓,自称徐偃王。《韩非·喻老》:"治国者以名号为罪,徐偃王是也。"则偃王当日确有称王之事。江淮诸侯皆服从,服从者三十六国。周穆王闻,遣使乘骊,一日至楚,使伐之。偃王仁,不忍斗害其民,为楚所败,逃走彭城武原县东山下,百姓随之者以万数,后遂名其山为徐山。山上立石室,有神灵,民人祈祷,今皆见存。"《说苑》云偃王败死,而此云逃走武原东山,盖所以调停载籍与传说也,然犹不凿言为楚之某王。至《后汉书·东夷传》乃云:"徐夷僭号,率九夷以伐宗周,西至河上。穆王畏其方炽,乃分东方诸侯,命徐偃王主之。偃王处潢池东,地方五百里,行仁义,陆地而朝者三十六国。穆王后得骥騄之乘,乃使造父御以告楚,令伐徐,一日而至。于是楚文王大举兵而灭之。偃王仁而无权,不忍斗其人,故致于败,乃北走彭城武原县东山下,百姓随之者以万数,因名其山为徐山。"既云周穆王,又云楚文王,则时不相及,遂启如谯允南者之疑矣。见《史记索隐》引。然云穆王使楚,非;云偃王当穆王时,自实。谯氏不疑彼而疑此,似未谛也。

古书率本传说,年代人地名多不审谛,然谓其绝无根据,则又不然。《博物志》谓偃王沟通陈蔡之间,《后汉书》谓偃王伐宗周,西至河上,皆隐与《檀弓》容居"昔我先君驹王西讨,济于河"之言合,疑驹王即偃王也。《博物志》谓徐偃王名诞,弓、句声近,窃疑传说者讹驹为弓,因附会为得朱弓矢之说。沟通陈蔡之间,疑即鸿沟。《博物志》之言而信,则偃王之沟通南北,实在吴人沟通江淮之先矣。

楚之强,自熊渠,《史记·楚世家》谓其当周夷王时。又云厉王暴虐,"熊渠畏其伐楚,亦去其王"。然特去其王号而已。谓周当夷厉以还,犹能声罪致讨于楚,其说实不近情,况越江汉而征淮徐乎?乃《渐渐之石序》云:"下国刺幽王也。戎狄叛之,荆舒不至,乃命将帅东征,役久,病于外,故作是诗也。"幽王而能远征荆舒,岂尚为切近之申与犬戎所灭哉?《序》盖因诗有"武人东征"语而附会也。三家说《诗》,多有传授,犹不免误,况于小序之冯亿穿凿者乎?其不足信,无俟再计矣。

原刊《光华大学半月刊》第三卷第一期,一九三四年十月十日出版

〔四八〕西周皆都丰镐

《诗谱》云:"《小雅》、《大雅》者,周室居西都丰镐之时诗也。"《疏》云:"《文王有声》云作邑于丰,是文王居丰也。又曰考卜维王,宅是镐京,惟龟正之,武王成之,是武王居镐也。《世本》云:懿王徙于犬丘。《地理志》云:京兆槐里县,周曰犬丘,懿王都之。京兆郡,故长安县也。皇甫谧云:镐在长安南二十里,然则犬丘与镐相近,有离宫在焉,懿王暂居之,非迁都也。"其说是也。《汉书·匈奴列传》曰:"懿王时,王室遂衰,戎狄交侵,暴虐中国,中国被其苦,诗人始作,疾而歌之曰:靡室靡家,猃允之故。岂不日戒,猃允孔棘。至懿王曾孙宣王,兴师命将,以征伐之。诗人美大其功,曰:薄伐猃允,至于太原。出车彭彭,城彼朔方。"此所引者,为《采薇》、《六月》之诗。《序》以《采薇》为文王遣戍役,《出车》以劳还,《杕杜》以勤归,于《六月》则说为宣王北伐。然《出车》之诗曰:"王命南仲,往城于方。"《六月》之诗曰:"侵镐及方,至于泾阳。"则诸诗所咏,实一时事。镐方,《郑笺》但云"北方地名",窃疑方即丰之转音。懿王时,丰镐实曾沦陷,故暂迁犬丘也。《史记·秦本纪》言:"非子居犬丘,孝王欲以为大骆适嗣,而申侯之女为大骆妻,生子成为適。申侯乃言孝王曰:昔我先骊山之女,为戎胥轩妻,生仲潏,以亲故,归周,保西垂,西垂以其故和睦。今我复与大骆妻,生適子成。申骆重昏,西戎皆服,所以为王，王其图之。孝王乃分土，以非子为附庸，邑之秦，使续嬴氏祀，号曰秦嬴；而亦不废申侯之女子为骆適者，以和西戎。秦嬴四传至秦仲，而周厉王无道，西戎反王室，灭犬丘大骆之族。宣王即位，以秦仲为大夫，诛西戎。西戎杀秦仲。秦仲有子五人，其长者曰庄公。宣王召庄公昆弟，与兵七千人，使伐西戎，破之。于是复予秦仲后及其先大骆地、犬丘并有之，为西垂大夫。"观此，知犬丘所系之重，故懿王亲徙徙镇之；抑懿王虽失丰镐，犹能守犬丘，此周之所以未遽亡也。《周书·史记》曰："昔有林氏召离戎之君而朝之，至而不礼，留而弗亲，离戎逃而去之。林氏诛之，天下叛林氏。"文王之被囚，闳夭之徒，实求骊戎之文马以献纣。《汉书·律历志》张寿王谓骊山女亦为天子，在殷周间，则骊戎立国甚古，且颇强盛。与申僇力王室，此西垂之所以获安。逮申与犬戎合而攻周，而幽王陨灭矣，其败适在骊山之下，周室兴亡之故，夫固可以微窥也。

《水经·渭水注》曰："渭水又东径郑县故城北，郑桓公友之故邑也。《汉书》薛瓒注言：周自穆王已下，都于西郑，不得以封桓公也。幽王既败，虢郐又灭，迁居其地，国于郑父之丘，是为郑桓公，无封京兆之文。余按《史记》，考《春秋》、《国语》、《世本》，言周宣王二十二年，封庶弟友于郑。又《春秋》、《国语》并言桓公为周司徒，以王室将乱，谋于史伯，而寄帑与贿于虢郐之间。幽王贾于戏，郑桓公死之。平王东迁，郑武公辅王室，灭虢郐而兼其土。故周桓公言于王曰：我周之东迁，晋郑是依。乃迁封于彼。《左传》隐公十一年，郑伯谓公孙获曰：吾先君新邑于此，其能与许争乎？是指新郑为言矣。然班固、应劭、郑玄、皇甫谧、裴頠、王隐、阚骃及诸述作者，咸以西郑为友之始封，贤于薛瓒之单说也，无宜违正经而从逸录矣。"其说亦是也。《穆天子传》云："天子入于南郑。"《注》云："《纪年》：穆王元年，筑祇宫于南郑，《传》所谓王是以获没于祇宫者也。"《洧水注》云："晋文侯二年,周惠王子多父伐郐,克之。乃居郑父之丘,名之曰郑,是为桓公。"此盖赞说之所由来。《左氏》曰:"祭公谋父作《祈招》之诗,以止王心,王是以获没于祇宫。"祭公谋父,即《国语》载其谏穆王征犬戎之人,隐见《左氏》所谓"穆王欲肆其心,周行天下"者,即指其征伐之事。造《竹书》者,既因缘《左氏》,妄造事实;作《穆天子传》者,遂变本而加厉,其淆乱史事甚矣。

〔四九〕周失西畿之年[①]

《诗·六月》:"狁匪茹,整居焦获;《尔雅》"十薮"之一,据郭《注》,在今陕西泾阳县。侵镐及方,至于泾阳。"周人尝命将伐之,至太原而城朔方。《诗》家说此,多以为宣王时事,然观《史记·匈奴列传》,则似在骊山之役以后,疑莫能明也。

《史记·周本纪》及《匈奴列传》,皆不言宣王时有与狁争战之事。《匈奴列传》曰:"穆王之后二百有余年,周幽王用宠姬褒姒之故,与申侯有隙;申侯怒而与犬戎共攻杀周幽王于骊山之下,遂取周之焦获,而居于泾渭之间,侵暴中国。"又曰:"初,周襄王欲伐郑,故取戎狄女为后,与戎狄兵共伐郑。已而黜狄后,狄后怨。而襄王后母曰惠后,有子子带,欲立之。于是惠后与狄后、子带为内应,开戎狄;戎狄以故得入,破逐周襄王,而立子带为天子。于是戎狄或居于陆浑,东至于卫,侵盗暴虐中国。中国疾之,故诗人歌之曰:戎狄是膺;薄伐狁,至于太原。出舆彭彭,城彼朔方。"则似诗之所咏,皆周东迁后事。案镐、方、朔方,说《诗》者皆不能指为何地;若以为东迁后事,则镐即武王所居;方,或丰之转音也。刘向讼甘延寿疏:"千里之镐,犹以为远。"镐京与雒邑相去固得云千里,朔方亦当在泾水流

[①] 曾改题为《疑周伐狁为东迁后事》。

域,自镐京言之,固可云西北也。平王虽不能御犬戎,特以畏逼东迁,不应一迁之后,西都畿内之地,即尽沦戎狄。据《史记·秦本纪》及《十二诸侯年表》,秦襄公伐戎至岐,在其十二年,当周平王五年;秦文公十六年收周余民,有之,地至岐,当平王十九年;德公元年卜居雍,后世子孙饮马于河,可见是时秦东境尚未至河;德公元年乃周釐王五年,东迁后之九十四年也。《六国表》曰:"穆公修政,东境至河。"据《秦本纪》及《十二诸侯年表》,事在穆公十六年,则周襄王之八年,东迁后之百二十七年矣。周与西都交通之绝,由晋灭虢守桃林之塞而然。虢之灭,在周惠王二十二年,亦在东迁后百十六年。然则自平王东迁后百余年间,周与西都之交通迄未尝绝,西都畿内之地,亦未尝尽为秦有,命将出师,以征玁狁,固事所可有也。《出车》之诗曰:"王命南仲,往城于方。"《毛传》:"方,朔方,近玁狁之国也。"案《诗》又言"天子命我,城彼朔方",所咏当系一事,《毛传》是也。然则朔方乃近玁狁之地,在周之北。刘向讼甘延寿疏,亦以《诗》所咏为宣王时事。然古人学术,多由口耳相传,久之乃著竹帛,不审谛处甚多,无妨其言千里之镐为是,其言宣王时事为非也。

〔五〇〕齐桓公存三亡国

《左氏》僖公十九年：宋司马子鱼曰："齐桓公存三亡国以属诸侯。"杜《注》曰："三亡国：鲁、卫、邢。"非也。《管子·大匡》曰："五年，宋伐杞，桓公欲救之。管仲曰：令人以重币使之；使之而不可，君受而封之。公乃命曹孙叔使宋。宋不听，果伐杞。桓公筑缘陵以封之，予车百乘，甲一千。明年，狄人伐邢，邢君出，致于齐。桓公筑夷仪以封之，予车百乘，卒千人。明年，狄人伐卫，卫君出，致于虚。桓公筑楚丘以封之，予车三百乘，甲五千。"《霸形》曰："管子曰：宋伐杞，狄伐邢、卫，今君何不定三君之位哉？桓公曰：诺。因命以车百乘，卒千人，以缘陵封杞；车百乘，卒千人，以夷仪封邢；车五百乘，卒五千人，以楚丘封卫。"然则三亡国者，杞、邢、卫也。故书有据，而杜亿说之，非。且鲁虽三君死、旷年无君，国曷尝亡哉？

原刊《群雅》第一集第二卷，一九四〇年五月一日

〔五一〕 长狄考

孟子曰："其事则齐桓、晋文，其文则史，孔子曰：其义则丘窃取之矣。"斯言也，实治《春秋》者之金科玉律也。能分别其事与义，则《春秋》作经读可，作史读亦可。而不然者，则微特不能明《春秋》之义，于春秋时事，亦必不能了也。

春秋事之可怪者，莫如长狄。文十一年《经》云："叔孙得臣败狄于咸。"但云狄而已，而《公羊》及《左》、《穀》皆以为长狄。《左氏》所载，但云长狄有名缘斯者，获于宋；有曰侨如者，毙于鲁叔孙得臣；侨如之弟焚如获于晋，荣如获于齐，简如获于卫；鄋瞒由是遂亡而已。无荒怪之说也。《公羊》云"记异"，而不言其所以异。《穀梁》则云"弟兄三人，佚宕中国，瓦石不能害。叔孙得臣最善射者也，射其目，身横九亩，断其首而载之，眉见于轼"，其荒怪甚矣。

注家之言，《穀梁》范《注》但循文敷衍，无所增益。《左氏》杜《注》亦然。其云"盖长三丈"，乃本《国语》。《国语》、《左氏》固一家言也。何休之意，则不以长狄为人，故注"兄弟三人"曰："言相类如兄弟。"又曰："鲁成就周道之封，齐、晋霸，尊周室之后。长狄之操，无羽翮之助，别之三国，皆欲为君。比象周室衰，礼义废，大人无辅佐，有夷狄行。事以三成，不可苟指一，故自宣、成以往，弑君二十八，亡国四十。"二十八当作二十，四十当作二十四，见《疏》。《疏》引《关中记》曰："秦始皇二十六年，有长人十二，见于临洮，身长百尺，皆夷狄服。天诚若曰：勿大为夷狄行，将灭其国。"《穀梁疏》引《考异邮》曰："兄弟三人，各长百尺，别之国，欲为君。"《汉书·五行志》引《公》、《穀》说，而曰："刘向以为是时周室衰微，三国为大，可责者也。天戒若曰：不行礼义，大为夷狄之行，将至危亡。其后三国皆有篡弑之祸，近下人伐上之痾也。"又引京房《易传》曰："君暴乱，疾有道，厥妖长狄入国。"又曰："丰其屋，下独苦。长狄生，主为虏。"《五行志》又曰："史记秦始皇帝二十六年有大人长五丈，足履六尺，皆夷狄服，凡十二人，见于临洮。天戒若曰：勿大为夷狄之行，将受其祸。后十四年而秦亡。亡自戍卒陈胜发。"其义皆与何休同。

以长狄为非人，似极荒怪。然束阁三传，独抱遗经，以得臣所败，亦寻常之狄则可；否则以之为人，其怪乃甚于非人也。记事荒怪，《穀梁》为甚。然《公羊》谓其"兄弟三人，一者之齐，一者之鲁，一者之晋。其之齐者，王子成父杀之；之鲁者，叔孙得臣杀之；则未知其之晋者也"，其说全与《穀梁》同，特不云其"佚宕中国，瓦石不能害"，又不言其长若干而已。然《穀梁》云："不言帅师而言败，何也？直败一人之辞也。一人而曰败，何也？以众焉言之也。"范《注》："言其力足以敌众。"《公羊》曰："其言败何？大之也。其日何？大之也。其地何？大之也。"意亦全同。以得臣所败为一人，则非谓其瓦石不能害，身横九亩，断其首而载之，眉见于轼不可矣。故《公》、《穀》之辞，虽有详略，其同出一本，盖无疑也。《穀梁》曰"《传》曰"云云，盖据旧传也。惟《左氏》之说，最为平正。其曰"富父终甥撞其喉以戈，杀之"，特记其杀之之事，非有"瓦石不能害"，必"射其目"之意也。详记齐、鲁二国埋其首之处，则杜氏所谓"骨节非常，恐后世怪之"，更未尝有"身横九亩"、"眉见于轼"之说也。虽杜《注》谓"荣如以鲁桓十六年死，至宣十五年一百三岁，其兄犹在，《传》言既长且寿，有异于人"，然年代舜讹,古书恒有;此乃杜推《左氏》之意如此,《左氏》之意,初未必如此也。然则《左氏》果本诸国史,记事翔实,而《公羊》、《穀梁》皆不免口说流行之诮邪!

盖《公羊》所云"记异"者,乃《春秋》之义也。何休所言,则发明《公羊》之所谓异者也,与事本不相干。至《公》、《穀》之记事,与《左氏》之记事,则各有所取。古事之传于今,有出史官之记载,士夫之传述者;亦有出于东野人之口,好事者之为者。有传之未久,即著竹帛者;亦有辗转传述,乃形简策者。由前之说,其言恒较雅,其事亦较确。由后之说,则其词多鄙,其事易芜。《左氏》所资,盖属前说;《公》、《穀》所本,则属后说也。以记事论,《左氏》诚为近实;然以义论,则公羊子独得圣人之传已。

《左氏》之记事,诚近实矣,然长狄究为何如人,《左氏》未之言也,则请征之《国语》。《国语·鲁语》:吴伐越,堕会稽,得骨专车,使问仲尼。仲尼曰:昔禹致群神于会稽山,防风氏后至,禹杀而戮之,其节专车。客曰:防风何守?仲尼曰:汪罔国之君也,守封、嵎之山,漆姓,在虞、夏、商为汪罔氏,于周为长翟氏,今谓之大人。客又曰:人长之极几何?仲尼曰:僬侥氏三尺,短之至也。长者不过十之,数之极也。《史记·孔子世家》、《说苑》、《家语·辨物》篇略同。惟《说苑》漆姓作釐姓,又云"在虞、夏为防风氏,商为汪芒氏"耳。○《说文》亦曰"在夏为防风氏,殷为汪芒氏"。如此说,则长狄之先,有姓氏及封土可稽;身长三丈,乃出仲尼推论,非谓其人实如是,了无足怪矣。《义疏》《左》文十一年杜《注》"长狄之种绝"孔《疏》。云:"如此《传》文,长狄有种;种类相生,当有支胤。惟获数人,云其种遂绝,深可疑之。命守封、嵎之山,赐之以漆为姓,则是世为国主,绵历四代,安得更无支属,惟有四人?且君为民心,方以类聚,不应独立三丈之君,使牧八尺之民。又三丈之人,谁为匹配?岂有三丈之妻,为之生产乎?人情度之,深可惑也。"又引苏氏云:"《国语》称今日大人,但迸居夷狄,不在中国,故云遂亡。"案苏氏所疑,盖同孔《疏》,故以是为解。然窃谓无足疑也。《疏》之所疑,首由不知身长三丈,乃出仲尼推论而非其实;若知此义,自不嫌以三丈之君牧八尺之民,更不疑乏三丈之妻为之生产矣。次则不知鄋瞒遂亡,惟指防风一族。盖泰伯、仲雍窜身扬越,君为姬姓,民则文身,设使当日弟昆,并被异邦戕杀,南国神明之胄,固可云由是而亡。汪芒本守会稽,长狄侁宕兖、冀,盖由支裔北徙,君临群狄,昆弟迭见诛夷,新邑遂无遗种,此亦不足为怪。至于封、嵎旧守,原未尝云不祀忽诸也。

民国十年十月八日,予客沈阳,读是日之《盛京时报》,有云:北京西城大明濠,因治马路,开掘暗沟。有工人在下冈四十号民家墙根下,掘得巨人骸骨八具,长约八尺余,头大如斗,弃之坑内,行人观者如堵。监者虑妨工作,乃命工人埋之。该报但云日前,未确记其日。此事众目昭彰,不容虚构。知史籍所云巨人、侏儒,纵有过当之辞,必非子虚之说矣。长狄之长,何休云百尺,盖本之《关中记》等书;杜云三丈,本诸《国语》;范云五丈四尺,则就九亩之长计之,并非其实。窃谓《左氏》"富父终甥椿其喉以戈"一语,即所以状长狄之长,谓恒人举戈,仅及其喉。然则长狄之长,断不能越北京西城所得之骨矣,岂当日北京西城之地,亦古代长狄埋骨之区邪?

夫语增则何所不至?今之欧洲人,皆长于中国人;日本人则短于中国人;来者既多,日习焉则不以为异。设使欧人、日人,来者不过一家数口,后遂无以为继;数十百年之后,或则同化于我,或则绝世无传;而吾国于此,亦无翔实之记载,一位传说者之悠谬其辞;则不一再传,而欧人为防风,而日人为僬侥矣。然则《公》、《榖》记事之缪悠,亦不足怪,彼其所资者则然也。故借长狄之来以示戒,《春秋》之意也。古有族曰防风,其人盖别一种类,颇长于寻常人,事之实也。曰百尺,曰三丈,曰五丈四尺,事之传讹,说之有托者也。曰瓦石不能害,弟兄三人即能佚宕中国,致兴大师以获一人,则又身长之《传》语既增,因而辗转附会焉者也。一一分别观之,而《春秋》之义得,而春秋之事亦明矣。故曰:分别其事与义,乃治《春秋》者之金科玉律也。

原刊《光华期刊》第一期,一九二七年十二月出版

〔五二〕鬼方考

《左氏》僖公二十二年,"秦晋迁陆浑之戎于伊川"。三十三年,"遂兴姜戎,败秦师于殽"。襄公十四年,"将执戎子驹支,范宣子亲数诸朝,曰:来,姜戎氏!昔秦人迫逐乃祖吾离于瓜州,乃祖吾离被苫盖,蒙荆棘,以来归我先君。我先君惠公有不腆之田,与女剖分而食之。对曰:昔秦人负恃其众,贪于土地,逐我诸戎。惠公蠲其大德,谓我诸戎是四岳之裔胄也,毋是翦弃。赐我南鄙之田,狐狸所居,豺狼所嗥。我诸戎除翦其荆棘,驱其狐狸豺狼,以为先君不侵不叛之臣,至于今不贰。昔文公与秦伐郑,秦人窃与郑盟而舍戍焉,于是乎有殽之师。晋御其上,戎亢其下。秦师不复,我诸戎实然"。昭公九年,"周甘人与晋阎嘉争阎田。晋梁丙、张趯帅阴戎伐颍。王使詹桓伯辞于晋曰:先王居梼杌于四裔,以御螭魅。故允姓之奸,居于瓜州。伯父惠公归自秦,而诱以来。使逼我诸姬,入我郊甸,则戎焉取之。戎有中国,谁之咎也?"观此诸文,陆浑之戎、姜戎、阴戎,异名同实,事至明白。驹支自称四岳之胄,而周人称为允姓之奸,则其人实有二姓。杜《注》谓四岳之后皆姓姜,又别为允姓者,说自不误。惟谓瓜州即敦煌,襄十四、昭九年《注》两言之。说出杜林,《汉书·地理志》:敦煌,杜林以为古瓜州,地生美瓜。则不无可疑耳。

河西四郡,乃汉武所开。春秋时,秦国疆域,盖西不逾河,安得

〔五二〕鬼方考

远迹至敦煌哉？宋于庭谓《诗》"我征自西，至于艽野"之艽野，即"覃及鬼方"及《易》"高宗伐鬼方"之鬼方，又即《礼记·文王世子》"西方有九国焉"之九国。《史记·殷本纪》，以西伯昌、九侯、鄂侯为三公。《礼记·明堂位》："脯鬼侯以享鄂侯。"《正义》曰："鬼侯，《周本纪》作九侯。"盖西方九国之诸侯，入为殷之三公。《列子》称"相马者九方皋"，九方当即鬼方，以国为氏。愚案《左氏》昭公二十二年，"晋籍谈、荀跞帅九州之戎，以纳王于王城"。下言前城人败陆浑于社。则杜《注》谓九州戎即陆浑戎者不误。九州即九国，亦即艽野、鬼方，盖陆浑戎之故国；所谓瓜州，疑亦其地也。

《汉书·贾捐之传》："武丁、成王，殷、周之大仁也，然地东不过江黄，西不过氐羌。"此以氐羌即武丁所伐之鬼方也。《文选·赵充国颂》李《注》引《世本注》："鬼方，于汉则先零戎是也。"《潜夫论·边议》篇论羌乱曰："破灭三辅，覃及鬼方。"并以汉时之羌当古之鬼方。干宝《易注》，谓在北方，《周易集解》。盖误。

氐羌者，《周书·王会解》："氐羌以鸾鸟。"孔《注》："氐地羌。羌不同，故谓之氐羌。今谓之氐矣。"盖羌之一种也。《吕览·义赏篇》高《注》，谓"氐与羌二种夷民"，盖误。案经典有但言羌者，《书·牧誓》"及庸、蜀、羌、髳、微、卢、彭、濮人"是也。有兼言氐羌者：《诗·商颂》"昔有成汤，自彼氐羌，莫敢不来享，莫敢不来王"；《大戴记·五帝德》述舜所抚者，析支、渠搜、氐羌是也。羌为大名，氐为种别。但言羌者，辞略也。盖亦指氐羌矣。

《大戴记·帝系》："陆终氏娶于鬼方氏。鬼方氏之妹，谓之女隤氏。"陆终为颛顼之后，则鬼方在古代，实与中国相昏姻。故武丁伐之，至于劳师三年；其后又入为纣之三公也。宜武王以抚有之为萝祥矣。《诗》："文王曰咨，咨女殷商。如蜩如螗，如沸如羹。小大既丧，人尚乎由行。内奰于中国，覃及鬼方。"《毛传》仅训鬼方为远方，未能实指其事。今知鬼方即鬼侯，则知"覃及鬼方"，正指脯鬼侯事也。女隤，《世本》及《风俗通》皆作嬇，《汉书·古今人表》作溃。鬼、贵同音，故餽字亦通作馈。则隤字疑即隗字。《春秋》狄人为隗姓，戎狄固以方位言，非以种族言。迁古公于岐者，书传皆称狄，其地固在秦陇间也。汉隗嚣，天水成纪人。魏隗禧，京兆人。秦始皇时有丞相隗状，当亦秦人也。隗禧，见《三国·魏志·王肃传》。《国语·郑语》：史伯谓郑桓公曰："当成周者，西有虞、虢、晋、隗、霍、杨、魏、芮。"则东迁后犹资其翊卫，周大夫之行役艽野，固无足怪矣。《左》僖二十二年杜《注》，但云"允姓之戎居陆浑，在秦、晋西北"。

《左》昭九年杜《注》："允姓，阴戎之祖，与三苗俱放三危者。"盖因阴戎、三苗皆姜姓云然。《禹贡疏》："郑玄引《地记书》云：三危之山，在鸟鼠之西，南当岷山。"《水经注》卷四十引《山海经》，亦云"在鸟鼠山西"。又云："江水东过江阳县，雒水从三危道广魏雒县南，东南注之。"雒县，今广汉也。然则三危之脉，实在陇蜀之间。《续书·郡国志》谓首阳有三危，三苗所处，虽不中，当不远矣。孔晁谓"氐地羌谓之氐羌，今谓之氐"，则汉时所谓氐者，即古所谓氐羌。《汉书·西南夷传》曰："自莋以东北，君长以十数，冉駹最大。白駹以东北，君长以十数，白马最大。皆氐类也。"《地理志》，陇西有氐道，广汉有甸氐道、刚氐道。蜀郡有湔（湔）氐道。古所谓鬼方者必去此不远矣。

陆浑之戎，杜《注》谓在当时之陆浑县。僖二十二年。又有伊洛之戎，《注》谓杂戎居伊水、雒水之间者。僖十一年。《疏》引《释例》："河南雒阳县西南有戎城。"又有蛮氏，《注》云：戎别种也。河南新城东南有蛮城。成公六年。案成公六年侵宋之役，《左氏》以伊雒之戎、陆浑、蛮氏并举，则自系三族。然秦晋迁陆浑之戎于伊川，则实与伊雒之戎杂处。《左氏》之伊雒之戎，《春秋》但作雒戎，得毋雒戎在雒，陆浑之戎在伊川，云伊雒之戎者，实两种既混合后之总称与？哀公四年，蛮子赤奔晋阴地。阴地之命大夫士蔑，致九州之戎，将裂田以与蛮子而城之，且将为之卜。蛮子听卜，遂执之，与其五大夫，以畀楚师于三户。则蛮子所奔者，实陆浑之戎，陆浑以昭十七年为晋所灭，然其部落自在，故二十二年，籍谈、荀跞仍帅其众以纳王也。二者之关系亦极密。庄公二十八年，晋侯娶二女于戎，大戎狐姬生重耳，小戎子生夷吾。杜《注》谓"小戎，允姓之戎"，其言当有所据。献公是时，未必越秦而远婚于西垂。又僖二十二年《疏》云："十一年《传》称伊洛之戎同伐京师，则伊洛先有戎矣。"疑允姓之戎，本有在伊洛之间者，惠公之处吾离，特使之从其类也。然则蛮氏之戎或亦氐羌之族矣。此皆鬼方之类，播迁而入中国者邪？

氐羌之俗，有与中国类者。《左》庄二十一年，"王以后之鞶鉴与之"。杜《注》云："鞶，带而以镜为饰也。今西方羌胡犹然，古之遗服。"定六年"定之鞶鉴"《注》同。《诗》"在其板屋，乱我心曲"，《毛传》曰："西戎板屋。"《正义》："《地理志》曰：天水、陇西，山多林木，民以板为屋。故《秦诗》云在其板屋。然则秦之西垂，民亦板屋。"则衣服居处，西戎与中国，极相类矣。此皆其久相往来之征，宜高宗之勤兵力于此也。《后汉书》谓巴俗喜歌舞。高祖观之，曰：此武王伐纣之歌也。乃命乐人习之，所谓巴渝舞也。《尚书大传》，称武王伐纣之师，前歌后舞，所用者盖即巴人？巴亦氐类也。殆果"终抚九国"欤？驹支谓"我诸戎饮食衣服，不与华同；贽币不通，言语不达"，《左氏》襄公十四年。达亦通也，谓无使命往来，非谓其人不知华语也。不然，安能赋《青蝇》之诗邪？

《三国志注》引《魏略》："氐语不与中国同，及羌杂胡同。"胡者，匈奴。氐与习，故亦通其语。羌则其本语也。《荀子·大略》曰："氐羌之虏也，不忧其系垒也，而忧其不焚也。"《注》："氐羌之俗，死则焚其尸。"《吕览·义赏》："氐羌之民，其虏也，不忧其系累，而忧其死不焚也。"

《后汉书》谓羌人死则烧其尸。皆氐、羌同族之证。

《山海经·海内经》："伯夷父生西岳。西岳生先龙，先龙是始生氐羌，氐羌乞姓。"西岳疑四岳之误。乞姓疑亦允姓之讹。又《海内南经》："氐人国，在建木西。其为人，人面而鱼身，无足。"《大荒西经》："有互人之国。炎帝之孙，名曰灵恝。灵恝生互人，是能上下于天。有鱼偏枯，名曰鱼妇颛顼。死即复苏。风道北来，天乃大水泉，蛇乃化为鱼，是为鱼妇颛顼。死即复苏。"《图赞》："炎帝之苗，实生氐人。死则复苏，厥身为鳞。云南疑当作雨。是托，浮游天津。"灵恝，《注》云："音如券契之契。"与乞姓之乞，音同字异。《山海经》固不足信，亦氐羌姜姓之一佐证。颇疑姜、羌实一字也。

鬼方所在，古人虽不审谛，率皆以为在西。自《诗序》以《殷武》之诗为祀高宗，《毛传》以"挞彼殷武，奋伐荆楚"为指武丁，乃有以鬼方为在楚者。今本《竹书纪年》，"武丁三十有二祀，伐鬼方，次于荆"，即据此等说伪造。下又云"三十有四祀，王师克鬼方，氐羌来宾"，遂忘其自相矛盾也。近世邹叔绩，推波助澜，又据红岩摩崖石刻，谓鬼方在贵州，则去之愈远矣。红崖碑者，在"贵州永宁东六十里红岩后山诸葛营旁。字大者周尺三四尺，小者尺余。深五六寸许。共二十五字。土人以其在诸葛营旁，称为《诸葛碑》。又传云：不知刻自何年。诸葛征南，营其下，读而拜焉，使蛮人护之，故谓之《诸葛碑》。蛮人因岁祀之，以占晴雨瘴疫。其碑在岩上最高处，非缏木叠架，不能上拓"。以上据邹氏《红崖碑释文》。其文诡异而初不古，不知何世好事者所为。邹氏一一钩摹而强释之，附会为高宗征鬼方所刻，亦可谓好奇之过矣。邹氏之说曰："汉之先零羌，即今青海。汉代之羌，有今藏地喀木。故《前汉书·地理志》云：桓水南行羌中，入南海。桓水，即今澜沧江也。案此说亦误。羌之种落，又延蔓于武都，越巂，所谓参狼、白马，牦牛诸羌是也。以《竹书》、《世本》、

《后汉书》证之,鬼方即羌明甚。是则今青海、藏地喀木,及滇蜀之西徼,皆商代鬼方。故虞仲翔谓坤为鬼方。坤西南,且好寇窃,亦同羌俗也。案虞《注》"襦有衣袽终日戒"云:"伐鬼方三年乃克,旅人愁劳。衣服皆败,鬼方之民,犹或寇窃,故终日戒也。"今云贵罗罗种,自谓其先出于牦牛,殆亦羌种? 其俗有鬼主,见《唐书》《宋史·南蛮传》。愈以知羌即鬼方也。案罗罗乃古之濮人,予别有考。羌以父名母姓为种号,所谓牦牛,或人名,如蒙古始祖孛儿帖赤那,译言苍狼之例,非必谓其先为牦牛所生也。《三国志注》引《魏略》,谓"氐种非一,或号青氐,或号白氐,或号蚺氐,此盖虫之类,中国即其服色而名之",盖氐羌有图腾之俗。又部落各别其衣色。青氐、白氐之称,由衣色而生;牦牛、白马、蚺氐之名,皆以图腾而立。图腾之制,部各不同,断不能谓汉代之西羌,同于今日之罗罗也。至以鬼主附会鬼方,则尤为曲说矣。高宗之伐鬼方也,自荆楚深入,始入其地,历今黔滇审矣。三年克之而还,盖仍从故道,会诸侯于南岳也。此则其东还过西方而刻石纪功之作。"案邹氏以羌为鬼方,是也。乃举后世羌人所居之地,悉指为殷时之鬼方,则近于儿戏矣。古者师行日三十里,六军一万五千人,如何历湘、鄂、滇、黔以入青、藏邪?

〔五三〕山戎考

《管子·大匡》篇曰:"桓公遇南州侯于召陵,曰:狄为无道,犯天子令,以伐小国。以天子之故,敬天之命,令以救伐。北州侯莫至,上不听天子令,下无礼诸侯。寡人请诛于北州之侯。诸侯许诺。桓公乃北伐令支,下凫之山,斩孤竹,遇山戎。"《小匡》篇曰:"北伐山戎,制泠支,斩孤竹,而九夷始听。海滨诸侯,莫不来服。"又曰:"桓公曰:北至于孤竹、山戎、秽貉,拘秦夏。"《霸形》篇曰:"北伐孤竹,还存燕公。"《戒》篇曰:"北伐山戎,出冬葱与戎菽,布之天下。"《轻重甲》篇曰:"桓公曰:天下之国,莫强于越。今寡人欲北举事孤竹、离枝,恐越人之至,为此有道乎?""桓公终北举事于孤竹、离枝,越人果至。"皆以山戎在北方,与燕及孤竹、令支相近。燕召公封地在今蓟县。《汉志》:辽西郡令支,有孤竹城,《注》引应劭曰:"古伯夷国。今有孤竹城。"则今迁安县也。然《小问》篇曰:"桓公北伐孤竹,未至卑耳之溪十里。"《小匡》篇曰:"西征,攘白狄之地,遂至于西河。方舟投柎,乘舟济河。至于石沈,县车束马,逾大行与卑耳之貉。拘秦夏。"又曰:"北至于孤竹、山戎、秽貉,拘秦夏。""卑耳之貉"之貉,当系溪字之误。注随文妄说为"与卑耳之貉共拘秦夏之不服者",误也。秽貉初在今陕西北境,予别有考。然则卑耳之溪,实在西河、大行附近;与汉之令支县,风马牛不相及矣。《轻重戊》篇曰:"桓公问于管子曰：代国之出何有？管子对曰：代之出，狐白之皮，公其贵买之。代民必去其本，而居山林之中。离枝闻之，必侵其北。"则离枝又在代北，亦非汉令支地也。《穀梁》谓齐桓"越千里之险，北伐山戎，为燕辟地"，又曰："燕，周之分子也，而贡职不至，山戎为之伐矣。"庄三十年。其释齐侯来献戎捷曰："军得曰捷，戎，菽也。"三十一年。皆与《管子》合。《史记·匈奴列传》谓"山戎越燕而伐齐"。又云："山戎伐燕，燕告急于齐，齐桓公北伐山戎。山戎走。"亦以山戎在北方，与燕近。然《公羊》谓其"旗获而过我"，《疏》云："齐侯伐山戎而得过鲁，则此山戎不在齐北可知。盖戎之别种，居于诸夏之山，故谓之山戎耳。"自来说山戎者，多主《左》、《穀》，鲜措意《公羊》。然《左氏》于齐侯来献戎捷，但云"诸侯不相遗俘"，无戎菽之说。其说公及齐侯遇于鲁济曰："谋山戎也，以其病燕故也。"虽似与《穀梁》合。然山戎果去齐千里，何为与鲁谋之？则其消息，反与《公羊》相通矣。《礼记·檀弓》："孔子过泰山侧，有妇人哭于墓者而哀。"《新序》亦记此事，而云"孔子北之山戎"。《论衡·遭虎》篇云："孔子行鲁林中。"《定贤》篇云："鲁林中哭妇。"俞氏正燮谓俱称林中，殆齐配林之类。《癸巳存稿》。明山戎实在泰山附近，故齐伐之，得旗获而过鲁也。《管子》一书，述齐桓、管仲事，多不可据。即如一孤竹也，忽谓其在燕之外，忽焉伐孤竹所济卑耳之溪，又近西河、大行，令人何所适从邪？盖古书本多口耳相传，齐人所知，则管仲、晏子而已，辗转增饰，遂不觉其词之侈也。然谓伐山戎而九夷始听，则亦见山戎之在东而不在北矣。

　　杜预《释例·土地名》，以北戎、山戎、无终三者为一。昭元年《疏》。僖十年《注》曰："北戎，山戎。"襄四年《注》曰："无终，山戎国名。"昭元年《注》曰："无终，山戎。"庄三十年《注》则曰"山戎，北狄"。《汉志》："右北平，无终，故无终子国。"地在今蓟县。然襄四年，无终子嘉父使孟乐如晋,请和诸戎。魏绛劝晋侯许之,曰:"戎狄荐居,贵货易土,土可贾焉。"又曰:"边鄙不耸,民狎其野,穑人成功。"则无终之地,必密迩晋。故昭元年,荀吴得败无终及群狄于太原。若谓在今蓟县,则又渺不相及矣。故《义疏》亦不信其说也。

北戎之见于《春秋》者,僖十年:"齐侯、许男伐北戎。"其见于《左氏》者,隐九年北戎侵郑;桓六年北戎伐齐。亦绝无近燕之迹。且隐九年郑伯之患北戎,昭元年魏舒之策无终,皆云"彼徒我车";而《小匡》篇亦以"北伐山戎,制泠支,斩孤竹,而九夷始听",与"中救晋公,禽狄王,败胡貊,破屠何,而骑寇始服"对举。胡者,匈奴东胡,貊即涉貊。屠何者,《墨子·非攻中篇》曰:"虽北者且不一著何,其所以亡于燕、代、胡、貊之间者,亦以攻战也。"孙氏诒让以且不一著何,当作且,不著何。"一"字疑衍。其言曰:"且,疑柤之借字。《国语·晋语》:献公田,见翟柤之氛。韦《注》云:翟柤,国名是也。不著何,亦北胡国。《周书·王会》篇云:不屠何青熊。又《王会·伊尹献令》,正北有且略、豹胡。且略即此且及《左传》翟柤。豹胡,亦即不屠何。豹、不、胡、何,并一声之转。不屠何,汉为徒何县,属辽西郡。故城在今奉天锦州府锦县西北。柤,据《国语》,为晋献公所灭,所在无考。"案孙说近之。古代异族在北徼者多游牧,杂居内地者则否。胡貊,屠何,为骑寇,而山戎、令支、孤竹不然,又以知其非一族矣。

戎之名,见于《春秋》者甚多。隐二年,"春,公会戎于潜。""秋八月庚辰,公及戎盟于唐。"又是年,"无骇帅师入极。"《疏》云:"极,戎邑也。"七年,"冬,天王使凡伯来聘。戎伐凡伯于楚丘,以归。"桓二年,"公及戎盟于唐。"庄十八年,"夏,公追戎于济西。"二十四年,"冬,戎侵曹。"二十六年,"春,公伐戎。"其地皆在今山东境。虽不云山戎,亦近鲁之地多戎之证也。窃疑山戎占地颇广,次第为诸国所并。至战国时，惟近燕者尚存。后人追述管子之事，不知其时之山戎疆域与后来不同也，则以为在燕北而已矣。记此事者独《公羊》不误，亦足雪口说流行之诬矣。

写于一九三四年四月前

〔五四〕山戎考续篇

读史者多以战国时之东胡为春秋时之山戎,此误也。推厥由来,实缘误以齐桓公伐山戎所救之燕为北燕,遂误以北燕北之东胡与南燕北之山戎,合并为一矣。

《春秋》庄公三十年冬,公及齐侯遇于鲁济。齐人伐山戎。三十有一年六月,齐侯来献戎捷。鲁济之会,《公》《穀》皆不言其与燕有关,惟《左氏》曰:谋山戎也,以其病燕故也。伐山戎之齐人,《公》、《穀》皆以为齐侯献戎捷。《公羊》曰:威我也,旗获而过我也。《穀梁》曰:军得曰捷,戎菽也。案《说苑·权谋》曰:齐桓公将伐山戎、孤竹,使人请助于鲁。鲁君进群臣而谋,皆曰:"师行数千(十)里,入蛮夷之地,必不反矣。"于是鲁许助之而不行,齐已伐山戎、孤竹而欲移兵于鲁。管仲曰:"不可。诸侯未亲,今又伐远而还诛近邻,邻国不亲,非霸王之道。君之所得山戎之宝器者,中国之所鲜也,不可以不进周公之庙乎?"桓公乃分山戎之宝,献之周公之庙。明年,起兵伐莒,鲁下令丁男悉发,五尺童子皆至。孔子曰:"圣人转祸为福,报怨以德。"此之谓也。则齐桓之伐山戎,确曾与鲁谋之,确系桓公亲行,而其还亦确曾过鲁。《左氏》及《公》、《穀》之言,皆非无据矣。夫鲁在齐之南,而北燕在齐之北,山戎所病者,果为北燕,何为与鲁谋之,而其还亦安得枉道而过鲁邪?

以桓公伐山戎，所救之燕为北燕，始于《穀梁》而实不始于《穀梁》也。《穀梁》曰：燕，周之分子也。贡职不至，山戎为之伐矣。《史记·齐大公世家》：山戎伐燕，燕告急于齐，齐桓公救燕，遂伐山戎，至于孤竹而还，命燕君复修召公之政，纳贡于周，如成康之时。《燕召公世家》曰：山戎来侵我，齐桓公救燕，遂北伐山戎而还。使燕共贡天子，如成周时。三者如出一口。《穀梁》晚出之书，盖据传记，左右采获，非真有所受之，其以齐侯所献为戎菽，实沿《管子·戒》篇"出冬葱与戎菽，布之天下"之文，即其一证。观《史记》齐燕世家之文，知以桓公所救之燕为北燕，西汉初年已有此误，《穀梁》之所采者，盖亦此等书。然传记之较古者，固犹未尝以此燕为北燕也。

〔五五〕赤狄、白狄考

狄之见于《春秋》者，或止称狄，或称赤狄、白狄。宣十五年："六月癸卯，晋师灭赤狄潞氏。"《注》："潞，赤狄之别种。"《疏》云："狄有赤狄、白狄，就其赤白之间，各自别有种类。此潞是国名，赤狄之内别种一国。夷狄祖其雄豪者，子孙则称豪名为种，若中国之始封君也。谓之赤、白，其义未闻，盖其俗尚赤衣白衣也。"案两爨蛮亦称乌白蛮。《唐书》谓"初裹五姓，皆乌蛮也。妇人衣黑缯。""东钦蛮二姓，皆白蛮也。妇人衣白缯。"《疏》盖据后世事推之。如《疏》意，则凡狄非属于赤，即属于白矣，窃谓不然。

赤狄种类见于《春秋》者有三：潞氏及甲氏、留吁是也。宣十六年："晋人灭赤狄甲氏及留吁。"《左氏》云："晋士会帅师灭赤狄甲氏及留吁、铎辰。"杜《注》"铎辰不书，留吁之属"，似以意言之。又成三年："晋郤克、卫孙良夫伐廧咎如。"《左氏》曰："讨赤狄之余焉。"是《左氏》所称为赤狄者，较《春秋》多一铎辰、一廧咎如也。廧咎如，《公羊》作将咎如。至东山皋落氏，则《左氏》亦不言为赤狄，杜《注》云："赤狄别种也。"《史记·晋世家》：献公"十七年晋侯使太子申生伐东山"。《集解》："贾逵曰：东山，赤狄别种也。"《疏》云："成十三年《传》，晋侯使吕相绝秦，云白狄及君同州，则白狄与秦相近，当在晋西；此云东山，当在晋东。宣十五年，晋师灭赤狄潞氏，潞则上党潞县，在晋之东，此云伐东山皋落氏,知此亦在晋东,是赤狄别种也。"其说似属牵强。

白狄种类,《春秋》及《左氏》皆未明言。昭十二年,杜《注》曰:"鲜虞,白狄别种。""肥,白狄也。"十五年,《注》又曰:"鼓,白狄之别。"《疏》云:"宣十五年,晋师灭赤狄潞氏,十六年,晋人灭赤狄甲氏及留吁,成三年,晋郤克、卫孙良夫伐廧咎如,《传》曰:讨赤狄之余焉。是赤狄已灭尽矣;知鲜虞与肥,皆白狄之别种也。"其说之牵强,与前说同。

案《春秋》、《左氏》言赤狄种类,虽似不同,然铎辰之名,《春秋》无之。"讨赤狄之余焉",语有两解:刘炫以为"廧咎如之国,即是赤狄之余"。见《疏》。杜预则谓"宣十五年,晋灭赤狄潞氏,其余民散入廧咎如,故讨之"。揆以文义,杜说为长。以《春秋》、《左氏》于潞氏、甲氏、留吁、铎辰,皆明言为赤狄,于廧咎如则不言也。然则《左氏》之意,盖不以廧咎如为赤狄。《左》不以廧咎如为赤狄,而铎辰为《春秋》所无,则《春秋》、《左氏》言赤狄,初无歧异矣。然则赤狄自赤狄,白狄自白狄,但言狄者,自属非赤非白之狄,安得谓凡狄皆可分属赤狄白狄乎?杜说盖失之也。

予谓赤狄、白狄,乃狄之两大部落。其但称狄者,则其诸小部落。小部落时役属于大部落则有之,若遂以赤白为种类之名,谓凡狄皆可或属诸赤,或属诸白,则非也。《左》宣十一年云:"众狄疾赤狄之役,遂服于晋。"必赤狄之名,不苞众狄,乃得如此措辞。若众狄亦属赤狄,当云疾潞氏之役,安得云疾赤狄之役乎?此《春秋》及《左氏》凡言狄者,不得以为赤狄或白狄之明征也。

然则赤狄、白狄,果在何方乎?曰:赤狄在河内,白狄在圁洛之间。何以知之?曰:以《史记·匈奴列传》言"晋文公攘戎翟,居于河内、圁洛之间,号曰赤翟、白翟"知之也。居河内者盖赤狄,居圁洛之间者盖白狄也。曰:《史记》上云"攘戎翟",而下云"号曰赤狄、白狄"，明赤狄、白狄为两种之总称，所苞者广矣。曰：《史记》之言，盖举其大者以概其余，非谓凡狄皆可称为赤狄或白狄也。若谓凡狄皆可称为赤狄或白狄，则无解于《春秋》之或称赤狄，或称白狄，或但称狄矣。盖狄在《春秋》时，就大体言之，可区为二：一在东方，一在西方。在东方者，侵轶于周、郑、宋、卫、齐、鲁之间，其地盖跨今河北之保定、大名两道，山西冀宁道之东境，河南之河北道，或且兼及河洛、开封道境。其中以居河内之赤狄为最大。居西方者，其地盖跨今山西冀宁道之西境及河东道，陕西之榆林道及关中道，其中以居圁洛之间之白狄为最大，故史公特举之也。言《春秋》时狄事者，莫详于《左氏》，今请举以为证。

　　狄之居东方者，莫张于庄、闵、僖之间。庄三十二年伐邢，闵二年入卫，以齐桓公之威，纠合诸侯，迁邢于夷仪，封卫于楚丘。然及僖十二年，诸侯复以狄难故，城卫楚丘之郛。其明年狄侵卫，又明年侵郑，则其势初未弱也。齐桓公之卒也，宋襄公伐齐而纳孝公，虽曰定乱，实有伐丧之嫌，诸侯莫能正，惟狄人救之。僖十八年。是时邢附狄以伐卫，《左》"卫侯以国让父兄子弟及朝众曰：苟能治之，毁请从焉。众不可，而从师于訾娄。狄师还。"可见是时狄势之盛。至二十五年而为卫所灭，狄虽不能救，然二十年尝与齐盟于邢，《左氏》曰：为邢谋卫难也。二十一年狄侵卫，三十一年又围卫，卫为之迁于帝丘，狄之勤亦至矣。先是僖公十年："狄灭温。"温者，苏子封邑，周初司寇苏忿生之后也。见成十一年。十一年，王子带召扬拒、泉皋、伊洛之戎以伐周，入王城，焚东门，秦、晋伐戎以救周。晋侯平戎于王。十二年，王讨王子带，王子带奔齐。齐侯使管夷吾平戎于王，使隰朋平戎于晋。僖十四年秋，狄侵郑，无传。十六年："王以戎难告于齐，齐征诸侯而戍周。"此所谓戎，不知与狄有关否。然及僖二十四年，王以狄师伐郑，冬，遂为狄所伐，王出居于郑。大叔以狄女居于温，则必即九年灭温之狄矣。晋文勤王，取大叔于温，杀之于隰城，王以温锡晋。三十二年："狄有乱，卫人侵狄，狄请平焉。"其在河内者，至是当少衰。然三十年及文四年、九年、十一年迭侵齐，七年伐鲁西鄙，十年侵宋，十三年又侵卫，则东方之狄，亦未尝遂弱也。凡此者，《春秋》及《左氏》皆但称为狄，惟文七年侵鲁之役，《左氏》云："公使告于晋，赵宣子使因贾季问酆舒，且让之。"酆舒、潞氏相似，其事由赤狄，然此只可谓侵鲁之狄役属于赤狄，不能谓侵鲁者，即赤狄也。

赤狄见《春秋经》，始于宣公三年之侵齐。四年又侵齐；六年伐晋；七年又侵晋，取向阴之禾。十一年晋侯会狄于欑函，《左氏》云："众狄服也。""众狄疾赤狄之役，遂服于晋。"观文七年，赵宣子之让酆舒，则知赤狄是时所役属之狄颇众，故其势骤张也。及是党与携离，势渐弱矣。宣十三年虽伐晋及清，及十五年潞氏遂为晋所灭，晋侯治兵于稷，以略狄土。明年灭甲氏、留吁及铎辰，成三年又伐廧咎如，以讨赤狄之余焉。赤狄之名，自是不复见。盖赤狄本居河内，是时强盛，故兼据潞氏、甲氏、留吁、铎辰之地也。据《左氏》伯宗之言，则潞氏又夺黎侯之地。其本据地河内，未知灭亡或否，然纵幸存，其势力亦无足观矣。

东方之狄，自晋灭赤狄后，不见于《春秋》及《左氏》者若干年。至昭、定以降，鲜虞、肥、鼓乃复与晋竞。《左》昭十二年，晋荀吴伪会齐师者，假道于鲜虞，遂入昔阳。秋八月壬午，灭肥，以肥子绵皋归。十三年，晋荀吴以上军侵鲜虞及中人。十五年，荀吴伐鲜虞，围鼓，以鼓子鸢鞮归。既献而反之，又叛于鲜虞。二十二年六月，荀吴灭之。定三年，鲜虞人败晋师于平中，获晋观虎。四年，晋士鞅、卫孔圉伐鲜虞。五年冬，士鞅围鲜虞，报观虎之役也。哀元年，齐、卫会于乾侯，救范氏也。鲁师及齐师、卫孔圉、鲜虞人伐晋，取棘蒲。三年，齐、卫围戚，求援于中山。杜《注》：中山，鲜虞。四年十一月，邯郸降，荀寅奔鲜虞。十二月，齐国夏会鲜虞，纳荀寅于柏人。六年春，晋伐鲜虞，治范氏之乱也。鲜虞、肥、鼓地与潞氏、甲氏、留吁、铎辰相近，与齐、晋、鲁、卫皆有关系，其形势正与自庄公至宣公时之狄同，《春秋》及《左氏》皆绝不言为白狄，《穀》昭十二《注》：鲜虞，姬姓，白狄也。《释》曰：《世本》文。不知杜氏何所见而云然。以予观之，毋宁谓为与赤狄相近之群狄为较当也。

白狄本国盖在圜洛之间。然西方之狄，跨据河之东西者亦甚众，非止一白狄也。晋之建国也，籍谈追述其事曰："晋居深山之中，戎狄之与邻，而远于王室。王灵不及，拜戎不暇。"昭十五年。是唐叔受封之时，已与此族为邻矣。二五之说晋献公使重耳居蒲，夷吾居屈也，曰："蒲与二屈，君之疆也。疆埸无主，则启戎心。"又曰："狄之广莫，于晋为都。晋之启土，不亦宜乎？"庄二十八年。则蒲、屈所与为界者，即狄人也。僖五年，晋侯使寺人披伐蒲，重耳奔狄。明年，贾华伐屈，夷吾将奔狄，却芮曰："后出同走，罪也。不如之梁，梁近秦而幸焉。"乃之梁。重耳、夷吾盖皆欲借资于秦以复国，夷吾不果奔狄，仍奔近秦之梁，则狄之近秦可知也。晋文公让寺人披之辞曰："予从狄君，以田渭滨。"则晋文所奔、夷吾所欲奔而未果之狄，即与蒲、屈为界之狄，其地自渭滨跨河而东界于蒲、屈也。《左》闵二年"虢公败犬戎于渭汭"，虽未知即此狄否，然其地则相近矣。僖二年："虢公败戎于桑田。"《注》："桑田，虢地，在弘农陕县东北。"重耳之奔狄也，狄人伐廧咎如，获其二女叔隗、季隗，纳之公子。成十三年，吕相绝秦之辞曰："白狄及君同州，君之仇雠，而我之昏姻也。"杜《注》："季隗，廧咎如赤狄之女也。白狄伐而获之，纳诸文公。"杜氏此《注》，殊属牵强，故《疏》亦游移其辞，不敢强申其说也。凡此等狄，其地皆与白狄近，然《春秋》及《左氏》皆不明言为白狄，则亦西方之众狄，与白狄相近者耳。僖八年："晋里克帅师，梁由靡御，虢射为右，以败狄于采桑。梁由靡曰：狄无耻，从之，必大克。里克曰：惧之而已，无速众狄。虢射曰：期年，狄必至；示之弱矣。夏，狄伐晋，报采桑之役也。复期月。"曰"无速众狄"，明西方狄亦甚众，如东方赤狄所役属也。西方之狄，与晋相近，故争阅颇烈。僖十六年，因晋韩原之败，侵晋取狐厨、受铎，涉汾及昆都。二十八年，晋作三行以御狄。三十一年，又作五军以御狄。三十三年："晋侯败狄于箕，却缺获白狄子。"曰获白狄子，而不言所败者即白狄，盖白狄与他狄俱来也。范文子曰："吾先君之亟战也有故，秦、狄、齐、楚皆强，不尽力，子孙将弱。"成十六年。以狄与秦、齐、楚并举，可以见其强盛矣。襄二十六年："子灵奔晋，晋人与之邢，以为谋主，扞御北狄。"此等狄人，东为晋人所攘斥；又秦穆修政，东境至河，《史记·六国表》。其在渭滨及河东之地，盖皆曰蹙。昭十三年，晋人执季孙意如，使狄人守之。定十四年，晋人围朝歌。析成鲋、小王桃甲率狄师以袭晋，战于绛中。盖皆其服属于晋者也。《史记》云："秦穆公得由余，西戎八国服于秦。"此《匈奴列传》文，《秦本纪》云："益国十二，开地千里。"与《韩非子·十过》、《说苑·反质》篇同。《李斯传》作"并国二十"，二十字疑倒。《汉书·韩安国传》作"并国十四"，四亦疑二之误。古文一二三四，皆积画为也。《盐铁论·论勇》："秦穆公得百里奚、由余，西戎八国服。"与《匈奴列传》同。穆公所服，盖多岐以东之地，即太王所事之獯粥，文王所事之昆夷，及灭幽王之犬戎也。然则同、蒲间之狄，盖尽为秦、晋所并矣。白狄居阊洛之间，其地较僻，盖至魏开河西、上郡而后亡？

白狄之见《春秋》，始于宣公八年与晋伐秦，成九年与秦伐晋。十三年吕相绝秦之辞曰："白狄及君同州，君之仇雠，而我之昏姻也。君来赐命曰：吾与女伐敌。寡君不敢顾昏姻，畏君之威，而受命于吏。君有二心于狄，曰晋将伐女，狄应且憎，是用告我。"《左氏》亦曰："秦桓公既与晋厉公为令狐之盟，而又召狄与楚欲道以伐晋。"白狄盖叛服于秦、晋之间者也。《春秋》襄十八年春，"白狄来"。《左氏》云："白狄始来。"盖至是始通于鲁。可见所谓白狄者，惟指阊洛间一族，若凡在西北者，皆可称白狄，前此似不得迄无往来也。二十八年，白狄朝晋；昭元年，祁午称赵文子服齐、狄；杜《注》谓指此事，其重视之可知。《管子·小匡》篇谓齐桓公"西征，攘白狄之地，遂至于西河"。《小匡》述事，不甚可信，然白狄之在西河，则因此而得一左证也。《左》僖三十三年，杜《注》："白狄，狄别种也。故西河郡有白部胡。"

《左》襄四年："无终子嘉父使孟乐如晋，因魏庄子纳虎豹之皮以请和诸戎。"杜《注》谓无终，山戎国名。其《释例》又谓山戎、北戎、无终三者是一。案山戎、北戎在东方，别见予所撰《山戎考》。杜氏之云，未知何据。昭元年之《疏》，亦不信之。观魏绛劝晋侯和戎，谓"戎狄荐居，贵货易土，土可贾焉"。又曰："边鄙不耸，民狎其野，穑人成功。"《左》襄公四年。则其地与晋密迩。昭元年："晋荀吴帅师败狄于大卤。"《左氏》云："败无终及群狄于太原。"则无终即在太原附近，疑亦西方之狄而能役属群狄者也。《左》襄五年："王使王叔陈生愬戎于晋。"未知即四年所谓诸戎之一否。

写于一九三四年四月前

〔五六〕以畜喻君[①]

《左氏》宣公四年：郑子公欲弑灵公，子家曰："畜老，犹惮杀之，而况君乎？"成公十七年：晋栾书、中行偃欲弑厉公，韩厥曰："古人有言曰：杀老牛莫之敢尸，而况君乎？"以畜类喻君，人莫不以为骇，其实无足骇也。畜者，养也。臣之于君，固有孝养之义。古人言养，亦恒以畜类为喻，不以为褒也。《论语·为政》："子游问孝，子曰：今之孝者，是谓能养；至于犬马，皆能有养；不敬，何以别乎？"《坊记》："子云：小人皆能养其亲，君子不敬，何以辨？"孟子曰："缪公之于子思也，亟问，亟馈鼎肉。子思不悦。于卒也，摽使者出诸大门之外，北面稽首再拜而不受，曰：今而后知君之犬马畜伋。"《万章》下。又曰："食而弗爱，豕交之也；爱而不敬，兽畜之也。"《尽心》上。虽不以为然，然可见徒以养言，固恒以畜类为喻。孟子又谓"理义之悦我心，犹刍豢之悦我口。"《告子》上。刍豢者，牛羊之食，亦未尝不引伸为凡食之称，而以施诸人也。齐景公召太师曰："为我作君臣相悦之乐。其诗曰：畜君何尤？畜君者，好君也。"《梁惠王》下，《孟子》此六字即系解释《诗》义。《集注》谓臣能畜止其君之欲，乃是爱君，非也。《吕览·适威》引《周书》曰："民善之则畜也，不善则雠也。"高《注》："畜，好。"刍豢为人之所好，好之

[①] 曾改题为《春秋时人以畜比君》。

者必饮食之,故自养义引伸为好也。固亦施之于君,且以为歌颂之辞矣。

《左氏》襄公二十一年:"齐庄公为勇爵,殖绰、郭最欲与焉。州绰曰:二子者,譬于禽兽,臣食其肉而寝处其皮矣。"意虽近于自夸,然未闻以其言为狎侮,则古人之贱禽兽,固不若后世之甚也。

〔五七〕余祭之死

余祭之死,《春秋》在襄公二十九年,即余祭之四年也。《史记·十二诸侯年表》,亦于是年书"守门阍杀余祭,季札使诸侯"。_{于鲁、齐、晋、郑亦皆书季札来使事。}《世家》则但记季札出使而无余祭见杀之事。至十七年,乃书"余祭卒,弟余眛立"。卒、弑既异,先后又差十四年,疑《春秋》及《年表》是也。公子光之弑王僚也,乘盖余、烛庸之在楚,季札之使晋。光告专诸曰:"季子虽至,不吾废也。"则季子在吴,未尝不为人所忌。余祭之见弑,盖亦乘季子出使而发。然余祭虽死,而国不能定,故至十七年余眛乃立也。春秋战国时,君位旷废历年者甚多,周厉王、鲁昭公、卫献公乃其著者。《史记·燕世家》:惠公六年,欲去诸大夫而立宠姬宋,大夫共诛姬宋,惠公惧,奔齐,四年,齐高偃如晋,请共伐燕,入其君。晋平公许,与齐伐燕,入惠公,惠公至燕而死,燕立悼公。《年表》于六年书公出奔,历七、八、九年,乃为悼公元年,书惠公归至卒,则君位旷者四年也。又《管蔡世家》:楚文王虏蔡哀侯以归,哀侯留九岁,死于楚,凡立二十年,卒,蔡人立其子肸。《年表》见虏在十一年,至其二十一年,乃为穆侯肸元年,则君位旷者九年矣。皆周厉王、鲁昭公、卫献公之伦也。春秋系世之书,不记君之见弑,盖亦习为故常。《史记·吴世家》不记余祭之弑,盖其所本者如此,非漏落也。《礼记·明堂位》郑《注》,以"君臣未尝相弑"一语,深诋作者之诬。其实内大恶讳,乃当时史家成例,非孔子所创;而记人更非有意掩饰也。

〔五八〕楚之四国

《左氏》：昭公十一年，"楚子城陈、蔡、不羹，使弃疾为蔡公。王问于申无宇曰：弃疾在蔡，何如？对曰：择子莫如父，择臣莫如君。郑庄公城栎而置子元焉，使昭公不立。齐桓公城谷而置管仲焉，至于今赖之。臣闻五大不在边，五细不在庭；亲不在外，羁不在内。今弃疾在外，郑丹在内，君其少戒。王曰：国有大城，何如？对曰：郑京、栎实杀曼伯，宋萧、亳实杀子游，齐渠丘实杀无知，卫蒲、戚实出献公，若由是观之，则害于国。末大必折，尾大不掉，君所知也。"十二年，王谓子革曰："昔诸侯远我而畏晋，今我大城陈、蔡、不羹，赋皆千乘，子与有劳焉，诸侯其畏我乎？对曰：畏君王哉！是四国者，专足畏也，又加之以楚，敢不畏君王哉？"《贾子·大都》曰："昔楚灵王问范无宇曰：我欲大城陈、蔡、叶与不羹，赋车各千乘焉，亦足以当晋矣；又加之以楚，诸侯其来朝乎？范无宇曰：不可。臣闻大都疑国，大臣疑主，乱之媒也。都疑则交争，臣疑则并令，祸之深者也。今大城陈、蔡、叶与不羹，或不充，不足以威晋；若充之以资财，实之以重禄之臣，是轻本而重末也。臣闻尾大不掉，末大必折，此岂不施威诸侯之心哉？然终为楚国大患者，必此四城也。灵王弗听。果城陈、蔡、叶与不羹，实之以兵车，充之以大臣。是岁也，诸侯果朝。居数年，陈、蔡、叶与不羹或奉公子弃疾内作难，楚国云乱，王遂死于乾溪。"案《左氏》昭公十三年，亦言弃疾等帅陈、蔡、不羹、许、叶之师以入楚，则《贾子》是也。杜氏以不羹有东西二城，恐非。

〔五九〕三王五霸

三皇五帝，无定说也，三王五霸亦然。《白虎通义·号》篇引《春秋传》曰："王者受命而王，必择天下之美号以自号。"释夏、殷、周皆为美称。又云："五帝德大能禅，成于天下，无为立号。"又引或说，谓唐、虞、高辛、高阳、有熊皆号。则其所谓三王者，但指夏、殷、周言之，未尝凿指其人也。《风俗通义》引《礼号谥记》以夏禹、殷汤、周武王为三王，又有据《诗》、《书》、《春秋》之说，以文易武者，应氏谓"俗儒新生，不能采综，多其辨论，至于讼阋"。然应氏力辨武之为是，文之为非，亦未有以见其必然也。五霸之说，尤为纷繁。《白虎通义》第一说曰昆吾、大彭、豕韦、齐桓、晋文。《风俗通义》、《吕览·先己》高《注》、《左氏》成公二年杜《注》及服虔《诗谱序疏》主之。第二说曰齐桓、晋文、秦缪、楚庄、吴阖闾，无同者。第三说曰齐桓、晋文、秦缪、宋襄、楚庄，《孟子·告子》赵《注》、《吕览·当务》高《注》主之。《荀子·王霸》篇曰："齐桓、晋文、楚庄、吴阖闾、越句践，是所谓信立而霸也。"则其说又异。《议兵》篇亦以齐桓、晋文、楚庄、吴阖闾、越句践并举。又《成相》篇谓穆公强配五霸，亦以穆公在五霸之外。案《国语·郑语》，以昆吾为夏霸，大彭、豕韦为商霸。《穀梁》隐公八年云："交质子不及二伯。"则第一说有据。《太史公自序》云："幽厉之后，周室衰微，诸侯专政，五霸更盛衰。"则五霸必在东周之世，第二三说及《荀子》

之说亦有据。《白虎通义》及《风俗通义》疏释辨论之语,亦皆可通而皆未有以见必然。由其本无定说,故后人以意言之,其说皆有可取也。

《史记·商君列传》曰:"孝公既见卫鞅,语事良久,孝公时时睡,弗听。罢而孝公怒景监曰:子之客,妄人耳,安足用邪!景监以让卫鞅。卫鞅曰:吾说公以帝道,其志不开悟矣。后五日,复求见鞅。鞅复见孝公,益愈,然而未中旨。罢而孝公复让景监。景监亦让鞅。鞅曰:吾说公以王道而未入也,请复见鞅。鞅复见孝公。孝公善之,而未用也,罢而去。孝公谓景监曰:汝客善,可与语矣。鞅曰:吾说公以霸道,其意欲用之矣。诚复见我,我知之矣。卫鞅复见孝公,公与语,不自知膝之前于席也。语数日不厌。景监曰:子何以中吾君?吾君之驩甚也。鞅曰:吾说君以帝王之道,比三代,而君曰:久远,吾不能待。且贤君者,各及其身显名天下,安能邑邑待数十百年以成帝王乎?故吾以强国之术说君,君大说之耳。然亦难以比德于殷周矣。"设此说者,盖谓秦之为治,又下于五霸一等也。《白虎通义》曰:"德合天地者称帝,仁义合者称王。"又引《礼记·谥法》曰:"德象天地称帝,仁义所生称王。"《管子·禁藏》曰:"以情伐者帝,以事伐者王,以政伐者霸。"《霸言》曰:"得天下之众者王,得其半者霸。"《兵法》曰:"明一者皇,察道者帝,通德者王。"《吕览·应同》曰:"同气贤于同义,同义贤于同力,同力贤于同居。帝者同气,王者同义,霸者同力。"《先己》曰:"五帝先道而后德,故德莫盛焉。三王先德而后事,故功莫大焉。五伯先事而后兵,故兵莫强焉。"晁错曰:"五帝神圣,其臣莫能及。""三王臣主俱贤。""五伯不及其臣。"《汉书·晁错传》。《淮南·泰族》曰:"同气者帝,同义者王,同力者霸。"《公羊》何休曰:"德合元者称皇","德合天者称帝","仁义合者称王"。《公羊》成公八年《解诂》。桓谭《新论》曰:"三皇以道治,五帝用德化,三王由仁义,五霸以权智。其说之曰:无制令刑罚谓之皇,有制令而无刑罚谓之帝,赏善诛恶,诸侯朝事谓之王,兴兵约盟,以信义矫世谓之霸。"《御览·皇王部》引。凡此皆设为优劣,以明治道之升降,意本不主于人也。

《左氏》成公二年"四王之王也",《注》曰:"禹、汤、文、武。"案三王之说,初仅据言其为夏、殷、周,逮进而凿求其人,则夏禹、殷汤,均无疑义,惟周则为文为武,皆有可通,应劭所辨,即在于此。《左氏》文字,予尝疑其多出传者之润饰,此四王,殆即主张以文、武并称者,所以调和三王为文为武之争与?然必非旧说也。《学记》曰:"三王四代惟其师。"《明堂位》曰:"四代之乐器。"注皆曰虞、夏、殷、周。皆言四代而不言四王。何则?称名必循众所习知,古固无称舜为王者也。《表记》:子曰:"虞夏之道,寡怨于民,殷周之道,不胜其敝。"又曰:"虞夏之质,殷周之文,至矣。虞夏之文,不胜其质,殷周之质,不胜其文。"皆以四代并论。《檀弓》:哀公问于周丰曰:"有虞氏未施信于民,而民信之,夏后氏未施敬于民,而民敬之。"丰对曰:"殷人作誓而民始畔,周人作会而民始疑。"亦以四代并论。然又曰:"子言之曰:后世虽有作者,虞帝弗可及也已矣。"仍称舜为帝,不称为王也。或曰:古三、四字皆积画,《左氏》之四王,乃三王传写之误。说亦可通。然传写似误四为三者多,误三为四者少也。

《左氏》称悼公复霸,成公十八年。《国语》亦然。《晋语》。《左氏疏》曰:"郑玄云:天子衰,诸侯兴,故曰霸。夏有昆吾,商有豕韦、大彭,周有齐桓、晋文,此最强者也。故书传通谓彼五人为五霸耳。但霸是强国为之,天子既衰,诸侯无主,若有强者,即营霸业,其数无定限也。而何休以霸不过五,不许悼公为霸,以乡曲之学,足以忿人。传称文、襄之伯,襄承文后,绍继其业,以后渐弱,至悼乃强,故云复霸。"案以曾为诸侯之长言之,霸自不止于五,岂惟晋悼,楚灵、齐景、亦可称霸也。若就五霸说之，晋悼自不得与，此犹共工氏霸九州而不列于五帝也。义各有当，遽以乡曲之学，横肆诋諆，过矣。

五霸虽多异说，然推创此说者之意，必指东周后之强国言之。何则？五帝不兴于三皇之时，三王不起于五帝之世，为皇帝王霸之说者，原取明世运之递降，安得五霸之云，独错出于三王之代乎？《孟子》曰："五霸，桓公为盛。"《告子》下。此乃与晋文以下比较言之，犹孔子言"晋文公谲而不正，齐桓公正而不谲"也。《论语·宪问》。夏殷史事，传者已略，何由知昆吾、大彭、豕韦与齐桓孰盛哉？然则《白虎通》之正说，必《左氏》既出后之说，其为元文与否，颇可疑也。《穀梁》独称二伯，《穀梁》亦古文家言也。

董子《繁露》，以王者之法，必正号，绌王谓之帝，封其后以小国，存二王之后以大国，同时称帝者五，称王者三。周人之王，尚推神农为九皇，绌虞而号舜曰帝，《三代改制质文》。此《春秋》昭五端、通三统之义。诸家之称三王，不知义同儒家以否，然曰三曰五，义必有取，则可知也。司马相如《难蜀父老》："上咸五，下登三。"《史记》本传。盖即此义。《集解》引韦昭曰："咸同于五帝，登三王之上。"《索隐》云："李奇曰：五帝之德，汉比为减，三王之德，汉出其上，故云减五登三。此说非也。虞喜《志林》云：相如欲减五帝之一，以汉盈之。然以汉为五帝之数，自然是登于三王之上也。今本减或作咸，是与韦昭之说符也。"其所谓今本者，盖后人依韦昭之说改之，李奇、虞喜解并误，然所据本，固皆作减也。

〔六〇〕中　山

中山者，春秋战国间之大国也。《左氏》载中山与晋相竞，始于昭公之十二年，而迄于哀公之六年，其间凡四十二年。其后八十二年，而魏文侯灭中山，使太子击守之。<small>魏文侯十七年。见《史记·魏世家》。</small>其后中山复国。<small>见《乐毅列传》。</small>自魏文侯灭中山之后三十一年，为赵敬侯十年，赵与中山战于房子；其明年，伐中山，又战于中人。<small>见《赵世家》。</small>越三十四年，而中山君为魏惠王相。<small>见《六国年表》，在魏惠王二十九年。《魏世家》作二十八年。</small>此时中山虽为魏弱，然赵武灵王之告公子成曰："先时中山负齐之强兵，侵暴吾地，系累吾民，引水围鄗，微社稷之神灵，则鄗几于不守也。先王丑之，而怨未能报也。"<small>见《赵世家》。</small>则其力犹足与赵为敌，春秋末叶连齐以掎晋之志，未尝衰也。中山君相魏惠王之后三十五年，为赵武灵王之十九年，始胡服骑射，以必取胡地、中山为志。其明年，略中山地，至宁葭。又明年攻中山，中山献四邑请和。王许之，罢兵。二十三年，攻中山。二十六年，复攻之。二十七年，传国于惠文王。惠文王三年，乃灭中山，迁其王于肤施。<small>均见《赵世家》。</small>自鲁昭公十二年至此，凡二百三十五年，中山之与晋相抗，可谓久矣。

中山之亡，《赵世家》在惠文王三年，而《六国年表》在四年。《表》云："与齐、燕共灭中山。"《燕世家》及《表》皆不载此事，《齐世家》及《表》，皆系湣王二十九年，与《表》作惠文王四年者合。盖迁其君在三年，而尽服其众而定其地，实在四年也。赵惠文王四年，为秦昭王十二年，而《秦本纪》昭王八年，"赵破中山，其君亡，竟死齐。"或以此疑《秦纪》及《六国表》相龃龉。案此不徒与惠文王四年中山灭非一事，即与三年中山君之迁，亦非一事。故《秦纪》昭王十一年，中山尚与齐、韩、魏、赵、宋共攻秦。《史记·秦纪》云："齐、韩、魏、赵、宋、中山五国共攻秦。"《正义》云："盖中山此时属赵，故云五国也。"案中山苟为赵私属，即不必特举其名，盖或五字误，或衍他字也。《正义》说未安。明其亡竟死齐之后，尚有一君，盖即迁于肤施者也。

《六国表》云齐湣王佐赵灭中山，《乐毅列传》亦云齐湣王助赵灭中山；《范雎列传》：说秦王曰："昔者中山之国，地方五百里，赵独吞之，功成名立，而利附焉，天下莫之能害也。"则湣王之佐赵，乃烛之武所谓"亡郑以倍邻"者耳。夫中山去赵近，而去齐远，其于赵，腹心之患也；武灵王告楼缓曰："今中山在我腹心。"则赵之于中山，亦腹心之患也。连齐以拒赵，在中山策固宜然；抚中山以拒晋，于齐计亦良得。昭、定、哀间之已事及围鄫之役，资中山以强兵，盖齐之素计，非漫然而为之也。弃累世之遗策，灭与国以资邻敌，湣王之所为若此，欲以求伯，不亦难乎？燕是时亦助赵者。昭王方欲报齐，盖以此结欢于赵，非徒为赵用也，与齐湣王之劳民助敌者不同。

范雎云：中山"地方五百里"。中山与燕、赵为王，齐闭关不通中山之使，其言曰："我，万乘之国也；中山，千乘之国也。"见《中山策》。然则中山之为国，盖鲁、卫之伦也。方五百里，在周初为大国，至春秋以降，则不足数矣。而中山独累世雄张，为齐、燕、赵、魏所重，盖以其地险故。赵武灵王胡服骑射以取中山，非谓中山亦林胡、楼烦之伦，将以轻骑与之驰逐于原野，乃欲以是深入其阻耳。武灵王之告公子成曰："今吾国东有河、薄洛之水，与齐、中山同之，无舟楫之用；自常山以至代、上党，东有燕、东胡之境而西有楼烦、秦、韩之边；今无骑射之备，故寡人无舟楫之用，夹水居之，民将何以守河、薄洛之水？变服骑射，以备燕、三胡、秦、韩之边。"是赵与中山角逐，仍重在平地，其胡服骑射则所以防燕、三胡、秦、韩也。然又曰"今骑射之备，近可以便上党之形而远可以报中山之怨"，则以中山地险，惟骑兵乃能深入其阻，一举而两利存焉。然其本意，固以备燕、三胡、秦、韩，非以为中山也。胡服骑射之后，明年而有事于中山，史记其事云："略中山地，至宁葭。"略者师速而疾，盖犹仅拂其境。是年，使代相赵固主胡，致其兵。明年，又攻中山，赵袑为右军，许钧为左军，公子章为中军，王并将之；牛翦将车骑，赵希并将胡、代，赵，与之陉；合军曲阳，攻取丹邱、华阳、鸱之塞，王军取鄗、石邑、封龙、东垣。中山献四邑请和。均见《赵世家》。四邑，盖即鄗、石邑、封龙、东垣。是役也，以赵固有之军为三军，王并将之，以攻中山之邑，而以新练之骑兵，牛翦所将。与所致胡、代之兵，赵希所将。云并将胡、代、赵者，赵为主军，胡、代为客军，并将是三国之兵也。与之陉，徐广曰"一作陆"，窃疑作陉为是。陉者，山绝之名，所谓塞者，盖在于是。豫许赵希攻下，即以之为赏也。赵希，或致胡兵之赵固之父兄子弟。攻中山之塞，始深入其阻矣。其后之攻中山，当仍祖是策，故不数年而中山遂亡。惠文王二年，主父行新地，遂出代西，遇楼烦王于西河而致其兵。明年，遂灭中山。致楼烦之兵，盖亦所以攻中山也。

《中山策》曰："乐羊为魏将攻中山，其子时在中山，中山君烹之作羹，致于乐羊，乐羊食之。古今称之。"甘茂谓秦武王曰："魏文侯令乐羊将而伐中山，三年而拔之。乐羊返而论功，文侯示之谤书一箧。"《史记》本传，亦见《秦策》。中山之难攻可知，盖以其险也。《中山策》又曰："魏文侯欲残中山，常庄谈谓赵襄子曰：魏并中山，必无赵矣。公何不请公子倾以为正妻，因封之中山，是中山复立也。"据《六国表》，襄子之卒，在魏文侯元年前一年。文侯之欲残中山，得无恶其险，故欲破坏之，使之不复能立邪？乐羊之灭中山，文侯封之以灵寿。乐羊死，葬于灵寿。《史记·乐毅列传》。则文侯固尝拔其地以封有功之将，而乐羊亦能抚其封邑之民。然中山无几卒复国，又百余年而后亡，则甚矣灭国之不易，而险之果足恃也？吴起曰："在德不在险"，固也，然此亦为大无道者言之耳，若得中主，恃险固亦足以延命矣。《史记·穰侯列传》，须贾说穰侯曰："宋、中山数伐割地，而国随以亡。"四邑之献，即中山好割地之一证。然仅此一事，不得云数，其前此如是者，盖多矣。地数割，而犹后亡，亦地险使之也。

赵献侯十年，中山武公初立。此事既见《赵世家》，又见《六国赵表》。其立也，盖赵立之也。是年，为魏文侯十一年，又五年而献侯卒。其明年，魏遂使太子伐中山，盖闻赵之丧也。此事亦记于《赵世家》及《六国表》赵下，盖循赵史记之旧，可见赵视中山之重。

中山武公，徐广曰：定王之孙，西周桓公之子。而《索隐》以《世本》不言谁之子孙，疑徐广之言为无据。然徐广不得凿空，盖自有所据，而小司马时已无考也。

中山尝筑长城，事在赵成侯六年，亦见《赵世家》。古长城之筑，多文明之国，以此防野蛮部族之侵扰，故疑中山亦林胡、楼烦之类者，非也。赵主父使李疵视中山可攻不也，李疵告主父曰："中山之君见好岩穴之士，所倾盖与车以见穷闾隘巷之士以十数，伉礼下布衣之士以百数矣。"《韩非子·外储说左上》。案亦见《中山策》。是好文之主也。《说苑·权谋》曰："中山之俗，以昼为夜，以夜继日，男女切踦，固无休息，淫昏康乐，歌讴好悲。"是其嚚音沈湎，亦文明之国之流矣，非穹庐之君，旃裘之民，所能有也。故以中山为林胡、楼烦之伦者，非也。诸侯失地名灭同姓名，中山与赵，厥罪惟钩，而引夷狄以伐中国，则武灵王有罪焉尔矣。

〔六一〕皇帝说探源

《庄子·天运》:"子贡(见老聃)曰:夫三王五帝之治天下不同,其系声名一也,而先生独以为非圣人,如何哉?老聃曰:小子少进。子何以谓不同?对曰:尧授舜,舜授禹,禹用力而汤用兵,文王顺纣而不敢逆,武王逆纣而不肯顺,故曰不同。老聃曰:小子少进。余语女三皇五帝之治天下:黄帝之治天下,使民心一。民有其亲死不哭而民不非也。尧之治天下,使民心亲。民有为其亲,杀其杀,而民不非也。舜之治天下,使民心竞。民孕妇十月生子,子生五月而能言,不至乎孩而始谁,则人始有夭矣。禹之治天下,使民心变。人有心而兵有顺,杀盗非杀,人自为种而天下耳。是以天下大骇,儒、墨皆起。其作始有伦,而今乎妇女,何言哉?余语女,三皇五帝之治天下,名曰治之,而乱莫甚焉。三皇之知,上悖日月之明,下睽山川之精,中堕四时之施,其知憯于蛎虿之尾,鲜规之兽,莫得安其性命之情者,而犹自以为圣人,不可耻乎?其无耻也?子贡蹴蹴然立不安。"《注》曰:"子贡本谓老子独绝三王,故欲同三王于五帝耳。今又见老子通毁五帝,上及三皇,则失其所以为谈矣。"《释文》云:"三王,本或作三皇,依《注》作王是也。余皆作三皇。"案子贡言禹、汤、文、武而上及尧、舜,老子更上溯及于黄帝,皆在三王五帝之中,未尝及三皇也。《注》意盖谓老子通毁五帝,则其所取,必在三皇,亦未尝谓老子曾举三皇之名也。此节中三皇字，盖皆当作三王，而为后人妄改；然陆德明所见本，已如此矣。上文又载师金之言曰："三皇五帝之礼义法度，不矜于同而矜于治。故譬三皇五帝之礼义法度，其犹柤梨橘柚邪？其味相反，而皆可于口。故礼义法度者，应时而变者也。今取猨狙而衣以周公之服，彼必龁啮挽裂，尽去而后慊。观古今之异，犹猨狙之异乎周公也。"此节意与下节同。独举周公以为言，亦其所议者为三王而非三皇之证。疑此节三皇本亦作三王，而为妄人所改也。

《史记·殷本纪》："伊尹名阿衡。阿衡欲干汤而无由，乃为有莘氏媵臣，负鼎俎以滋味说汤，致于王道。或曰：伊尹处士，汤使人聘迎之。五反然后肯。往从汤，言素王及九主之事。"后说与《孟子》合，盖儒家言也。《集解》：刘向别录曰："九主者：有法君、专君、授君、劳君、等君、寄君、破君、国君、三岁社君，凡九品，图画其形。"《索隐》谓"所称九主，载之《七录》，名称则奇，不知所凭据耳"。案此盖释古法戒之图象，与《史记》所言九主无涉。《索隐》又引或说云："九主，谓九皇也。"以儒家言释儒家言，庶几近之。《汉书郊祀志》："天子既闻公孙卿及方士之言：黄帝以上封禅，皆致怪物，与神通，欲放黄帝，以接神人蓬莱，高世，比德于九皇。"则九皇之说，神仙家亦有之，匪独儒家；盖古固有是名也。张晏曰："三皇之前，有人皇，九首。"韦昭曰："上古有人皇者九人。"并据谶纬为说，恐非武帝时所有。人皇九头，见司马贞《补三皇本纪》。《注》云："出《河图》及《三五历》，"案所谓天皇地皇者，当出《三五历》；人皇当出《河图》；说见《古史纪年》。《管子·轻重戊》："桓公问于管子曰：轻重安施？管子对曰：自理国。虙戏以来，未有不以轻重而能成其王者也。公曰：何谓？管子对曰：虙戏作，造六峜以迎阴阳，作九九之数以合天道，而天下化之。神农作，树五谷淇山之阳，九州之民乃知谷食，而天下化之。黄帝作,钻燧生火以熟荤臊,民食之,无兹䏳之病,而天下化之。"黄帝盖燧人之误。下文又言"黄帝之王,童山竭泽"可知也。《揆度》:"齐桓公问于管子曰:自燧人以来,其大会可得而闻乎? 管子对曰:燧人以来,未有不以轻重为天下也。"《轻重戊》列举古帝,而首虙戏、神农、燧人;《揆度》言自燧人以来;则以三皇为始王天下,燧人又居三皇之首。亦古本有是说,而非儒家之私言也。

然皇帝二名,虽出先秦之世,究为后起之说。古者一部族之主谓之君,为若干部族之共主者谓之王。尊至于王而止矣,不能更有所加也。天下归往谓之王,此特侈言之,实则各王一域,春秋吴楚并时称王其证。王与王之间,因彼此关系较疏,其上更无共主,自不能别有名称。战国之世,列国皆称王,关涉较多,强弱渐判,乃谋立一更尊于王之号。于是借天神之名而称之曰帝,齐、秦并称东西帝,魏使辛垣衍说赵尊秦为帝是也。时人之见解如是,于是论古史者,亦于三王之前,更立五帝之号焉。夫尊至侔于天神,亦止矣,不能更有所加矣。然论古史者,犹不以是为已足也。乃不从尊卑著想,而从先后立义,据始王天下之义,造一皇字,而三皇之名立焉。皇王形异而声同,可知虽制殊文,实非二语也。太史公论秦始皇,谓其自谓"功过五帝,地广三王,而羞与之侔",此非亿度之辞,乃属当时实事。始皇诏丞相、御史曰"其议帝号",则业以帝者自居,而犹欲更议其号,即所谓羞与之侔也。帝且不嗛,何有于王? 丞相等议曰:"昔者五帝,地方千里,其外侯服夷服,诸侯或朝或否,天子不能制。今陛下兴义兵,诛残贼,平定天下,海内为郡县,法令由一统,自上古以来未尝有,五帝所不及。臣等谨与博士议曰:古有天皇,有地皇,有泰皇,泰皇最贵。臣等昧死上尊号,王为泰皇。"亦以其功过五帝,而别觅一名以尊之也。始皇曰"去泰著皇,采上古帝位号,号曰皇帝"者,一以帝为战国以来最尊之号,众所共喻,著之以适时俗;一亦以皇之与王，文虽殊而义则一，称皇，自不知文字者闻之，一若名号未更者。故必著帝以异于先古之王，又必著王以异于战国以来之所谓帝也。尊庄襄王曰太上皇，不曰太上皇帝者，以其不君天下。然则帝者谛也，取其审谛以治天下，犹上帝之居高而临下土耳。张晏曰："五帝自以德不及三皇，故自去其皇号。三王又以德不及五帝，自损称王。秦自以德兼二行，故兼称之。"《汉书·百官公卿表注》引。一若皇帝二名，古固有之者，真亿说也。

原刊《古史辨》第七册，一九四一年六月出版

〔六二〕管子论王霸

《管子·霸言》曰:"强国众,合强以攻弱以图霸;强国少,合小以攻大以图王。强国众而言王势者,愚人之智也;强国少而施霸道者,败事之谋也。"又曰:"强国众,先举者危,后举者利;强国少,先举者王,后举者亡。战国众,后举可以霸;战国少,先举可以王。"此殷周之所以成王业,而齐桓、晋文止于称霸也。盖强国少,则服一强而号令已施于天下。强国多,不可胜诛;战虽胜,犹虑有畜全力以乘吾后者;则不得不善藏其锋。强国少,众小国皆可胁而服焉。强国多,地丑德齐,齐盟且思狎主,况欲南面而朝之乎?晋不能于齐,楚不能于秦,晋、楚之力,岂让殷周,终不能代周而兴者,世异而所直之敌不同也。然此为春秋以前言之也。战国之世,众小国稍尽,大国壤地相接,惟以吞噬为事,秦始皇卒并六国为一,又非作《管子》书者所逆睹矣。

〔六三〕中国未经游牧之世

言社会演进者,多谓人之求口实,必自渔猎进于游牧,自游牧更进于农耕。其实不然。自渔猎径进于农耕者,盖不少矣,中国即其一也。

谓中国曾经游牧之世者,多以伏羲氏为牧民之君长,此为刘歆、郑玄、皇甫谧所误也。《易·系辞传》云:"古者包牺氏之王天下也,仰则观象于天,俯则观法于地;观鸟兽之文,与地之宜;近取诸身,远取诸物;于是始作八卦,以通神明之德,以类万物之情。作结绳而为网罟,以佃以渔,盖取诸离。"《经典释文》云:"包,本又作庖。郑云取也。孟、京作伏。牺,郑云:鸟兽全具曰牺。孟、京作戏,云伏服也,戏化也。"案《白虎通义·号篇》云:"下伏而化之,故谓之伏羲也。"《风俗通义》引《含文嘉》云:"伏者,别也,变也。戏者,献也,法也。伏戏始别八卦,以变化天下,天下法则,咸伏贡献,故曰伏戏也。"盖今文旧说,孟、京所用。《汉书·律历志》曰:"作网罟以田渔取牺牲,故天下号曰炮牺氏。"盖郑说所本。《易》但言田渔,歆妄益取牺牲三字,实非也。《礼记·月令正义》引《帝王世纪》曰:"取牺牲以共庖厨,食天下,故号曰庖牺氏。"则又以庖字之义,附会庖厨,失之弥远矣。《太平御览》引《诗纬含神雾》曰:"大迹出雷泽,华胥履之生伏羲。"《易·系辞传疏》引《帝王世纪》曰:"有大人迹,出于雷泽,华胥履之,而生包牺。"《淮南子·地形》曰:"雷泽有神,龙身人头,鼓其腹而熙。"《山海经·海内东经》曰:"雷泽中有雷神,龙身而人头,鼓其腹。《史记·五帝本纪正义》引作"鼓其腹则雷"。在吴西。"此吴即虞字,可见雷泽即舜所渔也。《鲁灵光殿赋》曰:"伏羲鳞身,女娲蛇躯。"李善《注》引《列子》曰:"伏羲、女娲,蛇身而人面。"又引《玄中记》曰:"伏羲龙身,女娲蛇躯。"古者工用高曾之规矩,殿壁画像,亦必有所受之,则古神话以伏羲在沼泽之区不疑也。《管子·轻重戊》曰:"伏羲作九九之数,以合天道。"八卦益以中宫,是为九宫。明堂九室,取象于是。明堂之制,四面环水,盖湖居之遗制。伏羲之社会,从可推想矣。伏羲所重,盖在于渔,故《易》称其作结绳而为网罟。网以取鱼,罟则并举以㳅句耳。尸子云:"燧人之世,天下多水,故教民以渔;宓牺氏之世,天下多兽,故教民以猎。"似不甚合,然亦不云其曾事牧也。作结绳为网罟,疑即一事。说者以结绳为未有文字时记事之法亦非。又有以黄帝为游牧之世之君长者,以《史记·五帝本纪》有"教熊、罴、貔貅、貙、虎"之语也。此亦本非畜牧之事。然其上文不言其"治五气艺五种"乎?又以其言黄帝"迁徙往来无常处,以师兵为营卫"也,然其上文不又言其"邑于涿鹿之阿"乎?古人随意衍说,其辞多不审谛,要在参稽互证,博观约取,安可据彼单辞,视为定论也?

中国与游牧民族遇,盖起战国之世。春秋时侵齐、鲁又侵郑者有山戎,亦曰北戎;侵晋者有赤、白狄;皆在今河南、北及山东境。其在今陕、甘境者,则《史记》所谓"自陇以西,有绵诸、绲戎、翟獂之戎;岐、梁山、泾、漆之北,有义渠、大荔、乌氏、朐衍之戎"者也。《史记》将此等尽入之《匈奴传》中,后人遂皆视为匈奴之伦,此实大误。匈奴乃骑寇,此则所谓山戎。山戎犹后世言山胡、山越,乃诸部之通称,非一族之专号。山戎之与我遇也,皆彼徒我车,与后世西南诸族,则颇相似矣,于匈奴乎何与?骑寇之名,昉见《管子·小匡篇》,此篇虽述管子事，实战国时人作也。篇中言桓公破屠何。孙诒让《墨子间诂》谓即《周书·王会》之不屠何。《非攻》云：且不一著何亡于燕、代、胡、貉之间。且当作祖，不一著何，则不屠何之衍误，后为辽西之徒河县。其说似之。绵亘燕、代、胡、貉之间，盖当时一大族矣。自此以西为林胡、楼烦，后为赵所慴服。又其表则为匈奴，赵徒攘斥之，而未能慴服之，至秦、汉世，遂收率游牧之族，大为北边之患焉。《史记》云："燕有贤将秦开，为质于胡，胡甚信之。归而袭破走东胡。东胡却千余里。燕筑长城，自造阳至襄平，置上谷、渔阳、右北平、辽西、辽东郡以拒胡。"五郡之表，不得皆为东胡。东胡，汉初居匈奴东，冒顿袭破之。其后匈奴单于庭直代、云中，左方王将居东方，直上谷。上谷似即东胡旧地也。此等皆战国时北方骑寇。古所谓大行之脉，起今河南、北、山西三省之交，东北行，蔽河北省之北垂，至于海，盖皆山戎之所居，为中国与北方游牧民之介，山戎之居，地险不易入，其民贫，亦无可略。斯时游牧之族，部落尚小，亦无力逾山而南。中国之文明，实在此和平安静之区，涵育壮大也。

或曰：子言骑寇虽见管子书，实说战国时事，似矣。然孔子称管仲之功曰："微管仲，吾其被发左衽矣。"何也？《论语·宪问》。曰：安见《论语》中遂无战国时人语邪？不特此也。中庸："子路问强。子曰：南方之强与？北方之强与？抑而强与？""衽金革，死而不厌，北方之强也，而强者居之。"所说亦战国后情形也。又曰："今天下，车同轨，书同文，行同伦。"则弥可见为秦始皇一统后语矣。《国语·齐语》谓齐桓公筑五鹿、中牟、盖与、牡丘，以卫诸夏之地，所拒者亦不过山戎、众翟而已。韦《注》说。《左氏》谓齐侯伐山戎，以其病燕，所病者南燕，非北燕也。别有考。

亚里士多德谓人之谋生，不外畜牧、耕稼、劫掠、捕鱼、田猎五者。见所著《政治论》第一编第八章。吴颂皋、吴旭初译本。劫掠之技，起自田猎之世,盖以施诸物者移而施诸人也。然田猎之世,口实实少,不能合大群,故其侵略之力不强,至游牧之世,则异是矣。中国自秦、汉以后,屡为异族所苦,实以居其朔垂者为游牧之民故也。然中国可谓善御游牧民者矣。夫西洋之有希腊、罗马,犹东洋之有中国也。今西方之希腊、罗马安在哉?其在东方,则中国犹是中国人之中国也。此文明之扞城也。岂易也哉?或曰:中国当皇古之世,亦尝有牧人征服渔人之事。观古代牛、羊、犬、豕为贵者之食,鱼鳖为贱者之食可知。此说盖是?但其为时甚早,其事迹,书传已无可考矣。

原刊《华东师范大学学报》一九五八年第一期,
一九五八年一月十五日出版

〔六四〕农业始于女子

今社会学家言：农业始于女子。求诸吾国古籍，亦有可征者焉。《周官·天官》内宰："上春，诏王后帅六宫之人，而生穜稑（稑）之种。"《注》："古者使后宫藏种。"是藏种职之女子也。《穀梁》桓公十四年："曰：甸粟而内之三宫，三宫米而藏之御廪。"文公十三年："宗庙之礼，君亲割，夫人亲舂。"《国语·楚语》曰："天子禘郊之事，必自射其牲，王后必自舂其粢。诸侯宗庙之事，必自射牛，刲羊，击豕，夫人必自舂其盛。"《周官·地官》：舂人有女舂抌。饎人有女饎。《秋官》司厉："其奴，男子入于罪隶，女子入于舂饎。"是粟米之成，又由于女子也。《天官》九嫔："凡祭祀，赞玉齍。《注》："玉敦，受黍稷器。"赞后荐彻豆笾。"世妇："掌祭祀宾客丧纪之事。帅女官而濯摡，为齍盛。及祭之日，莅陈女宫之具。凡内羞之物。"《春官》内宗："掌宗庙之祭祀，荐加豆笾。及以乐彻，则佐传豆笾。宾客之飨食亦如之。"大宗伯："凡大祭祀，王后不与，则摄。荐豆笾，彻。"《礼记·郊特牲》曰："鼎俎奇而笾豆偶，阴阳之义也。"《礼·有司彻》曰："宰夫羞房中之羞于尸侑主人主妇，皆右之。司士羞庶羞于尸侑主人主妇，皆左之。"《注》曰："房中之羞，其笾则糗饵粉餈，其豆则酏食糁食。庶羞，羊臐豕膮，皆有菜醢。房中之羞，内羞也。内羞在右，阴也。庶羞在左，阳也。"《聘礼》："醯醢百瓮，夹碑十以为列，醯在东。"《注》："醯谷，阳也。

醯肉,阴也。"《疏》:"醯是酿谷为之,酒之类,在人消散,故云阳。醯是酿肉为之,在人沉重,故云阴也。大宗伯云:天产作阴德,地产作阳德。《注》云:天产六牲之属,地产九谷之属,以六牲之阳,九谷为阴,与此醯是谷物为阳违者,物各有所对。六牲动物,行虫也,故九谷为阴。《郊特牲》云:鼎俎奇而笾豆偶,阴阳之义也,又以笾豆醯醢等为阴,鼎俎肉物揔为阳者,亦各有所对。以鼎俎之实,以骨为主,故为阳;笾豆谷物,故为阴也。《有司彻注》,又以庶羞为阳,内羞为阴者,亦羞中自相对。内羞虽有糁食是肉物,其中有糗饵粉糍食物,故为阴,庶羞肉物,故为阳也。"案醯为阳,肉为阴,即"凡饮养阳气,凡食养阴气"之义。《疏》以消散沉重为说,是也。是古之祭飨,男子所共皆肉食,女子所共皆谷食疏食也。《祭统》曰:"祭也者,必夫妇亲之,所以备外内之官也。官备则具备。水草之菹,陆产之醯,小物备矣。三牲之俎,八簋之实,美物备矣。昆虫之异,草木之实,阴阳之物备矣。凡天之所生,地之所长,苟可荐者,莫不咸在,示尽物也。"盖古者男女分业,非夫妇亲之,则不能备物,此其所以"既内自尽,又外求助"也。《左氏》隐公三年曰:"苟有明信,涧溪沼沚之毛,蘋蘩薀藻之菜,筐筥锜釜之器,潢污行潦之水,可荐于鬼神,可羞于王公。《风》有《采蘩》、《采蘋》,《雅》有《行苇》、《泂酌》,昭忠信也。"《关雎》之诗曰:"参差荇菜,左右流之。"毛《传》曰:"后妃有关雎之德,乃能共荇菜,备庶物,以事宗庙。"《采蘩传》曰:"公侯夫人执蘩菜以助祭。神响德与信,不求备焉,沼沚溪涧之草,犹可以荐。王后则荇菜也。"蘋蘩薀藻,乃水处之民所食,而亦其所以祭也。《礼记·昏义》曰:"古者妇人先嫁三月,祖庙未毁,教于公宫,祖庙既毁,教于宗室。教成祭之,牲用鱼,芼之以蘋藻。"《公羊》哀公六年:"陈乞曰:常之母有鱼菽之祭。"是古猎为男子之业,耕渔皆女子之事也。猎以习战斗,则礼尚焉;耕渔较和平,则贱之而人君弗亲;见《左氏》隐公五年臧哀伯谏观鱼。盖人之好杀伐久矣。

《曲礼下》曰:"凡挚:天子鬯,诸侯圭,卿羔,大夫雁,士雉。庶人之挚匹。《注》:"说者以匹为鹜。"妇人之挚,榛、榛、脯、脩、枣、栗。"《公羊》庄公二十四年:"大夫宗妇觌用币。用者,不宜用也。然则曷用?枣栗云乎,腶脩云乎。"《左氏》亦载御孙之言曰:"男贽,大者玉帛,小者禽鸟,以章物也。女贽,不过枣栗脯脩,以告虔也。"夫"居山以鱼鳖为礼,居泽以鹿豕为礼,君子谓之不知礼",《礼记·礼运》。则贽必各用其所有。而男贽以禽鸟,女贽以榛榛枣栗,可见其一事猎,一事农矣。女贽亦以腶脩者,腶脩女子所制,非其从事于田牧也。又古者五母鸡,二母彘,为田家之畜;又家从豭省声。乡饮酒之礼用犬;而昏礼,舅姑入室,妇以特豚馈;知田家孳畜,亦女子所有事,而男子主行猎,故与犬特亲也。夫猎物者莫猛于犬;而人类杀伐之技,亦无不自弋猎禽兽来。当草昧之世,人与犬实相亲也。曾几何时,而人以屠狗为业矣。而人与人且相戕相贼矣。"兵犹火也,弗戢将自焚也",岂徒施于人者为然哉?横渠曰:"民吾同胞,物吾与也。"世岂有杀朋友以食弟昆,而可称为仁人者乎?抑岂有不反戕其弟昆者乎?大雄氏之戒杀,有旨哉!

〔六五〕论古代工业

古者工业皆由官办,后世则听人民自为,此亦足征智巧之日进也。古代工业必由官办者,何也?以其时技巧未精。故《考工记》曰:"粤无镈,燕无函,秦无庐。胡无弓车。粤之无镈也?非无镈也,夫人而能为镈也。燕之无函也,非无函也,夫人而能为函也。秦之无庐也,非无庐也,夫人而能为庐也。胡之无弓车也,非无弓车也,夫人而能为弓车也。"《注》:"言其丈夫人人皆能作是器,不须国工。"此特日用最切又不烦智巧者耳。若其器较难,为用较狭者,则皆不能自为。故曰:"智者创物,巧者述之,守之世,谓之工。百工之事,皆圣人之作也。"下文又曰:"烁金以为刃,凝土以为器,作车以行陆,作舟以行水,此皆圣人之所作也。"盖此两语之注。《易·系辞传》亦曰:"备物致用,立成器以为天下利,莫大乎圣人。"《穀梁》成元年:"丘甲,国之事也。丘作甲。非正也。丘作甲之为非正,何也?古者立国家,百官具,农工皆有职以事上。古者有四民:有士民,有商民,有农民,有工民。夫甲,非人人之所能为也。丘作甲,非正也。"《周官·小司徒》:"九夫为井,四井为邑,四邑为丘。"丘作甲者,使一丘之民皆作甲也。古列国并立,战事繁多,甲之为用亦广,然非人人所造,他有待智巧之物,皆是类矣。

职是故,古于工政颇重。《考工记》曰:"国有六职,百工与居一焉。"《曲礼》曰:"天子之六工,曰土工、金工、石工、木工、兽工、草工,典制六材。"郑《注》以为殷制。《考工记》又曰:"有虞氏上陶,夏后氏上匠,殷人上梓,周人上舆。"《注》:"官各有所尊、王者相变也。"可见其由来久矣。《考工记》所载:"凡攻木之工七,攻金之工六,攻皮之工五,设色之工五,刮摩之工五,搏埴之工二。"《注》曰:"其曰某人者,以其事名官也。其曰某氏者,官有世功,若族有世业,以氏名官者也。"此所谓巧者述之,守之世。《淮南子·本经训》:"周鼎著倕。"《注》:"倕。尧之巧工也。周铸鼎,著倕象于鼎。"此殆所谓圣人,如学校之有先圣也。管理百工者,谓之工师。《荀子·王制篇》:序官,"论百工,审时事,辨功苦,尚完利,便备用,使雕琢文采,不敢专造于家,工师之事"是也。《月令》:季春,"命工师,令百工,审五库之量,金、铁、皮、革、筋、角、齿、羽、箭、干、脂、胶、丹、漆,毋或不良。百工咸理,监工日号?毋悖于时,毋或作为淫巧,以荡上心"。季秋,"霜始降,则百工休"。孟冬,"命工师效功,陈祭器,按度程,毋或作为淫巧,以荡上心。必功致为上。物勒工名,以考其诚。功有不当,必行其罪,以穷其情"。盖工师之所以课督其下者如此。《中庸》曰:"来百工则财用足。""日省月试,既廪称事,所以劝百工也。"盖物非加以人工,则不可用。《考工记》曰:"天有时,地有气,材有美,工有巧,合此四者,然后可以为良。"故有国有家者,百工之事孔亟,不得不谋所以招怀之也。

古重工政如此。宜其工业甚精而日进矣,亦未必然,何也?曰凡事必日竭智巧。思改作而后能精。工既设,官随之以赏罚,则必奉行故事?以顾考成。故"工用高曾之规矩",古人传为美谈。《檀弓》曰:"季康子之母死,公输若方小,敛,般请以机封,将从之,公肩假曰:不可。夫鲁有初,公室视丰碑,三家视桓楹。般尔以人之母尝巧,则岂不得以其母以尝巧者乎?则病者乎?噫!弗果从。"新发明之事,皆不许试用。其不能精进也宜矣。又其业守之以世,子孙之材性，不必尽与父祖同，则有长于上而不得自效，苦其事而不得去者，束缚驰骤，将败绩厌覆是惧，何暇致远，此政治为之也夫！工用高曾之规矩，非徒以考成，亦以防侈靡也。《月令》一再言："毋或作为淫巧，以荡上心"，所以防人君之侈靡也。《荀子》言"雕琢文采，不敢造于家"，所以防卿大夫之侈靡也。《管子》曰："菽粟不足，末生不禁，民必有饥饿之色，而工以雕文刻镂相稚也，谓之逆。布帛不足，衣服无度，民必有冻寒之伤，而女以美衣锦绣綦组相稚也，谓之逆。"《重令》。此汉景帝"雕文刻镂伤农事，锦绣綦组害女红"诏语所本，所以防庶民之侈靡者尤急。故《王制》称：作"奇技、奇器，以疑众，杀"，"不以听"。《墨子·鲁问》："公输子削竹木以为鹊，成而飞之，三日不下。公输子自以为至巧。子墨子谓公输子曰：子之为鹊也，不如匠之为车辖，须臾刘三寸之木，而任五十石之重。故所为巧，利于人谓之巧，不利于人谓之拙。"徒讲实用，则智巧之途塞矣。又古人最重朴质，《礼记·郊特牲》曰："酒醴之美。玄酒明水之尚，贵五味之本也。黼黻文绣之美，疏布之尚，反女功之始也。莞簟之安，而蒲越稿鞂之尚，明之也。大羹不和，贵其质也。大圭不琢，美其质也。丹漆雕几之美。素车之乘，尊其朴也，贵其质而已矣。所以交于神明者，不可同于所安亵之甚也，如是而后宜。"然则图便安、矜技巧则为不敬，为忘本，而知巧之士益无途以自奋矣。此则风俗限之者也。此皆古代工政虽重，而工业不必其精而日进之由也。

　　工业之由官办变为民业，何也？曰有二端焉。一由需用日繁，官不能给。孟子之诘白圭曰："万室之国。一人陶，则可乎？曰：不可，器不足用也。"《孟子·告子》下。明古立工官，皆度民用之多少以造器。人口之增加无限，生计之程度日高，工官所造，势不能比例俱增。器用安得给足。故古四民之中，久有工。《管子》问："工之巧，出足以利军伍，处可以修城郭补守备者几何人？"《问篇》。此皆名不籍于官，饩不廪于上，故其有无多寡不可知，而必有待于问矣。一亦由奇巧之物，官不肯造，则人民之需用者，不能不迫而自为。《管子》曰："今为末作奇巧者，一日作而五日食。农夫终岁之作，不足以自食也。"《治国》。《史记》亦谓"用贫求富，农不如工"。《货殖列传》。工人获利之厚，正以其技艺之精也。此皆官办之工业所以渐变为民业也。

　　工业官办之意，汉世犹有之。《汉书·地理志》：怀、河内郡。宛、南阳郡。东平陵、济南郡。奉高、泰山郡。雒县广汉郡。咸有工官。皆古制之仅存者也。史称"孝宣之治，信赏必罚，综核名实，政事文学法理之士，咸精其能，至于技巧工匠器械，自元、成间鲜能及之"。《汉书·宣帝纪》。陈承祚《上诸葛氏集表》亦曰"工械技巧，物究其极"。盖官用之物，由官造者犹多，非如后世冬官，徒有考工之名而已。

写于一九二〇年代

〔六六〕古代商业情形[①]

商业之始,其起于各部落之间乎?孟子之诘彭更曰:"子不通工易事,以羡补不足,则农有余粟,女有余布。"其诘陈相曰"一人之身,而百工之所为备,如必自为而后用之,是率天下而路也。"《孟子·滕文公下》。此为商业之所由起。然古代部落,率皆共产,力之出不为己,货之藏不于己。取公有之物而用之,以己所有之物资人,皆无所谓交易也。惟共产限于部落之内,与他部落固不然,有求于他,势不能无以为易,而交易之事起矣。往来日数,交易日多,则敦朴日漓,嗜欲日启,而私产之习渐萌。私产行,则人与人之相资,亦必有以为易,此则商业之所由广也。

老子曰:"郅治之极,邻国相望,鸡犬之声相闻,民各甘其食,美其服,安其俗,乐其业,至老死不相往来。"《盐铁论》曰:"古者千室之邑,百乘之家,陶冶工商,四民之求,足以相更,故农民不离畎亩而足乎田器,工人不斩伐而足乎陶冶,不耕而足乎粟米。"《水旱》。《管子》曰:"市不成肆,家用足也。"《权修》。可见古者一部落之中,及此部落与他部之间,交易皆极少,然生事愈进,则分工愈密。分工愈密,则彼此之相资益深,而交易遂不期其盛而自盛,故《管子》又谓"聚者有

[①] 又改题为《古代商业缘起情形》。

市，无市则民乏"矣。《乘马》。《管子·乘马》曰："方六里命之曰暴。五暴命之曰部。五部命之曰聚。"

陈相曰："从许子之道，则市贾不二，国中无伪，虽使五尺之童适市，莫之或欺。布帛长短同，则贾相若。麻缕丝絮轻重同，则贾相若。五谷多寡同，则贾相若。屦大小同，则贾相若。"《孟子·滕文公上》。不论精粗但论多少。战国时人，断无从发此奇想。盖古自有此俗，而农家称颂之。许行治农家言，因亦从而主张之也。交易之初，情状奚若，据此可以想见矣。

《易·系辞传》谓"日中为市"，"交易而退"，此盖择定时定地为之，今之所谓作集也。斯时交易，盖盛于农隙之时，《酒诰》曰："妹土嗣尔股肱纯，其艺黍稷，奔走事厥考厥长，肇牵车牛，远服贾。"伪《孔传》曰："农功既毕，始牵车牛，载其所有，求易所无"，故《郊特牲》谓"四方年不顺成，八蜡不通"，"顺成之方，其蜡乃通"也。稍进，乃有常设之市，在于野田墟落之间，《公羊》何《注》所谓"因井田而为市"，宣十五年。《陔余丛考·市井》曰："市井二字，习为常谈莫知所出。《孟子》在国曰市井之臣，注疏亦未见分析。《风俗通》曰：市亦谓之市井，言人至市有粥卖者。必先于井上洗濯香洁，然后入市也。颜师古曰：市，交易之处；井，共汲之所，总言之也。按《后汉书·循吏传》：白首不入市井。《注》引《春秋》井田记云，因井为市，交易而退，故称市井。此说较为有据。"愚谓此说与《公羊》何《注》盖系一说。市之设，所以便农民，而设市之处，则因众所共汲之井，颜说亦此意也。管子所谓"聚而有市"者也。孟子曰："有贱丈夫焉，必求龙断而登之，以左右望而罔市利"，《公孙丑下》。《注》："龙断垺断而高者也。"明其贸易行之野田墟落之间，所居高则易望见人，人亦易望见之，故一市之利为所罔矣。更进，乃有设肆于国中者。《管子》曰："百乘之国，中而立市，东西南北，度五十里。一日定虑，二日定载，三日出竟，五日而反，百乘之制轻重，毋过五日。百乘为耕，田万顷为户,万户为开,口十万人,为分者万人,为轻车百乘,为马四百匹。千乘之国,中而立市,东西南北度百五十余里,二日定虑,三日定载,五日出竟,十日而反,千乘之制,轻重毋过一旬,千乘为耕,田十万顷为户,十万户为开,口百万人,为当分者十万人,为轻车千乘,为马四千匹。万乘之国,中而立市,东西南北度五百里。三日定虑,五日定载,十日出竟,二十日而反。万乘之制,轻重毋过二旬,万乘为耕,田百万顷为户,百万户为开,口千万人,为当分者百万人,为轻车万乘,为马四万匹。"《揆度》。此虽牵较之言,然其所规画,欲以一国之人,则审矣。古者建都,必中四境之内,曰中国,而立市即在国都之中,《考工记》所谓"匠人营国,面朝后市"者,此物也。故孟子曰:"在国曰市井之臣"也。《万章下》。市井二字,初盖指野田墟落间之市。后乃以为市之通称。

古代之商,非若后世之易为也。古代生计,率由自给,生事所须,不资异国,其有求于异国者,必其遭遇灾祸,以致空无,庚财不闻,乞籴莫与,交易所得,资以续命,匪徒曰不得不可以为悦而已,而其时之贸易,不如今日之流通。我所求者,何方有之,何方较贱,所持以为易者,何方有之,何方较贵,非若今日安坐可知,忆度可得,皆有待于定虑之豫,决机之果者也。故白圭曰:"吾治生产,犹伊尹、吕尚之谋,孙吴用兵,商鞅行法"是也。"是故智不足与权变,勇不足以决断,仁不足以取予,强不能有所守,虽欲学吾术,终不告之矣。"《史记·货殖列传》。然则豪商驵贾其有才智,不始晚近,自古昔则然矣。故曰:"商之为言章"也《白虎通》、《汉书·食货志》"大司农中丞耿寿昌,以善为算,能商功利,得幸于上"。师古曰"商,度也。"郑商人弦高,能矫命以却秦师,《左传》僖公三十三年。其贾于楚者,又密虑欲出荀莹,《左传》成公三年。其明征矣。子产之告韩宣子曰:"昔我先君桓公,与商人皆出自周,庸次比耦,以艾杀此地,斩之蓬蒿藜藋,而共处之。世有盟誓，以相信也。曰：尔无我叛，我无强贾，毋或匄夺，尔有利市宝贿，我弗与知。"《左传》昭公十六年。所以重商如此。其甚者以肇造之国，货财或有阙乏，必恃商人致之也。卫国破坏，文公通商，卒致殷赈，亦同此理。《左传》闵公二年。

曷言古者生事所须，不资异国也？《史记·货殖列传》曰："百里不贩樵，千里不贩籴。"又曰："夫神农以前，吾不知已。至若《诗》《书》所述，虞夏以来，耳目欲极声色之好，口欲穷刍豢之味，身安逸乐，而心夸矜执能之荣使。俗之渐民久矣，虽户说以眇论，终不能化。""夫山西饶材、竹、谷、纑、旄、玉、石；山东多鱼、盐、漆、丝、声色；江南出枏、梓、姜、桂、金、锡、连、丹沙、犀、瑇瑁、珠玑、齿革；龙门、碣石北，多马、牛、羊、旃裘、筋角；铜、铁则千里往往山出棋置，此其大较也。皆中国人民所喜好，谣俗被服饮食奉生送死之具也。"此亦其所喜好而已，谓必待以奉生送死，非情也。《周书》曰："商不出则三宝绝。"三言其多，曰宝则亦非生活所必资矣。声子之说子木也，曰："晋卿不如楚，其大夫则贤，皆卿材也。如杞、梓、皮革，自楚往也。虽楚有材，晋实用之。"《左传》襄公五年。杞、梓、皮革，固非宫室器用所必资，亦其所喜好而已。当时商人所贩鬻者如此，故多与王公贵人为缘，故子贡"废作鬻财，""结驷连骑，束帛之币以聘享诸侯，所至，国君莫不分庭，与之抗礼。"《史记·货殖列传》。晁错论汉之商人，犹谓其"交通王侯，力过吏势"，《汉书·食货志》。夫固有以中其所欲，非独以其富厚也。然生事日进，分工愈密，交易愈盛，则其所恃以牟利者，不必皆王公贵人，而顾在于平民。其术一时谷物之轻重而废居焉，一备百物以待取求。《管子》曰："岁有四秋，农事作为春之秋。丝纩作为夏之秋，五谷会为秋之秋。纺绩缉缕作为冬之秋。见《管子·轻重乙》。物之轻重，相什而相伯。"又曰："君朝令而求夕具，有者出其财，无有者卖其衣屦"是也。《轻重甲》。故曰："君躬犁垦田，耕发草土,得其谷矣。民人之食,有人若干步亩之数,然而有饿馁于衢闾者,谷有所藏也。君铸钱立币,民通移,人有百十之数,然而民有卖子者,何也?财有所并也。"《轻重甲》。管子所欲摧抑者,正此等人。故曰:"岁有凶穰,故谷有贵贱。令有缓急,故物有轻重。然而人君不能治,故使蓄贾游市,乘民之不给,百倍其本。分地若一,强者能守;分财若一,智其能收。智者有什倍人之功。愚者有不赓本之事。然而人君不能调,故民有相百倍之生也。夫民富则不可以禄使也,贫则不可以罚威也。法令之不行,万民之不治,贫富之不齐也。"故曰:"使万室之都,必有万钟之藏,藏襁千万。使千室之都,必有千钟之藏,藏襁百万。春以奉耕,夏以奉耘,耒耜器械,种馕粮食,毕取赡于君。故大贾蓄家,不得豪夺吾民矣。"《国蓄》。汉代之抑商,盖由此也。

计然曰:"夫粜,二十病农,九十病末。末病则财不出,农病则草不辟矣。上不过八十,下不过三十,则农末俱利。"《史记·货殖列传》。然则斯时粜价,轻重相去,盖四而又半之焉。而李悝为魏文侯作尽地力之教,农民之生谷,石以三十钱计,然则农夫所得,最下之价耳,上此则利皆入于商人矣。此农家则流,所以欲重农而抑商耶,亦势有所激也。古农家言,非徒道耕稼之事。许行为神农之言,而讥切时政,其明征矣。《管子》书最杂,昔人隶之道家或法家,实可入杂家。《轻重》诸篇亦皆农家言也。

上所言乃古代之豪商驵侩,其寻常者初不能然,古者行曰商,处曰贾。商须周知四方物产登耗,又周行异国,多历情伪,其才智自高。贾即不能然,然犹有廛市以处。至求垄断之贱丈夫,则又其下焉者矣。《周官》有贩夫贩妇,盖亦此曹也。又廛人掌敛总布,杜子春云:"总当为儳,谓无市立持者之税也。"郑玄不从,而注肆长叙其总布取之,又《诗有瞽笺》:"箫,编小竹管,如今卖饧者所吹也。"《疏》："《史记》称伍子胥鼓腹吹箫,乞食吴市,亦为自表异也。"此即《说文》所谓"衒,行且卖"也。此并垄断而不能得,又下之者矣。

原刊《光华大学经济杂志》创刊号,一九三〇年一月出版

〔六七〕读马尔萨斯人口论

《论语》：孔子曰："丘也，闻有国有家者，不患寡而患不均，不患贫而患不安。"曰"丘闻"，则是古语，而孔子引之也。欧洲自希腊时，已有忧人庶而地不足以容之者。马尔萨斯之人口论，成于近世，实原于古昔也。中国自古无以此为虑者。中国人好言井田。行井田，田不给授，尤为巨患，而言治者讫亦虑不及此，何哉？曰：患必迫于目前，而后人以为忧。中国井田之制，盖行于古代，其时方患土满。至后世，人满之患，或见于一隅，然所谓计口授田者，徒有其名而已，人满之患，不易征实；且合全国而言之，固未尝无调剂之方，患不切，故虑有所不及也。曷言乎古以土满为患也？且井田之制，至春秋战国时，固已不可问矣。然其时患土满者，犹比比也。《韩非子》曰："今人有五子不为多。子有五子，大父未死，而有二十五孙。是以人民众而货财寡，事力劳而供养薄。"遍检书传，以人满为患者，惟此而已。外此则皆以土满为患者也，则以韩地"险恶山居"故也。古之用兵，不守关隘；《春秋大事表》有此论。越国鄙远，习为恒事，《癸巳类稿·越国鄙远义》。皆土旷人希之证。邲之战，在郑之郊，而乐伯致师，麋兴于前；赵旃见逐，弃车走林。《孟子》曰："牛山之木尝美矣。以其郊于大国也，斧斤伐之。"知列国都邑，多在山林之间也。且韩子所谓事力劳而供养薄者，渠必由于民之庶哉？"齐桓公之平陵，见年老而自养者。问其故。对曰：吾有子九人。家贫无以妻之。吾使佣而未反也。桓公取外御者五人妻之。"《说苑·贵德》。知古之患贫者，在人少，无以力作，不在人多，无以为食。韩子所谓大父未死，而有二十五孙者，使有制民之产之君，授之以田宅，皆给足之民也。故《墨子·非攻》，极言土地所有余，人民所不足，以攻战为不利也。夫人事不善，皆可救正。人庶而地不足以容，则限于天而无如何。实人患之最深者也。古之人虑不及此，不亦浅乎？曰今有人焉，五色以盲其目，五音以聋其耳，五味以爽其口，驰骋田猎以狂其心；而忧百龄之后目不明，耳不聪，口不知味，心不睿圣也，可谓知乎？由今之道，无变今之俗，日争夺相杀之不暇，安能至于人庶而地不足以容？

原刊《光华大学半月刊》第四卷第四期，
一九三五年十一月二十五日出版

〔六八〕管子轻重一

世皆以《管子·轻重》,徒为富国之谋,甚者以为损下益上之计,其实非也。《轻重》诸篇,皆言平均之道。盖古者财利之分赋,其权本操之人君;其后王公大人,日以淫侈,寖至不能举其职,而驵侩之势日张;人君既不克裁制,而淫侈愈甚,患贫亦愈甚,转致宽假于驵侩,而益虐取于下民,民生遂蹙焉不可终日。《轻重》诸篇,亦相时势之所宜,欲使分财布利之权,复归于上,以拯救茕独,裁抑富人耳。故曰:"天以时为权,地以财为权,人以力为权,君以令为权。"《山权数》。《揆度》:"五谷者,民之司命也;刀币者,沟渎也;号令者,徐疾也。"此与《礼记》"天生时而地生财,人其父生而师教之,四者君以正用之"之言合。正同政。《礼运》。今之言生计者,以租庸赢为利之本,古之言生计者,以时财力为利之本,其说亦颇相类。而古必兼政令言之,则不徒致谨于其生,亦且致谨于其分。使欧人而知此义,则不致举国之利,皆入于驵侩,而重烦言群学者之劳心焦思矣。

《国蓄》曰:"人君挟其食,守其用,据有余而制不足。"《揆度》曰:"民重则君轻,民轻则君重,此乃财余以满不足之数也。"又曰:"富能夺,贫能予,乃可以为天下。"又述《神农》之教曰:"无食者予之陈,无种者贷之新,故无什倍之贾,无倍称之民。"《轻重甲》曰:"今欲调高下,分并财,散积聚。不然,则世且兼并而无止,蓄余藏羡而不息,贫贱鳏寡独老，不与得焉。"其意在均平，跃然可见。《轻重乙》曰："夺然后予。"盖天下之财，必赖天下之力生之；若待人君耕而食之，织而衣之，则惟日不足矣。然则当财利分赋，既已不均之后，而欲有所予者，其势固不能不先有所夺。故如《轻重》诸篇之言，非武健严酷也，更非损下以益上也，乃谋财有余以满不足也。《易》曰："地中有山谦，君子以裒多益寡，称物平施。"轻重之家有焉。

当时所谓兼并者，盖以商贾之人为多；积聚则卿大夫之家为多。《国蓄》曰："君引錣量用，耕田发草，上得其数矣；民人所食，人有若干步亩之数矣，计本量委则足矣；然而民有饥饿不食者何也？谷有所藏也。人君铸钱立币，民庶之通施也，人有若干百千之数矣；然而人事不及，用不足者何也？利有所并藏也。"藏字疑衍。《轻重甲》："今君躬犁垦田，耕发草土，得其谷矣。民人之食，有人若干步亩之数，然而有饿馁于衢间者，何也？谷有所藏也。今君铸钱立币，民通移，人有百十之数，然而民有卖子者，何也？财有所并也。"即言兼并积聚之害也。

《山权数》言"丁氏之家粟，可食三军之师"，而《轻重丁》言"大夫多并其财而不出，腐朽五谷而不散"，此并兼积聚之在于封君者也。并其财而不出，盖谓积币而不散。"财币欲其行如流水"，积而不散，本无利可图，然能使民间钱币之数减少，亦有害也。治之之策：一以宝为质而假其邑粟，《山权数》所言是也；一则灭其位，杜其门，迫之使不得不散，《轻重丁》所言是也。《轻重甲》曰："君请缟素而就士室，朝功臣世家迁封食邑积余藏羡跱蓄之家曰：城脆致冲，无委致围，天下有虑，齐独不与其谋。子大夫有五谷菽粟者勿敢左右，请以平贾取之子。与之定其券契之齿，釜钟之数，不得为侈弇焉。困穷之民，闻而籴之，釜钟无止，远通不推，国粟之贾坐长而四十倍。君出四十倍之粟以振孤寡，牧贫病，视独老。穷而无子者，靡得相鬻而养之，勿使赴于沟浍之中。若此，则士争前战为颜行，不偷而为用。舆死扶伤，死者过半。"此则官立法,强积聚之家以平贾粜其粟也。

封君之积聚,亦徒为积聚耳,商贾则操奇计赢,资本随周转而增殖,其剥民尤甚。《国蓄》曰:"岁有凶穰,故谷有贵贱;令有缓急,故物有轻重。"《七臣七主》曰:"政有缓急,故物有轻重;岁有败凶,故民有义当作羡。不足;时有春秋,故谷有贵贱。"此物贾升降之原也,而其利皆入于商贾。《轻重乙》曰:"岁有四秋。物之轻重相什而相伯。"《山国轨》曰:"泰春,泰夏,泰秋,泰冬,此物之高下之时也;此民之所以相并兼之时也。"《揆度》曰:"今天下起兵加我,民弃其耒耜,出持戈于外,然则国不得耕,此非天凶也,此人凶也。君朝令而夕求具,民肆其财物与其五谷为雠,厌而去,贾人受而廪之;然则国财之一分在贾人。师罢,民反其事,万物反其重,贾人出其财物,国币之少分廪于贾人。若此,则币重三分,财物之轻重三分,贾人市于三分之间,国之财物尽在贾人,而君无笑焉。民更相制,君无有事焉。"所言即其事也,三分,谓君民与贾人也。《轻重甲》曰:"今君之籍取以正,同政。万物之贾,轻去其分,皆入于商贾,此中一国而二君二王也。"其权力之大可想。《轻重丁》曰:"桓公曰:四郊之民贫,商贾之民富,寡人欲杀商贾之民,以益四郊之民,为之奈何?"可见商人之兼并农人,由来旧矣。

《国蓄》曰:"利出于一孔者,其国无敌;出二孔者,其兵不诎;出三孔者,不可以举兵;出四孔者,其国必亡。先王知其然,故塞民之养,隘其利途。故予之在君,夺之在君;贫之在君,富之在君。"此等议论,皆后人所目为武健严酷,而訾其损下益上者也。殊不知当时事势,人民之利害,实与国君合,而与豪暴背驰。封建之所以卒废,商贾所以世为人之所贱者以此。先秦诸子,固无欲刍狗其民,以媚说其君者也。

《轻重丁》言:"城阳大夫,嬖宠被绨绤,鹅鹜含余秣;齐钟鼓之声，吹笙篪，同姓不入，伯叔父母远近兄弟皆寒而不得衣，饥而不得食。及灭其位，杜其门而不出，则功臣之家，皆争发其积藏，出其资财，以予其远近兄弟；以为未足，又收国中之贫病孤独老不能自食之萌，皆与得焉。故桓公推仁立义，功臣之家，兄弟相戚，骨肉相亲，国无饥民。此之谓缪数。"盖老有所终，幼有所长，鳏寡孤独废疾者皆有所养；大同之世，本有此制，小康之世，犹沿袭焉。至于乱世，君卿大夫日以淫侈，然后其遗规寖以废坠也。此亦民失其养之一大端。效晏子惠流三党，见称百世；即陈氏厚施，民亦未尝不蒙其利也。

〔六九〕管子轻重二

凡理天下之财者,必能通天下之有无。有无之差,一以时,一以地,商人之获利,即由此也。《轻重乙》:"桓公问于管子曰:衡有数乎?管子对曰:衡无数也。衡者,使物一高一下,不得常固。桓公曰:然则衡数不可调邪?管子对曰:不可调。调则澄,澄则常,常则高下不贰,高下不贰,则万物不可得而使固。"此言物贾之变动,乃事势之自然也。又曰:"岁有四秋。物之轻重相什而相伯。"此物贾之异以其时者也。又曰:"昔狄诸侯,亩钟之国也,故粟十钟而锱金;程诸侯,山诸侯之国也,故粟五釜而锱金。"此物贾之异以其地者也,善为天下者,必合异时异地而剂其平。使丰饶者不至有余,空无者不至不足;乐岁不至狼戾,而凶年不至流离也,然则物不可调而可调也。此则以人事弥天行之阙,而民养生送死无憾矣。

《王制》曰:"三年耕,必有一年之食;九年耕,必有三年之食。以三十年之通,虽有凶旱水溢,民无菜色,然后天子食,日举以乐。"此即所谓合异时而剂其平者也。轻重之家,亦知此义。《管子·国蓄》曰:"岁适美,则市粜无予而狗彘食人食;岁适凶,则市粜釜十穰而道有饿民。然则岂壤力固不足而食固不赡也哉?夫往岁之粜贱,狗彘食人食,故来岁之民不足也。"可谓言之深切著明矣。交易未兴之世,无由合异地以相剂,惟有自营积贮,以备缓急,故有耕九余三之制。交易既兴,则不然矣。故《管子》又曰:"物适贱,则半力而无予,力当作协,十一也。民事不偿其本;物适贵,则什倍而不可得,民失其用。然则岂财物固寡而本委不足也哉?夫民利之时失,而物利之不平也。故善者委施于民之所不足,操事于民之所有余。夫民有余则轻之,故人君敛之以轻;民不足则重之,故人君散之以重。敛积之以轻,散行之以重,故君必有什倍之利,而财之圹可得而平也。"盖交易既兴,则积贮之制虽废,而商人之买贱卖贵,已不翅为酌盈剂虚之谋。特其挹彼注兹,乃为牟利起见,故凡民之受其害者,无以异于天灾,或且加烈焉。言轻重者,知通工易事之既兴,必不能返诸自为而后用之之世也,则与其遏其贸易,迫其积贮,《郊特牲》曰:"四方年不顺成,八蜡不通,以谨民财也。顺成之方,其蜡乃通,以移民也。"盖古者农家交易,多以谷粟。用有余,食将不足,故年不顺成,则禁其通商也。移,郑读为羡,实即《管子》通移之移,不改字,义亦可通。毋宁即其贸易之间,为之酌盈剂虚,损有余以补不足焉,是则轻重家之旨也。故轻重者,交易既兴后之积贮;积贮者,交易未兴时之轻重。其为法虽异,而其用意则同,皆所以驭天行之无常,而使之有常者也。

《山权数》曰:"王者岁守十分之参,三年与少半成岁。三十一年而藏十一年与少半。藏参之一不足以伤民,而农夫敬事力作。故天毁埊凶旱水泆,民无入于沟壑乞请者也。此守时以待天权之道也。"《揆度》曰:"一岁耕五岁食,粟贾五倍。一岁耕六岁食,粟贾六倍。二年耕而十一年食。"《事语》曰:"岁藏一,十年而十也。岁藏二,五年而十也。谷十而守五,绨素满之,五在上。故视岁而藏,县时积岁,国有十年之蓄。富胜贫,勇胜怯,智胜愚,微胜不微,有义胜无义,练士胜驱众,凡十胜者尽有之。故发如风雨,动如雷霆,独出独入,莫之能禁止,不待权舆。"皆合异时而剂其丰歉,与耕九余三之意同。

欲调剂各地之盈虚者,必先明于一地之盈虚。《山国轨》、《山至数》之所言,则其事也,《山国轨》欲考各县各乡之田若干,余食若干,女工若干,余衣若干,山田间田不足者若干。有余者置公币以籴其余,不足者置公币以满其准。《山至数》言一县必有一县中田之筴,一乡必有一乡中田之筴,一家必有一家直人之用。又言币乘马之法:以方六里为一区,而计其田之美恶。谷之多寡贵贱,及其用币之数,谷与币相当之数。此皆欲明各地方之情形,以为酌剂之本者也,盖耕九余三之制,藏有余以待不足,善矣,然物不产于其地者,终不能得其用;而硗确之地,虽勤力而犹不能自活者,遂不可以居人,合各地而剂其盈虚,则无此患矣。《山至数》言:"有山处之国,有氾下多水之国,有山地分之国,有水泆之国,有漏壤之国。山处之国,常藏谷三分之一;氾下多水之国,常操国谷三分之一;山地分之国,常操国谷十分之三;水泉之所伤,水泆之国,常操十分之二;漏壤之国,谨下诸侯之五谷,与工雕文梓器以下天下之五谷。"《轻重乙》言:"亩钟之国,粟十钟而籀金;山诸侯之国,粟五釜而籀金。"皆因地利之不同,知其所产之多寡,以谋调剂之方者也。夫能合各地方而剂其盈虚,则真为普天之下所仰赖,而不愧为天下之主矣。古之所谓王道者如此。

合各地方以谋相赡,亦自古有之,庚财、乞粜是也;特其事不可常恃,故贸易之事,必继之而起。《山权数》曰:"汤七年旱,禹五年水。汤以庄山之金、禹以历山之金铸币,而赎民之无糦卖子者。"《国蓄》曰:"玉起于禺氏,金起于汝汉,珠起于赤野,东西南北距周七八千里;水绝壤断,舟车不能通。先王为其途之远,其至之难,故托用于其重,以珠玉为上币,以黄金为中币,以刀布为下币。三币,握之则非有补于暖也,食之则非有补于饱也,先王以守财物,以御民事,而平天下也。"知合各地方以酌盈剂虚,由来旧矣。惜乎乘时御宇之君,莫能行轻重敛散之事,使其权尽操于驵侩,而无糦卖子者,受人祸或转烈于天行耳。此则每读《管子》之书,不禁掩卷而三歎者也。

〔七〇〕管子轻重三

《洪范》八政：一曰食，二曰货。《汉书·食货志》曰："食，谓农殖嘉谷可食之物；货，谓布帛可衣，及金刀龟贝，所以分财布利，通有无者也。"盖民以食为天，在古代必出于自给，而其余百物，则或仰给于外来，故总称为货，与食对举也。《管子·轻重》亦然。《揆度》曰："五谷者，民之司命也；刀币者，沟渎也。"《国蓄》曰："五谷食米，民之司命也；黄金刀币，民之通施也。"《轻重乙》曰："五谷粟米者，民之司命也；黄金刀布者，民之通货也。"《国蓄》又曰："凡五谷者，万物之主也。谷贵则万物必贱，谷贱则万物必贵。两者为敌，则不俱平。"《轻重甲》曰："粟重黄金轻，黄金重而粟轻，两者不衡立。"《乙》曰："粟重而万物轻，粟轻而万物重，两者不衡立。"皆是。

是故当时之贸易，实为以谷与万物相易；而泉币之初兴，尤依附于谷粟，故《山国轨》言"币若干而中用，谷若干而中币"；又欲令"贷家假币，皆以谷准币，直币而庚之"。《山至数》亦言"以币准谷而授禄"也。

斯时民间之为用，亦钱谷并行。故《国蓄》言"使万室之都，必有万钟之藏，藏襁千万；使千室之都，必有千钟之藏，藏襁百万"，《轻重丁》亦言"凡称贷之家，出泉三千万，出粟数千万钟"也。布帛之为用亦甚多，故《轻重甲》言："君朝令一怒，布帛流越而之天下。"

谷与万物，相为轻重，而时人之见解，则多重谷而轻他物，故《山至数》言："彼守国者，守谷而已矣。"因欲贮谷于国中，而徕诸侯之谷，其言曰："彼诸侯之谷十，使吾国谷二十，则诸侯谷归吾国矣；诸侯谷二十，吾国谷十，则吾国谷归于诸侯矣。故善为天下者，谨守重流，而天下不吾泄矣。"《轻重乙》言："昔者纪氏之国，强本节用者，其五谷丰满而不能理也，四流而归于天下，适足为天下虏。"又言："滕鲁之粟釜百，则使吾国之粟釜千，滕鲁之粟，四流而归我。"《轻重丁》言："昔者癸度居人之国，必四面望于天下。天下高亦高。天下高，我独下，必失其国于天下。"凡以戒粟之外流也。《轻重乙》又曰："桓公曰：皮干筋角竹箭羽毛齿革不足，为此有道乎？管子曰：惟曲衡之数为可耳。桓公曰：行事奈何？管子对曰：请以令为诸侯之商贾立客舍，一乘者有食，三乘者有刍菽，五乘者有伍养，天下之商贾，归齐若流水。"可见其视谷粟以外之物，不妨仰给于国外也。《轻重戊》言鲁、梁、莱、莒、楚、衡山之事皆寓言，亦皆重粟之理。

《轻重乙》曰：桓公曰："吾欲杀正商贾之利，而益农夫之事，为此有道乎？"管子请重粟之贾，釜三百，"若是，则田野大辟，而农夫劝其事矣。"桓公曰："重之有道乎？"管子对曰："请以令与大夫城藏，使卿诸侯藏千钟，令大夫藏五百钟，列大夫藏百钟，富商蓄贾藏五十钟，内可以为国委，外可以益农夫之事。"《轻重丁》曰："桓公曰：粜贱，寡人恐五谷之归于诸侯。寡人欲为百姓万民藏之，为此有道乎？管子曰：今者夷吾过市，有新成囷京者二家，君请式璧而聘之。桓公曰：诺。行令半岁，万民闻之，舍其作业而为囷京以藏菽粟五谷者过半。"此晁错贵粟之论所本也。

当时民间相易，盖多以谷粟布帛，而泉币则上之所为，故上得挟此以御轻重。《国蓄》言"谷贱则以币予食，布帛贱则以币予衣，视物之轻重而御之以准"是也。以珠玉为上币，以黄金为中币，以刀布为下币。珠玉金铜,皆非凡民所有,故制币之权,操之于君。《山国轨》曰:"敛万物,应之以币,币在下,万物皆在上。"《山至数》曰:"君有山,山有金,以立币。以币准谷而授禄,故国谷斯在上。"又曰:"士受赏以币,大夫受邑以币,人马受食以币,则一国之谷资在上,币资在下。"皆推行钱币之策也。

人君挟币以御万物,其所重者仍在谷。故《山至数》言"谷十藏于上,三游于下";又欲"国谷三分,二分在上"。

珠玉黄金,皆非平民所能有,而挟之可以御轻重者,以当时之封君,藏粟甚多故也。《山权数》言以宝为质,而假丁氏之粟即其事。当时商人,所以能交通王侯、力过吏势者以此。子贡货殖,所以所至国君,无不与之分庭抗礼也。

后世之言理财者,每好言藏富于民,而实不得其解。藏富于民之语,昉见《管子》。《管子·山至数》曰:"王者藏于民,霸者藏于大夫,残国亡家藏于箧。桓公曰:何谓藏于民?请散:栈台之钱,散诸城阳;鹿台之布,散诸济阴。君下令于百姓曰:民富君无与贫,民贫君无与富。故赋无钱布,府无藏财,赀藏于民。岁丰,五谷登,五谷大轻,谷贾去上岁之分,以币据之。谷为君,币为下。国币尽在下,币轻,谷重上分。上岁之二分在下,下岁之二分在上,则二岁者四分在上;则国谷之一分在下,谷三倍重。邦布之籍,终岁十钱。人家受食,十亩加十,是一家十户也。出于国谷筴而藏于币者也。以国币之分,复布百姓,四减国谷,三在上,一在下,复筴也。"然则藏富于民,乃谓散币以聚谷,非谓上于人民之生计,一无所知,徒以寡取为仁,而听其自相兼并也。苟一无所知而听其自相兼并也,则所谓"民知而君愚,下贫而君富"者也。见《山权数》。

〔七一〕管子轻重四

《管子》轻重之笑,意盖欲以轻税敛也。当时正税之外,有所取于民,皆谓之籍。故《山至数》言"轻赋税则仓廪虚,肥籍敛则械器不奉";《轻重甲》:"不籍吾民,何以奉车革?不籍吾民,何以待邻国?"又言:"皮干筋角之征甚重。重籍于民而贵市之。"又言:"弓弩多匡劈者,而重籍于民。"《轻重丁》言"寡人多务,欲衡籍富商蓄贾称贷之家,以利贫萌"也。《国蓄》曰:"租籍者,所以强求也;租税者,所虑而请也。"盖经常之税,谓之租税;按田而别有所取,谓之租籍。下文又云:"以室庑籍,谓之毁成;以六畜籍,谓之止生;以田亩籍,谓之禁耕;以正人籍,谓之离情;以正户籍,谓之养赢。"《轻重甲》:"桓公曰:寡人欲籍于室屋。管子对曰:不可。是毁成也。欲籍于万民。管子对曰:不可。是隐情也。欲籍于六畜。管子对曰:不可。是杀生也。欲籍于树木。管子对曰:不可。是伐生也。"以田亩籍,盖即所谓租籍。正人正户之正,与直通。《山至数》:"一县必有一县中田之笑,一乡必有一乡中田之笑,一家必有一家直人之用。"直人即正人,盖谓中人,故有征役者。《轻重甲》:"民无以与正籍者,与之长假。"不与正籍,盖不役之人也。以正人籍,口数将有蔽匿,故曰隐情;以正户籍,则重取于有役之家,无役者顾邀宽免,故曰养赢也。或曰:"赢当作羸,谓疲弱者获免,而正户益困。"义亦可通。○《轻重乙》:"租税者,君之所宜得;正籍者,君之所强求。"此正字别是一义,与正人正户之正不同。

以室庑、六畜、田亩、正人、正户籍,盖谓以是为民贫富之准而敛之,犹后世以丁赀定户等矣。其政甚苛,故管子欲有国者取赡于物价轻重之间,而减废此等苛税也。《国蓄》所谓"人君御谷物之秩相胜,而操事于其不平之间,故万民无籍而国利归于君"也。又曰:"天子籍于币,诸侯籍于食。中岁之谷,粜石十钱。大男食四石,月有四十之籍。大女食三石,月有三十之籍。吾子食二石,月有二十之籍。岁凶谷贵,粜石二十钱,则大男有八十之籍,大女有六十之籍,吾子有四十之籍。是人君非发号令收啬而户籍也。彼人君守其本委谨,而男女诸君吾子,无不服籍者也。"此言谷由官卖,凡食谷者,即不翅人人纳税也,盖租税之取民也显,则民怨之;官卖谷之取利也隐,则民不觉;所谓见予之形,不见夺之理,此为政之微权也。

《地数》曰:"武王立重泉之戍,令曰:民自有百鼓之粟者不行。民举所最粟以避重泉之戍,而国谷二十倍,巨桥之粟亦二十倍。武王以巨桥之粟二什倍而市缯帛,军五岁毋籍衣于民;以巨桥之粟二什倍而衡黄金百万,终身无籍于民。准衡之数也。"此言以官粟市杂物,而免赋敛也。《山国轨》曰:"有莞蒲之壤,有竹箭檀柘之壤,有氾下渐泽之壤,有水潦鱼鳖之壤。今四壤之数,君皆善官而守之,则籍于财物,不籍于人。"此言凡共用之物,皆设官治理,则不待赋敛于民也。此所谓不籍而富国也。

粟为民之所有,取之虽多,犹可竭蹶以应上之求;非凡民所能自为者,则不得不求之商贾,而商人因以剥削农人矣。《揆度》曰:"君朝令而夕求具,国之财物,尽在贾人。"是大事也。《国蓄》曰:"今人君籍求于民,令曰十日而具,则财物之贾什去一;令曰八日而具,则财物之贾什去二;令曰五日而具,则财物之贾什去半;朝令而夕具,则财物之贾什去九。先王知其然,故不求于万民,而籍于号令也。"籍于号令,则所谓操重敛散之权者也。故轻重家言,不过欲夺商贾之利,归之农夫而已矣,其意实在重农也,故吾疑为农家言也。

官买物未尝不可求之商人,然商人仍取之于平民;而其取之也,必乘其急,而抑其贾;如此,则利尽归于商贾矣。故宁以谷易他物,使谷有所渫,而其贾亦昂也。《轻重丁》言:"君币籍而务,则贾人独操国趣;君谷籍而务,则农人独操国固。"此之谓也。

籍字本义,盖为凡取民之称。《孟子》言"助者借也",亦即此字。其初所取,盖仅谷粟,故殷人田税,以此为名。其后取于民之物日多,乃又以与赋税对举也。《山至数》言:"皮革筋角羽毛竹箭器械财物,苟合于国器君用者,皆有矩券于上。"可见其取民之苛矣。

〔七二〕读商君书①

井田之废,昔人皆蔽罪于商鞅,此谬也。商君一人,安能尽坏三代之成法?且秦之法,鞅坏之矣,六国之法,坏之者谁乎?此弗思之甚者也。朱子言开为破坏铲削之意,而非创置建立之名。又谓阡陌之地,切近民田,必有阴据以自私,而税不入于公上者。是以《秦纪》、《鞅传》皆云为"田开阡陌封疆而赋税平。"蔡泽亦曰:"决裂阡陌,以静生民之业而一其俗。"以见商君之开阡陌,实为救时之政。善矣。然于六国之井田,何以破坏,不能言也。予谓井田之废,实由地狭人稠,而田不给于授。何也?人口之增,数十百年则自倍。战争虽酷,所以奉生者虽縠,皆不足以沮之。此征诸已事而可知者也。三代建国,近者数百年,远者千余岁。邦域之中,安能无地狭人稠之患?《商君书》曰:"地方百里者,山陵处什一,薮泽处什一,溪谷流水处什一,都邑蹊道处什一,恶田处什二,良田处什四,以此食作夫五万。其山陵,薮泽,溪谷可以给其材。都邑、蹊道足以处其民。先王制土分民之律也。今秦之地,方千里者五,而谷土不能处二。田数不满百万。其薮泽溪谷、名山、大川之材物货宝,又不尽为用。此人不称土也。秦之所与邻者三晋也。所欲用兵者韩魏也。彼土狭而

---

① 又题《读朱子〈开阡陌辨〉》,曾改题为《井田之废》。

民众。其宅参居而并处。其寡萌贾息,民上无通名,下无田宅,而恃奸务末作以处。人之复阴阳泽水者过半。此其土之不足以生其民也,似有过秦民之不足以实其土也。"《徕民》。当时列国众寡不均之形可见。人情安土而重迁,《论语》:"小人怀土。"孔曰:"重迁。"宁尺寸垦辟于故乡,而不肯移殖新地,盖自古如此。且欲迁移,必有道路之费,室庐之筑,口实播种之资,小民亦不足以语此。道远既不能自达,达焉亦无以为卫。有土之君,又域民而不欲其去。则惟有铲削阡陌,填塞沟洫矣。朱子谓井田之制,水陆占地,不得为田者颇多。商君惜地利之有遗,是以奋然不顾,悉行垦辟。予谓垦辟之举,不足于食之民,必能自为之;垦田多则赋税广,有土之君,亦必利而阴许之。或且倡率之;正不待商君也。特前此非法所许。至商君,乃公许之;且核其阴据自私者,以入于上耳。孟子谓"暴君污吏,必慢其经界。"夫固出于自利之私,亦或因民欲田宅而不得,坐视其破坏而不能禁也。

然就一国言之,井田之破坏,庸或出于不得已;而合全局言之,则当日神州,仍以土满为患。谓必铲削阡陌,填塞沟洫,而后耕地可以给足,又不然之论也。古代议论,无不以土满为患也。古人患土满之论甚多,试略举数事为征。《论语》:"子适卫,冉有仆。子曰:庶矣哉!曰:既庶矣,又何加焉?曰:富之。既富矣,又何加焉?曰:教之。"此与子胥论越,"十年生聚,十年教训"同意。必先有其民,然后治与教有所施。故孟子谓"鸡鸣狗吠相闻,达乎四竟,而齐有其民矣,地不改辟矣,民不改聚矣,行仁政而王,莫之能御也。""叶公问政:子曰:近者说,远者来。"其答樊迟,谓好礼,好义,好信,则"四方之民,襁负其子而至。"孟子说齐宣王:谓"王发政施仁,则耕者皆欲藏于王之野,商贾皆欲藏于王之市,行旅者皆欲出于王之涂。"《管子》谓"有地牧民者,务在四时,守在仓廪。国多财则远者来,地辟举则民留处。"皆以徕民为急。梁惠王糜烂其民而战之,然谓"邻国之民不加少,寡人之民不加多",大有怅恨之意焉。知寡弱为列国之公患也。《吕览》曰:"吴起谓荆王曰:荆所有余者地也,所不足者民也。今君王以所不足,益所有余,臣不得而为也。于是令贵人往实广虚之地。皆甚苦之。荆王薨,贵人皆来,尸在堂上。贵人相与射吴起。"《贵卒》。吴起之死,与商君同一可哀。微此篇,无以知其见嫉于贵人之故矣。此可见移民之难。此耕地之所以不足,而井田之所以破坏也。非真合中国计之,而田犹不给于授也。

"寡萌贾息",孙诒让谓当作"宾萌贷息"。宾萌即客民,对下民为土著之民也。《吕览·高义》:墨子曰:翟度身而衣,量腹而食,比于宾萌。高《注》曰:宾,客也。萌,民也。贷息,谓以泉谷贷与贫民而取息。言韩魏国贫,有余资贷息者,皆外来之客民;其土著之民,则皆上无通名,下无田宅,而恃奸务末作以处。明客民富而土著贫也。朱师辙曰:"《左氏》:寡我襄公。《注》:寡,弱也。谓小民无地可耕,多事商贾,以求利息。孙校非。"予案此解自以朱说为直捷。然客民富而土著贫,战国时确有其事。韩非谓"公家虚而大臣实,正户贫而寄寓富,耕战之士困,末作之民利者可亡也"是也。《亡征》。商君欲以故秦事敌,而使新民作本。又曰:"今王发明惠,诸侯之士来归义者,今使复之。三世无知军事。秦四竟之内,陵阪丘隰,不起十年征者。于律也,足以造作夫百万。"可见当时待新民之优。故民既乏田宅,又从征戍,此其所以贫欤?观商君之欲厚待新民,而知徕民之不易矣。此井田所由破坏与?"复阴阳泽水"之复,即《诗》"陶复陶穴"之复。言为复于山之南北,及泽水之地也。严可均疑其有误,殊疏,朱师辙曰:"处",断绝也。复,借为瘢。瘢,病也。言民上不能通名于朝,下无田宅,而恃奸务末作,为人治疾病,相阴阳泽水,犹今医卜星相之流。治病未闻称处,巫医在古国贱业,亦未闻称末作。相阴阳,观流泉,乃司空之职,《汉·志》刑法之学,岂得谓之奸务?其曲解甚矣。三晋地狭人稠,至于如此,而《商君书》犹以民之不西为虑,亦可见徕民之难矣。

原刊《光华大学半月刊》第四卷第四期,
一九三五年十一月二十五日出版

〔七三〕买田宅、请田宅

《史记·廉颇蔺相如列传》：赵括之母上书言括不可使将，曰：始妾事其父时，大王及宗室所赏赐者，尽以与军吏士大夫；受命之日，不问家事。今括一旦为将，王所赐金帛，归藏于家；而日视便利田宅可买者买之。又《萧相国世家》曰：黥布反，上自将击之，数使使问相国何为。客有说相国曰：上所为数问君者，畏君倾动关中。今君胡不多买田地、贱贳贷以自污？相国从其计。上罢布军归，民道遮行上书，言相国贱强买民田宅数千万。言田宅皆曰买，是田宅已属私家。又《白起王翦列传》言：始皇起翦攻荆，自送至灞上，翦行请美田宅园池甚众。既至关，使使还请善田者五辈。曰请，是田宅犹属公家也。《赵世家》：简子赐扁鹊田四万亩。烈侯曰：夫郑歌者枪、石二人，吾赐之田，人万亩。亦见公家有田之多。此等固皆传者之辞，未必当时实事；然传者之辞，亦必依附实事，但皆务为夸侈耳。观此诸文，可见当时田宅之分属公私也。

《荀子·议兵篇》言魏氏之取武卒，"中试则复其户，利其田宅。是数年而衰，而未可夺也。"可见是时，田宅与夺，尚有由公家者。

〔七四〕买道而葬

《礼记·檀弓》："季子皋葬其妻,犯人之禾。申详以告,曰:请庚之。子皋曰:孟氏不以是罪予,朋友不以是弃予,以吾为邑长于斯也,买道而葬,后难继也。"旧说以子皋为倚势虐民,非也。此事可见井田废、阡陌开之渐。夫使阡陌完整,营葬者安得犯人之禾?营葬而犯人之禾,盖以阡陌铲削,丧车不能通行故耳。开阡陌乃违法之事,当时依法整顿,势盖已不能行,然犹难公然许为合法。邑长犯人之禾而庚之,则许为合法矣。关涉土地之案件,又将如何办理,故曰后难继也。"以吾为邑长于斯也",乃读而非句。言以吾为邑长于斯,买道而葬,后难为继,故孟氏不以是罪予,朋友不以是弃予;非谓为邑长可倚势虐民也。

〔七五〕古振贷一

大同之世，人无所谓饥寒也。何也？人不独亲其亲，不独子其子；货恶其弃于地也，不必藏于己，力恶其不出于身也，不必为己。故遭凶荒，举族困于饥寒者有之矣；满堂而饮酒，一人乡隅而饮泣，则未之前闻。至于货力为己，各亲其亲，各子其子之世，斯不然矣。而人有待于振济矣。

然振济之始，仍是属之于族。《管子·问》篇："问国之弃人，何族之子弟也？""问乡之贫人，何族之别也？""问宗子之收昆弟者，以贫从昆弟者几何家？"《入国》篇九惠之教，孤子不能自生者，属之其乡党知识故人。士民死上事，死战事者，亦使其知识故人受资于上而祠之。《礼记·檀弓》曰："未仕者不敢税人，如税人，则以父兄之命。"《注》曰："不专家财也。"《论语·先进》："子路问闻斯行诸？子曰：有父兄在，如之何其闻斯行之？"包氏释以"振穷救乏之事"，盖以此也。何者？振救人者以其族之财，而族之财则其父兄主之故也。《左氏》言陈氏厚施，凡公子、公孙之无禄者，私分之邑。昭公十年。有邑，斯其族之人皆获振救矣。此兴灭国、继绝世之所以为美谈也。

世运愈降，族不必皆有资财；有资财者，亦或为其长所专有；乃有待振救于族外者。《论语》："原思为之宰，与之粟九百，辞。子曰：毋！以与尔邻里乡党乎？"《雍也》。是其事也。斯时能振救人者，仍多有土之君。《说苑·臣术》：晏子对景公曰："赖君之赐，得以寿三族；及国交游，皆得生焉。"又曰："以君之赐，臣父之党，无不乘车者；母之党无不足于衣食者；妻之党无冻馁者；国之简士，待臣而举火者数百家。"又曰："以君之赐，泽覆三族，延及交游，以振百姓。"简士盖即交游，先及族党，次及士，次及凡民也。《管子·问》篇："群臣有位事官大夫者几何人？外人来游在大夫之家者几何人？""问乡之良家，其所牧养者，几何人矣？"亦是物也。

〔七六〕古振贷二

言振救者,以《管子》九惠之教为最备。九惠者:"一曰老老,二曰慈幼,三曰恤孤,四曰养疾,五曰合独,六曰问疾,七曰通穷。八曰振困,九曰接绝。"案《孟子》言:"老而无妻曰鳏,老而无夫曰寡,老而无子曰独,幼而无父曰孤。此四者,天下之穷民而无告者。"《梁惠王》下。而《管子·揆度》言:"匹夫为鳏,匹妇为寡,老而无子者为独。子弟师役而死者,父母为独。"《轻重己》言:"无妻无子,谓之老鳏;无夫无子,谓之老寡。"则鳏、寡与老鳏、老寡有异。《王制》言孤、独、矜、寡,皆有常饩,说与《孟子》同,皆仅指老鳏、老寡。合独之教曰:"凡国都皆有掌媒。丈夫无妻曰鳏,妇人无夫曰寡。取鳏寡而合和之,予田宅而家室之,三年然后事之。"此盖《周官》媒氏之职。所以处徒鳏寡而未老者,为《孟子》、《王制》所不及矣。《管子·问篇》曰:"问独夫、寡妇、孤寡、疾病者,几何人也?"此孤寡二字,盖但指孤者言。兼言寡,盖浃句以圆文也?独夫、寡妇,盖偏举一端以相备。独夫亦无妻,寡妇亦无子。《王制》又言:"瘖、聋、跛躄、断者、侏儒,百工各以其器食之。""八十者一子不从政,九十者其家不从政,废疾非人不养者,一人不从政。"略与《管子》老老、养疾相当,而慈幼、问疾、通穷、振困、接绝,皆非所及。然非遂无其事也。通穷之教曰:"若有穷夫妇无居处,穷宾客绝粮食,居其乡党,以闻者有赏,不以闻者有罚。"此盖《周官》以肺石达穷民之义。《大司寇》。《孟子》言许行踵门而告滕文公"愿受一廛而为民",《滕文公》上。即无居处之类。盖小国之君,躬听其事,《周官》、《管子》,皆治大国之法,则责诸其长也。孔子绝粮于陈蔡之间,"使子贡至楚,楚昭王兴师迎孔子,然后得去。"《史记·孔子世家》。傥亦穷宾客之流乎?九惠之政,振困、接绝而外,皆有专掌其事者在国都。然养孤属之其乡党知识故人,而掌孤数行问之。士人之疾甚者,掌病以告,上身问之。周官乡师,以岁时巡国及野,而赒万民之艰厄,以王命施惠。皆小国寡民之遗制也。《左氏》哀公二年,子西言阖庐:"天有菑疠,亲巡其孤寡而共其乏困。"吴虽骤强,本实小国,君民易亲,傥非虚语邪?

〔七七〕古振贷三

《管子·问》篇:"问理园圃而食者几何家?"盖无田,故恃园圃以为食也。又曰:"人之开田而耕者几何家?"盖田不给授,从事新开。辟草莱、开阡陌,其此曹乎? 又曰:"士之身耕者几何家?""余子仕而有田邑,今入者几何人? 士之有田而不使者几何人? 吏恶何事? 士之有田而不耕者几何人? 身何事?"此皆有田者,故但课其勤惰。又曰:"君臣有位而未有田者几何人?""官承吏之无田饩而徒理事者几何人?""外人之来从而未有田宅者几何家?"盖当授田而未授者。又问:"国子弟之游于外者几何人?"盖无田以授之,故去国而他适也。观此,知其时之人,能否自给,尚以有田无田为断,而其有待于振救者可知矣。

《管子》又曰:"问国之伏利,其可应人之急者,几何所也?"此所谓利,即《国语》荣夷公好专利之利,盖利之在山泽者。名山大泽不以封,故至凶荒札丧之时,犹可应人之急,如五谷不熟而取疏食是也。《左氏》襄公九年,"晋侯归,谋所以息民。魏绛请施舍。输积聚以贷。自公以下,苟有积者尽出之。国无滞积,亦无困人。公无禁利,亦无贪民。"盖以积聚贷,又弛山泽以与民。其所谓利,亦《国语》荣夷公好专利之利也。自封禁之者日多,而民之待振救者亦益众矣。

〔七八〕古振贷四

待振救者太众，虽有仁君，不能给也。"子贡曰：如有博施于民而能济众，何如？可谓仁乎？子曰：何事于仁！必也圣乎！尧舜其犹病诸！"《论语·雍也》。盖谓此也。于是乎有贳贷。贳者当复，则更可以振他人，而受振者众矣。若更分所新生，以为利息，但使受者不供自用，而更以之振他人，亦不翅初受振者后更振人，受振者将益多，所生之利亦益博，此自然之妙用也。然贷者安能如此，皆徒欲取诸贳者以自利，而盘剥之事兴矣。

出贷之始，亦为有土之君。《管子·问》篇："问贫士之受责于大夫者几何人？"则是物也。士盖战士，故能受责于大夫。又，"问邑之贫人，债而食者几何家？"则不必尽然矣。此等贳贷，盖多以粟？故《问》篇又"问人之贷粟米有别券者几何家"也。《左氏》：文公十六年：宋饥，公子鲍竭其粟而贷之；襄公九年晋侯谋所以息民，魏绛请输积聚以贷；详见上条。昭公三年言陈氏厚施，以家量贷，而以公量收之，皆是物也。襄公二十九年，"郑子展卒，子皮即位。于是郑饥而未及麦，民病。子皮以子展之命饩国人粟，户一钟，是以得郑国之民。故罕氏常掌国政，以为上卿。宋司城子罕闻之，曰：邻于善，民之望也。宋亦饥，请于平公，出公粟以贷。使大夫皆贷。司城氏贷而不书，为大夫之无者贷。宋无饥人。叔向闻之，曰：郑之罕，宋之

〔七八〕古振贷四

乐,其后亡者也。二者其皆得国乎?民之归也,施而不德,乐氏加焉,其以宋升降乎?"二事并举,则子皮于郑人,亦必贷之而非与之也。昭公二十五年,伐季氏。入之。平子登台而请,弗许。子家子曰:"君其许之。政自之出久矣。隐民多取食焉,为之徒者众矣。日入慝作,未可知也。"当时有土之君,以此取媚于国人者盖多矣。晋文公归国而"弃责";《国语·晋语》。冯谖为孟尝君收责于薛,"矫命以责赐诸民";《战国·齐策》。皆是也。然究不敌为茧丝者之众,而栾桓子之"假贷居贿",亦见《晋语》。乃习为恒事矣。

〔七九〕古振贷五

生计益进，则出贷之事，渐自封君移于富民。《管子·国蓄》曰："使万室之都必有万钟之藏，藏襁千万；使千室之都必有千钟之藏，藏襁百万。春以奉耕，夏以奉耘；耒耜、械器、种饷、粮食，毕取赡于君。故大贾蓄家，不得豪夺吾民矣。"藏襁盖出大贾，藏粟则出蓄家。商贾多资钱币，遇出举之利大于兴生时，自可舍兴生而事出举。《史记·货殖列传》之子钱家，盖本自商贾出。邴氏赊贷、行贾遍郡国，亦二者兼之也。《周书·文酌》云："大农假贷。"盖蓄家之伦。

大贾蓄家，专以牟利为事，封君则耽于逸乐，故其势浸不敌。《管子·轻重丁》：桓公曰："大夫多并其财而不出，腐朽五谷而不散。"管子"请以令召城阳大夫而请之"。桓公曰："何哉？"管子对曰："城阳大夫，嬖宠被绨绤，鹅鹜含余秣，齐钟鼓之声，吹笙篪，同姓不入；伯叔父母，远近兄弟，皆寒而不得衣，饥而不得食。"此当时有土之君，竞于奢侈，虽富厚而转患不足之情形也，尚安能与大贾蓄家竞哉？轻重之义，一言蔽之，则裁抑大贾蓄家而扶翼封君耳。观其所欲扶抑，而其盛衰强弱可知矣。

封君之出贷，亦兼用钱粟。《国策》之冯谖，《史记》作冯驩。据《孟尝君列传》，冯驩之前，为之收责者，尚有一魏子。其说曰："孟尝君相齐，其舍人魏子为孟尝君收邑入，三反而不致一入。孟尝君问之,对曰：有贤者,窃假与之,以故不致入。孟尝君怒而退魏子。居数年,人或毁孟尝君于齐湣王曰：孟尝君将为乱。及田甲劫湣王,湣王意疑孟尝君,孟尝君乃奔。魏子所与粟贤者闻之,乃上书言孟尝君不作乱,请以身为盟,遂自刭宫门以明孟尝君。"此以粟为贷。又曰："孟尝君时相齐,封万户于薛。其食客三千人,邑入不足以奉客,使人出钱于薛。岁余不入,贷钱者多不能与其息,客奉将不给。""乃进冯驩而请之。"则以钱为贷者也。此等说自不足信,然当时必有此等事,乃得造作此等说也。

〔八〇〕古振贷六

出举之初，昔人多视为不义，乃欲复之于振济。《管子·轻重丁》曰："桓公曰：峥丘之战，民多称贷，负子息，以给上之急，度上之求。寡人欲复业产，此何以洽？管子对曰：惟缪数为可耳。桓公曰：诺。"乃"令表称贷之家，使八使者式璧而聘之"。"称贷之家皆折其券而削其书，发其积藏，出其财物，以振贫病"。又曰："桓公曰：寡人多务，令衡籍吾国之富商、蓄贾、称贷家，以利吾贫萌，农夫不失其本事。反此有道乎？管子对曰：惟反之以号令为可耳。桓公曰：行事奈何？管子对曰：请使宾胥无驰而南，隰朋驰而北，甯戚驰而东，鲍叔驰而西，视四方受息之氓。四子已报。管子请以令召称贷之家，君因酌之酒。称贷之家，决四方子息之数，使无券契之责。"此皆当时之人之所愿欲也，然岂可致哉？当时之封君，不徒出举也，亦或入举。齐公子商人"骤施于国，而多聚士，尽其家，贷于公、有司以继之"是也。《左氏》文公十四年。此犹贷于公、有司。《汉书·诸侯王表》言：周衰，"有逃责之台。"服虔曰："周赧王负责，无以归之，主迫责急，乃逃于此台，后人因以名之。"服说必有所据，此则责于富民矣。不能强取，而守民间责贷之法，可见富民权力之长，尚可变其称贷为振济乎？

赧王借债，不必皆供私用，虽谓为公侯之滥觞可也。设使周久不亡，富人之权力更长，称贷是求焉，收税是求焉，富人渐以其意左右政事，而如欧洲所谓宪政者之基立矣。

〔八一〕母 财

本钱之语甚古。《管子·国蓄》：言知者有什倍人之功,愚者有不赓本之事。不赓本,谓母财不复,不能再行生利,俗所为折本是也。《轻重甲》曰：事再其本,则无卖其子者；事三其本,则衣食足；事四其本,则正籍给；事五其本,则远近通,死得藏。《揆度》言再其本,民无糟者卖其子,三其本,若为食,四其本,则乡里给,五其本,则远近通,然后死得葬矣。说虽微异,其意皆同。

〔八二〕释 官

《曲礼》曰："在官言官,在府言府,在库言库,在朝言朝。"《注》曰："官谓板图文书之处,府谓宝藏货贿之处也,库谓车马兵甲之处也,朝谓君臣谋政事之处也。"然则官字古义与今不同,今所谓官,皆为政事所自出,古则政出于朝,官特为皮藏之处,与府库同耳。盖古者政简,不须分司而理,故可合谋之于朝。后世政治日繁,势须分职,而特设之机关遂多,各机关必皆有文书,故遂以藏文书之处之名名之也。

官既为皮藏文书之处,则处其间者不过府史之流,位高任重者未必居是。《论语》："冉子退朝。子曰:何晏也?对曰:有政。"《论语·子路》。荀子入秦,"及都邑官府,其百吏肃然。入其国,观其士大夫,出于其门,入于公门,出于公门,归于其家",《荀子·强国》。其证也。然则司政令者不居官,居官者不司政令,故官在古代不尊,所尊者为爵。《仪礼·士冠礼》曰："以官爵人,德之杀也。死而谥,今也。古者生无爵,死无谥。"《檀弓》谓士之有诔,自县贲父始。诔所以作谥,明古者大夫有谥,士无谥。生无爵,则死无谥,明大夫为爵,士不为爵也。《王制》曰："司马辨论官材,论定然后官之,任官然后爵之,位定然后禄之。"官之者任以事,是为士,爵之禄之则命为大夫也。《曲礼》曰："四十曰强,而仕。"《士冠礼》曰："古者五十而后爵。"

则任事十年,乃得为大夫矣,所谓"任官然后爵之"也。《檀弓》又曰:"仕而未有禄者,君有馈焉曰献,使焉曰寡君,违而君薨,弗为服也。"《王制》云:"士禄以代耕,而此曰未有禄者。"《曲礼》又曰:"无田禄者,不设祭器;有田禄者,先为祭服。"禄指土田言,故代耕所廪,不为禄也。《檀弓》:工尹商阳曰:"朝不坐,燕不与,杀三人,亦足以反命矣。"《注》:"朝燕于寝,大夫坐于上,士立于下。"坐于上为有位,立于下为无位,必爵为大夫,然后有田,则所谓位定然后禄之也。古者国小民寡,理一国之政者,亦犹今理一邑之事者耳,势不得甚尊。至于国大民众而事繁,则其势非复如此矣。则凡居官任事者,皆有以殊异于齐民矣。上下之睽,自此始也,故曰德也。

〔八三〕三公、四辅、五官、六官、冢宰

言古官制者，今文家曰三公、九卿，古文家曰三公、三孤、六卿，而又有四辅、五官之名，孰为是？曰：皆是也，皆有所据。今文家所谓三公，任职者也。古文家之三公及四辅，天子之亲臣也。五官与今文家之三公，同为任职之臣，或举其三，或举其五，各有所象耳。五官加一冢宰，则为六官矣。

四辅、三公，见《礼记·文王世子》及《管子·幼官》。幼官不言其名。《文王世子》举其名曰师、保、疑、丞。师、保者三公之二，疑、丞者四辅之二，《记》错举之也。《尚书大传》曰："古者天子必有四邻：前曰疑，后曰丞，左曰辅，右曰弼。"是为四辅之名。《大戴·保傅》曰："昔者周成王幼，在襁褓之中，召公为太保，周公为太傅，太公为太师。保，保其身体；傅，傅其德义；师，道之教训。此三公之职也。于是为置三少，皆上大夫也。曰少保，少傅，少师，是与太子燕者也。"《贾子·保傅》篇同。与太子燕，《贾子》建、潭本作天子，是也。此即古周礼说之三公、三孤。其三太，即《文王世子》及《管子》之三公也。又曰："学礼曰：帝入东学，上亲而贵仁，则亲疏有序而恩相及矣。帝入南学，上齿而贵信，则长幼有差而民不诬矣。帝入西学，上贤而贵德，则圣智在位而功不匮矣。帝入北学，上贵而尊爵，则贵贱有等而下不逾矣。帝入太学，承师问道，退习而端《贾子》作考。于太傅，

太傅罚其不则而达其不及,则德智长而理道得矣。"东学者左辅所在,南学者前疑所在,西学者右弼所在,北学者后丞所在,入太学所承之师,则太师也。退习而考于太傅,不言太保者,辞不备。观下"免于保傅之严",又以二者并言,则可知矣。然则太师与疑、丞、辅、弼,在五学者也。太傅与太保,则左右王于退习之际者也。又曰:"明堂之位曰:笃仁而好学,多闻而道慎,天子疑则问,应而不穷者,谓之道。道者,导天子以道者也,常立于前,是周公也。诚立而敢断,辅善而相义者,谓之充。充者,充天子之志者也,充,《贾子》作辅。志作意。常立于左,是太公也。洁廉而切直,匡过而谏邪者,谓之弼。弼者,弼天子之过者也,常立于右,是召公也。博闻而强记,接给而善对者,谓之承。承者,承天子之遗忘者也,常立于后,是史佚也。"此即《书传》之四辅。疑作道者,有所惑曰疑,释其惑亦曰疑,所谓"疑之言拟",《周官·司服注》。正道之义也。辅者辅之为善,充亦充其善,与弼其过相对,名异而意同也。《管子·君臣》曰:"四正、五官,国之体也。"《说苑·君道》曰:"明君在上,慎于择士,务于求贤,设四佐以自辅。"四正、四佐,亦即四辅。四辅、三公,皆天子之亲臣,故《孝经》曰"天子有争臣七人,虽无道不失其天下"也。《礼记·礼运》曰:"宗祝在庙,三公在朝,三老在学。王前巫而后史,卜、筮、瞽、侑,皆在左右。王中,心无为也,以守至正。"三公在朝者,司马、司徒、司空之伦,任职者也。三老在学,师、傅、保之伦也。前巫、后史,卜、筮、瞽、侑,亦即四辅之类。所述盖王居明堂之礼。古者事简,无众官,政皆出于明堂,是时相王者三公、四辅之伦,盖皆无所统。故古文家犹谓三公无官属,坐而论道也。

今文之三公曰司马、司徒、司空。此亦即五官,特仅举其三耳。五官之说:《曲礼》曰:"司徒、司马、司空、司士、司寇,典司五众。"《左氏》昭公十七年郯子之言曰:"祝鸠氏,司徒也。鸠鸠氏,司马也。

鸤鸠氏，司空也。爽鸠氏，司寇也。鹘鸠氏，司事也。五鸠，鸠民者也。"司事即司士，鸠民即典司五众之谓也。《春秋繁露·五行相胜》曰："木者司农也。火者司马也。土者，君之官也，其相曰司营。金者司徒也。水者司寇也。"司营即司空，司农即司事，农者民事也。《淮南子·天文训》曰："何谓五官？东方为田，南方为司马，西方为理，北方为司空，中央为都。"田即司农，理即司寇，都即司徒也。《左氏》昭公二十九年，蔡墨曰："木正曰句芒，火正曰祝融，金正曰蓐收，水正曰玄冥，土正曰后土。"名虽异，其象五行则同。《周官》及《大戴》之《盛德》篇，特多一冢宰，又以宗伯易司农耳。宗伯典礼，礼于五行为火，其方在南，以此易东方之农师，实不如《繁露》等说之当。《管子·五行》曰："黄帝得蚩尤而明于天道，得大常而察于地利，得奢龙而辨于东方，得祝融而辨于南方，得大封而辨于西方，得后土而辨于北方。黄帝得六相而天地治，神明至。蚩尤明乎天道，故使为当时。大常察乎地利，故使为廪者。奢龙辨乎东方，故使为土师。祝融辨乎南方，故使为司徒。大封辨于西方，故使为司马。后土辨乎北方，故使为李。是故春者土师也，夏者司徒也，秋者司马也，冬者李也。"土师疑即农师，廪者疑即司空。当时盖主历象之官，以易《周官》之冢宰，亦各有所取耳。

汉初因秦置丞相，后用经生说，改为大司徒，而以太尉为司马，御史大夫为司空，皆称公，为相职，因有疑今文义三公外无宰相者。案《王制》言"冢宰斋戒受质"，别于三官。又曰"百官各以其成质于三官"，而三官"以百官之成质于天子"。《论语》曰："君薨，百官总己以听于冢宰。"《宪问》。明百官分属三官，冢宰则无所不统。三公以外，别有冢宰，较然甚明也。《荀子·序官》，列举官名，凡十有三：曰宰爵，曰司徒，曰司马，曰太师，曰司空，曰治田，曰虞师，曰乡师，曰工师，曰伛巫、跛击，击疑当作医。曰治市，曰司寇，曰冢宰。去冢宰及司马、司徒、司空凡九官，或谓即九卿。此诚难质言，然数适相合，亦可备一说。此说而确，则冢宰在三公之外，愈明白矣。冢宰始盖主饮食之官，后遂总统宫内，《礼记·祭统》："宫宰宿夫人。"注："宫宰，守宫官也。"此即《周官》天官之职。而为群吏之长。《仪礼·特牲馈食礼注》。宫、府之别，后世有之，古则皆君主私人耳，故遂于百官无所不统也。冢宰既总统宫内，兼长群吏，财用自其所管，古国用与天子私奉养，盖亦不分，故亦冢宰所制。《王制》："冢宰制国用。""季氏富于周公，而求也为之聚敛而附益之。"《论语·先进》。求，季氏宰也。叔孙穆子宠竖牛，"使为政。"为政者，为之宰也。其后牛绝其饮食以死。《左氏》昭公四年。知宰虽总统宫事，犹侍食饮，故陈子亢谓疾则"当养者莫若妻与宰"也。《檀弓》。天子、诸侯、大夫，后而体制迥殊，其初一耳。观诸侯、大夫之事，固足以明王室之初矣。《左氏》宋有六卿，又有太宰、少宰；成公十五年。鲁羽父请杀桓公，以求太宰；隐公十一年。亦在三卿之外。《论语》有太宰问于子贡，《檀弓》有陈太宰嚭，《韩非》有商太宰。皆《王制·周官》冢宰之职。《荀子·王霸》曰："论一相以兼率之，使臣下百吏，莫不宿道乡方而务，是夫人主之职也。"又曰："能当一人而天下取，失当一人而社稷危。"又曰："君者，论一相，陈一法，明一指，以兼覆之，兼炤之，以观其盛者也。"一人一相，皆指冢宰。《君道》又曰："天子三公，诸侯一相。"非谓天子无相，诸侯无三官，互言之耳。

问曰：司马、司徒、司空各主一官，与司寇等均耳，今文家独取此为三公，得毋武断乎？曰：否。三官所职，视他官为要，固考诸经文而可征，亦古文家所不违也。《立政》、《梓材》，皆以三官并举。《酒诰》有圻父、农父、宏父，伪《孔传》亦以司马、司徒、司空释之。伪《孔》古文者流，非今文之与也。《左》昭四年叔孙穆子之葬，季孙"使杜泄舍路。不可，曰：夫子受命于朝而聘于王，王思旧勋而赐之路，复命而致之君,君不敢逆王命而复赐之,使三官书之。吾子为司徒,实书名。夫子为司马,与工正书服。孟孙为司空以书勋。今死而弗以,是弃君命也。书在公府而弗以,是废三官也",尤古文以司徒、司马、司空为三卿之铁证矣。何邵公曰:"古者诸侯有司徒、司空,上卿各一,下卿各二。司马事省,上下卿各一。"襄公十一年。崔氏谓:"司徒兼冢宰,司马兼宗伯,司空兼司寇。司徒下小卿二:曰小宰,曰小司徒。司空下小卿二:曰司寇,曰小司空。司马下小卿一,曰小司马。"《左》僖二十二年,宋既有大司马,又有司马,说或有征,则司寇等职,未尝不可摄以三官,或属之三官也。六卿之名,古无闻焉。惟《甘誓》有"乃召六卿"、"嗟六事之人"之语。郑注《书传》曰:"后稷、司徒、秩宗、司马、作士、共工。"仰即据古周礼为说,难信。《管子·立政》曰:"将军大夫以朝。"《墨子·尚同》曰:"择其国之贤者,置以为左右将军、大夫。"以将军大夫并言,犹以卿大夫连举。将军有左右,则《老子》所谓"偏将军居左,上将军居右"也。《非攻》曰:"昔者晋有六将军。"晋固有六卿。明六卿为六将军,与司马等官无涉。撰《周官》者误以六官为六卿,亦其渎乱不验之一验也。宋六卿之名为右师、左师、司马、司徒、司城、司寇,见《左氏》文公七年、十六年、成公十五年、哀公二十年,亦与《周官》不合。

《异义》之古周礼说,撰伪《古文尚书》者取以入《周官》篇。攻之者或谓其误据《大戴》、《贾子》,以太子官属为天子之官。或又谓郑注《周官》"乡老二乡则公一人"云:"王置六卿,则公有三人也。三公者,内与王论道,中参六官之事,外与六卿之教。"又其注《君奭序》"召公为保、周公为师"曰:"此师、保为《周礼》师氏、保氏大夫之职。"可见郑不主六卿之上,别有三公三孤。然《异义》所举古周礼说,确与伪《周官》同。《周官》朝士,"建外朝之法","左九棘,孤、卿、大夫位焉","面三槐,三公位焉",亦明谓公、孤在卿之外。公、孤之名,见于他处者，尚有宰夫、司服、典命、巾车、司常、射人、司士、太仆、弁师、小司寇等。《保氏序官疏》引《郑志》："赵商问：案成王《周官》：立太师、太傅、太保，兹惟三公。即三公之号，自有师、保之名。成王《周官》，是周公摄政三年事，此周礼是周公摄政六年时，则三公自名师、保，起之在前，何也？郑答曰：周公左，召公右，兼师保，初时然矣。"赵商所云成王《周官》，盖即《异义》所谓古周礼说，而亦造伪《古文尚书》者所取材也。

古人设官，各有所象。《白虎通义》曰："内爵所以三等何？法三光也。""商质者主天，夏文者主地，《春秋》变周之文，从殷之质，故立三公、九卿、二十七大夫、八十一元士、二百四十三下士，三三相承以法天。其五官则象五行，所以法地之文也。诸侯之国，三卿、五大夫。三卿法三光，五大夫象五行也。"《洪范》曰："王省惟岁，卿士惟月，师尹惟日。"卿士谓三公、九卿。师尹惟日者，大夫合元士、下士，凡三百五十一，当期之日也。此质家法天之明证。周家主地，盖立五官。故《史记·周本纪》云：古公"作五官有司"。然则《曲礼》等书所言，盖是周制。郑顾以为殷制，偏其反矣。五行之官益一，明乎天道之当时，是为六官。冢宰兼统百官，不可以一职名也。造《周官》者以冢宰易当时，亦其渎乱不验之一验也。

原刊《光华期刊》第四期，一九二九年一月一日出版

〔八四〕周官五史

《周官》大史之职:"掌建邦之六典,以逆邦国之治;掌法以逆官府之治;掌则以逆都鄙之治。凡辨法者考焉,不信者刑之。凡邦国都鄙及万民之有约剂者藏焉,以贰六官。正岁年以序事,颁之于官府及都鄙,颁告朔于邦国。此即《月令》之类,备载一年中当行之事,及其行之之时。大祭祀,戒及宿之日,与群执事读礼书而协事。祭之日,执书以次位常。辨事者考焉,不信者诛之。大会同朝觐,以书协礼事。及将币之日,执书以诏王。大师,抱天时,与大师同车。大迁国,抱法以前。大丧,执法以莅劝防。凡丧事考焉。小丧,赐谥。凡射事,饰中,舍算,执其礼事。"具见其为礼与法之府。而小史、内史、外史、御史之职,其为大史之僚属,又极易见也。如此,其典籍安得不多?其员额安得不广? 其先但为四辅之一,居明堂中侍王者,其后安得不出居于外耶?

外史:"掌书外令。掌达书名于四方。若以书使于四方,则书其令。"此亦内史书王命之类。盖时愈晚,事愈繁,分职愈详。故其初记言专于右史者,后又析为内外也。疏家既引《周官》以证《礼记》,而偏举内史,似非。

记事之史,体极简严;记言之史,则体较恢廓;求诸《周官》,亦可喻其故焉。史官主知天道,故冯相、保章,皆属大史。冯相氏:"掌十有二岁、十有二月、十有二辰、十日、二十有八星之位；辨其序事，以会天位。"盖司天道之常。保章氏："掌天星，以志星辰日月之变动，以观天下之迁，辨其吉凶。"则司天道之变。常事不书，变事不可不记。执简之始，盖专记日食星陨等事。此本不待烦言，其后记人事者亦遂沿其体，此其所以简严。古重言辞，书诸简牍盖其变。既重言辞，则其所书者，亦必如其口语；虽有润饰，所异固无多也。此其体之所以日益恢廓也。

记言之史，体既恢廓，其后凡叙述详尽者皆沿之。以其初本以记言辞；又古简牍用少，传者或不资记录，而以口耳相授受也，则仍谓之语。《礼记·乐记》：孔子谓宾牟贾曰："且女独未闻牧野之语乎？"此记武王之事者称语也。《史记》本纪、列传，在他篇中述及多称语。《秦本纪》述商鞅说孝公变法曰："其事在《商君》语中。"《孝文纪》述大臣诛诸吕，谋召立代王曰："事在《吕后》语中。"《礼书》述晁错事曰："事在《袁盎》语中。"《陆贾传》述其使尉佗事曰："事在《南越》语中。"皆是。○《朱建传》：汉已诛布，闻平原君谏不与谋，得不诛。曰："语在《黥布》语中。"而布传无其事；盖古人著书，多直录旧文，不加点定。史公所据朱建黥布两传，非出一家，故其文如是也。○《始皇本纪》述赵高与二世、李斯阴谋杀扶苏、蒙恬曰："语具《李斯传》中。"疑后人所改，亦或当时已有称传者，不始太史公。《萧相国世家》述吕后用何计谋诛淮阴侯曰："语在《淮阴》事中。"《留侯世家》述良解鸿门之危曰："语在《项羽》事中。"事语二字，疑后人所互易。可知纪传等为后人所立新名，其初皆称语。然则《论语》者，孔子及其门弟子之言行之依类纂辑者；《国语》则贤士大夫之言行，分国纂辑者耳。故吾谓《国语》实《尚书》之支流余裔也。不惟《国语》，《晏子春秋》及《管子》之《大中小匡》诸篇，凡记贤士大夫之言行者，皆《国语》类也。亦不惟《论语》，诸子书中，有记大师巨子之言行者，皆《论语》类也。

记录之意在传其人之言行者，谓之语。《易》所谓"多识前言往行,以畜其德"者也。若以其事有关家国之大而记之,则谓之故。故之始,盖主典礼,其后则记行事者亦屡杂焉。《左氏》定公十年,齐侯将享公,孔子谓梁丘据曰:"齐鲁之故,吾子何不闻焉? 事既成矣,而又享之,是勤执事也。且牺象不出门,嘉乐不野合;享而既具,是弃礼也;若其不具,用秕稗也。用秕稗君辱,弃礼名恶。子盍图之?"此即朝觐会同之礼,《周官》大史所掌。不曰礼而曰故者,礼据成宪言,故据成事言也。《史记·儒林传》载公孙弘之言曰:"治礼次治掌故,以文学礼义为官,迁留滞。"徐广曰:"一云次治礼学掌故。"未知孰是。然礼与故为文学大宗可见。襄公二十六年,声子通使于晋,还,如楚,令尹子木与之语,问晋故焉。声子历举楚材晋用之事以对。公扈子知叔术之事,而《公羊》谓其习乎邾娄之故。昭公三十一年。此则行事有关家国之得失者矣。《左氏》昭公元年,叔向出,行人挥送之。叔向问郑故焉,且问子皙。知国家之行事若典章,贤士大夫之言行,并为时人所重也。

史主记载,言、事皆然,故亦通谓之志。《周官》小史:"掌邦国之志。"郑司农云:"《春秋传》所谓《周志》,《国语》所谓《郑书》之属。"案《周志》见《左氏》文公二年。狼瞫引其辞曰:"勇则害上,不登于明堂。"《郑书》亦见《左氏》襄公三十年。子产引其辞曰:"安定国家,必大焉先。"皆《尚书》类也。外史:"掌四方之志。"《注》云:"若鲁之《春秋》,晋之《乘》,楚之《梼杌》。"则记事之史矣。案小史所掌,盖县内诸侯之史;外史所掌,则外诸侯之史也。外史又掌三皇五帝之书,则异代之史也。《注》云:"楚灵王所谓《三坟》、《五典》。"未知信否。然《礼记·礼运》:孔子曰:"大道之行也,与三代之英,丘未之逮也,而有志焉。"《注》曰:"志,谓识,古文。"说自不误。何则? 三代之英,指禹、汤、文、武、成王、周公,皆确有其人;大道之行,亦当如此;皆读前人之记识而知之也。《庄子》:"《春秋》经世,先王之志。"《天下》。志亦当作记识解。此《春秋》不必凿指记事之史。盖志亦史籍通称，犹汉人言史记也。记、志一语。古称志，汉人称史记，特辞有单复耳。汉人亦但言记，则志之异文也。

《史记·六国表》曰："秦既得意，烧天下《诗书》，诸侯史记尤甚。《诗书》所以复见者，多藏人家；而史记独藏周室，以故灭。"此周室二字，当苞凡诸侯之国言；乃古人言语，以偏概全之例，非谓衰周能遍藏各国之史，其余诸国则独有其本国之史也。戎夫习于遂事，倚相能读《三坟》、《五典》、《八索》、《九丘》，皆当时良史熟于古记之证。

《周官》诵训："掌道方志，以诏观事。"《注》曰："说四方所识久远之事，以告王观博古所识。若鲁有大庭氏之库，殽之二陵。"训方氏："诵四方之传道。"《注》曰："传道，世世所传说往古之事也。为王诵之，若今论圣德尧舜之道矣。"此亦古史也。又曰："正岁，则布而训四方，而观新物。"此所布者，即其为王所诵，训方氏盖身历四方而布之，因以观新物也。《礼记·郊特牲》曰："大罗氏，天子之掌鸟兽者也，诸侯贡属焉。罗氏致鹿与女，而诏客告也，以戒诸侯曰：好田好女者亡其国。"此即诵传道训四方之事，特非躬往巡历耳。所观新物，亦必反告于王。假令笔之于书，则又当时之外国史也。小行人之职："若国札丧，则令赗补之；若国凶荒，则令赒委之；若国师役，则令槁禬之；若国有福事，则令庆贺之；若国有祸灾，则令哀吊之；凡此五物者，治其事故，及其万民之利害为一书，其礼俗政事教治刑禁之逆顺为一书，其悖逆暴乱作慝犹犯令者为一书，其札丧凶荒厄贫为一书，其康乐和亲安平为一书。凡此物者，每国辨异之，以反命于王，以周知天下之故。"亦训方民观新物之意也。

小史之职："奠系世，辨昭穆。若有事，则诏王之忌讳。"郑司农云："系、世，谓帝系、世本之属是也。小史主定之，瞽矇讽诵之，先王死日为忌，名为讳。"瞽矇之职云："讽诵诗，世奠系。"杜子春云，"世奠系,谓帝系、诸侯卿大夫世本之属是也。小史主次序先王之世,昭穆之系,述其德行;瞽矇主诵诗,并诵世系,以戒劝人君也。故《国语》曰:教之世,为之昭明德而废幽昏焉,以休惧其动。"康成谓"讽诵诗。主谓廞作柩谥时也。讽诵王治功之诗以为谥,世之而定其系,谓书于世本也。"案如子春及后郑意,瞽矇所诵,即小史所定,则小史不徒谱其世次而已,必兼述其行事,其说当有所据。何则?系、世虽经秦火而亡,其体例必相沿勿失。《隋志》家谱、家传,分为二门,盖伊古相沿之例。谱以记世次,传以详言行。窃疑《大戴记》之《帝系姓》,乃古系、世之遗,《五帝德》则瞽矇所讽诵者也。如康成意,瞽矇所讽诵,初非受诸史官,然读诔为大史之职;卿大夫之丧,小史亦赐谥读诔;则天子诸侯大夫之行事,史官固未尝不记识之矣。

诔者,累也,累列其生时之事也。《礼记·檀弓》:"公叔文子卒。其子戍请谥于君。君曰:昔者卫国凶饥,夫子为粥与国之饿者,是不亦惠乎?昔者卫国有难,夫子以其死卫寡人,不亦贞乎?夫子听卫国之政,修其班制,以与四邻交,卫国之社稷不辱,不亦文乎?故谓夫子贞惠文子。"此累列生平行事之式。《祭统》载卫孔悝之鼎铭曰:"六月丁亥,公假于大庙。公曰:叔舅。乃祖庄叔,左右成公。成公乃命庄叔,随难于汉阳,即宫于宗周,奔走无射。启右献公。献公乃命成叔,纂乃祖服。乃考文叔,兴旧耆欲,作率庆士,躬恤卫国。其勤公家,夙夜不解。民咸曰休哉。公曰:叔舅,予女铭,若纂乃考服。悝拜稽首曰:对扬以辟之。"其累列先代之美,亦与诔之用意同,故《荀子》曰:"铭累系世,敬传其名。"《礼论》。系、世以记统绪,铭、累以详德善功烈勋劳,此家谱、家传分编并重之所由来也。

《楚语》载申叔时之言曰:"教之《春秋》,而为之耸善而抑恶焉,以戒劝其心;教之世,而为之昭明德而废幽昏焉,以休惧其动;教之《诗》,而为之导广显德,以耀明其志;教之《礼》,使知上下之则;教之

《乐》,以疏其秽而镇其浮;教之令,使访物官;教之语,使明其德,而知先王之务,用明德于民也;教之故志,使知废兴者而戒惧焉;教之训典,使知族类,行比义焉。"详味其辞,则《春秋》重褒善贬恶,世主记君主贤愚,语主传先世行事,志主记列国兴亡。戎夫告武王者志也;孔子诏宾牟贾者语也;其所笔削者《春秋》。《书·无逸》载周公戒成王,备举殷周列王,所谓教之世者欤?《史记》之本纪、世家、世表、年表,盖合系、世及《春秋》而成;而间傅之以语;传则本于语及铭诔之属者也。

原刊《光华大学半月刊》第三卷第八期,
一九三五年四月二十五日出版

〔八五〕毁誉褒贬

史之权在于褒贬,褒贬即毁誉也。然毁誉之权,实惟风气淳朴之世,为能有之。《孝经》曰:"身体发肤,受之父母,不敢毁伤,孝之始也;立身行道,扬名于后世,以显父母,孝之终也。"《祭义》曰:"亨孰膻芗,尝而荐之,非孝也,养也。君子之所谓孝也者,国人称愿然曰:幸哉,有子如此,所谓孝也已。众之本教曰孝,其行曰养。养可能也,敬为难。敬可能也,安为难。安可能也,卒为难。父母既没,慎行其身,不遗父母恶名,可谓能终矣。"《内则》曰:"父母虽没,将为善,思遗父母令名,必果;将为不善,思遗父母羞辱,必不果。"其重名也如此,此良史之所以有权也。

臧孙纥之出也,其人曰:其盟我乎?臧孙曰:无辞。将盟臧氏,季孙召外史掌恶臣而问盟首焉。对曰:盟东门氏也,曰:毋或如东门遂,不听公命,杀适立庶。盟叔孙氏也,曰:毋或如叔孙侨如,欲废国常,荡覆公室。季孙曰:臧孙之罪,皆不及此。孟椒曰:盍以其犯门斩关?季孙用之。乃盟臧氏曰:毋或如臧孙纥,干国之纪,犯门斩关。臧孙闻之,曰:国有人焉。谁居?其孟椒乎!《左氏》襄公二十三年。一盟誓之辞,其不能妄施如此,知舆论之有权,而史官之不敢曲笔,其故亦可思矣。

则有欲显其名于史策者,石尚是也。《榖梁》定公十四年。有身为不义,殁世犹以为耻,而欲掩之者,宁惠子是也。《左氏》襄公二十年。有耻其先人之恶者,司马华孙是也。《左氏》文公十五年。鲁庄公之如齐观社也,曹刿谏曰:"君举必书;书而不法,后嗣何观?"《左氏》庄公二十三年。齐桓公之欲听子华也,管仲谏曰:"诸侯之会,其德刑礼义,无国不记。记奸之位,君盟替矣;作而不记,非盛德也。"《左氏》僖公七年。盖人君之可以名动又如此,此良史之所以有权也。

然曰作而不记,则当春秋之时,已有掩其实而不书者矣。又有曲笔以乱其实者:《鲁春秋》去夫人之姓曰吴,其死曰孟子卒是也。《礼记·坊记》。守死不渝,其人有几!薰隧之盟,公孙黑与焉,使大史书其名,且曰七子,《左氏》昭公元年。则知史之可以威劫矣。此董狐、《左氏》宣公二年。南史《左氏》襄公二十五年。所由见重于世与?《左氏》文公十八年,襄仲杀惠伯。杜《注》曰:"惠伯死不书者,史畏襄仲,不敢书杀惠伯。"未知有据与,抑以意言之也?

毁誉虽有惩劝之功,然亦有弊。何者?奇节懿行,惟有人伦之鉴者,为能知之。若中庸之人,则其所知者,中庸之行而已,是可以貌为也,是可以袭取也,于是非之无举,刺之无刺,同流合污之乡原出焉。古者国小,人民寡,又皆重去其乡,所谓国人,则今一邑之人耳;十目所视,十手所指,安所逃之?毁誉所加,利害荣辱随其后,此其惩劝之所以有功。然而欻奇磊落之士,为流俗之所不容者,亦不知其凡几矣。鲍焦之无从容而死,安知其不以是与?

曾子所谓"国人称愿然曰幸哉有子如此"者,其人则骑款段马之乡里善人耳。夫以曾子之至大至刚,易箦之际,犹浩然欲行其心之所安,岂屑为违道要誉之举?然而儒生之制行,虽有其真,而不能禁巧伪者之不托其迹。乡里之士,能知中行之德乎?抑将舍狂狷而取乡原也?世惟中庸之人,不知有异己之美;亦惟中庸之人,必欲毁异己者使与己同。率一世而惟巧伪之崇,此欻奇磊落之士所由激而为矫枉之举也。魏晋间士之毁弃礼法,殆于有激而然与?以是时乡原之力方大也。然而其所奖饰者,则可知矣。不然,魏武曷为求负俗之士哉?

原刊《光华大学半月刊》第三卷第八期,
一九三五年四月二十五日出版

〔八六〕守藏室之史

《史记·老子列传》曰:"周守藏室之史也。"又《张丞相列传》:"秦时为御史,主柱下方书。"《索隐》曰:"周、秦皆有柱下史,谓御史也。所掌及侍立,恒在殿柱之下,故老聃为周柱下史,今苍在秦代,亦居斯职。"案《汉书·百官公卿表》:御史大夫有两丞:一曰中丞,在殿中兰台,掌图籍秘书。张苍所居,盖即此职。《王莽传》:居摄元年,置柱下五史,秩如御史。听政事,侍旁,记疏言行。此盖柱下名官之始。张苍虽主柱下方书,官未必以柱下名,故《史记》但称为御史也。御史职甚亲近,老子若居是官,可谓得时则驾,不必隐而著书矣。守藏室之史,当别是一官,不当附会为柱下史也。

方书,《汉书注》引如淳曰"方,版也,谓事在版上者",正图籍秘书之类。又列或说曰:"主四方文书也。"似近望文生义,而师古是之。《史记索隐》引姚氏亦云:"下云明习天下图书计籍,主郡上计,则方为四方文书者是也。"恐未必然。《周官》:凡四方之事书,内史读之。亦不属御史。

《汉书·功臣侯表》:山都贞侯王恬启,汉五年,为郎中柱下令。师古曰:"柱下令,今主柱下书史也。"此亦无主书明文,似皆据莽制附会。

《左氏》僖公二十四年:"晋侯之竖头须,守藏者也。其出也,窃藏以逃,尽用以求纳之。"老子为之史之守藏室,盖亦如是,乃藏财贿之地也。

原刊《光华大学半月刊》第三卷第六期,一九三五年出版

〔八七〕左右史

《玉藻》："动则左史书之，言则右史书之。"《注》："其书，《春秋》、《尚书》其存者。"《疏》："《春秋》是动作之事，故以《春秋》当左史所书。左阳，阳主动，故记动。《尚书》记言语之事，故以《尚书》当右史所书。右是阴，阴主静故也。《周礼》有五史：有内史、外史、大史、小史、御史。无左史、右史之名者，熊氏云：按《周礼》大史之职云：大师，抱天时，与太师同车；又襄二十五年《传》曰：大史书曰：崔杼弑其君；是大史记动作之事，在君左厢记事，则大史为左史也。按《周礼》内史，掌王之八枋。其职云：凡命诸侯及孤卿大夫，则策命之。僖二十八年《左传》曰。王命内史叔兴父，策命晋侯为侯伯。是皆言诰之事。是内史所掌，在君之右，故为右史。是以《酒诰》云：矧大史友内史友。郑《注》：大史内史，掌记言记行，是内史记言，大史记行也。此论正法。若其有阙，则得交相摄代。故《洛诰》史佚命周公伯禽。服虔《注》文十五年《传》云：史佚，周成王大史。襄三十年，郑使大史命伯石为卿。皆大史主爵命，以内史阙故也。以此言之，若大史有阙，则内史亦摄之。按《觐礼》赐诸公奉篋服，大史是右者，彼亦宣行王命，故居右也。此论正法。若《春秋》之时，则特置左右史官。故襄十四年左史谓魏庄子，昭十二年楚左史倚相。《艺文志》及《六艺论》云：右史记事，左史记言。与此正反，于传记不合，其义非也。"《左氏序疏》亦曰:"左是阳道,阳气施生,故令之记动;右是阴道,阴气安静,故使之记言。《艺文志》称左史记言,右史记动,误耳。"《后汉书·荀淑传》:孙悦,奏所著《申鉴》曰:"古者天子诸侯有事,必告于庙。朝有二史,左史记言,右史记事。事为《春秋》,言为《尚书》。"与《艺文志》同。案《周书·史记》:"维正月,王在成周。昧爽,召三公左史戎夫曰:今夕朕寤,遂事惊予。乃取遂事之要戒,俾戎夫主之,朔望以闻。"下文历述皮氏、华氏等所以亡,盖皆《春秋》之记。此左史记动,《春秋》为其书之征。《礼记·祭统》:"古者明君,爵有德而禄有功,必赐爵禄于大庙,示不敢专也。故祭之日,一献,君降,立于阼阶之南,南乡。所命者北面。史由君右,执策命之。再拜稽首受书以归,而舍奠于其庙。"此右史记言,《尚书》为其书之征也。史官之职,原出明堂,盖朝夕侍王。其后典籍日多,主其事者,出外别为一官,是为大史氏。其居中者,则别之曰内史。然亦多不别者。盖属官之所为,皆得统于其长;且列国容有不别者也。《疏》以为"相摄代",恐非。

曷言乎史官之职,原出明堂也?案《礼运》曰:"宗祝在庙,三公在朝,三老在学。王前巫而后史;卜筮瞽侑,皆在左右。王中心无为也,以守至正。"此所述者,盖王居明堂之礼。《大戴记·保傅》曰:"明堂之位曰:笃仁而好学,多闻而道慎,天子疑则问,应而不穷者,谓之道。道者,导天子以道者也,常立于前,是周公也。诚立而敢断,辅善而相义者,谓之充。充者,充天子之志者也,常立于左,是太公也。洁廉而切直,匡过而谏邪者,谓之弼。弼者,弼天子之过者也,常立于右,是召公也。博闻而强记,接给而善对者,谓之承。承者,承天子之遗忘者也,常立于后,是史佚也。"承即所谓后史。合前后左右言之,则所谓四辅也,《内则》养老有惇史,养老亦明堂中事。皆史官原出明堂之证。

曷言乎典籍日多,掌其事者遂别居于外也?史官为典籍之府,见于古书者甚多。《左氏》昭公二年，韩宣子适鲁，"观书于大史氏"，此大史盖以官为氏者。襄公二十三年，"将盟臧氏，季孙召外史掌恶臣而问盟首焉。"外史，《左氏序疏》谓以其居于外而名之，固近于凿。然亦必不在殿内。昭公十五年，王谓籍谈曰："昔而高祖孙伯黡，司晋之典籍，以为大政，故曰籍氏。及辛有之二子董之，晋于是乎有董史。女，司典之后也，何故忘之？"盖典籍之司，成为专职久矣。此终古、向挚、屠黍之流，所以能载图法以出亡；见《吕氏春秋·先识览》。屠黍事亦见《说苑·权谋》，作屠余。而王子朝之败，亦奉周之典籍以奔楚也。《左氏》昭公二十六年。《周官》大史，"大迁国，抱法以前。"所谓法者，盖所该甚广，郑《注》偏举司空营国之法以当之，固矣！

《左氏序疏》曰："《周礼》诸史，虽皆掌书，仍不知所记《春秋》，定是何史。盖天子则内史主之，外史佐之。诸侯盖亦不异。但春秋之时，不能依礼。诸侯史官，多有废阙。或不置内史，其策命之事，多是大史，则大史主之，小史佐之。刘炫以为《尚书》周公封康叔，戒之《酒诰》。其《经》曰：大史友，内史友。如彼言之，似诸侯有大史内史矣。但遍检记传，诸侯无内史之文。何则？《周礼》内史职曰：凡命诸侯及孤卿大夫，则策命之。僖二十八年《传》。说襄王使内史叔兴父策命晋侯为侯伯，是天子命臣，内史掌之。襄三十年《传》，称郑使大史命伯石为卿，是诸侯命臣，大史掌之。诸侯大史，当天子内史之职，以诸侯兼官，无内史故也。郑公孙黑强与薰隧之盟，使大史书其名；齐大史书崔杼弑其君；晋大史书赵盾弑其君；是知诸侯大史主记事也。南史闻大史尽死，执简以往，明南史是佐大史者，当是小史也。若然，襄二十三年《传》，称季孙召外史掌恶臣，言外史，则似有内史矣。必言诸侯无内史者，闵二年《传》，称史华龙滑与礼孔曰：我大史也；文十八年《传》，称鲁有大史克；哀十四年《传》，称齐有大史子余；诸国皆言大史，安得有内史也？季孙召外史者，盖史官身居在外,季孙从内召之,故曰外史。犹史居在南,谓之南史耳。南史、外史,非官名也。"案《酒诰》已有内史之名,知大史内史,分立甚早。其遍检记传,诸侯无内史之名者,以属官所为,皆可统于其长。齐大史既死,南史执简以往,则知掌史职者非一家;昭十五年《疏》引《世本》云:"鹰生司空颉,颉生南里叔子,子生叔正官伯,伯生司徒公,公生曲沃正少襄,襄生司功大伯,伯生侯季子,子生籍游,游生谈,谈生秦。"以其官名观之,自颉以下,盖无复司典籍者,而辛有之后董之。盖世官之制渐替,主一事者,多非一氏矣。辛有,见僖二十二年。杜《注》云:"董狐其后。"董狐见宣二年,上距平王东迁百六十余年矣,则辛有之二子世其官亦百有余年。季氏专召外史之掌恶臣,则知一家之中,尚有分曹治事者;典籍繁而故事众,势固不得不然也。《王制》曰:"大史典礼,执简记,奉讳恶。"以《周官》之文稽之,奉讳恶当属小史,而《王制》并属诸大史,亦以属官所为,统于其长也。华龙、礼孔之自称,诸侯命臣之称大史,盖亦如此。正不必齮言诸侯兼官无内史也。又《左氏》所载公孙黑等事,正大史执简记之证,云不知《春秋》定自何史,亦似非。

《左序疏》又曰:"《艺文志》云:古之王者,世有史官,君举必书,所以慎言行,昭法戒。左史记言,右史记事,事为《春秋》,言为《尚书》,帝王靡不同之。《礼记·玉藻》云:动则左史书之,言则右史书之。虽左右所记,二文相反,要此二者皆言左史右史。《周礼》无左右之名,得称左右者,直是时君之意,处之左右,则史掌之事,因为立名。故《传》有左史倚相,掌记左事,谓之左史;左右非史官之名也。"案《周官》六国时书,不能以说古制。疏家附会,殊不足信。倚相能读《三坟》、《五典》、《八索》、《九丘》,盖其所主,实与戎夫相类,正见其一脉相承也。

言为《尚书》,事为《春秋》,班、郑说同。《玉藻疏》云:"《春秋》虽有言,因动而言,其言少也。《尚书》虽有动,因言而称动,亦动为少也。"案《春秋》文体，见于《公羊》庄公七年及《礼记·坊记》者，皆与今《春秋》同。盖孔子修《春秋》，虽别有其义，而其文字体裁，一仍旧贯，所谓其文则史也。《四库书目提要》云："晋史之书赵盾，齐史之书崔杼及宁殖，所谓载在诸侯之籍者，其文体皆与经合。"可为因仍旧贯之证。又云："墨子称《周春秋》载杜伯，《燕春秋》载庄子仪，《宋春秋》载祏观辜，《齐春秋》载王里、国中里，核其文体，皆与《传》合。"则非《春秋》文体之朔，盖其初必如今之《春秋》者，乃谓之《春秋》；其后则凡记事之书，皆以《春秋》名之耳。《左氏》本非《春秋》之传。《史记·十二诸侯年表》，称为《左氏春秋》。吕不韦之书，多记前人行事，国家典故；今所谓《晏子春秋》者，专记晏子言行，亦皆以《春秋》名，正以此也。然则《春秋》之朔，似不容兼有记言之文。《疏》云"因动而言"，似未审谛。至谓《尚书》因言称动，而动为少，说自不误。盖记事之史，体至简严，而记言者不容不略著其事，以明其言之所由发，亦自古已然也。

《曲礼》曰："天子建天官，先六大：曰大宰、大宗、大史、大祝、大士、大卜，典司六典。"大宰等官，必不容略无僚属，大史何独不然。此亦诸史当属大史，而古书所述大史之职，不必皆其所躬亲之一证也。

原刊《光华大学半月刊》第三卷第七期，
一九三五年三月二十五日出版

〔八八〕夫人选老大夫为傅

《公羊》襄公三十年,"宋灾,伯姬存焉。有司复曰:火至矣,请出。伯姬曰:不可。吾闻之也,妇人夜出,不见傅、母不下堂。傅至矣,母未至也,逮乎火而死。"《注》:"礼:后夫人必有傅、母,所以辅正其行,卫其身也。选老大夫为傅,选老大夫妻为母。"《诗·南山疏》云:"《内则》云:女子十年不出,傅姆教之执麻枲,治丝茧,则傅是姆类,亦当以妇人老者为之矣。何休云:选老大夫为傅,大夫妻为姆,以男子为傅,书传未有云焉。且大夫之妻,当自处家,无由从女而嫁,使夫人动则待之。何休之言,非礼意也。"案今《内则》但云"女子十年不出,姆教婉娩听从,执麻枲,治丝茧",无傅字。《诗疏》之云,未知何据。《曾子问》:孔子曰:"古者男子,外有傅,内有慈母。"所谓慈母者,《内则》言人君养子之礼曰:"异为孺子室于宫中。择于诸母与可者,必求其宽裕慈惠,温良恭敬,慎而寡言者,使为子师;其次为慈母;其次为保母;皆居子室。"此与大师、大傅、大保相当。师、保皆内外名同,傅独变言慈者,《郊特牲》:"夫也者,夫也;夫也者,以知帅人者也。"《注》:"夫或为傅。"则傅之义属于丈夫,不可以名妇人,故变傅言慈也。《内则》言"十年出就外傅",意谓傅在外,非谓内又有傅也。然则以妇人为傅,则书传未有云焉尔。《诗疏》误记《记》文,因生曲说,不亦缪乎?

《穀梁》说伯姬之事曰："伯姬之舍失火。左右曰：夫人少避火乎？伯姬曰：妇人之义，傅母不在，宵不下堂。左右又曰：夫人少避火乎？伯姬曰：妇人之义，保母不在，宵不下堂。遂逮乎火而死。"《列女·贞顺传》曰："左右曰：夫人少避火。伯姬曰：妇人之义，保、傅不俱，夜不下堂，待保、傅来也。保母至矣，傅母未至也。左右又曰：夫人少避火。伯姬曰：妇人之义，傅母不至，夜不下堂。遂逮于火而死。"并以傅为妇人。足征《穀梁》之晚出。《汉书·外戚恩泽侯表》：扶平侯王崇，为傅婢所毒薨。《王商传》：耿定上书，言商与父傅通。师古曰："傅，谓傅婢也。"盖汉时始有以傅称婢者。乃称男子之为傅者曰傅父，以与之相对。《张骞传》言乌孙昆莫有傅父是也。《武帝本纪》：建元三年，"济川王明坐杀太傅、中傅，废迁防陵。"应劭曰："中傅，宦者也。"亦不必非傅婢矣。然贵妇人仍有男子为之侍从。审食其、周信为吕后舍人是也。皆见《汉书·高惠高后文功臣表》。《东方朔传》：昭平君醉杀主傅。《注》引如淳曰："礼有傅姆。说者又曰：傅者，老大夫也。汉使中行说傅翁主也。"又说引汉事以证古义，足见其事之未绝。《公羊》僖公十年云："卓子者，骊姬之子也，荀息傅焉。"又云："申生者，里克傅之。"成公十五年云："叔仲惠伯，傅子赤者也。"《文王世子》云："立大傅、少傅以养之。大傅在前，少傅在后。入则有保，出则有师。"然则师不共处于燕息之时，保不相随于动作之际，惟傅则出入常偕。故其祸福之相关，亦最切也。

《内则》云："国君世子生，卜士之妻，大夫之妾，使食子。"此即《公羊》昭公三十一年所谓"君幼，大夫之妾，士之妻，以子入养"者，所谓食母也。《内则》云："大夫之子有食母，士之妻自养其子。"盖国君世子，食母之外，又有师、慈、保三母，大夫之子，徒有食母，士则并食母而无之，等级分明。然则君夫人有傅、保，亦固其所。《葛覃》之诗曰："言告师氏。"则后夫人亦有师也。伯姬不待师者，师道之教训,非附随之保其身体者,故动不待之也。夫人出必与傅、母俱,而傅以男子为之,亦犹后世贵家女出,兼有男女仆从耳,其无足怪。

古周礼说,以大师、大傅、大保为三公,坐而论道。此乃误窃《考工记》"坐而论道,谓之王公"之文。其实彼言王者谓天子,公者谓诸侯,皆非谓人臣也。三大、三少,据《大戴记·保傅》,则东宫官耳。故《记》言"太子既冠成人",则"免于保傅之严"也。然《大戴记》言天子亦有三公者,幼而师焉、傅焉、保焉,及长,犹以旧恩而不去侧,夫固事理所可有。抑三大、三少,实侍从之臣,不应太子有之,而天子无之也。然则夫人之有师、傅、保,亦不足怪也。《大戴记》曰:三大,"三公之职也。"三少,"皆上大夫也。"则选老大夫为傅,选老大夫妻为母,于法正合。而曰男子不可为傅,古之媵,不亦兼有臣妾欤?又曰大夫妻当自处家,然则国君世子之三母,皆无家之妇人欤?

食母即乳母,见《内则》及《礼经·丧服》郑《注》。又《士昏礼注》曰:"姆,妇人年五十无子,出而不复嫁,能以妇道教人者,若今时乳母矣。"其实此正何君所谓老大夫妻,乃师保之伦,非食母也。《内则》曰:"食子者三年而出。"盖其职徒在食之,故子能食食则去,非如三母,曰辅正其行而卫其身也。褚先生补《滑稽列传》曰:武帝少时,东武侯母常养帝。帝壮时,号之曰大乳母。曰养则非徒食之,然亦号曰乳母,盖人君养子之礼久废,虽太子亦徒有食母也。无怪郑玄之不辨三慈矣。

《礼经·丧服齐衰章》:"慈母如母。""《传》曰:慈母者何也?《传》曰:妾之无子者,妾子之无母者,父命妾曰:女以为子。命子曰:女以为母。若是则生养之终其身,如母,死则丧之三年,如母,贵父之命也。"《注》曰:"此主谓大夫、士之妾,妾子之无母,父命为母子者。"《小功章》:"君子子为庶母慈己者。""《传》曰:君子子者,贵人之子也。为庶母何以小功也?以慈己加也。"《注》引《内则》三母及大夫之子有食母。又曰:"其可者贱于诸母,谓傅、姆之属也。其不慈己,则缌可矣。不言师、保,慈母居中,服之可知也。"《曾子问》:"子游问曰:丧慈母如母,礼与? 孔子曰:非礼也。古者男子外有傅,内有慈母,君命所使教子也,何服之有? 昔者鲁昭公少丧其母,有慈母良。及其死也,公弗忍也,欲丧之。有司以闻曰:古之礼,慈母无服。今也君为之服,是逆古之礼而乱国法也。若终行之,则有司将书之以遗后世,无乃不可乎? 公曰:古者天子练冠以燕居。公弗忍也,遂练冠以丧慈母。丧慈母,自鲁昭公始也。"《注》谓:"礼所云者,乃大夫以下父所使妾养妾子。""子游意以为国君亦当然。"孔子"言无服,此指谓国君之子也"。鲁有司曰古之礼慈母无服,"据国君也。"《南史·儒林·司马筠传》载梁武帝之说,谓子游所问,是师、保之慈,非三年、小功之慈,"郑玄不辨三慈,混为训释","后人致谬,实此之由",其说是也。《曾子问》此节,自"何服之有"以上,为孔子之言。"昔者鲁昭公"以下,别为一事,而记者类记之。《疏》谓孔子引昭公之事以答子游者,误也。昭公与孔子同时,丧慈母果始昭公,子游无缘不知其非礼而有待于问。子游之问,盖自为当时有丧师、保之慈者而发。昭公所丧,自为三年、小功之慈。郑《注》以昭公三十乃丧齐归,谓此非昭公,王肃《家语》遂亿改为孝公,作伪伎俩,真堪发噱。古人著述,轻事重言,记者之辞,诚未必不误,然《左氏》妄取《国语》,以为编年,又安见所言之必可信邪? 梁武帝谓"三母义同师、保,师、保无服,故此慈亦无服。又此三母,非谓择取兄弟之母。若是兄弟之母,先有子者,则是长妾,长妾之礼,实有殊加,何容次妾生子,退成保母? 又多兄弟之人,于义或可,若始生之子,便应三母俱阙邪?"其言殊为允当。亦足见何君选于老大夫、老大夫妻之说之确也。《丧服小记》曰:"为慈母后者,为庶母可也,为庶祖母可也。"此亦丧服三年之慈。择及庶祖母,则其年之长可知。盖古于教养之责,必付诸老成者,内外皆然也。亦选于老大夫、老大夫妻之一旁证也。

《左氏》说宋伯姬事曰:"宋伯姬卒,待姆也。君子谓宋共姬女而不妇。女待人,妇义事者也。"亦可见女子之傅、母,即男子保、傅之伦。女待人,妇义事,犹言成人则免于保、傅之严耳。《列女·母仪·鲁季敬姜传》曰:"仲尼曰:女知莫如妇,男知莫如夫。"亦此义。

《左氏》哀公二十三年,"宋景曹卒。季康子使冉有吊,且送葬。曰:以肥之得备弥甥也,有不腆先人之产马,使求荐诸夫人之宰,其可以称旌繁乎?"此夫人之宰,亦必男子为之。

原刊《文哲》创刊号,一九三九年一月一日出版

〔八九〕以夷隶守王门

《周官》师氏,"凡国之贵游子弟学焉。"《注》曰:"游,无官司者。"盖古使年长者任政,年少者执兵也。师氏之职,"凡祭祀、宾客、会同、丧纪、军旅,王举则从。听治亦如之。使其属帅四夷之隶,各以其兵、服守王之门外,且跸。朝在野外,则守内列。"此实王最切近之护兵,而以四夷之隶充之者,古同族人不甚肯相残,夷隶则于吾族之人无所爱,且除豢养之者无所依,故肯为之致死。执其兵,服其服,已足震慑本族人矣。此暴君之所以喜用之欤,可以觇世变矣!

汉司隶校尉,《汉书·百官公卿表》曰"周官"。此后来之说,武帝时《周官》未行,未必有取焉也。然亦必有所承,疑以徒隶压伏良人,春秋、战国时,各国多有此习。

〔九〇〕车　服

《坊记》曰："君不与同姓同车，与异姓同车不同服。"《韩非子·外储说右下》亦云。案《左氏》定公五年曰："(楚昭)王之在随也，子西为王舆服，以保路，国于脾泄。闻王所在，而后从王。"此车服不可混淆之一证也。此习盖原于行军校猎之际。师之耳目，在于旗鼓，车服等亦犹之旗鼓也。乾时之战，"秦子、梁子以公旗辟于下道，是以皆止。"庄公九年。荥泽之战，"卫侯不去其旗，是以甚败。"闵公二年。邲之战，"王见右广，将从之乘。屈荡户之，曰：君以此始，亦必以终。"宣公十二年。鄢陵之战，"郤至三遇楚子之卒，见楚子必下，免胄而趋风。楚子使工尹襄问之以弓，曰：方事之殷也，有韎韦之跗注，君子也。识见不谷而趋，无乃伤乎？"成公十六年。郤至见客，免胄承命。案哀公十六年，楚白公之乱，"叶公亦至，及北门。或遇之，曰：君胡不胄？国人望君，如望慈父母焉。盗贼之矢若伤君，是绝民望也。若之何不胄？乃胄而进。又遇一人曰：君胡胄？国人望君，如望岁焉。日日以几，若见君面，是得艾。民知不死，其亦夫有奋心，犹将旌君以徇于国；而又掩面以绝民望，不亦甚乎？乃免胄而进。"胄者面不可见，此亦军行时惟以车服等为别之故也。旌君以徇于国，与郑庄伐许，颖考叔取蝥弧以先登意同，见隐公十一年。皆是物也。古一姓之兴，必易服色，殊徽号，亦以此。

〔九一〕篡立者诸侯既与之会则不复讨

《左氏》宣公元年："会于平州，以定公位。"杜《注》云："篡立者，诸侯既与之会，则不得复讨。臣子杀之，与弑君同。故公与齐会而位定。"成公十六年："曹人请于晋曰：自我先君宣公即世，国人曰：若之何忧犹未弭，而又讨我寡君？以亡曹国社稷之镇公子，是大泯曹也。先君无乃有罪乎？若有罪，则君列诸会矣。君惟不遗德刑，以伯诸侯，岂独遗诸敝邑？敢私布之。"《注》云："诸侯虽有篡弑之罪，侯伯已与之会，则不复讨。前年会于戚，曹伯在列，盟毕乃执之；故曹人以为无罪。"《疏》云："春秋之世，王政不行，赏罚之柄，不在天子。弑君取国，为罪虽大，若已列于诸侯会者，则不复讨也。其有臣子杀之，即与弑君无异，未必礼法当然，要其时俗如是。"见隐四年卫人杀州吁于濮。一似当时列国之间，有共认之法者，其实不然也。襄仲之杀恶及视而立宣公，本得请于齐而后为之。齐大且近，故鲁人不能讨。至晋之于曹，则身为伯主，列诸会而又讨之，近于狐埋狐搰，故曹人以为言。若会曹者为他国，未必能引为口实也。卫州吁欲求宠于诸侯，以和其民，使请伐郑于宋。杜《注》亦云："诸篡立者，诸侯既与之会，则不复讨，故欲求此宠。"然是役也，宋既以欲除公子冯而许之矣。陈、蔡方睦于卫，故有宋公、陈侯、蔡人、卫人伐郑之举。"秋，诸侯复伐郑。宋公使来乞师，公辞之。羽父请以师会之，公弗许,固请而行。"则是时近卫之国,既皆附和之矣。使求宠于诸侯而果可以定其位如鲁宣公者,州吁其将遂成。而《左氏》又云:"州吁未能和其民,厚问定君于石子,石子曰:王觐为可。曰:何以得觐?曰:陈桓公方有宠于王,陈、卫方睦,若朝陈使请,必可得也。厚从州吁如陈。石碏使告于陈曰:卫国褊小,老夫耄矣,无能为也。此二人者,实弑寡君,敢即图之。陈人执之,而请莅于卫。"二人遂皆见杀。然则以号称方睦、搂之以伐郑之国,旋即从其大夫之请而讨之,所谓与之会则不复讨者安在?《左氏》又载众仲之言曰:"夫州吁,阻兵而安忍。弑其君而虐用其民,不务令德,而欲以乱成。"则所谓求宠于诸侯者,特欲借与国之众多,以立威于国内耳。阻兵者负实力,求宠者炫虚声,所谓以和其民者,乃正欲免国内之讨,而岂所惧于诸侯也?故杜氏之说,不徒非《春秋》之义,古代列国之礼法;抑并非当时之俗,《左氏》之意也。

石碏谓"王觐为可",而石厚问"何以得觐",似篡弑之徒,得他国之承认颇难者。然昭公二十年:"齐侯使公孙青聘于卫。既出,闻卫乱,使请所聘。公曰:犹在竟内,则卫君也。乃将事焉。"则失国之君,为诸侯所不认;而篡国者为其所认,亦极易事耳。要之篡弑之徒,除非国中之臣子力能讨之,或国外之诸侯力能征之,否则晏然窃据其位者多矣。诸侯既不能讨之,岂能终不与之交涉?所谓列于会而后定,一若列国间有公法存焉者,固子虚乌有之谈也。

〔九二〕释"兴灭国,继绝世"

兴灭国,继绝世,此古贵族相扶持相救恤之道也。古之人有行之者:子越椒之亡也,箴尹克黄使于齐,归复命,而自拘于司败。楚庄王曰:"子文无后,何以劝善? 使复其所,改命曰生。"《左氏》宣公四年。其后平王杀斗成,然灭养氏之族,亦使斗辛居郧。《左氏》昭公十四年。卫人讨宁氏之党,石恶出奔晋,卫人立其从子圃以守石氏之祀,《左氏》曰礼也。《左氏》襄公二十八年。此皆行诸国内者也。其行诸国外者:楚庄王县陈,以申叔时之言而复之。《左氏》宣公十一年。其后灵王灭陈、蔡,又迁许、胡、沈、道、房、申,平王即位,亦皆复之。《左氏》昭公十三年。王又使然丹诱杀戎蛮子嘉,遂取蛮氏,既而复立其子。昭公十六年。晋之灭偪阳,亦使周内史选其族嗣,纳诸霍人。襄公十年。虽鲁僖公犹能伐邾取须句而反其君,僖公二十二年。而齐桓公存三亡国,以属诸侯,《左氏》僖公十九年。宋司马子鱼之言。不必论矣。《乐记》:孔子告宾牟贾称牧野之语曰:"武王克殷反商,未及下车,而封黄帝之后于蓟,封帝尧之后于祝,帝舜之后于陈;下车而封夏后氏之后于杞,投殷之后于宋。"古之人之所称美者,固专在于是。《管子·霸言》:"夫明王之为天下正理也,按强助弱,圉暴止贪,存亡定危,继绝世。此天下之所载也,诸侯之所与也,百姓之所利也,是故天下王之。"盖治人者,不能食力,恒借庶民输租税以养之。亡国败家,则生无以为养,而祭祀不能备礼,故子文泣言"鬼犹求食,若敖氏之鬼,不其馁而!"《左氏》宣公四年。纪季以酅入于齐,请复五庙以存姑姊妹。《公羊》庄公三年。而臧武仲之以防求为后于鲁,曰:"纥之罪不及不祀"也。《左氏》襄公二十三年。夫兴灭国,继绝世,非甚难之事也。虽强暴之国,犹有能行之者。《史记·秦本纪》:庄襄王元年,"东周君与诸侯谋秦,秦使相国吕不韦诛之,尽入其国。秦不绝其祀,以阳人地赐周君,奉其祭祀。"周在是时,久夷于列国矣,无所谓共主也。孟子曰:"三代之得天下也以仁,其失天下也以不仁。"是时周虽尚存,特列国之一耳,久不能号令天下,即不能谓之王矣。古之所谓国者,与后世不同。后世所谓国,乃一国之民共食息生长之地,古者则君若贵戚,据其土,奴其民,强其出租税以奉己者尔。亡国败家,在衣租食税者,则流离失所,人民固无与也。故以今所谓爱国主义绳古人,乃大缪也。今世所谓国家之兴亡者,乃民族之兴亡耳。然古者夷蛮戎狄其于中国风俗之异,犹未若今世古民族相去之远也。故古虽言攘夷狄亦不甚激。然则视灭国为不义者,亦谓夺人之土地人民,使其生无以为养,而祭祀亦不能备礼耳。若秦之于周,齐之于纪,其于贵族相扶持相救恤之道,未有亏也。然而其事有难言者,盖夺人之国、灭人之家,真由伐罪吊民者少,其实皆利其土地人民耳。既利其土地人民,而仍以封其族嗣,或以与吾有功之人,《左氏》襄公十年:"晋荀偃、士匄请伐偪阳,而封宋向戌焉。偪阳既灭,以与向戌。向戌辞曰:君若犹辱镇抚宋国,而以偪阳光启寡君,群臣安矣,其何贶如之?若专赐臣,是臣兴诸侯以自封也,其何罪大焉?敢以死请。乃予宋公。"盖君臣之间,亦不能无争夺矣。争城争地者何利焉?故兴灭继绝之事,虽若史不绝书,实则其事殊罕,是以传为美谈。而其所兴所继者,亦终不可以久也,此封建之所由废也。

　　次于兴灭继绝而为贵族间相扶持相救恤之义者,则为不臣寓公。《礼记·郊特牲》曰:"诸侯不臣寓公,故古者寓公不继世。"《公羊》桓公七年："夏，穀伯绥来朝，邓侯吾离来朝，皆何以名？失地之君也。其称侯朝何？贵者无后，待之以初也。"《穀梁》义同。何君云："穀邓本与鲁同，贵为诸侯；今失爵亡土，来朝托寄也，义不可卑；故明当待之如初，所谓故旧不遗，则民不偷。无后者，施于所奔国也。独妻得配夫，衣食于公家，子孙当受田而耕故云尔。"春秋之时，弑君三十六，亡国五十二，诸侯奔走不得保其社稷者，不可胜数。欲一一锡之土田，势不可得，故禄之，尊礼之止于其身也。然而并此亦有不可得者，宋昭公之将见杀也，荡意诸曰："盍适诸侯。"公曰："且既为人君，而又为人臣，不如死。"《左氏》文公十六年。楚灵王之辱于乾溪也，右尹子革曰："若亡于诸侯，以听大国之图君也。"王曰："大福不再，只取辱焉。"昭公十三年。则当时诸侯能以寓公之礼待失地之君者，盖少矣。甚至有不能存其身，如鲁之于子纠者，《穀梁》庄公二十九年："九月，齐人取子纠，杀之。外不言取，言取，病内也。取，易辞也，犹曰取其子纠而杀之云尔。十室之邑，可以逃难；百室之邑，可以隐死；以千乘之鲁，而不能存子纠，以公为病矣。"成吉思汗之逃泰赤兀也，隐于……被鹳殴丛草犹能覆之。此贵族之所以日夷为皂隶也。

《孟子》："万章曰：士之不托诸侯，何也？孟子曰：不敢也。诸侯失国而后托于诸侯，礼也；士之托于诸侯，非礼也。万章曰：君馈之粟，则受之乎？曰：受之。受之，何义也？曰：君之于氓也，固周之。曰：周之则受，赐之则不受，何也？曰：不敢也。曰：敢问其不敢，何也？曰：抱关击柝者，皆有常职以食于上；无常职而赐于上者，以为不恭也。"《万章下》。又，"陈子曰：古之君子，何如则仕？孟子曰：所就三，所去三。迎之致敬以有礼，言将行其言也，则就之；礼貌未衰，言弗行也，则去之。其次，虽未行其言也，迎之致敬以有礼，则就之；礼貌衰，则去之。其下，朝不食，夕不食，饥饿不能出门户，君闻之曰：吾大者不能行其道，又不能从其言也，使饥饿于我土地,吾耻之。周之,亦可受也,免死而已矣。"《告子下》。观此知穷而可以寄食于人者,惟诸侯大夫为然,士则非任事无以得食,故曰:兴灭继绝,不臣寓公,皆古者贵族相扶持相救恤之道也。古贵族失守封土,亦有托于大夫者。如子鲜托于木门是也,见《左氏》襄公二十七年。

古之所谓亡国者与后世异。后世所谓亡国,指丧其主权言之;古则专指有国之君能否奉其祭祀,故苟有片土焉以畀之,则虽尽丧其主权,自古人言之,犹可谓之不亡也。《尚书大传》曰:"古者诸侯始受封,则有寀地,百里诸侯以三十里,七十里诸侯以二十里,五十里诸侯以十五里。其后子孙虽有罪黜,其寀地不黜,使其子孙贤者守之,世世以祠其始受封之人,此之谓兴灭国继绝世。"盖自君国子民之义言之,周至于尽入其国,秦亦既荡焉无存矣。然自奉其祭祀之义言之,则有阳人一邑,犹不可谓之灭亡,故曰秦之所为,于兴灭国继绝世之义无亏也。许、胡、沈、道、房、申在楚灵王时,其地已尽为楚所夺,然不曰亡而曰迁,以其祭祀未绝,故平王之复之,亦曰复而不曰封也。不宁惟是,昭公十八年,"楚左尹王子胜言于楚子曰:许于郑,仇敌也,而居楚地,以不礼于郑。晋郑方睦,郑若伐许,而晋助之,楚丧地矣。君盍迁许?冬,楚子使王子胜迁许于析实白羽"。然则许虽复国,仍居楚地,其去灵王时亦一间耳。哀公元年:"楚子、陈侯、随侯、许男围蔡。"杜预《左氏注》曰:"定六年郑灭许,此复见者,盖楚封之。"案此亦或如秦之于周,灭其国,仍赐之以寀地,不必其为复封也。

人臣出亡,亦有受封于他国者:如吴掩余、烛庸奔楚,楚子大封而定其徙是也。《左氏》昭公三十年。然其能得此于异国者,盖视亡国之君为尤寡。

晋人之灭虞也,执虞公及其大夫井伯以媵秦穆姬,而修虞祀,且归其职贡于王。《左氏》僖公五年。此则徒徼福于鬼神,免天子之诛责,而失兴灭继绝之义矣。

〔九三〕古者君臣之义上

古者君臣之义,盖尝数变矣。其初也,君之于其臣,犹赁庸而使之也。《礼记·表记》曰:"子言之:事君先资其言,拜自献其身,以成其信。是故君有责于其臣,臣有死于其言。故其受禄不诬,其受罪益寡。"又曰:"子曰:事君大言入则望大利,小言入则望小利,故君子不以小言受大禄,不以大言受小禄。"《燕义》曰:"臣下竭力尽能以立功于国,君必报之以爵禄。"皆斤斤于功劳酬赏之间。而《少仪》曰:"事君者,量而后入,不入而后量。凡乞假于人,为人从事者亦然。"更明以赁庸之道言之。盖所谓臣者,其初皆拔自贱族,王者不臣妻之父母,始封之君不臣诸父昆弟,天子不纯臣诸侯,诸侯不臣寓公,可见君权未张之时,所臣者实皆贱族。族人不敢以其戚戚君,已为后起之事矣。原不过乞假从事之流。其后关系日深,恩意周浃,一如家人;而君之与臣,又或意气相得,乃以父子、朋友之道,推而行之。至此,则赁庸之意稍变矣,然犹私而非公。又其后,君与臣,同以社稷为重,臣非复其君之私昵;君之畜臣,亦不以使令奔走,图己身之便安为事,君与臣,乃成为一国之公仆。事虽未必能如此,而义理则如此。而君臣之义,迥非其故矣。

古者群道未备,人与人之关系,限于亲族之中;其出于亲族之外者,乃亦以是推之。北族好畜义儿,而辽、金与中国和亲,不曰兄弟,则曰伯叔父,其故即由于此。臣之始,服役于君之家;其事君,当如子之事父,此理之自然者也。臣之受令于君,既犹乞假,自必斤斤于酬赏;然又有不敢私有其财之义,即由以父子之道推之。《坊记》:"父母在,不敢有其身,不敢私其财也。故天子四海之内,无客礼,莫敢为主焉。故君适其臣,升自阼阶,即位于堂,示民不敢有其室也。"亦见《郊特牲》。《燕义》曰:"君席阼阶之上,居主位也。"两两比况,最为明白。《内则》曰:"子妇无私货,无私畜,无私器,不敢私假,不敢私与。妇或赐之饮食、衣服、布帛、佩帨、茝兰,则受而献诸舅姑。舅姑受之则喜,如新受赐。若反赐之,则辞,不得命,如更受赐,藏以待之。妇若有私亲兄弟,将与之,则必复请其故赐,而后与之。"《仪礼·聘礼》:"君使宰赐使者币。"郑《注》即援是以为言,其说是也。《曲礼下》曰:"大夫私行,出疆必请,反必有献。"又曰:"士私行,出疆必请,反必告。"《疏》曰:"出与大夫同,还与大夫异,士德劣,故不必有献。"此言殊含糊。《曲礼》又曰:"士有献于国君,他日,君问之曰:安取彼?再拜稽首而后对。"《疏》曰:"须问者,士卑德薄,嫌其无有也。"此即不必有献之故。盖即"妇或赐之,献诸舅姑"之义。"定公从季孙假马,孔子曰:君之于臣,有取无假。"《公羊》定公八年《解诂》。盖即子妇无私畜之义。《左氏》成公十七年:郤至曰:"受君之禄,是以聚党;有党而争命,罪孰大焉?"襄公二十六年:"孙林父以戚如晋。"《左氏》讥之曰:"臣之禄,君实有之。义则进,否则奉身而退。专禄以周旋,戮也。"《论语·宪问》:"子曰:臧武仲以防求为后于鲁,虽曰不要君,吾不信也。"皆自此义推之也,然而赁庸之本志荒矣。

朋友之间,所恶者,无信也。而君与臣之间,亦最贵信,即由以朋友之道推之也。荀息之对晋献公曰:"使死者反生,生者不愧乎其言,则可谓信矣。"《公羊》美其不食言。《左氏》亦曰:"君子曰:《诗》所谓白圭之玷,尚可磨也;斯言之玷,不可为也,荀息有焉。"僖公九年、十年。解扬之对楚庄王也,曰:"君能制命为义,臣能承命为信,信载义而行之为利。义无二信,信无二命,受命以出,有死无霣,又可赂乎?臣之许君,以成命也;死而成命,臣之禄也。寡君有信臣,下臣获考,死又何求?"《左氏》宣公十五年。皆所谓以死其言者也。荀息、解扬之于其君!亦犹羊角哀、左伯桃之于其友,刘孝标《广绝交论注》引《烈士传》。而程婴、公孙杵臼,则二者兼之者也。《史记·赵世家》。朋友之间,意气固有厚薄,君臣之间亦然,豫让国士众人之论是也。《史记·刺客列传》。"工尹商阳与陈弃疾追吴师,及之,毙一人。又及,又毙二人。止其御曰:朝不坐,燕不与,杀三人,亦足以反命矣。"《礼记·檀弓下》。亦豫让之志也。

人之秉彝,无时而或泯者也。战胜之族,初克战败之族,盖亦尝视之如土苴矣。观夏后氏用贡法,最可见之。其后彼此之关系稍深,战胜之族之天良,亦稍以发见,则君与民之利害稍相同,驯至民所恃以生之社稷,君亦与为存亡焉。《曲礼》曰:"国君去其国,止之曰:奈何去社稷也?大夫曰:奈何去宗庙也?士曰:奈何去坟墓也?"又曰:"国君死社稷,大夫死众,士死制。"《礼运》亦曰:"国有患,君死社稷谓之义,大夫死宗庙谓之变。"《公羊》曰:"国灭,君死之,正也。"襄公六年。又庄公十三年《解诂》曰:"诸侯死国不死邑。"盖二者久合为一体矣。人臣至此,亦不复以君之私暱自居。齐庄公之见弑也,晏子曰:"君民者,岂以陵民?社稷是奉。臣君者,岂为其口实?社稷是养。故君为社稷死则死之,为社稷亡则亡之;若为己死而为己亡,非其私暱,谁敢任之?"《左氏》襄公二十五年。"卫献公出奔,反于卫,及郊,将班邑于从者而后入。柳庄曰:如皆守社稷,则孰执羁靮而从?如皆从,则孰守社稷?君反其国而有私也,毋乃不可乎?弗果班。"《檀弓下》。《左氏》僖公二十八年:宁武子监卫人,亦曰:"不有居者,谁守社稷;不有行者,谁扞牧圉。""卫有太史曰柳庄,寝疾,公曰:若疾革,虽当祭必告。公再拜稽首请于尸曰：有臣柳庄也者，非寡人之臣，社稷之臣也。闻之死，请往。不释服而往，遂以襚之。"《檀弓下》。皆其言之最明白者也。孟子曰："有安社稷臣者，以安社稷为悦者也。"《尽心上》。《少仪》曰："为人臣下者，有谏而无讪，有亡而无疾，颂而无谄，谏而无骄，怠则张而相之，废则埽而更之，谓之社稷之役。"与夫便嬖使令，固不可同年而语矣。

《说文·臤部》："臤，坚也。从又，臣声。"此与坚，实即一字。《石部》："硻，余坚也。从石，坚省声。"亦即从臣声也。硻，古文作硁，段懋堂曰："《论语》曰：鄙哉硁硁乎。又云：硁硁然小人哉。其字皆当作臤。"案亦可作臣也。此可见臣字之初，有小与坚之义。小者，臣之始，本不过便嬖使令之流；坚则当守信之谓也。磬与硁，初为一字，后乃分别，以磬为乐器之名，硁状其声，观《乐记》"石声磬"，《史记·乐书》作硁，可见。

臣道始于赁庸，至后世，其遗迹仍有可见者。孟子曰："仕非为贫也，而有时乎为贫。"又曰："辞尊居卑，辞富居贫，恶乎宜乎？抱关击柝。"又曰："抱关击柝者，皆有常职以食于上，无常职而食于上者，以为不恭也。"万章曰："君馈之粟则受之乎？"曰："受之。""受之何义也？"曰："君之于氓也，固周之。"以上皆见《万章下》。陈子曰："古之君子，何如则仕？"孟子曰："所就三，所去三。迎之致敬以有礼，言将行其言也，则就之；礼貌未衰，言弗行也，则去之。其次，虽未行其言也，迎之致敬以有礼，则就之；礼貌衰，则去之。其下，朝不食，夕不食，饥饿不能出门户。君闻之，曰：吾大者不能行其道，又不能从其言也，使饥饿于我土地，吾耻之。周之，亦可受也，免死而已矣。"《告子下》。皆以君当畜臣，臣不可无事而食为言。彭更曰："士无事而食，不可也。"《滕文公下》。公孙丑曰："诗曰：不素餐兮，君子之不耕而食，何也？"王子垫问曰："士何事？"《尽心上》。亦皆以无事而食为疑者，犹夫《表记》、《燕义》、《少仪》诸篇之言也。

〔九四〕古者君臣之义下

臣能守信，善矣；然徒知守信，而不论其事之是非，则亦不足为训。里克之将杀奚齐也，谓荀息曰："君杀正而立不正，废长而立幼，如之何？"荀息无以对也。徒曰："君尝讯臣矣，臣对曰：使死者反生，生者不愧乎其言，则可谓信矣。"《公羊》僖公十年。即徒知守信，而不问其义不义者也。《左氏》僖公九年：荀息曰："吾与先君言矣，不可以贰。能欲复言，而爱身乎？"使荀息当日，毅然守正，而不从其君之逆命，晋国岂比数世乱哉？乃若里克，亦徒以尝为申生傅，而为之报仇而已，非能知居正之义也。《左氏》僖公九年：荀息曰："人之欲善，谁不如我？我欲无贰，而能谓人已乎？"可见荀息、里克正是一流人物。人人各徇其私，则忠信也而愈乱。"此非礼之礼，非义之义"，大人所以弗为也。《孟子·离娄下》。《左氏》宣公二年：晋灵公使鉏麑贼赵宣子，"晨往，寝门辟矣。盛服将朝，尚早，坐而假寐。麑退，叹而言曰：不忘恭敬，民之主也。贼民之主，不忠；弃君之命，不信；有一于此，不如死也。触槐而死。"此亦小忠小信，所谓"非礼之礼，非义之义"者也。《檀弓下》："齐大饥，黔敖为食于路，以待饿者而食之。有饿者蒙袂辑屦，贸贸然来。黔敖左奉食，右执饮，曰：嗟来食。扬其目而视之，曰：予惟不食嗟来之食，以至于斯也。从而谢焉，终不食而死。曾子闻之曰：微与？其嗟也可去，其谢也可食。"圣贤之处生死之间，自与一节之士不同矣。故曰："可以死，可以无死，死伤勇。"

晋惠公之卒也，"怀公命无从亡人。狐突之子毛及偃从重耳在秦,弗召。冬怀公执狐突,曰:子来则免。对曰:子之能仕,父教之忠,古之制也。策名委质,贰乃辟也。今臣之子,名在重耳,有年数矣;若又召之,教之贰也。父教子贰,何以事君?"《左氏》僖公二十三年。徒知贰之为戮,而不计所忠之当否?亦犹夫荀息之志也。

且如季氏之当去,凡为鲁人,谁不知之?乃南蒯之谋去季氏也,其乡人讥其家臣而君图。《左氏》昭公十二年。其后事败奔齐。子韩晳又谓其以"家臣而欲张公室,罪莫大焉。"昭公十四年。其背公党私如此,此定于一尊之义,所由不可不亟讲与?

阳虎之欲杀季孙也,临南为御,谓临南曰:"以季氏之世世有子,子可以不免我死乎?"临南许诺,乃以季孙如孟氏,《公羊》定公八年。此感于季氏之世世有之,非知阳虎欲弑季孙之为不义也。使其世世豢于阳虎,则亦将为之成济矣。人人效其小信,而不知大义,此世事之所以纷纭也。

白公之缢也,其徒微之。生拘石乞而问焉,对曰:"余知其死所,而长者使余勿言。"曰:"不言将烹。"对曰:"此事也,克则为卿,不克则烹,固其所也。"乃烹石乞。《左氏》哀公十六年。石乞可谓信矣。然而楚之乱,石乞之徒为之也。

战国时有肥义者,其为人,犹之春秋时之荀息也。汉初有贯高者,其为人,犹之春秋时之石乞也。周昌力争毋废太子。其后使为赵王傅。吕后召王,昌尝弗遣。及王死,昌谢病不朝。其为人,亦里克、荀息之流也。

岂惟国内,《杂记》曰:"内乱不与焉,外患弗辟也。"《公羊》亦曰:"君子辟内难而不辟外难。"庄公二十七年。列国之所以多战事,亦商君所谓"勇于公战"者为之也。以大一统之义言之,则亦孟子所谓"善战者服上刑"而已。《离娄上》。《表记》:"子曰:事君可贵可贱,可富可贫,可生可杀,而不可使为乱。子曰:事君军旅不辟难,朝廷不辞贱。处其位而不履其事，则乱也。故君使其臣，得志则慎虑而从之；否则孰虑而从之。终事而退，臣之厚也。《易》曰：不事王侯，高尚其事。"《注》曰："使，谓使之聘问、师役之属也。终事而退，非己志者，事成则去也。"此说非也。事成乃去，则不义之事已遂矣，乱矣。"小邾射以句绎来奔，曰：使季路要我，吾无盟矣。使子路。子路辞。季康子使冉有谓之曰：千乘之国，不信其盟，而信子之言，子何辱焉？对曰：鲁有事于小邾，不敢问故，死其城下可也。彼不臣而济其言，是义之也。由弗能。"《左氏》哀公十四年。"鲁欲使慎子为将军，孟子曰：一战胜齐，遂有南阳，然且不可。徒取诸彼以与此，然且仁者不为，况于杀人以求之乎？君子之事君也，务引其君以当道，志于仁而已。"《告子下》。此岂聘问师役之不义者，可以强使之哉？《表记》曰："唯天子，受命于天，士受命于君。故君命顺，则臣有顺命；君命逆，则臣有逆命。"《荀子·臣道》曰："从命而利君谓之顺，从命而不利君谓之谄；逆命而利君谓之忠，逆命而不利君谓之篡。不恤君之荣辱，不恤国之臧否，偷合苟容，以持禄养，交而已耳，谓之国贼，君有过谋过事，将危国家，殒社稷之惧也，大臣父兄有能进言于君，用则可，不用则去，谓之谏。有能进言于君，用则可，不用则死，谓之争。有能比知同力，率群臣百吏，而相与强君挢君；君虽不安，不能不听，遂以解国之大患，除国之大害，成于尊君安国，谓之辅。有能抗君之命，窃君之重，反君之事，以安国之危，除君之辱，功伐足以成国之大利，谓之拂。故谏、争、辅、拂之人，社稷之臣也，国君之宝也，明君所尊厚也，而暗主惑君，以为己贼也。伊尹、箕子，可谓谏矣；比干、子胥，可谓争矣；平原君之于赵，可谓辅矣；信陵君之于魏，可谓拂矣。传曰：从道不从君，此之谓也。"夫知从道不从君，而暗主惑君之获行其志者寡矣，而人民利，社稷安矣。然徒为一国之社稷计，犹非道之至者也。《公羊》庄公二十四年《解诂》曰："不从得去者,所以申贤者之志,孤恶君也。"夫恶君孤,则其亡也速矣。此与无德欲速亡之义何以异?见《吕览·长利》。岂不廓然而大公也哉?何君谓此为孔子所谓"以道事君"者,其信然与?"所谓大臣者,以道事君,不可则止。"见《论语·先进》。

　　《荀子·臣道》又曰:"事暴君者,有补削,无挢拂。迫胁于乱时,穷居于暴国,而无所避之,则崇其美,扬其善,违其恶,隐其败。言其所长,不称其所短。"此非为持禄养交计也,所以全贤者之躯也。贤者之生也,非为一人,抑非为一国,所以为天下生民也。不忍一时之悻悻,以亡其身,不亦寡虑矣乎?《史记·宋微子世家》述殷太师之言曰:"今诚得治国,国治身死不恨。为死终不得治,不如去。遂亡。"《管子·宙合》曰:"贤人之处乱世也,知道之不可行,则沈抑以辟罚,静默以侔免,非为畏死而不忠也。夫强言以为僇,而功泽不加。进伤为人君严之义,退害为人臣者之生,其为不利弥甚。故退身不舍端,修业不息版,以待清明,故微子不与于纣之难。"与《史记》之言,若合符节。案《微子世家》述微子、箕子、比干三人之事,而《论赞》引《论语》殷有三仁之文,盖本儒家口说。其述太师之言,殆亦尚书家传微子之意邪?《管子》此篇,其为儒家口说无疑也。然则《左氏》讥泄冶,"民之多辟,无自立辟",宣公九年。亦不必非孔子之言矣。

　　卫宁喜之将纳献公也,使人谓献公,献公曰:"子苟纳我,吾请与子盟。"喜曰:"无所用盟,请使公子鱄约之。"献公谓公子鱄。公子鱄辞。献公怒曰:"黜我者非宁氏与孙氏,凡在尔。"公子鱄不得已而与之约。已约,归至,杀宁喜。公子鱄挈其妻子而去之,将济于河,携其妻子而与之盟,曰:"苟有履卫地食卫粟者,昧雉彼视。"《公羊》襄公二十七年。此事与小邾射不信鲁国之盟,而信季路之要颇相类。季路不从康子,而公子鱄见迫于献公,则其事殊也。鱄之深绝献公,不可谓不合于义。《解诂》责其"守小信而忘大义,拘小介而失大忠",似失之刻。

〔九五〕君臣朋友

《假乐》之诗曰:"之纲之纪,燕及朋友。"《毛传》曰:"朋友,群臣也。"此古义也。《史记·廉颇蔺相如列传》:赵宦者令缪贤曰:"臣尝从大王与燕王会境上,燕王私握臣手,曰:愿结友。"至战国末造,以燕之僻陋,而犹知此义。可见《孟子》所言孟献子、鲁缪公、晋平公之事,必非虚语矣。见《万章》下。

《唐书·吐蕃列传》曰:"其君臣自为友,五六人曰共命。"秦穆公之于三良也,饮酒乐。公曰:生共此乐,死共此哀。三良许诺。公薨,遂皆自杀以殉。此所谓共命者也。可见未演进时,中国之风俗,与四夷相类者颇多。

《曲礼》曰:"父母存,不许友以死。"则许友以死者多矣。服虔注《左氏》云:"古者始仕,必先书其名于策,委死之质于君,然后为臣,示必死节于其君也。"《史记·仲尼弟子列传索隐》引。此亦许友以死之类也。古人有罪不逃刑,此乃许君以死,而又守信,使之然也。如晋之庆郑是。事见《左氏》僖公十五年。子游曰:"事君数,斯辱矣。朋友数,斯疏矣。"《论语·里仁》。左儒曰:"君道友逆,则顺君以诛友。友道君逆,则率友以违君。"《说苑·立节》。皆以君臣与朋友并言。然则若杜蒉之于晋平公者,亦朋友责善之道也。见《礼记·檀弓》下。《左氏》作屠蒯。见昭公九年。

〔九五〕君臣朋友

  《檀弓》云："鲁人有周丰也者，哀公执挚请见之，而曰：不可。公曰：我其已夫！使人问焉。"《士相见礼疏》曰：执挚者，或平敌，或以卑见尊。尊无执挚见卑之法；哀公执挚见己臣，谓下贤，非正法也。案此亦以朋友之道行之也，而周丰曰不可，可见孟子谓鲁缪公见子思，问千乘之国以友士，而子思不悦，非虚语矣。亦见《万章》下。而哀公犹不肯已，而使人问焉，此亦足见哀公之下贤。尝谓春秋时，与强臣不协者多贤君。而史记之多不美之辞者，乃强臣訾毁之辞，非实录也。如鲁昭公如晋，自郊劳至于赠贿，无失礼。见《左氏》昭公五年。此岂年十九犹有童心，比葬易哀者之所能乎？襄公三十一年。其取于同姓，安知其非欲结强援，以除季氏也。且如晋平公，亦贤君也。观其于杜蒉、亥唐之争，不贤而能之乎？溴梁之盟，在于平公之世，亦会公室将卑尔，而岂平公之过哉？

  曰：中心好之，欲饮食之，朋友之道也。《燕礼》所陈是也。《杂记》曰："卿大夫疾，君问之无算；士壹问之。君与卿大夫，比葬不食肉，比卒哭不举乐；为士，比殡不举乐"。《丧大记》曰："君于大夫疾，三问之"。《荀子·大略》亦曰："君于大夫，三问其疾，三临其丧；于士，一问一临"。此言无算者，三但言其多耳，非必限之以三也。此亦非后世之所能也。

  朋友戒亵狎，君臣亦然，故曰："诸侯非问疾吊丧而入诸臣之家，是谓君臣为谑"。《礼记·礼运》。又《荀子·大略》："诸侯非问疾吊丧不之臣之家"。

〔九六〕朋友之道

人之相结也,志或存于相利,是商贾之行也,君子羞之矣。然生死之交,其始之相结也,或未始不由于相利,此犹终成高世之行者,其入德之始,或亦由好名使然,故行之方始者,未易测其所终;而君子之设科也,往者不追,来者不拒,以是心至,罔不受之,所谓有教无类也。《论语·颜渊》:"司马牛忧曰:人皆有兄弟,我独无。子夏曰:君子敬而无失,与人恭而有礼,四海之内,皆兄弟也;君子何患乎无兄弟也?"《子路》:"樊迟问仁。子曰:居处恭,执事敬,与人忠。虽之夷狄,不可弃也。"《卫灵公》:"子张问行。子曰:言忠信,行笃敬。虽蛮貊之邦,行矣;言不忠信,行不笃敬,虽州里,行乎哉?"《大戴记·曾子制言上》:"曾子门弟子或将之晋,曰:吾无知焉。曾子曰:何必然?往矣。有知焉谓之友,无知焉谓之主。且夫君子,执仁立志,先行后言,千里之外,皆为兄弟。苟是之不为,则虽汝亲,庸孰能亲汝乎?"此皆兢兢自靖,意非存于相利也。然又曰:"人之相与也,譬如舟车然,相济达也。己先则援之,彼先则推之。是故人非人不济,马非马不走,土非土不高,水非水不流。"则明以相利为怀矣。由此观之,《礼记·儒行》言朋友之道,极之于"爵位相先,患难相死","久相待,远相至",其始,亦未尝不由于游士之相结,如女之入宫者,相要以苟见接,毋相忘者也。人之意气相得,愿相为死,非可得之立谈之间,即无从期之订交之始;而性情特厚,惟求无愧于心,无负于人者,亦非可以旦夕遇之;恒人之相结,始未有不期于相利者。终或超出于利害生死之外,则其情皆由于驯致,犹之始以修名而立行者,终或至于独立不惧,遁世无闷也。孔子曰:"端衣玄裳,冕而乘路者,志不在于食荤;斩衰简屦,杖而歠粥者,志不在于饮食"。《大戴记·哀公问》。饰虽在外,犹足以变易其中,况于躬行实践,始虽伪,有不徐致其情者乎?君子之接人也,惟勉其行之不饬,而不责其衷之不诚;其自律也,不敢谓心实无他,而不恤其行之有玷。自宋儒创诛心之论,乃不徒责人之行,而必深责其心。行诚不可不本于心,然过重存心,或反至略其制行;于是伪饰者得以依托,谨愿者或反见屏矣。教既不广,而其后之横决,转有不忍言者。夫高世之行,绝俗之心,道德之士,岂不当以之自勉?亦岂不可与人共勉?然而可与二三人共勉者,不必其可与千百人共勉。宋明之讲学者,聚徒至于千百,是当以接众人之道接之,而亦以接二三人之道接之,此所以教似广而无其实,而终且至于横决也。

《论语·颜渊》:樊迟问辨惑。子曰:"一朝之忿,忘其身以及其亲,非惑与?"此与《孟子·尽心下》篇所谓"杀人之父,人亦杀其父;杀人之兄,人亦杀其兄;然则非自杀之也一间耳"之言同。以古重复仇,故以利害动之也。圣贤之言,不皆自出,亦多因袭成说。谚语流传,原不过如此耳。

所知与朋友不同。古言所知,犹今言相识耳。《礼记·檀弓》曰:"师,吾哭诸寝;朋友,吾哭诸寝门之外;所知,吾哭诸野",厚薄显然不同;而曾子谓"有知焉谓之友",则以待朋友之道待所知矣。厚人以求自亲,所谓所求乎朋友先施之,抑亦行过乎恭之意也。《王制》七政,以宾客与朋友并列,二者亦显非一伦。《论语·乡党》曰:"朋友死,无所归,曰于我殡",而《檀弓》曰:"宾客至,无所馆,夫子曰:生于我乎馆,死于我乎殡",是亦以待朋友之道待宾客矣。古盖自有此俗,故异邦羁旅之士,可先施以求之于人也。

〔九七〕立君以法诛独夫以众[1]

立君之法，莫严于《公羊》。《左氏》襄公三十一年，穆叔曰："大子死，有母弟则立之，无则长立，年钧择贤，义钧则卜，古之道也。"昭公二十六年，王子朝告诸侯曰："昔先王之命曰：王后无適，则择立长，年钧以德，德钧以卜；王不立爱，公卿无私，古之制也。"此所谓古，皆指周之先世言之。案古代君位传授，盖有三法。孔子曰："唐虞禅，夏后、殷、周继，其义一也。"《孟子·万章上》。是"禅"与"继"为相对之称。然《公羊》庄公三十二年，公子牙曰："鲁一生一及。"《史记·鲁世家》作一继一及。《解诂》曰："父死子继曰生，兄死弟继曰及。"是继之中，又"生"与"及"之别也。人情兄弟之爱，每不敌父子之亲，难保有宋太宗之事；又兄弟年或相近，幼者无登位之望，或不免于篡弑；故"生"之法优于"及"。同是生也，立適胜于立庶，以其易得外家之夹辅也。立长胜于立少，以君位早定，可无季康子之事，见《左氏》哀公三年。且长君利统率也。然年钧以德，仍不免于以意出入；德钧以卜，则更听诸不可知之数矣。《礼记·檀弓下》："石骀仲卒，无適子，有庶子六人，卜所以为后者。"《左氏》昭公十三年：楚"共王无冢適，有宠子五人，无適立焉。乃大有事于群望，而祈曰：请神择于五人者。"定公元年：子家曰：

---

[1] 又改题为《春秋立君之法》。

"若立君,则有卿大夫士与守龟在。"知以卜定君位,古确有是事也。然迷信甚深之世,龟筮所示,庸或莫之敢违。至于"天道远,人道迩",为众所著知,则龟筮之从,亦不足戢争夺之心矣。而异母之子,又可同时而生,争端究未尽泯也。《公羊》之法曰:"立適以长不以贤,立子以贵不以长。"何君《解诂》曰:"適,谓適夫人之子,尊无与敌,故以齿。子,谓左右媵及侄娣之子,位有贵贱,又防其同时而生,故以贵也。《礼》:適夫人无子,立右媵;右媵无子,立左媵;左媵无子,立嫡侄娣;嫡侄娣无子,立右媵侄娣;右媵侄娣无子,立左媵侄娣。质家亲亲,先立娣;文家尊尊,先立侄。嫡子有孙而死,质家亲亲,先立弟;文家尊尊,先立孙。其双生也,质家据见,立先生;文家据本意,立后生;皆所以防爱争。"隐公元年。其立法可谓密矣。隐公四年:"卫人立晋。"《传》曰:"立者何? 立者,不宜立也。其称人何? 众立之之辞也。然则孰立之? 石碏立之。石碏立之,则其称人何? 众之所欲立也。众虽欲立之,其立之非也。"案《周官》小司寇有询立君之法。《左氏》僖公十五年,子金教郤缺:"朝国人,而以君命赏。且告之曰:孤虽归,辱社稷矣,其卜贰圉也。"昭公二十四年:"晋侯使士景伯莅问周政,士伯立于乾祭,而问于介众。"哀公二十六年,越人纳卫侯,文子致众而问焉。盖皆其事。石碏之立晋,度亦必有是举,故以众欲为辞。然而《春秋》非之者,以众之不足恃,时或与一二人等故也。然文公十八年:"莒弑其君庶其。"《传》曰:"其称国以弑何? 称国以弑者,众弑君之辞。"《解诂》曰:"一人弑君,国中人人尽喜,故举国,以明失众当坐绝也。"则无不与之之辞矣。盖立君为众,隐公四年《解诂》。众立之而非者,以众不能知所当立;或虽知之,而不能自达其意也。至众所欲诛,庸亦有不当于理者;然君人者,本应审舆情以为举措;事虽善而拂于舆情者,亦宜先立信而后行之;一意孤行,本非君人之道。且上之肆虐久矣,违道而拂众者究多,得道而违众者究少,故宁顺舆情而绝之也,亦足见春秋立法之周矣。

〔九八〕内乱不与焉,外患弗辟也[①]

《礼记·杂记下》:"内乱不与焉,外患弗辟也。"案《史记·吴太伯世家》:阖庐乘季札使晋,弑王僚而立。"季子至,曰:苟先君无废祀,民人无废主,社稷有奉,乃吾君也,吾敢谁怨乎?哀死事生,以待天命;非我生乱,立者从之;先人之道也。复命,哭僚墓,复位而待。"即《杂记》之所云也。阖庐之谋弑僚也,告专诸曰:"季子虽至,不吾废也。"盖当时君臣之间,义自如此,人人知之也。晋栾书、中行偃之执厉公也,召士匄,士匄辞;召韩厥,韩厥辞,曰:"昔吾畜于赵氏,孟姬之谗,吾能违兵。古人有言曰:杀老牛莫之敢尸,而况君乎? 二三子不能事君,焉用厥也?"《左氏》成公十七年。古者臣之事君,不过如此,为己死而为己亡,非其亲暱,固莫之敢任矣。子思曰:"今之君子,进人若将加诸膝,退人若将队诸渊,毋为戎首,不亦善乎?"《礼记·檀弓下》。言虽为戎首,亦未大伤于义也。故孟子亦曰:"君之视臣如草芥,则臣视君如寇仇"也。《离娄下》。《左氏》宣公四年:郑子公欲弑灵公,谋于子家。子家曰:"畜老犹惮杀之,而况君乎?"其言与韩厥同,亦不悖义。及子公反谮子家,子家遂惧而从之,则非之死不变之操矣。故《左氏》载君子之言,讥其"仁而不武无能达",明其初志固不悖于义也。

[①] 曾改题为《臣之事君》。

〔九九〕尊王与民贵之义相成

春秋有尊王之义,昧者辄与尊君并为一谈,疑其与民贵之义相背,此误也。君所治者皆国内之事;王则为天下所归往,所治者乃列国之君,不及其民也。故五官之长,九州之伯,于外曰公曰侯,于其国则皆曰君。《礼记·曲礼下》。何君《公羊解诂》,谓"王者诸侯皆称君"是也。隐公元年。君恶其虐民,列国则求其有共主,可以正其相侵。凡列国之内,臣弑其君,子弑其父,若虐民而无所忌惮者,亦宜有以威之。《左氏》襄公二十七年:"子罕曰:凡诸侯小国,晋、楚所以兵威之,畏而后上下慈和,慈和而后能安靖其国家,以事大国,所以存也。无威则骄,骄则乱生,乱生必灭,所以亡也。"此不尽虚辞,古时盖实有此等情形也。故尊王之义与民贵,殊不相背,且适相成也。

孔子曰:"天无二日,民无二王。"《礼记·曾子问、丧服四制》作土无二王。此特愿其如是,其实不必能如是也。大抵一方之中,有若干国归往之者,则称为王,春秋吴、楚皆称王,其先徐偃王亦尝称王以此,《史记·楚世家》曰:"熊渠甚得江汉间民和,乃兴兵伐庸、扬、粤至于鄂,熊渠曰:我蛮夷也,不与中国之号谥。乃立其长子康为句亶王,中子红为鄂王,少子执疵为越章王,皆在江上楚蛮之地。"此乃楚自王蛮夷,于中国无与,故中国初不过问。《史记》又云:"及周厉王之时暴虐,熊渠畏其伐楚,亦去其王。"熊渠三子皆为王,无反自称君之理。所谓去其王号者，非去三子之王号，盖自去其王号也。即谓不然，熊渠三子，固已并时称王矣，足征王非不可有二也。其后越灭于楚，《越世家》云："诸族子争立，或为王，或为君，滨于江南海上，服朝于楚。"为王而仍可服朝于人，足见所谓王者，特为一方所归往，不必其尊无二上也。战国齐、魏尝相王，五国又尝相王以此。

《楚世家》又云："楚伐随。随曰：我无罪。楚曰：我蛮夷也，今诸侯皆为叛，相侵或相杀，我有敝甲，欲以观中国之政，请王室尊吾号。随人为之周，请尊楚。王室不听。还报，楚熊通怒，乃自立为武王，与随人盟而去。""周召随侯，数以立楚为王。楚怒，以随背己，伐随。"武王之称王，随人盖诚以王事之，故周人数其罪。随盖又辞服于周，请不王楚，故楚又怒其背己也。《齐、晋世家》皆谓齐顷败于鞌，欲尊晋为王，而景公不敢。齐之于晋，盖欲以随奉楚者奉之。窃疑熊渠亦曾称王，以临中国诸侯，而史失载也。《田敬仲完世家》："击魏，大败之桂陵。于是齐最强，于诸侯，自称为王，以令天下。"云令天下侈辞，然战国时之小国，称王固犹足以令之也。

《穀梁》曰："黄池之会，吴子进乎哉，遂子矣！吴，夷狄之国也。祝发文身，欲因鲁之礼，因晋之权，而请冠端而袭。其借于成周，以尊天王，吴进矣！吴，东方之大国也，累累致小国以会诸侯，以合乎中国。吴能为之，则不臣乎？吴进矣！王，尊称也；子，卑称也；辞尊称而居卑称，以会乎诸侯，以尊天王。"哀公十三年。此言吴于是役，自去其王号，以尊周也。熊渠之去其王号，盖亦如此。与中国接时去王，其在蛮夷无妨仍称王号，犹越诸族子服朝于楚，犹王江南海上也。大抵自王其地者，必距其所服朝者甚远，而其所王，亦必为蛮夷；故北方之大国，未有敢自称王者也。

五国之相王也，赵武灵王独不肯，曰："无其实敢处其名乎？令国人谓己曰君。"《赵世家》。谦言无他国归往之者，独能自治其国也。

卫嗣君独有濮阳,乃贬号曰君,《卫世家》。以此。《韩世家》:宣惠王十一年,"君号为王。"前此亦但自君其国而已。

为他国所归往者,临其所归往之国曰王,于其国则称君,名之因实而不同者,如是而已。公、侯、伯、子、男等皆美称,语其实则皆无以异也。春秋以前,天子称王,中国诸侯随其尊卑而有五等之号。战国时齐、魏诸国皆称王,服属之小国仍称公侯,其所封之大夫则徒称君,如孟尝君、望诸君之类是也。《卫世家》云,三晋强,卫如小侯属之。成侯时,卫更贬号曰侯。盖前此虽如小侯,犹袭公号;故史自声公以上皆称公,成侯以下乃改称侯也。嗣君更贬号曰君者,自比于田文、乐毅等也。《孟尝君列传》曰:"齐襄王立,而孟尝君中立于诸侯,无所属。"则进而鲁、卫比矣。《乐毅列传》报燕惠王书曰:"先王以为慊于志,故裂地而封之,使得比小国诸侯。"曰"比小国诸侯",明犹未有侯称也。《赵世家》:烈侯六年,"魏、韩、赵皆相立为诸侯,追尊献子为献侯。"《田敬仲完世家》:"太公乃迁齐康公于海上。三年。康公十六年。太公与魏文侯会浊泽,求为诸侯。魏文侯乃使使言周天子及诸侯,周天子许之。康公之十九年,田和立为齐侯,列于周室。"知当时三晋与齐虽曰强大,即诸侯之称,犹不能自擅也。

列国之君,称公、侯、伯、子、男,临之者称王。至列国皆称王,则临乎其上者,不能不更有他称,乃采古有天下者之号,而称之曰帝,齐、秦为东西帝,辛垣衍欲令赵帝秦是也。秦始皇既并天下,诏丞相御史更名号。丞相御史等别上尊号为泰皇,弃战国时帝字弗用。始皇则去泰著皇,而仍用帝字焉。其实帝亦天下未一时之称。丞相等议,固明言昔者五帝,地方千里,其外侯服、夷服,诸侯或朝或否,天子不能制矣;始皇尽废封建,而仍袭战国时临于诸王之帝号,其实更之而未尽也。然言语尝取习熟,帝之名,盖战国时人久知之矣;皇则博士稽古所称,未必人人知之;始皇所以欲兼采帝字者以此。自此以后，遂以帝为君天下之称，而王为独王其国之号。赵高之弑二世也，召诸大臣公子曰："秦故王国，始皇君天下，故称帝；今六国复自立，秦地益小，乃以空名为帝，不可；宜为王如故，便。"则此时之王，犹之昔日之君，此时之帝，犹之昔日之王矣。秦既灭，诸侯相王，皆为王，乃独以帝尊楚怀王。汉灭楚列爵二等，君天下者亦曰帝。

夫名之尊卑随实而变，王尝为君天下者之号矣，战国以降乃变为自君其国之称。试问是时之称王者，敢以天下之所归往自居乎？敢自比于天无二日乎？然则无其实者，虽举林蒸天帝皇王后辟公侯之名尽以归之，犹之其为匹夫也。清社之屋也，袁世凯有愚德焉，乃使虏之孺子仍皇帝之名，曰是固不失其尊荣矣。不学无术甘为虏臣妾者，亦遂以是尊之曰是犹皇帝也。而不知在民国，君国者曰总统，皇帝之名犹之古之三恪，曰以外国之君待之则亦寓公而已，而犹以是为尊，只见亡国之士夫无一读书人而不足与语也。

〔一〇〇〕布衣死节

《史记·田单列传》曰:"燕之初入齐,闻画邑人王蠋贤,令军中曰:环画邑三十里无入。已而使人谓蠋曰:齐人多高子之义,吾以子为将,封子万家。蠋固谢。燕人曰:子不听,吾引三军而屠画邑。王蠋曰:忠臣不事二君,贞女不更二夫,齐王不听吾谏,故退而耕于野。国既破亡,吾不能存。今又劫之以兵,为君将,是助桀为暴也。与其生而无义,固不如烹。遂经其颈于树枝,自奋绝脰而死。齐亡,大夫闻之曰:王蠋布衣也,义不北面于燕,况在位食禄者乎?乃相聚,如莒求诸子,立为襄王。"案布衣本无死节之义,蠋所以必死者,以敌人劫之以为将。公山不狃曰:"君子违不适仇国。未臣而有伐之,奔命焉,死之可也。"《左氏》哀公八年。今蠋曰:"齐王不听吾谏,故退而耕于野",则固尝仕齐矣。以湣王之暴,故无旧君反服之义;然倒戈助敌,则已甚矣;况于所谓燕人者,自蠋视之,亦桀也;助桀为虐,其可乎?是为君为民,两有不可,所谓进退惟谷者也。而燕人顾劫之以屠画邑,则蠋安得而不死?孟子曰:可以死,可以毋死,死伤勇。宋明之末,乃有布衣之士,亦抗节以为高者。夫国破家亡,所得以恢复者,人民也。若人民皆自经于沟渎,则异族真得志矣,此不好学之蔽也。

忠臣不事二君,贞女不更二夫。在后世,几于人人能言之。其实此亦可明一义耳。士君子怀才抱道,欲拯斯民于水火,虽为伊尹之五就汤五就桀,固无所嫌,安得执此小谅乎?即以对君论,子思有"毋为戎首,不亦善乎"之谈。《礼记·檀弓下》。孟子有"寇雠何服之有"之论。《孟子·离娄下》。非礼之礼,非义之义,大人弗为,岂得执效忠于一姓之小谅哉?若乃胡虏既亡,犹有亡民族之大义,而甘为之效忠者,则直是之丧心病狂矣。女子之于其夫,亦何渠不如是。衣不暖,食不饱,鞭挞加于身,是寇雠也;寇雠也,虽为戎首,不亦宜乎,又何不更二夫之有?

〔一〇一〕荆轲燕丹

《史记》云：曹沫"以勇力事鲁庄公。庄公好力。"记其盟齐桓于柯事，与《公羊》略同。《国策》亦作曹沫《穀梁》作曹刿。《左氏》于柯之盟，不记鲁劫盟事。而长勺之战，记刿之谋，与持匕首以劫人者，殊不相类。故有疑沫与刿非一人者。然《吕览·贵信》记劫齐桓事，与《公羊》大同，而亦作曹刿，则沫、刿确系一人。予谓史公所传刺客，皆非椎埋之流，观于荆卿而可知也。

《史记》言荆卿好击剑，亦言其好读书。又云："其为人沈深好书，其所游诸侯，尽与其贤豪长者相结。"而尝"以术说卫元君"。则游士挟道术者也。盖聂目摄，去不敢留；句践怒叱，默而逃去；绝非不肤挠不目逃之流。其所善田光，鞠武称其智深勇沈。高渐离，燕亡，变姓名为人庸保，久之乃出，目已矐而犹思报秦，皆非逞血气之勇者。田光度形已不逮，则自杀以激荆卿，尤能善用其勇之征也。不徒田光、高渐离也，太子丹以见陵之怨，欲批秦王之逆鳞，则鞠武止之；不忍于樊於期，则武以为不当结一人之交，不顾国家之大害；欲西约三晋，南连齐楚，北媾于单于，以为后图。其老谋深算又何如？太子丹虽曰："太傅之计，旷日弥久，心惛然恐不能须臾。"然其告荆轲曰："今计举国不足以当秦，诸侯服秦，莫敢合从。丹之私计，以为诚得天下之勇士使于秦，窥以重利；秦王贪，其势必得所愿矣。

诚得劫秦王,使悉反诸侯侵地,若曹沫之与齐桓公,则大善矣;则不可,因而刺杀之,彼秦大将擅兵于外,而内有乱,则君臣相疑,以其间,诸侯得合从,其破秦必矣。"亦非徒奋短兵以求快意者。知《史记》云:丹以秦王遇之不善,乃怨而亡归,归而求报者,为浅之乎测丈夫矣。荆轲既受命,必得樊於期首及督亢地图;既得之,又欲待其客与俱;其慎重亦可想见。《史记》载鲁句践之言曰:"嗟乎,惜哉!其不讲于刺剑之术也!"《盐铁论》亦曰:"荆轲怀数年之谋,而事不就者,尺八匕首,不足恃也。秦王操于不意,列断贲育者,介七尺之利也。"似乎行刺之不成,技与器皆不无遗憾,亦非得实之言。荆轲固云:"事所以不成者,以欲生劫之,必得约契以报太子也,"否则以轲之勇,辅之以秦舞阳,岂不足以劫秦政?夫诸侯之为秦弱旧矣,合从之无成亦屡矣。即使当时列国有报秦之志,坚相约结,亦不敢必其有成,况于冀秦之君臣相疑,而于其间驰使以谋合从乎?丧君有君,事在旦夕,合谋结约,非经年累月不能成;成而能坚,坚而有胜与否,犹不可必。夫以秦之暴戾,太子岂不知其食言易如反手,顾望其为齐桓公乎?抑秦之臣,岂有如管仲者哉?顾以为刺杀之不如劫之使反诸侯侵地者,固知燕之君臣,处势穷力竭时,未尝不深量于彼我之间也。而轲之必欲生劫秦王,其意亦从可知矣。夫岂椎埋者流哉。推此言之,专诸、聂政所以剚刃于敌人之腹者,非寡虑也,其志固在于杀之也;荆轲必欲生劫其敌,以至于败,非失计也,其志固不在于杀之也。孟子曰:"禹、稷、颜子,易地则皆然。"吾于曹、荆、专、聂亦云。成而为曹沫,不成而为荆轲,则其所遭直者不同,而非其人有智愚勇怯之异也。若以成败为优劣?则尤浅之乎测丈夫矣。

人虽至残,肯自杀其子者卒罕。燕王之奔辽东,虽愚夫,亦能数日而知死处矣。必非杀太子丹而献其头,可以幸免,亦愚夫知之矣。丹所不忍于樊於期者,而其父竟忍于丹,又狂夫猜之矣。公子嘉能以代存赵于既亡之后,度亦贤公子也,岂劝人以不仁不知之事哉?乃嘉以是劝燕王,而燕王亦竟从之,何也?岂丹亦慷慨引决如樊於期,而嘉与燕王亦含垢忍耻,将别有所图乎?秦烧天下《诗》《书》,诸侯史记尤甚,为其有所刺讥也。辽东遗事,谁复知之?所传之至今者,则其文略不具之《秦记》耳。然则仁人志士,赍志九原,而其行事不白于后世者众矣。

以秦舞阳之勇,年十三,杀人,人不敢忤视,而奉图至陛,至于色变,彼岂有所爱于身哉?诚以所系者重,虑其无成也。聂政言"多人不能无生得失,生得失则语泄。"所虑者亦在此。然则临事而泰然,泰山崩于前而色不变者,不徒不爱其身,并无所顾虑于事之成败矣。孟子曰:"君子创业垂统,为可继也。若夫成功,则天也。君如彼何哉?强为善而已矣!"《孟子·梁惠王》。君子亦为其所得为者而已矣,成败利钝,非所计也。其成也欤哉,天也,吾不贪天之功。其败也欤哉?亦天也,吾无所怨于命。故曰:"道之将行也与?命也;道之将废也与?命也。公伯寮其如命何?"《论语·宪问》。此则所谓浩然之气矣。其所行者,虽若一人之敌,其志则三军可夺帅,而此不可夺也。其所行,若行险以徼幸,推其心,则居易以俟命也。夫是之谓大勇。

原刊《光华大学半月刊》第三卷第二期,
一九三四年十月二十五日出版

〔一〇二〕民与政相关之切

左氏成公二年:"新筑人仲叔于奚救孙桓子,桓子是以免。既,卫人赏之以邑,辞,请曲县繁缨以朝。许之。仲尼闻之,曰:惜也,不如多与之邑。惟器与名,不可以假人,君之所司也。名以出信,信以守器,器以藏礼,礼以行义,义以生利,利以平民,政之大节也。若以假人,与人政也。政亡,则国家从之,弗可止也已。"邑之不惜,而曲县繁缨是爱,自今人思之,殊不可解;然苟通观前后,则自知其言之切也。鲁昭公之将去季氏也,乐祁策之曰:"鲁君必出。政在季氏三世矣,鲁君丧政四公矣,无民而能逞其志者,未之有也。"子家懿伯亦曰:"舍民数世以求克,事不可必也。且政在焉,其难图也。"及难既作,平子请亡,弗许。子家子曰:"君其许之。政自之出久矣,隐民多取食焉,为之徒者众矣,日入慝作,弗可知也。"昭公二十五年。此可见君与民相关之切,民与政相关之切也。民与政相关之切,何哉?晏子论齐之将为陈氏曰:"齐旧四量:豆、区、釜、钟。四升为豆,各自其四,以登于釜。釜十则钟。陈氏三量,皆登一焉,钟乃大矣。以家量贷,而以公量收之。山木如市,弗加于山;鱼、盐、蜃、蛤,弗加于海;民参其力,二入于公,而衣食其一。公聚朽蠹,而三老冻馁。国之诸市,屦贱踊贵。民人痛疾,而或燠休之。其爱之如父母,而归之如流水,欲无获民,将焉辟之?"昭公三年。又曰:"陈氏虽无大德,而有施于民。豆、区、釜、钟之数,其取之公也薄;其施之民也厚。公厚敛焉,陈氏厚施焉,民归之矣,《诗》曰:虽无德与女,式歌且舞。陈氏之施,民歌舞之矣。后世若少惰,陈氏而不亡,则国其国也已。"昭公二十六年。盖古者利源皆总于上,而民多待施于上,故有篡夺之志者,恒借此以收民心。"公子商人骤施于国,而多聚士。尽其家,贷于公有司以继之。"文公十四年。"公子鲍礼于国人。宋饥,竭其粟而贷之。年自七十以上,无不馈诒也;时加羞珍异,国之材人,无不事也;亲自桓以下,无不恤也。"文公十六年。皆是物也。子产言陈之将亡也,曰:"政多门。"襄公三十年。多门则各有党与,君不得不弱,而大夫不得不傲矣。齐景公闻晏子之言曰:"是可若何?"对曰:"唯礼可以已之。在礼:家施不及国,民不迁,农不移,工贾不变,士不滥,官不滔,大夫不收公利。"昭公二十六年。孔子曰:"冕弁兵革,藏于私家,非礼也,是谓胁君。大夫具官,祭器不假,声乐皆具,非礼也,是谓乱国。"《礼记·礼运》。诚坊其渐也。秦后子有车千乘而惧选,《左氏》昭公元年。卫公叔戌以富而见恶,定公十三年。岂无故哉?卫献公之求入也,乃曰:"苟反,政由宁氏,祭则寡人。"襄公二十六年。何其愚乎?

叔向策子干之无成也,曰:"有谋而无民,有民而无德。"昭公十三年。是知自外而欲求入者,亦以民为之本也。栾盈之入于曲沃也,"胥午伏之,而觞曲沃人。乐作,午言曰:今也得栾孺子,何如?对曰:得主而为之死,犹不死也。皆叹,有泣者。爵行,又言。皆曰:得主何贰之有?"其得人心如此,此其所以几危范氏也,然而盈卒以败者,乐王鲋为范宣子画曰:栾氏多怨。子为政,栾氏自外。子在位,其利多矣。既有利权,又执民柄,将何惧焉?襄公二十三年。犹是得民与不得民之分也,所谓寡固不可以敌众也。孟子曰:"天时不如地利,地利不如人和。三里之城,七里之郭,环而攻之而不胜;夫环而攻之,必有得天时者矣;然而不胜者,是天时不如地利也。城非不高也,池非不深也,兵革非不坚利也,米粟非不多也;委而去之,是地利不如人和也。"《公孙丑下》。故曰:"凿斯池也,筑斯城也,与民守之,效死而民弗去,是则可为也。"《梁惠王下》。然则民苟去之,则其不可为也审矣。效死而民弗去者,赵襄子之守晋阳其验也,孟子岂欺我哉?

《论语·子路》:"冉子退朝,子曰:何晏也?对曰:有政。子曰:其事也;如有政,虽不吾以,吾其与闻之。"《疏》云:"案昭二十五年《左传》曰:为政事,庸力行务,以从四时。杜预曰:在君为政,在臣为事。杜意据此文。"是君所行为政,臣所行为事也。政与事之别,《大戴记·少间》详之。《少间》曰:"君时同于民,布政也。民时同于君,服听也。大犹已成,发其小者。还犹已成,终其近者。将持重器,先其轻者。先清而后浊者,天地也。天政曰正,地政曰生,人政曰辨。苟本正,则华英必得其节以秀孚矣。此官民之道也。""天政曰正",指天生时言之。"地政曰生",指地生财言之。"人政曰辨",谓人之分职也。人各有其分职,是谓官民,此政定于君。为下者,但服听焉而已矣。参见《圣人之大宝曰位》条。政失则人皆失其分职,不能因天之时,以分地之利,而养生送死之道有憾矣。故曰:上失政,大及人,小及畜役也。孔子又论失政曰:"疆薮未亏,人民未变,鬼神未亡,水土未绌,糟者犹糟,实者犹实,玉者犹玉,血者犹血,酒者犹酒,优继以湛,政出自家门,此之谓失政也。非天是反,人自反。臣故曰:君无言情于臣,君无假人器,君无假人名。"此可与《左氏》所载论新筑人之言,互相发明也。

〔一〇三〕民各有心

《左传》昭公四年:"郑子产作丘赋,国人谤之,子宽以告,子产曰:民不可逞,度不可改。《诗》曰:礼义不愆,何恤于人言?吾不迁矣。"可谓之死不变,强哉矫矣,而浑罕讥之,何也?浑罕之言曰:政不率法,而制于心;民各有心,何上之有?其言,亦可深长思者也。盖民之所以从其上者,匪由畏威,实由心服。畏威者有时而穷,心服则唯所投之,无不如志矣。凡民守旧者多,率旧章以临之,易得其信服;否则每为所腹诽,或阳奉而阴违,得隙则叛,此变法者之所以多败也。韩非之言曰:"工人数变业,则失其功;作者数摇徙,则亡其功。一人之作,日亡半日,十日则亡五人之功矣。万人之作,日亡半日,十日则亡五万人之功矣。"又曰:"凡法令更则利害易,利害易则民务变,务变之谓变业。故以理观之,事大众而数摇之,则少成功;藏大器而数徙之,则多败伤;烹小鲜而数挠之,则贼其泽;治大国而数变法,则民苦之;是以有道之君,贵静不重变法,故曰:治大国若烹小鲜。"《解老》。夫民务变犹恶之,况于人各有心,莫同于上乎?是十人而亡十人之功,万人而亡万人之功也。虽若有所为,实则一无所得也。故凡陷于危亡而不自知者,皆由眩于有为之名,而不察下所以应之之实也。

《左传》昭公二十九年:赵鞅铸刑鼎,仲尼讥之,曰:晋国将守唐叔之所受法度，以经纬其民。夫赵鞅所著，亦范宣子所为刑书，非其所自为也；而仲尼讥之者，盖唐叔之法度，为日久，入人深；宣子之刑书，为日短，入人浅，民之信之者不侔也。此率旧章者所以多得众，然弊积而莫能革，亦自此始矣。君子是以知言治之难也。

〔一〇四〕韩起辞玉

《左氏》昭公十六年：韩宣子聘于郑。宣子有环，其一在郑商。宣子谒诸郑伯，子产弗与。乃买诸贾人，既成贾矣。商人曰：必告君大夫。韩子请诸子产，子产又拒之。韩子遂辞玉。他日，又私觌于子产，以玉与焉。曰：子命起舍夫玉，是赐我玉而免吾死也，敢借手以拜。读者于此，徒善子产能知礼，宣子能改过耳。杜《注》语。

然观子产报宣子之辞曰："昔我先君桓公与商人皆出自周，庸次比耦，以艾杀此地，斩之蓬蒿藜藋而共处之。世有盟誓，以相信也。曰：尔无我叛，我无强贾。毋或匄夺，尔有利市宝贿，我勿与知，恃此质誓，故能相保，以至于今。今吾子以好来辱，而谓敝邑，强夺商人，是教敝邑背盟誓也，毋乃不可乎？"则宣子之谒诸郑伯，盖正欲使之强贾匄夺。其后虽云成贾，或仍为虚辞，商人出其玉而价不可得；或虽得之而不免后祸，故必欲告诸君大夫也。《潜夫论·断讼篇》谓当时贵戚豪富，高负千万，不肯偿责，小民守门，号哭啼呼，曾无怵惕惭怍哀矜之意。汉世如此，春秋时可知，况又以大国之卿，而临小国乎？《左氏》一书，皆出士大夫之手。谚有之曰：人莫知其子之恶，莫知其苗之硕。凡人于其党之恶，固未有能深知之者。抑其书多晋人语，于其君大夫之恶，亦不敢质言也。观此，知《公羊》所谓定、哀多微辞者，事势使然，毫不足异。《左氏》此事，不知本诸何人，其辞则婉而彰矣。书贵善读，徒观其表，而善韩子之改过,安知古人之深意乎？然通观全书,当时士大夫出使之暴横,犹有可见者。楚公子围聘于郑,且取于公孙段氏,伍举为介。将入馆,郑人恶之,使行人子羽与之言,乃馆于外。既聘,将以众逆,子产患之,又使子羽辞,伍举知其有备也,乃请垂櫜而入。昭公元年。公子弃疾如晋,过郑,禁刍牧采樵不入田,不樵树,不采艺,不抽屋,不强匄。誓曰：有犯命者,君子废,小人降,舍不为暴,主不恩宾,往来如是。则"郑三卿皆知其将为王。"昭公六年。合此两事观之,当时使者之横暴,可以想见。戎伐凡伯于楚丘。隐公七年。楚子使道朔将巴客以聘于邓,邓南鄙鄾人,攻而夺之币,杀道朔及巴行人,桓公九年。亦未必其罪之果在攻伐者矣。

巫臣之通吴也,以两之一卒适吴,舍偏两之一焉。《疏》引沈氏云："聘使未有将兵车者,今此特将兵车,为方欲教吴战陈,故与常不同。"成公七年。案当时诸侯为会,尚有不以兵车者,聘使自无将兵车之理。然君行师从,卿行旅从,谓其毫无兵卫,则又不然也。晋之以邾愬而讨鲁也,叔孙婼如晋,晋人执之,韩宣子使邾人聚其众,将以叔孙与之,叔孙闻之,去众与兵而朝,昭公二十三年。则其众固亦有兵。弃疾之所禁,正此曹也。然从者肆暴犹可；宣子乃身欲强夺,一之为甚,而至于再,不亦难乎？

〔一〇五〕封地大小

今文言五等之封：大国方百里，次国七十里，小国五十里；而《周官》大司徒：诸公之地封疆方五百里，诸侯四百里，诸伯三百里，诸子二百里，诸男百里。大小不同者何？曰：《王制》、《周官》等言封国大小，若九州封国之数，皆学者虚设之辞，非谓当时实有此事，自不能斠若画一；然谓其虚设之辞，绝无事实若成法以为依据，则又不然也。大抵列国疆域，愈古愈小，愈至后世愈大。事实如此，而制度因之，学者虚设之辞又因之，此今古文之说不同之所由也。曷言之？《吕览·慎势》曰："王者之封建也，弥近弥大，弥远弥小，海上有十里之诸侯。"罗泌《路史》谓此制在神农时未必然，然其为远古之制，则有征矣。《易·讼卦》："九二不克讼，归而逋其邑，人三百户无眚。"《疏》云："三百户者，郑注《礼记》云：小国下大夫之制。又郑注《周礼》小司徒云：方十里为成，九百夫之地，沟渠城郭道路三分去其一，余六百夫，又以田有不易，有一易，有再易，定受田三百家，即同则。此三百户者，一成之地也。"案此则夏少康所谓"有田一成有众一旅"者。《左氏》哀公元年。古之建国，而春秋时则仅以为下大夫之封矣，《论语》"夺伯氏骈邑三百"是也。《宪问》。孟子曰"今滕绝长补短将五十里"也，《滕文公》上。是今文家所言小国之地也。《汉书·百官公卿表》曰：县大率方百里，其民稠则减，稀则旷。乡亭亦如之，皆秦制也。秦、汉之县，多古国名。盖皆古国为大国所灭者。楚县尹称公，其所治之地，固与前此之大国侔。抑陈、蔡、叶、不羹等，亦皆旧国也。此今文家所言大国之地也。孟子之告慎子曰："今鲁方百里者五。"《告子》下。《礼记·明堂位》曰："成王封周公于曲阜，地方七百里。"《管子·轻重丁》："管子问于桓公曰：敢问齐方几何里？桓公曰：方五百里。"《史记·汉兴以来诸侯年表》曰："周封伯禽、康叔于鲁、卫，地各四百里，太公于齐兼五侯地。"《汉书》："周公、康叔建于鲁、卫，各数百里。太公于齐，亦五侯九伯之地。"则《周官》公侯之封也。孟子曰："海内之地方千里者九，齐集有其一。"《梁惠王》上。子产曰："今大国地多数圻矣。"《左氏》襄公二十五年。此古之王畿，春秋战国时最大之国，其国已不受号令于人，故言裂土分封规模未有能如是者。《周官》乃战国时书；战国时次于七国者为鲁、卫等国。列国之臣受封地称君者，盖最小亦当如古之大国，故《周官》所拟之制度因之也。足见制度因于事实，学说依于事实及制度矣。汉初封国，大者或五六郡，连城数十，则过于鲁、卫，拟于齐、楚矣。

古之封国小，后世之封国大，非无土以为封也。古者旷土固多矣，然其封国大者止于百里，小且至于十里者，其人民之数止于如是，则其封土亦不得不止于如是也。《穀梁》曰："古者天子封诸侯，其地足以容其民，其民足以满城而自守也。"襄公二十九年。民固寡也，而多与之土，徒拥其名何益？《管子·事语》曰："天子之制壤方千里，齐诸侯方百里负海，子七十里，男五十里。"《轻重乙》曰："天子中立，地方千里，《小问》同。兼霸之壤三百有余里，佁诸侯度百里负海，子男者度七十里。"此即《吕览》弥近弥大弥远弥小之说，非徒曰"如胸之使臂，臂之使指"，《轻重乙》篇语。取其"本大而末小"也。《左氏》桓公二年：师服曰："吾闻国家之立也，本大而末小，是以能固。"中原地辟而民聚，负海土旷而人希，夫固不得不然。孟子曰："天子之地方千里；不千里，不足以待诸侯。诸侯之地方百里；不百里，不足以守宗庙之典籍。周公之封于鲁，为方百里也；地非不足，而俭于百里。太公之封于齐也，亦为方百里也；地非不足也，而俭于百里。"《告子》下。事势固有使之欲大不能欲小不可者也。

〔一〇六〕巡守朝聘

巡守者,古果有之乎?谓其有之,以古者交通之不便,道路之多虞,君行师从,日不过三十里,安能一岁之中,东西南北,驰驱数千里乎?《书疏》云:"郑玄以为每岳礼毕而归,仲月乃复更去。若如郑言,当于东巡之下,即言归格,后以如初包之,何当北巡之后,始言归乎?且若来而复去,计程不得周遍,此事不必然也。"不必然,《校勘记》引卢文弨云"当作必不然",是也。北巡之后,始言归格,是否足证中未尝归,姑弗深论;若以程途计,岂不归遂往,便可周遍乎?经生家言,此等处最可笑。谓其无之,经传何以言之凿凿也?曰:此王仲任所谓语增者也。谓其无之固不可,谓其有之又不可也。巡守者,古固有其事,特如后世诸侯行邑,方伯行国之类耳。至于合九州之土,以为封域,谓岱宗为今太山,南岳为今衡、霍,西岳为陕西之华山,北岳为河北之恒山,而谓天子能越五岁若十二岁,一驰驱于其间,则固必无之事。此盖后世疆域既扩,而言治制者,犹欲以古者行于百里之国若一州之地之法,推而致之,遂不觉其扞格而不可通也。然其说之有所依据,则固可以微窥。《白虎通义·巡狩》篇曰:"天道时有所生,岁有所成。三年一闰,天道小备,五岁再闰,天道大备,故五年一巡守。三年,二伯出述职黜陟;一年,物有所终始,岁有所成,方伯行国,时有所生,诸侯行邑。"案孟子述晏子之言曰:"天子适诸侯曰巡守;巡守者,巡所守也。诸侯朝于天子曰述职;述职者,述所职也。无非事者,春省耕而补不足,秋省敛而助不给。夏谚曰:吾王不游,吾何以休?吾王不豫,吾何以助?一游一豫,为诸侯度。"《梁惠王》下。《告子》下篇亦曰:"春省耕而补不足,秋省敛而助不给。"此即所谓"时有所生,诸侯行邑"者。盖古之天子,原不过后世之诸侯;而当时之诸侯,则后世之邑大夫耳。此巡守之制之最早者也。其后邦畿稍廓,而至于千里,则当略如春秋时之晋、楚、齐、秦。斯时之天子,巡行其境内,固犹非不可行。齐景公问于晏子曰:吾欲观于转附朝儛,遵海而南,放于琅邪,吾何修而可以比于先王观也?《梁惠王》下。则齐之先君,固有行是者矣。晋、楚、齐、秦之君,虽无天子之号,论其实,固古者邦畿千里之天子也。《左氏》昭公五年:蘧启强曰:"小有述职,大有巡守。"本兼该凡大小言之,不专指天子诸侯也。封域更广,则有并此而不能行者,周初周、召之分陕是也。周、召之分陕,盖在文王化行江、汉之后,周南、召南之地,皆归于周。周君不能遍行,乃不得不属其事于介弟,此犹蒙古宪宗命忽必烈治漠南,阿里不哥治漠北耳。蒙古自成吉思汗西征以后,地跨欧、亚,谓其大汗,犹能隔若干年,则一巡视其全境,事岂能行?然当其仅有斡难河源若漠北之地,而谓其酋长,不能以岁时巡历所部,可乎?故以古者有巡守之制,而谓后世犹能行之;与以后世之不可行,而疑古者并无其事,皆非也。天子之能躬自巡守,盖迄于邦畿千里之时。过此以往,则事不可行,而亦本无其事。故《尧典》五载一巡守、《周官》十有二岁王巡守殷国之说,徒闻其言,书传未有载其事者。《史记·五帝本纪》云:黄帝东至于海,登丸山,及岱宗;西至于空桐,登鸡头;南至于江,登熊、湘;北逐荤粥,合符釜山。其所至之地,不得如注家所言之远,然已逾于《禹贡》一州之封域矣。此由黄帝尚在游牧之世,故能驰驱如是之远,后世即不能行矣。别有考。

凡群经之所言之制度,所以按之事实而格不相入者,皆由其以千里若数百里之国之制，而欲推之于提封万里之世也。《公羊解诂》曰"古者诸侯非朝时不得逾竟"，隐公二年。盖以"出入无度，祸乱奸宄，多在不虞"；隐公四年。故"君出疆，以三年之戒，以椑从。君、大夫、士一节也"；《礼记·曾子问》。"世子率舆守国，次宜为君者，持棺絮从"。昭公二十年《解诂》。《穀梁》曰"知者虑，义者行，仁者守，有此三者，然后可以出会"；《穀梁》隐公二年。又桓公十八年。《荀子·大略》篇曰："诸侯相见，卿为介，以其教出毕行，使仁居守。"案教出，当作教士。其难之也如是，安得仆仆道途，五年一朝乎？《左氏》曰"凡君即位，卿出并聘"；文公元年。又曰："凡诸侯即位，小国朝之，大国聘焉。"襄公元年。盖事势之所能行者，不过如此。而凡违礼而送葬，《公羊》之义：天子崩，诸侯奔丧会葬；诸侯薨，有服者奔丧，无服者会葬。夫人亦然。见文公六年、定公十五年《解诂》。此亦古制，行于寰内者也。畿外势不可行。春秋时，如叔孙得臣之葬襄王，叔鞅之葬景王，皆无所胁，协于事势者也。如成公之葬晋景公，襄公之葬楚康王，则胁于威，不得已而为之者矣。非时而征朝，《左氏》襄公二十二年：晋人征朝于郑。皆春秋以降之相胁以威，而非其朔也。观子家与赵宣子之书，《左氏》文公十七年。公孙侨对晋人征朝之辞，则知当时之小国，深以是为苦矣。《左氏》庄公二十一年，王巡虢守；而郑武公、庄公亦再世为王卿士，《左氏》隐公三年。凡巡守述职之能行者，皆近畿之地也。近畿之地，事本未尝不行；远畿之地，虽欲行之，势固有所不可。巡守朝觐如是，职贡亦然。《礼记·月令》：季冬之月，"乃命大史，次诸侯之列，赋之牺牲，以共皇天上帝社稷之飨。乃命同姓之邦，共寝庙之刍豢。命宰历卿大夫至于庶民土田之数，而赋牺牲，以共山林名川之祀。"此即《周官》大行人所谓"侯服岁一见，其贡祀物"者，盖皆行之寰内诸侯耳。于此可悟凡《月令》等所谓诸侯者，大抵皆指寰内诸侯言之。《月令》：季秋之月，"合诸侯，制百县，为来岁受朔日。与诸侯所税于民轻重之法，贡职之数，以远近土地所宜为度,以给郊庙之事,无有所私。"此等政令,亦止能行于寰内。**经传言天子诸侯之关系**,若以为在数百千里之内,则无不可通。若以为言邦畿以外,九州以内之诸侯,则无一可通者矣。故知按诸事实而格不相入者,非制度与事实本相龃龉,乃由学者皆欲以邦畿千里之制,推之于九域一家之日也。

〔一〇七〕霸国贡赋

春秋之世,霸国之诛求,亦可谓无艺矣。郑子产曰:"小适大有五恶:说其罪戾,请其不足,行其政事,共其职贡,从其时命。不然,则重其币帛,以贺其福而吊其凶,皆小国之祸也。"《左氏》襄公二十八年。今案当时职贡之数,皆大国制之,而小国听焉。《左氏》文公四年:"曹伯如晋会正。"《注》:"会受贡赋之政也。"襄公四年:"公如晋听政。"八年:"公如晋朝,且听朝聘之数。"五月,"会于邢丘,以命朝聘之数,使诸侯之大夫听命。"是其事也。贡赋之多少,视其国之大小,亦视所贡之国之大小。襄公十一年:"季武子将作三军。叔孙穆子曰:政将及子,子必不能。"《注》:"政者,霸国之政令。《礼》:大国三军。鲁次国,而为大国之制,贡赋必重,故忧不能堪。"二十七年弭兵之盟,"季武子使谓叔孙以公命,曰:视邾、滕。"《注》:"两事晋、楚则贡赋重,故欲比小国。"此贡赋多少,随其国之大小之说也。哀公十三年,黄池之会,"吴人将以公见晋侯,子服景伯对使者曰:王合诸侯,则伯帅侯牧以见于王;伯合诸侯,则侯帅子、男以见于伯。自王以下,朝聘玉帛不同,故敝邑之职贡于吴,有丰于晋,无不及焉,以为伯也。今诸侯会,而君将以寡君见晋君,则晋成为伯矣,敝邑将改职贡。"此贡赋多少,视所贡之国大小之说也。然霸国之制,多从其重,故平丘之盟,子产争承,曰:"昔天子班贡,轻重以列;列尊贡重,周之制也。卑而贡重者,甸服也。郑,伯男也,而使从公侯之贡,惧弗给也。"昭公十三年。卑而贡重者,岂独一郑,无子产以争之,则不竞亦陵矣。当时贡赋之法,不可详知,然罔不用币。昭公十年:郑子皮如晋葬平公,将以币行。子产曰:丧焉用币?用币必百两,百两必千人。几千人而国不亡?子皮固请以行。既葬,诸侯之大夫欲因见新君。叔向辞之,子皮果尽用其币。夫因送葬以见新君,非礼也,诸侯之大夫,宁不之知?然而皆欲行之者,盖亦以道路烦费,惮于再役也。而晋人卒不之许,求省而反益费,亦可见事大国之难矣。用币之费如此,其他可以类推,安得不疾首蹙頞,视之为祸乎?春秋时,列国用币,颇为烦费。故晋人轻鲁币而益敬其使,《左氏》以为美谈。范宣子重币而郑以为静,赵文子薄币而诸侯以为说也。见襄公十四、二十四、二十五年。又齐桓之霸,亦薄诸侯之币。详见《管子书》。《皮币》一条引之,可以参看。况乎其又有出于职贡之外者也。平丘之盟,子产争承之辞又曰:"行理之命,无月不至。"叔侯亦言:"鲁之于晋也,职贡不乏,玩好时至,公卿大夫相继于朝,史不绝书,府无虚月。"襄公二十九年。此即所谓从其时命者也。成公六年:晋迁于新田,季文子如晋贺。昭公八年,叔弓如晋贺虒祁,游吉亦相郑伯以如晋。"史赵见子大叔曰:甚哉,其相蒙也!可吊也,而又贺之?子大叔曰:若何吊也?其非惟我贺,将天下实贺。"昭公三年,子大叔言:"昔文、襄之霸也,君薨,大夫吊,卿共葬事;夫人,士吊,大夫送葬。"三十年,游吉言:"先王之制:诸侯之丧,士吊,大夫送葬;惟嘉好聘享三军之事,于是乎使卿。"《公羊》言吊丧之法,与《左氏》异,乃古法行诸邻国者也。春秋时,所交者广,则如文、襄之制,诸侯已疲于奔命矣。参看《巡守朝聘》条。然是年游吉之葬晋顷公,以非卿为晋人所诘。晋人之言曰:"悼公之丧,子西吊,子蟜送葬。"而游吉对曰:"晋之丧事,敝邑之间,先君有所助执绋矣。"晋景公之丧,鲁成公亲吊,晋人止之,使送葬。成公十年。楚康王之丧,襄公及陈侯、郑伯、许男皆送葬。襄公二十九年。甚有如昭公三年，游吉如晋葬少姜者。此所谓"重其币帛，以贺其福而吊其灾"者也。春秋时，又有问疾之举。《左氏》昭公元年：晋侯有疾，郑伯使公孙侨如晋聘，且问疾。二十年：齐侯疥，遂痁。期而不瘳，诸侯之宾问疾者多在，亦吊灾之类也。吴之入楚也，胡子尽俘楚邑之近胡者。楚既定，胡子豹又不事楚，曰：存亡有命，事楚何为？多取费焉。遂为楚所灭。定公十五年。据《左氏》所记，一似胡子无礼以自取戾者。然多费非小国所堪，亦情实也。凡春秋时，所谓恃某国而不事某国，以致于亡者，盖皆此类矣。如江、黄等。哀哀小国，复何以自处哉？

《穀梁》庄公三十二年："宋公、齐侯遇于梁丘。梁丘在曹、邾之间，去齐八百里，非不能从诸侯而往也。辞所遇，遇所不遇，大齐桓也。"此言齐桓之身勤诸侯，而不烦诸侯以自助也。然自齐桓而外，能行之者盖寡矣。凡霸国之征戍，无不牵率列国者，孟子所谓"搂诸侯以伐诸侯"也。《告子》下。又有役使之事，如齐之城鄟，《左氏》僖公十六年。晋之城杞，襄公二十九年。晋强诸侯输王粟具戍人以纳王，昭公二十五年。而城成周，定公元年。诸侯皆有违言。盖霸国尸其名，诸侯尽其力，宜其啧有烦言矣。况又有大烦诸侯，而霸国之大夫，顾求赂而罢，若召陵之会者乎！定公四年。此皆子产所谓"行其政事"者也。郑伯之请卫侯而归也，使子西如晋聘，辞曰："寡君来烦执事，惧不免于戾，使夏谢不敏。"君子曰："善事大国。"襄公二十六年。此所谓"说其罪戾"者也。桓公二年："七月，杞侯来朝，不敬。杞侯归，乃谋伐之。""九月，入杞，讨不敬也。"小国虔事大国，反以贾祸如此。哀公七年："公会吴于鄫。吴来征百牢，子服景伯对曰：先王未之有也。吴人曰：宋百牢我，鲁不可以后宋。且鲁牢晋大夫过十，吴王百牢，不亦可乎？景伯曰：晋范鞅贪而弃礼，以大国惧敝邑，故敝邑十一牢之。君若以礼命于诸侯，则有数矣。若亦弃礼，则有淫者矣。周之王也，制礼,上物不过十二,以为天子之大数也。今弃周礼,而曰必百牢,亦惟执事。"此所谓"请其不足"者也,而卒不见听于吴。子产所谓五祸,岂虚也哉?

襄公四年之如晋听政也,"晋侯享公。公请属鄫,晋侯不许。孟献子曰:以寡君之密迩于九雠,而愿固事君,无失官命。鄫无赋于司马。为执事朝夕之命敝邑,敝邑褊小,阙而为罪,寡君是以愿借助焉。晋侯许之。"五年:"穆叔觌鄫大子于晋,以成属鄫。""九月,盟于戚。穆叔以属鄫为不利,使鄫大夫听命于会。"六年:"莒人灭鄫,鄫恃赂也。""晋人以鄫故来讨,曰:何故亡鄫?季武子如晋见,且听命。"二十七年:弭兵之会,"季武子使谓叔孙以公命,曰:视邾、滕。既而齐人请邾,宋人请滕,皆不与盟。叔孙曰:邾、滕,人之私也。我列国也,何故视之?宋、卫,吾匹也。乃盟。"定公元年:城成周,"宋仲几不受功,曰:滕、薛、郳,吾役也。薛宰曰:宋为无道,绝我小国于周,以我适楚,故我常从宋。晋文公为践土之盟,曰:凡我同盟,各复旧职。若从践土,若从宋,亦唯命。仲几曰:践土固然。薛宰曰:薛之皇祖奚仲,居薛以为夏车正。奚仲迁于邳,仲虺居薛,以为汤左相。若复旧职,将承王官,何故以役诸侯?仲几曰:三代各异物,薛焉得有旧?为宋役,亦其职也。"盖春秋之时,小国属于大国者,则不列于会盟;见霸主,必由所属之国为介。输之赋,助之役,而属之之国,亦当保护之,使不受兵。此当时之公法也。襄公十四年,戎子驹支对晋人之辞曰:"殽之师,晋御其上,戎亢其下。自是以来,晋之百役,与我诸戎,相继于时,以从执政,犹殽志也,岂敢离逷?"又曰:"我诸戎饮食衣服,不与华同,贽币不通,言语不达,何恶之能为?"夫春秋时,以夷而通上国者多矣,盖其民虽为夷,其君与大夫,固神明之胄也。戎何独不然。则其不通于诸侯,亦晋人为之耳,此亦犹宋之于薛也。然真能保护之者实少,虽齐、晋之于江、黄犹然。盖越国而鄙远固难,千里而救乱,亦非易事也。许暱楚而不事郑，而楚迁之于城父，又迁之于白羽；昭公九年、十八年。蔡从吴而不事楚，吴迁之于州来；哀公二年。亦以此。夫以楚之力威郑，宜若有余矣，而春秋时许屡见陑于郑。夫差之强，亦岂不足以庇蔡，乃至以兵劫迁之。则知当时之大国，多不肯为小国自勤其民也。鲁之于鄫，亦以惧晋讨，故以属之为不利耳。否则纳其贡赋，坐视其亡而不恤矣，哀哀小国，复何所托命哉？黄池之会，子服景伯谓吴人曰："鲁赋于吴八百乘，若为子男，则将半邾以属于吴，而如邾以事晋。"哀公七年：邾茅夷鸿请救于吴，曰："鲁赋八百乘，君之贰也。邾赋六百乘，君之私也。"可见邾人所赋于吴者甚重。

〔一〇八〕 五侯九伯

有一州之伯,有分陕之伯。《王制》曰:"千里之外设方伯,五国以为属,属有长;十国以为连,连有帅;三十国以为卒,卒有正;二百一十国以为州,州有伯。"此一州之伯也。又曰:"八州、八伯、五十六正、百六十八帅、三百三十六长。八伯各以其属,属于天子之老二人,分天下以为左右,曰二伯。"此分陕之伯也。其实分陕之伯,亦自一州之伯来。盖古之王者,邦畿千里;其有会盟征伐,亦及于千里之内,而犹未足称王者,则谓之为伯。昆吾为夏伯,大彭、豕韦为商伯,所由来旧矣。周人兴于雍州,而王季、文王皆称西伯,《诗·大雅·旱麓笺》:"殷王帝乙之时,王季为西伯。"《疏》引《孔丛》:"羊容问子思曰:古之帝王,中分天下,而二公治之,谓之二伯。周自后稷封,为王者之后,至大王、王季、文王,此为诸侯矣,奚得为西伯乎? 子思曰:吾闻诸子夏曰:殷王帝乙之时,王季以九命作伯于西,受圭瓒秬鬯之赐,故文王因之,得专征伐。此诸侯为伯,犹周、召分陕,亦以周、召之君为伯乎?"《疏》云:"郑不见《孔丛》之书,其言帝乙之时,或当别有所据,故《谱》亦然。《尚书·西伯戡黎注》云:文王为雍州之伯,在西,故谓之西伯。则以文王为州牧。"案《孔丛》牵合《周官》,自不足据,然谓帝乙之时,王季作伯于西,则当有所本。故郑与之不同也。**此犹晋人虽霸中原,秦缪仍为西戎之长,其与东方大彭、豕韦,亦各不相妨,无所谓东西分霸之制。王肃《孔丛》以西伯为二伯之伯,自不如郑氏以为**

一州之牧也。见《书·西伯戡黎疏》。东西二伯之兴,其当殷之末世乎?当文王与纣之事邪?盖自南郡南阳之间,《水经注·江水》引韩婴叙《诗》云:"其地在南郡南阳之间,即所谓周南也。"皆归文王之化;而周之所长率者,非复一州之地矣,盖倍于其初兴之时矣,所谓三分天下有其二也。《论语·泰伯疏》引郑说:以为"雍、梁、荆、豫、徐、扬归文王,其余冀、青、兖属纣"。说似精确,实于史事不合。盖古之所以天子者,所治之地,略方千里,伯主亦然,王、伯特异其名耳。周兴雍州,其所长率已略与王者邦畿相当,及服荆州,则二千里矣。较之殷纣,不啻倍之。以殷周之地相衡,是文王三分有二,而纣有其一也。淮夷、徐戎助武庚以抗周,曷尝归文王;豫州归周,亦无确据。武王伐纣,庸、蜀、羌、髳从焉。其国是时,亦不必在梁州之域。予别有考。故郑说实似是而非也。于是一伯不能专制,乃使周公、召公分治之,此犹蒙古宪宗命世祖主漠南,阿里不哥主漠北也。自是以降,言伯者多杂二制言之。《礼记·曲礼》曰:"五官之长曰伯,是职方。"此分陕之伯也。《公羊》隐公五年:"天子三公称公,王者之后称公,其余大国称侯,小国称伯、子、男。天子三公者何?天子之相也。天子之相,则何以三?自陕而东者,周公主之;自陕而西者,召公主之;一相处乎内。"与《曲礼》"五官之长曰伯"、"于外曰公"、"九州之长,入天子之国曰牧"、"于外曰侯"、"其在东夷北狄西戎南蛮,虽大曰子"之说合,盖皆周制也。郑主《周官》,凡不合《周官》者,辄目为殷制,大非。五官之长,即《公羊》所谓"一相处乎内"者。分陕之职虽废,相之在内而职方者则如故。犹行中书省虽废,中书省自在也。故二相为增设之内官,非外官。又曰"九州之长,入天子之国曰牧",此一州之长也。牧为所受于天子之职,非其本名。犹后汉光武以莎车王贤为西域都护也。《尧典》曰:"乃日观四岳群牧。"又曰:"咨十有二牧。"《左氏》宣公三年,王孙满曰:"昔夏之方有德也,贡金九牧。"可见一州之长,自天子之国言之皆曰牧。盖自其长诸侯言之则曰伯,自其所受于天子之职言之则曰牧。牧与伯名异而实同。《楚辞·天问》云:"伯昌号衰,秉鞭作牧。"王逸《注》云:文王为雍州伯,《诗疏》引此,以申郑说,是也。《史记·五帝本纪》谓黄帝"置左右大监,监于万国",似二伯之制,古已有之;其实黄帝时事,所传未必能如是之详,亦后人推周制言之耳。《王制》之文,亦犹是也。周衰,令不行于畿外,丰镐旧都,亦鞠为茂草,分陕之职,自是而废。而一州之伯,则犹时有受命为之者。《史记·楚世家》:成王"使人献天子,天子赐胙,曰:镇尔南方,夷越之乱,无侵中国"。此即命为荆州之伯也。下文又云:"于是楚地千里。"可见当时所谓州牧,亦即所谓伯主者,其所长之地,略同于王畿也。其后齐桓、晋文之受策命,亦不过如是,特其所搂而伐者更广耳。齐桓、晋文所受命,与齐太公、楚成王无以异。其所长之诸侯,实不止一州之地,则世变为之也。《史记·越王句践世家》曰:"句践已平吴,乃以兵北渡淮,与齐、晋诸侯会于徐州,致贡于周。周元王使人赐句践胙,命为伯。句践已去,渡淮南,以淮上地与楚,归吴所侵宋地于宋,与鲁泗东方百里。当是时,越兵横行于江淮东,诸侯毕贺,号称霸王。"此犹齐桓、晋文之业。《秦本纪》曰:献公"二十一年,与晋战于石门,斩首六万,天子贺以黼黻。"又云:"孝公元年,河山以东强国六,淮泗之间,小国十余。周室微,诸侯力政,争相并。秦僻在雍州,不与中国诸侯之会盟,夷翟遇之。"则犹之仅伯西戎也。

《左氏》僖公四年:管仲对楚使曰:"昔召康公命我先君大公曰:五侯九伯,女实征之,以夹辅周室。赐我先君履:东至于海,西至于河,南至于穆陵,北至于无棣。"此亦一州之长也。而服虔云:五侯,公、侯、伯、子、男。九伯,九州之长。大公为王官之伯,掌司马职,以九伐之法,征讨邦国,故得征之。见《诗·旄丘序笺》。杜预亦主其说。郑玄又谓"五侯,侯为州牧也;九伯,伯为州伯也;一州一牧,二伯佐之。太公为王官之伯,二人共分陕而治,自陕以东,当四侯半,一侯不可分,故言五侯九伯"。则诚如《左氏疏》所讥,事无所出,且校数烦碎,非复人情,宜乎先儒无用之者矣。然《毛诗·旄丘序疏》申郑,讥服说无异天子,何夹辅之有,亦不能谓其无理。推服、郑之意,盖谓五侯九伯,如即释为五等之爵之侯伯,则太公所长,不过一州,无缘得涉南海而问罪于楚,故必为是曲说。而不知太公受命,征讨所及,不过南至穆陵,管仲已自言之也。经生家言,多以碎义逃难,而失人情;服、郑惟均,亦不必彼此相讥也。

〔一〇九〕姬姓日也，异姓月也

《左氏》成公十六年："吕锜梦射月，中之。占之，曰：姬姓日也，异姓月也，必楚王也。"此周人之妄自尊大也。盖古以日为君象，月为臣象。自黄帝战胜炎帝以来，为天子者皆姬姓，故遂妄自尊大也。隐公十一年："滕侯薛侯来朝，争长。滕侯曰：薛庶姓也，我不可以后之。公亦使羽父请于薛侯曰：周之宗盟，异姓为后。君若辱贶寡人，则愿以滕君为请。"定公四年：卫子鱼述践土之盟曰："其载书云：王若曰：晋重、鲁申、卫武、蔡甲午、郑捷、齐潘、宋王臣、莒期。"齐、宋大国，齐大师之后，宋先代之后，犹后于郑、蔡，可见周人之薄待异姓。襄公二十九年："知悼子合诸侯之大夫以城杞，子大叔见大叔文子，与之语。文子曰：甚乎其城杞也。子大叔曰：若之何哉？晋国不恤周宗之阙，而夏肄是屏，其弃诸姬，亦可知也已。诸姬是弃，其谁归之。吉也闻之，弃同即异，是谓离德。《诗》曰：协比其邻，昏姻孔云。晋不邻矣。其谁云之？"城濮之战，晋文公曰："若楚惠何？"栾贞子曰："汉阳诸姬，楚实尽之。思小惠而忘大耻，不如战也。"僖公二十八年。吴之入郢也，斗辛与其弟巢以王奔随，吴人从之，谓随人曰："周之子孙，在汉川者，楚实尽之，天诱其衷，致罚于楚，而君又庇之，周室何罪？"定公四年。然则凡诸姬之子孙，互为朋党，坐视他姓之祸患而不顾，有是理乎？楚灵王谓子革曰："昔我先王熊绎,与吕级、王孙牟、燮父、禽父并事康王,四国皆有分,我独无有。"子革曰:"齐王舅也,晋及鲁、卫,王母弟也。楚是以无分,而彼皆有。"《左氏》昭公十二年。《周官·秋官》司仪:"诏王仪,南乡见诸侯,土揖庶姓,时揖异姓,天揖同姓。"《周官》虽战国时书,然以《周官》为名,则周之遗制也。《注》曰:"庶姓,无亲者也。异姓,昏姻也。"盖薛与楚,皆周之所谓庶姓者也。"周之东迁,晋、郑焉依。"似同姓能屏藩王室矣;然秦文公收岐以东之地,犹献之周。启南阳使周之封畿日蹙者,晋也。射王中肩者,郑也。齐,昏姻也;五霸桓公为盛,而首止之盟,王使周公召郑伯,曰:"吾辅女以从楚,辅之以晋,可以少安。"僖公五年。其后襄王又出狄师以代郑。僖公二十四年。鞍之战,"晋侯使巩朔献齐捷于周。王弗见,使单襄公辞焉,曰:夫齐,甥舅之国也,而大师之后也。宁不亦淫从其欲,以怒叔父?抑岂不可谏诲?"《左氏》成公二年。其意又右齐而左晋,盖终逼周者,兄弟甥舅也,非庶姓无亲者也。"楚人失之,楚人得之",孔子讥其不广,况乎以一姓壅天下之利哉?然而大人世及以为礼,则各亲其亲,各子其子,其所由来者亦旧矣。汉高后内任外戚,外封建同姓,卒之安刘氏者,平、勃也;戡七国之乱者,亚夫也;庶姓亦何负于有天下者哉?

各亲其亲各子其子之烈也,由宗法之严始也。宗法莫严于周人,故其歧视异姓亦最甚。公山不狃谓叔孙辄曰:"今子以小恶而欲覆宗国,不亦难乎?"哀公八年。子赣谓公孙成曰:"利不可得,而丧宗国,将焉用之?"哀公十五年。皆是物也。然而虞公亦曰:"晋吾宗也,岂害我哉"已。僖公五年。

〔一一〇〕属 人

《左氏》昭公二十一年:"翟偻新居于新里,既战,说甲于公而归。华妵居于公里,亦如之。"《注》谓翟偻新"居华氏地而助公战,妵华氏族,故助华氏。《传》言古之为军,不咈小忿。"盖古人视此为当然之道,故无所用其忿也。此今政治学所谓属人者也。

〔一一一〕 古人不重生日

《礼记·内则》记子生之礼曰:"三月之末,择日,妻以子见于父。父执子之右手,咳而名之。夫告宰名。宰辩告诸男名。书曰:某年某月某日某生,而藏之。宰告闾史。闾史书为二,其一藏诸闾府,其一献诸州史。州史献诸州伯。州伯命藏诸州府。"此古言记人生日之始。《春秋》桓公六年,书"九月丁卯,子同生",亦是物也。然《左氏》昭公二十九年曰:"公衍、公为之生也,其母偕出。公衍先生。公为之母曰:相与偕出,请相与偕告。三日,公为生,其母先以告。公为为兄。"是古人于子之生,徒据其入告之先后,以定其长幼,而不复究其生于何日,又何其疏也?邃古之时,候草木荣落以纪岁时,视月之盈缺而知晦朔,既未定四时而成岁,又无纪年之法,自无所谓某年某月某日。绛县人之自言其年也,曰:"臣小人也,不知纪年。臣生之岁,正月甲子朔,四百有四十五甲子矣。"《左氏》襄公三十年。不言年,亦不言月,而徒以所积甲子计,盖古之遗俗,非故为是以惑人也。率是俗者,又安能知人生于某年某月某日乎?《内则》之所记,《春秋》之所书,盖后来之事,亦惟贵族能行之,古人不重生日,盖由此也。

《史记·孟尝君列传》曰:"初,田婴有子四十余人,其贱妾有子名文。文以五月五日生。婴告其母曰:勿举也。其母窃举生之。及长,其母因兄弟而见其子文于田婴。"是古贵族之家,妾媵窃举一子,至于既长,而其君犹不能知,其隔绝可谓已甚,无怪庶孽之生,不能确知其日矣。案《内则》云:"妻将生子,及月辰,居侧室,夫使人日再问之。作而自问之。妻不敢见,使姆衣服而对。至于子生,夫复使人日再问之。夫齐,则不入侧室之门。三月之末,妻以子见于父,妻遂适寝。"妾亦生子三月,然后入御。"庶人无侧室者,及月辰,夫出居群室。"盖古者妇人产乳,与其夫隔绝颇严,故其夫不易知其子之生日。贵族之家,妾媵众多,虚伪尤甚,自更易蒙蔽矣。

《章实斋文集·节钞王凤文云龙记略》有云:"不知岁月,耕种皆视花鸟。梅花岁一开,以纪年。野靛花十二年一开,以纪星次。竹花六十年一开,以纪甲子。名杜鹃花为催工,开则宜耕。摆夷兴自阿苗,计其世,当东周之末。十一月梅开贺新年,疑周正也。及明初,段保为长,始教人识字。如借贷书契,必曰:限至某花开时,或曰:限至某鸟鸣时,其旧俗也。"如此等人,能确言某事在某年某月某日乎?游历家言:印第安人不知以年计人之长幼。有所谓级友者,视为长幼同,不过约计而已。《礼记·曲礼》曰:"问天子之年,对曰:闻之始服衣若干尺矣。问国君之年,长,曰:能从宗庙社稷之事矣;幼,曰:未能从宗庙社稷之事也。问大夫之子,长,曰:能御矣;幼,曰:未能御也。问士之子,长,曰:能典谒矣;幼,曰:未能典谒也。问庶人之子,长,曰:能负薪矣;幼,曰:未能负薪也。"此等辞令,后世言礼之家,必以为不敢斥言,故依违以对,其实正是古者不知纪年之遗俗。《论语》言"可以托六尺之孤",《泰伯》。而《周官》乡大夫之职,言"国中自七尺以及六十,野自六尺以及六十有五皆征之";计庶民之长幼,与国君之子同辞,即其诚证。《史记·秦始皇本纪》:十六年,"南阳假守腾,初令男子书年",前此之不书年,亦率旧俗,而非政令之宽严有异也。

原刊《光华大学半月刊》第五卷第十期,一九三七年六月三日出版

〔一一二〕古人周岁增年

钱大昕《十驾斋养新录·绛县人七十三年》条云:"绛县人生于文公十一年,至襄公三十年,当为七十四年,而《传》称七十三年者,古人以周一岁为一年,绛县人生正月甲子朔,于周正为三月,至是年周正二月癸未,尚未及夏正月朔故也。仲尼生于襄廿一年,至哀十六年卒,亦是七十四年,而贾逵《注》云七十三年,正以未周岁故,与绛县人记年一例。《史记·仓公传》:臣意年尽三年,年三十九岁也,盖仓公生于冬末。"又《孔子生年月日》条云:"《史记》谓(孔子)生于襄廿二年,年七十三,则以相距之岁计之。"近钱穆撰《孔子卒年考》云:"狄子奇云:周岁增年之说,似未可泥。鲁襄公生于成公十六年,至九年为十二岁,是不以周岁增年也。绛县老人生于鲁文公十一年,至襄公三十年,计当七十四岁,而师旷止云七十三年,是以周岁增年也。狄氏论鲁襄,确矣。至绛县老人,师旷曰:鲁叔仲惠伯会郤成子于承匡之岁也,七十三年矣。谓是岁距前七十三年,非谓老人七十三岁。《春秋》昭二十四年,仲孙貜卒,服虔引贾逵云:是岁孟僖子卒,属其子使事仲尼,仲尼时年三十五。以周岁增年计,自鲁襄二十一年至此,仅得三十四,则贾氏亦以相距之岁计。窃疑贾逵以《公穀》载孔子生而《左氏》无之,故据《公穀》为说;而云年七十三,则本之《史记》,未曾细核。《左》昭二十年《疏》:服虔云:孔子

〔一一二〕古人周岁增年

是时四十一。四乃三字之误,则服虔亦自以相距之岁计。狄氏又谓《孔子世家索隐》云:孔子以鲁襄二十一年生,至哀十六年为七十三,若襄公二十二年生,则孔子年七十二,是以周岁增年也。然《索隐》之说,远在贾后,安知其不误据贾?乌从据《索隐》而逆定贾氏以周岁增年?又恶从据贾氏而逆定古人以周岁增年哉?"愚案:以周岁增年,或以相距之岁计,古人盖自有此两法,错杂用之,至劳后人之推校也。晋吏之与绛县人疑年也,绛县人曰:"臣小人也,不知纪年。臣生之岁,正月甲子朔,四百有四十五甲子矣,其季于今,三之一也。"非故为是难晓之语以惑人,盖当历法未明时,从候草木之荣枯以纪岁,斯时之人,盖不知某年以某日始,以某日终,而以甲子纪日之法,则已知之,故于人之生,不能纪其岁,而徒累其日以为计。此自太古时事,春秋时非复如此,然习俗每沿之甚久,故绛县人犹不知纪年也。吏不知而问诸朝,则以是时朝市中人,已习用纪年之法,不复能据日数以推知其年之故。士文伯曰"然则二万六千六百有六旬",此语不必牵涉历法,但以六十因四百四十五,得二万七千,其最后一甲子,尚仅历三之一,减去四十日,则为二万六千六百六十日矣。史赵曰"亥有二首六身",亥疑传写之误。故书当系一算式:二首即二万,六身即六千;下二如身,谓其下二位亦为六,犹今作二六六六耳。《左氏》之记是事,盖以见乡僻之人,犹有率古俗而与朝市中人不相中者。然此俗实非仅春秋时,至汉世犹有之。仓公言三十九岁,必尽三年,是其证。汉光武起兵时年二十八,崩年当六十三,而《纪》云六十二,二若非三之误,则亦犹沿古俗也。此法计算殊为不便,故历法通行后稍弃之,皆以相距之年计矣。

古人计数之法,有并本与除本之不同,亦足使后人疑不得实。《诗·天作笺》云:"居之一年成邑,二年成都,三年五倍其初。"《疏》云:"郑注《禹贡》,以为尧之时土广五千里,禹弼成五服,土广万里。

王肃难郑云：禹之时土广三倍于尧。计万里为方五千里者四，而肃谓三倍，则除本而三。此云五倍，盖亦除本而五，并本为六也。"案《礼记·曲礼》："生与来日，死与往日。"《注》："与，犹数也。生数来日，谓成服杖以死明日数也。死数往日，谓殡敛以死日数也。"《仪礼·士丧礼》"三日成服"《注》引《曲礼》"生与来日"，《疏》云："《丧大记》云三日不食，谓通死日不数成服日，故云三日不食。《孝经》三日而食者，是除死日数，故云三日而食也。"与来日即除本计，与往日即并本计也。古上溯高祖下逮玄孙为九世，是并本计。然《檀弓》"叔孙武叔之母死"《注》云"武叔，公子牙之六世孙"，《疏》引《世本》云"桓公生僖叔牙，牙生戴伯兹，兹生庄叔得臣，臣生穆叔豹，豹生昭子婼，婼生成子不敢，敢生武叔州仇"，则亦除本计矣。《史记》谓孔子生于襄公二十二年，而与贾逵据《公羊》生于襄公二十一年者，同云年七十三，疑亦并本、除本，计法不同也。

《左氏》昭公元年，祁午谓赵文子曰："子相晋国，以为盟主，于今七年矣。"《注》云："襄二十五年始为政，以春言，故云七年。"《疏》云："殷周虽改正朔，常以夏正为言，此春正月，故为七年，年末医和则云八年。"案此但援今人所谓足七年之例释之可耳，亦不必牵涉历法。

原刊《光华大学半月刊》第五卷第十期，一九三七年六月三日出版

〔一一三〕合男女颁爵位必当年德义

社会学家言：浅演之世，无所谓夫妇。男女妃耦，惟论行辈。同辈之男，皆其女之夫；同辈之女，皆其男之妻。我国古代似亦如此。《大传》："同姓从宗合族属，异姓主名治际会。名著而男女有别。其夫属于父道者，妻皆母道也。其夫属于子道者，妻皆妇道也。谓弟之妻为妇者，是嫂亦可谓之母乎？名者，人治之大者也。可无慎乎？"曰"男女有别"，曰"人治之大"，而所致谨者不过辈行，《注》："异姓，谓来嫁者也。主于母与妇之名耳。"可见古者无后世所谓夫妇矣。盖一夫一妻，起于人类妒忌专有之私。人之性，固有爱一人而终身不变者，亦有不必然者。故以一男而拘多女，以一女而畜众男，已不能答，而又禁其更求匹耦，则害于义。若其随遇而合，不专于一；于甲固爱矣，于乙亦无恶，则亦犹友朋之好，并时可有多人耳；古未为恶德也。职是故，古人于男女配合，最致谨于其年。《礼运》曰："合男女，颁爵位，必当年德。"《荀子》曰："妇人莫不愿得以为夫，处女莫不愿得以为士。"《荀子·非相》。"老妇士夫"，"老夫女妻"，则《易》譬诸"枯杨生华"，"枯杨生稊"，言其鲜也。夫合男女而惟致谨于其年，而不必严一夫一妻妃合之制，则同辈皆可为婚矣。《释亲》："长妇谓稚妇为娣妇，娣妇谓长妇为姒妇。"此兄弟之妻相谓之辞也。又云："女子同出，谓先生为姒，后生为娣。"孙炎云："同出，谓俱嫁事一夫者也。同适一夫之妇,其相谓乃与昆弟之妻之相谓同。"可见古者无后世所谓夫妇矣,娣姒之称,或谓据夫年长幼,或谓据身年长幼,迄无定论。实缘两义各有所主。据夫年长幼者,昆弟之妻相谓之辞也。据身年长幼者,同出者相谓之辞也。古无后世所谓夫妇,则亦无昆弟之妻相谓之辞矣。古之淫于亲属者,曰烝,曰报《汉律》:"淫季父之妻曰报",见《诗·雄雉序疏》。皆辈行不合之称。其辈行相合者,则无专名,曰淫,曰通而已。淫者,放滥之词。好色而过其节,虽于妻妾亦曰淫,不必他人之妻妾也。通者,《曲礼》曰:"嫂叔不通问。"又曰:"内言不出于梱,外言不入于梱。"内言而出焉,外言而入焉,则所谓通也。《内则》曰:"礼始于谨夫妇。为宫室,辨内外,深宫固门,阍寺守之。男不入,女不出。"自为宫室辨内外以来,乃有所谓通,前此无有也。《匈奴列传》曰:"父死,妻其后母;兄弟死,皆取其妻妻之。"父死妻其后母,不知中国古俗亦然否。妾皆幼小。则父之妾,或与子之行辈相当也。兄弟死,皆取其妻妻之,则亦必如是矣。象以舜为已死,而曰"二嫂使治朕栖"是也。父子聚麀,《礼记》所戒。新台有泚,诗人刺焉。至卫君之弟,欲与宣夫人同庖,则齐兄弟皆欲与之,《柏舟》之诗是也。然则上淫下淫,古人所深疾;旁淫则不如是之甚。所以者何? 一当其年,一不当其年也。夫妇之制既立矣,而其刺旁淫,犹不如上下淫之甚,则古无后世所谓夫妇,男女耦合,但论行辈之征也。今贵州仲家苗,女有淫者,父母伯叔皆不问;惟昆弟见之,非殴则杀;故仲家女最畏其昆弟云。亦婚姻但论行辈之遗俗也。

  合男女贵当其年乎? 不贵当其年乎? 则必曰贵当其年矣。自夫妇之制立,而后男女妃合,有不当其年者,此则后人之罪也。俞理初有《释小篇》,论妾之名义,皆取于幼小,其说甚博,犹有未备者。《易·说卦》:兑为少女,为妾。《内则》:"妾将御者,齐漱澣,慎衣服。栉纵,笄总,拂髦。"髦者,事父母之饰,惟小时有之,亦妾年小之

〔一一三〕合男女颁爵位必当年德义

征。《曲礼》:"诸侯之妻曰夫人,大夫曰孺人。"郑《注》:孺,属也,《书·梓材》"至于属妇",伪孔训为妾妇,盖本下妻之称。故韩非以贵夫人与爱孺子对举也。《八奸》。古者诸侯娶,二国往媵,皆有侄娣。侄者何?兄之子也。娣者何?弟也。待年父母国,不与嫡俱行,明其年小于嫡。诸侯正妻之外,又有孺子。大夫则无有,故径号其妻曰孺人。诸侯妻之外又有妾,皆由其据高位,故得恣意渔少艾也。《诗》曰:"婉兮娈兮,季女斯饥。"言季不言孟;妙之本字为眇,由眇小引申为美妙;皆古人好少女之证。男子之性,盖无不好少女者。率其意而莫之制,而世之以老夫拘女妻者多矣。《祭统》曰:"祭有昭穆。""凡赐爵,昭为一,穆为一。昭与昭齿,穆与穆齿。"此亦古人重行辈之征。《公羊》僖二十五年《解诂》曰:"齐鲁之间,名结婚姻为兄弟。"《曾子问》婿之伯父致命女氏曰:某之子有父母之丧,不得嗣为兄弟是也。结婚姻称兄弟,亦其行辈相当之征。

〔一一四〕娶于异姓所以附远厚别义

《郊特牲》曰:"娶于异性,所以附远厚别也。"此古同姓之所以不昏也。《左氏》载郑叔詹之言曰:"男女同姓,其生不蕃。"《左传·僖公二十三年》。子产之言曰:"内官不及同姓。美先尽矣,则相生疾。"后人恒以为是为同姓不昏之由。然据今之治遗传学者言,则谓近亲婚姻,初不能致子孙于不肖。所虑者,男女体质相类,苟有不善之质,亦必彼此相同,子姓兼受父母之性,其不善之质,益易显耳。若其男女二者,本无不善之质,则亦初无可虑。其同善质者,子姓之善性,亦将因之而益显也。至于致疾之说,则犹待研究,医学家未有言之者也。然则古人之言,何以来邪?其出于迷信邪?抑亦有事实为据邪?谓其出于迷信。其言固以子姓蕃殖与否及疾病为据,拟有事实可征也。谓有事实为征,则"晋公子,姬出也,而至于今"一语,已足破叔詹之说矣。然则古人之言,果何自来邪?同姓为昏之禁,何由持之甚严邪?予谓古者同姓不昏,实如《郊特牲》所言,以附远厚别为义;而其生不蕃,则相生疾诸说,则后来所附益也。何则?群之患莫大乎争,争则乱。妃色,人所欲也。争色,致乱之由也。同姓为昏则必争,争则戈干起于骨肉间矣。《晋语》:"同姓则同德,同德则同心,同心则同志,同志虽远,男女不相及;畏黩故也。黩则生怨,怨乱毓灾,灾毓灭姓。是故娶妻避同姓,畏乱灾也。"此为同姓不昏最重之义。古人所以谨男女之别于家庭之中者以此。《坊记》:"孔子曰:男女授受不亲。御妇人则进左手。姑姊妹,女子子,已嫁而反,男子不与同席而坐。寡妇不夜哭。妇人疾,问之,不问其疾。以此坊民,民犹淫佚而乱于族。"乱于族,则《晋语》所谓黩也。古者防范甚严,淫于他族本不易。有之,虽国君往往见杀。如陈佗、齐庄是也。邓扈乐淫于鲁宫中,则以其为力人也。又曰:"礼,非祭男女不交爵。以此坊民,阳侯犹杀缪侯而窃其夫人。"阳侯、缪侯,固同姓也,此乱于族之祸也。盖同姓之争色致乱如此。大为之坊犹然,而况乎黩乎? 此古人所以严同姓为昏之禁也。同姓不昏,则必昏于异姓。昏于异姓,既可坊同姓之黩,又可收亲附异姓之功,此则一举而两得矣。此附远厚别,所以为同姓不昏之真实义也。然则其生不蕃,则相生疾之说,果何自来哉? 曰:子孙之盛昌,人之所欲也。凋落,人之所恶也。身,人之所爱也。疾,人之所惧也。以其所甚恶、甚惧,夺其所甚欲,此主同姓不昏之说者之苦心。抑同姓为昏之禁,传之既久,求其说而不得,乃附会于此,亦未可知也。《月令》:仲春之月,"先雷三日,奋木铎以令兆民,曰:雷将发声,有不戒其容止者,生子不备,必有凶灾。"生子不备,犹云其生不蕃;必有凶灾,犹云则相生疾;皆以是恐其民也。楚子反将取夏姬。巫臣曰:"是不祥人也。是夭子蛮,杀御叔,弑灵侯,戮夏南,出孔仪,丧陈国,何不祥如是? 人生实难,其有不获死乎?"子反乃止。《左传》成公二年。盖爱身之情,足以夺其好色之心如此。叔向之母妒,叔虎之母美而不使。其子皆谏其母。其母曰:深山大泽,实生龙蛇。彼美,余惧其生龙蛇以祸汝。汝敝族也,国多大宠,不仁人间之,不亦难乎? 余何爱焉?《左传》襄公二十二年。盖古人惧遗传之不善,足以为祸又如此。此其生不蕃,则相生疾诸说,所以能夺人好色之心,而禁其乱于族也邪? 抑子孙之蕃衍,恃乎宗族之盛昌。宗族之盛昌,恃乎族人之辑睦。因争致乱,夫固足以召亡。

又娶于异姓,则一人不能致多女。古惟诸侯娶一国,二国往媵。纳女于天子,乃曰备百姓。管氏有三归,则孔子讥其不俭矣。淫于同族,则可致多女。致多女,固可以致疾,晋平公其一也。其致疾之由在淫,不在所淫者之为同姓也。然两事既相附,因误以由于此者为由于彼,亦有所恒有也。